高等职业教育计算机类课程
新形态一体化教材

信息技术与素养

主编 雷军环 马佩勋
　　　叶　茜
主审 李　斌　彭绍亮

副主编　汤　徽　周志永　安亚敏　李果果
　　　　邱　凯　袁奕珊
参　编　邓媛元　刘志明　杨　金　彭彦军
　　　　李　成　吴金津　王　颖　梁益梦
　　　　赵　开　尹海波　吕　云　何　晴
　　　　宋春文　纪应杰　张志远　杨光远
　　　　卢　毅　曾中坚

中国教育出版传媒集团
高等教育出版社·北京

内容简介

本书以教育部最新颁布的《高等职业教育专科信息技术课程标准（2021年版）》为指导，以项目—任务为主线，以典型人物、鲜活案例、科技成果、发展成就为载体，将信息意识、计算思维、数字化创新与发展、信息社会责任等信息技术核心素养培养融入内容，从而实现做中学、学中做。

本书分为基础篇和拓展篇，共18个项目。基础篇以真实任务为载体，按照"学习目标→任务描述→相关知识→任务实施→能力拓展"结构组织教材内容，包含信息素养、信息检索、文档处理、电子表格处理、演示文稿制作5个项目。拓展篇以信息素养培养任务为载体，按照"学习目标→任务导入→任务实施→相关知识→能力拓展"结构组织教材内容，包含信息安全、项目管理、机器人流程自动化、程序设计基础、大数据、人工智能、云计算、现代通信技术、物联网、数字媒体、虚拟现实、区块链、3D打印等13个项目。

为了更好地适应自主学习、泛在学习、混合式教学的需要，本书配有丰富的数字化教学资源：包括电子课件、微课、动画、素材库、案例库、实训库、习题库等。与本书配套的数字课程在"智慧职教"平台（www.icve.com.cn）上线，学习者可以登录平台进行在线学习及资源下载，授课教师可以调用本课程。构建符合自身教学特色的SPOC课程，详见"智慧职教"服务指南。教师也可发邮件至编辑邮箱1548103297@.qq.com 获取相关资源。

本书可作为高等职业教育专科信息技术及计算机应用基础课程教学用书，也可作为WPS办公应用职业技能等级证书及全国计算机等级考试一级WPS Office考试的培训或参考用书，还可作为信息技术爱好者的自学用书。

图书在版编目（CIP）数据

信息技术与素养 / 雷军环，马佩勋，叶茜主编. --北京：高等教育出版社，2022.10
ISBN 978-7-04-059388-4

Ⅰ. ①信… Ⅱ. ①雷… ②马… ③叶… Ⅲ. ①信息技术 - 高等职业教育 - 教材 Ⅳ. ①G202

中国版本图书馆CIP数据核字(2022)第164833号

Xinxi Jishu yu Suyang

策划编辑	傅 波	责任编辑	傅 波	封面设计	李小璐	版式设计	徐艳妮
责任绘图	杨伟露	责任校对	张 薇	责任印制	赵 振		

出版发行	高等教育出版社	网　　址	http://www.hep.edu.cn
社　　址	北京市西城区德外大街4号		http://www.hep.com.cn
邮政编码	100120	网上订购	http://www.hepmall.com.cn
印　　刷	高教社（天津）印务有限公司		http://www.hepmall.com
开　　本	787 mm×1092 mm 1/16		http://www.hepmall.cn
印　　张	22.25		
字　　数	530 千字	版　　次	2022年10月第1版
购书热线	010-58581118	印　　次	2022年10月第1次印刷
咨询电话	400-810-0598	定　　价	55.00元

本书如有缺页、倒页、脱页等质量问题，请到所购图书销售部门联系调换
版权所有　侵权必究
物　料　号　59388-00

"智慧职教"服务指南

"智慧职教"(www.icve.com.cn)是由高等教育出版社建设和运营的职业教育数字教学资源共建共享平台和在线课程教学服务平台,与教材配套课程相关的部分包括资源库平台、职教云平台和App等。用户通过平台注册,登录即可使用该平台。

● **资源库平台**:为学习者提供本教材配套课程及资源的浏览服务。

登录"智慧职教"平台,在首页搜索框中搜索"信息技术与素养",找到对应作者主持的课程,加入课程参加学习,即可浏览课程资源。

● **职教云平台**:帮助任课教师对本教材配套课程进行引用、修改,再发布为个性化课程(SPOC)。

1. 登录职教云平台,在首页单击"新增课程"按钮,根据提示设置要构建的个性化课程的基本信息。

2. 进入课程编辑页面设置教学班级后,在"教学管理"的"教学设计"中"导入"教材配套课程,可根据教学需要进行修改,再发布为个性化课程。

● **App**:帮助任课教师和学生基于新构建的个性化课程开展线上线下混合式、智能化教与学。

1. 在应用市场搜索"智慧职教 icve" App,下载安装。

2. 登录App,任课教师指导学生加入个性化课程,并利用App提供的各类功能,开展课前、课中、课后的教学互动,构建智慧课堂。

"智慧职教"使用帮助及常见问题解答请访问 help.icve.com.cn。

前　言

本书是国家社会科学基金项目"基于职业素养习养的闲暇教育课程研究"（BJA190097）的研究成果，也是中国特色高水平高职学校和专业建设计划项目一级任务"提升信息化水平"的标志性成果。

2021年4月，教育部颁布了指导高等职业教育专科信息技术课程教学的纲领性标准《高等职业教育专科信息技术课程标准（2021年版）》（以下简称《新课标》）。本书以《新课标》为纲，由高校长期从事信息技术教育、信息化建设、图书情报工作的一线教师和技术人员，以及来自金山办公软件、新华三等企业的技术专家共同开发。本书以培养大学生的信息素养为目标，融入课程思政育人与新时代职业元素，将信息意识、计算思维、数字化创新与发展、信息社会责任的培养贯穿始终。本书主要有以下4个特点。

1. 项目化结构

本书分为基础篇和拓展篇，共18个项目，其中基础篇包括5个项目，拓展篇包括13个项目。参照《新课标》将信息素养与信息社会责任和新一代信息技术概述整合为信息素养项目，与信息检索项目置前，将其思想、理念、方法贯穿后续各项目。基础篇包含信息素养、信息检索、文档处理、电子表格处理、演示文稿制作5个项目，拓展篇包含信息安全、项目管理、机器人流程自动化、程序设计基础、大数据、人工智能、云计算、现代通信技术、物联网、数字媒体、虚拟现实、区块链、3D打印等13个项目。

2. 情景化体验

本书以任务为载体，具有时代性、多样性、适应性、趣味性、相关性。基础篇以真实任务为载体，按照"学习目标→任务描述→相关知识→任务实施→能力拓展"结构组织教材内容。拓展篇以信息素养培养任务为载体，按照"学习目标→任务导入→任务实施→相关知识→能力拓展"结构组织教材内容。任务学习与实施过程穿插场景体验、案例素材、表格范例、二维码资源、小组任务、探索学习、实践练习等内容。拓展篇不仅是基础篇的延伸，也是基础篇的深入实践。

3. 校企双元开发

本书强调校企合作，落实校企双元开发的理念，基础篇与北京金山办公软件股份有限公司合作开发融入WPS办公应用职业技能等级证书内容。拓展篇与新华三、中国联通、海康威视、新开普、阿法迪、智谷星图等企业合作，引入企业案例。教材的编写得到新华三产业教育开发中心主任汤徽及国家超级计算长沙中心副主任彭绍亮的大力支持。

4. 新形态资源丰富

围绕信息技术学生学习、教师备课、师资培训、继续教育需要，以提升师生信息意识、计算思维、数字化创新与发展、信息社会责任为目标，配套建设了丰富的可听、可视、可练、可互动的数字化教学资源，包括课件、微课、动画、AR或3D互动资源、素材库、案例库、实训库、习题库等。本书配套数字课程在"智慧职教"平台（www.icve.com.cn）上线，读者

可以登录平台进行学习，也可以通过二维码链接的微课资源进行学习。

  本书由雷军环、马佩勋、叶茜任主编，李斌、彭绍亮任主审，汤徽、周志永、安亚敏、李果果、邱凯、袁奕珊任副主编，邓媛元、刘志明、杨金、彭彦军、李成、吴金津、王颖、梁益梦、赵开、尹海波、吕云、宋春文、纪应杰、张志远、杨光远、卢毅、曾中坚参加编写。其中，项目1由雷军环和邓媛元编写，项目2由叶茜编写，项目3由安亚敏编写，项目4由袁奕珊编写，项目5由李果果编写，项目6由刘志明和赵开编写，项目7由杨金和汤徽编写，项目8由彭彦军和宋春文编写，项目9由李成和尹海波编写，项目10由雷军环和纪应杰编写，项目11和项目12由雷军环和周志永编写，项目13由李果果和张志远编写，项目14由邱凯和杨光远编写，项目15由邱凯和何晴编写，项目16由马佩勋和吕云编写，项目17由雷军环和卢毅编写，项目18由马佩勋和曾中坚编写，习题资源由吴金津、王颖、梁益梦收集整理。全书由雷军环、马佩勋、叶茜、李斌、彭绍亮、汤徽、周志永完成统稿、审稿和定稿。

  在本书的编写过程中，参考了大量相关文献，受益匪浅，特向其作者表示诚挚谢意。

  信息技术日新月异，限于作者水平，书中难免存在错误及不妥之处，恳请广大读者、专家不吝赐教，以便今后修订完善。

编　者

2022年8月

目 录

基 础 篇

项目 1　信息素养 ································· 3
　　项目概述 ·· 3
　　项目目标 ·· 3
　　任务 1-1　认知信息素养 ······················ 4
　　任务 1-2　熟悉信息技术发展史 ············· 7
　　任务 1-3　认知信息社会责任 ··············· 11
　　任务 1-4　认知 DIKW 层次模型 ·········· 16
　　项目小结 ·· 19
　　项目提升 ·· 19

项目 2　信息检索 ······························· 23
　　项目概述 ·· 23
　　项目目标 ·· 23
　　任务 2-1　选择合适的信息源 ··············· 24
　　任务 2-2　制定恰当的检索策略 ············ 26
　　任务 2-3　使用高效的搜索引擎 ············ 30
　　任务 2-4　应用专业的数据库 ··············· 38
　　项目小结 ·· 45
　　项目提升 ·· 45

项目 3　文档处理 ······························· 49
　　项目概述 ·· 49
　　项目目标 ·· 49
　　任务 3-1　创建编辑文字文稿 ··············· 50
　　任务 3-2　排版美化文字文稿 ··············· 57

　　任务 3-3　处理文字文稿表格 ··············· 65
　　任务 3-4　排版美化长文稿 ·················· 70
　　项目小结 ·· 81
　　项目提升 ·· 81

项目 4　电子表格处理 ························ 85
　　项目概述 ·· 85
　　项目目标 ·· 85
　　任务 4-1　创建编辑电子表格 ··············· 86
　　任务 4-2　处理电子表格数据 ··············· 92
　　任务 4-3　设置电子表格函数 ··············· 96
　　任务 4-4　制作电子表格图表 ············· 100
　　项目小结 ·· 107
　　项目提升 ·· 107

项目 5　演示文稿制作 ······················ 111
　　项目概述 ·· 111
　　项目目标 ·· 111
　　任务 5-1　创建编辑演示文稿 ············· 112
　　任务 5-2　编辑应用母版与对象 ·········· 120
　　任务 5-3　设计演示文稿动画效果 ······· 127
　　任务 5-4　分享演示文稿作品 ············· 131
　　项目小结 ·· 133
　　项目提升 ·· 134

拓 展 篇

项目 6　信息安全 ····························· 139
　　项目概述 ·· 139
　　项目目标 ·· 139
　　任务 6-1　寻找身边的信息安全 ·········· 140
　　任务 6-2　体验 Windows 安全配置
　　　　　　　方法 ································ 146

　　项目小结 ·· 154
　　项目提升 ·· 155

项目 7　项目管理 ····························· 157
　　项目概述 ·· 157
　　项目目标 ·· 157
　　任务 7-1　寻找身边的项目管理 ·········· 158

任务 7-2　体验项目管理工具的
　　　　　　　应用……………………163
　　项目小结……………………………170
　　项目提升……………………………170
项目 8　机器人流程自动化……………173
　　项目概述……………………………173
　　项目目标……………………………173
　　任务 8-1　寻找身边的 RPA 应用……174
　　任务 8-2　体验 RPA 工具应用………178
　　项目小结……………………………188
　　项目提升……………………………188
项目 9　程序设计基础…………………191
　　项目概述……………………………191
　　项目目标……………………………191
　　任务 9-1　寻找身边的应用程序……192
　　任务 9-2　体验 Python 程序开发
　　　　　　　过程……………………196
　　项目小结……………………………208
　　项目提升……………………………208
项目 10　大数据…………………………211
　　项目概述……………………………211
　　项目目标……………………………211
　　任务 10-1　寻找身边的大数据
　　　　　　　　应用…………………212
　　任务 10-2　体验大数据可视化
　　　　　　　　过程…………………215
　　项目小结……………………………221
　　项目提升……………………………222
项目 11　人工智能………………………225
　　项目概述……………………………225
　　项目目标……………………………225
　　任务 11-1　寻找身边的人工智能
　　　　　　　　应用…………………226
　　任务 11-2　体验人工智能开放
　　　　　　　　平台…………………231
　　项目小结……………………………238
　　项目提升……………………………239
项目 12　云计算…………………………241
　　项目概述……………………………241
　　项目目标……………………………241
　　任务 12-1　寻找身边的云计算
　　　　　　　　应用…………………242
　　任务 12-2　体验云服务产品…………247
　　项目小结……………………………253
　　项目提升……………………………253
项目 13　现代通信技术…………………255
　　项目概述……………………………255
　　项目目标……………………………255
　　任务 13-1　寻找身边的现代通信
　　　　　　　　技术…………………256
　　任务 13-2　体验现代通信技术
　　　　　　　　应用…………………259
　　项目小结……………………………264
　　项目提升……………………………264
项目 14　物联网…………………………267
　　项目概述……………………………267
　　项目目标……………………………267
　　任务 14-1　寻找身边的物联网
　　　　　　　　应用…………………268
　　任务 14-2　体验物联网应用工作
　　　　　　　　过程…………………273
　　项目小结……………………………279
　　项目提升……………………………280
项目 15　数字媒体………………………283
　　项目概述……………………………283
　　项目目标……………………………283
　　任务 15-1　寻找身边的数字媒体……284
　　任务 15-2　体验数字媒体的制作……290
　　项目小结……………………………298
　　项目提升……………………………299
项目 16　虚拟现实………………………301
　　项目概述……………………………301
　　项目目标……………………………301
　　任务 16-1　寻找身边的虚拟现实
　　　　　　　　应用…………………302
　　任务 16-2　体验虚拟现实应用
　　　　　　　　开发…………………307
　　项目小结……………………………312

项目提升 ··· 312

项目 17　区块链 ··· 315
　　项目概述 ··· 315
　　项目目标 ··· 315
　　任务 17-1　寻找身边的区块链
　　　　　　　应用 ··· 316
　　任务 17-2　体验区块链智能合约 ······· 324
　　项目小结 ··· 329
　　项目提升 ··· 329

项目 18　3D 打印 ·· 331
　　项目概述 ··· 331
　　项目目标 ··· 331
　　任务 18-1　寻找身边的 3D 打印
　　　　　　　应用 ··· 332
　　任务 18-2　体验 3D 打印制作流程 ······· 336
　　项目小结 ··· 342
　　项目提升 ··· 343

参考文献 ·· 345

基础篇

项目 1

信息素养

— 未来已来——让我们融入信息社会 —

项目概述

当今社会是一个高速发展的信息社会。信息社会是以电子信息技术为基础，以信息资源为基本发展资源，以信息服务性产业为基本社会产业，以数字化和网络化为基本社会交往方式的新型社会。信息素养是一种对信息社会的适应能力，是信息社会个人必备的元素养，它能促进问题解决、知识创新和终身学习等能力的形成。信息社会责任是指在信息社会中，个体在文化修养、道德规范和行为自律等方面应尽的责任，是与信息社会相适应的价值观和责任感。信息素养与信息社会责任促使个体在信息技术领域，通过对信息行业相关知识的了解和学习，内化形成职业素养和行为自律能力，对个人在各自行业内的发展起着重要作用。本项目包含信息素养、信息技术发展史、信息道德、信息社会责任、DIKW 层次模型等内容。

项目目标

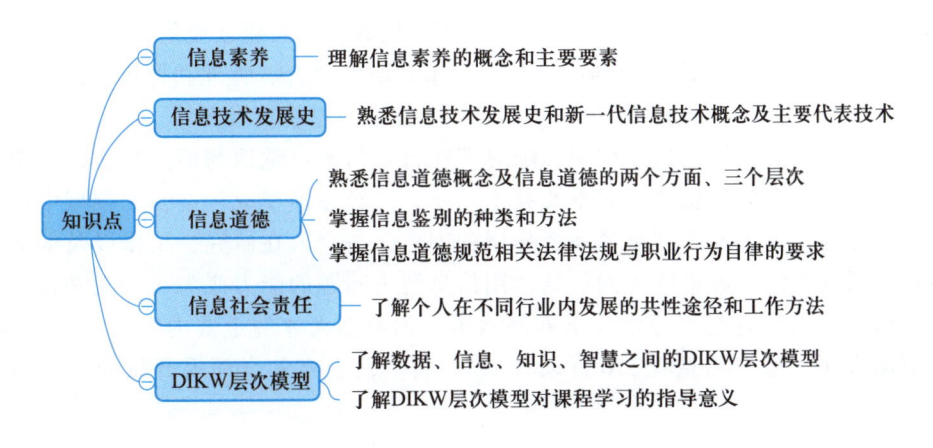

知识点
- 信息素养 —— 理解信息素养的概念和主要要素
- 信息技术发展史 —— 熟悉信息技术发展史和新一代信息技术概念及主要代表技术
- 信息道德
  - 熟悉信息道德概念及信息道德的两个方面、三个层次
  - 掌握信息鉴别的种类和方法
  - 掌握信息道德规范相关法律法规与职业行为自律的要求
- 信息社会责任 —— 了解个人在不同行业内发展的共性途径和工作方法
- DIKW层次模型
  - 了解数据、信息、知识、智慧之间的DIKW层次模型
  - 了解DIKW层次模型对课程学习的指导意义

微课 1-1
什么是信息素养？

任务 1-1　认知信息素养

【学习目标】

- 理解信息素养的概念和主要要素。
- 熟悉信息素养的评价维度。

【任务描述】

李同学是某学校人工智能专业的学生，他希望通过获取信息了解所学的专业，以合理地设计自己的职业生涯，为此确定了3个方面的信息需求：政策形势信息、行业产业信息、企业招聘信息。他在全国及各省份高等学校信息咨询与就业指导中心了解到就业创业政策，在行业协会网站、专门的咨询机构、图书馆相关数据库了解到所学专业的行业和产业链的相关信息，在各类招聘网站获取到所学专业的企业招聘信息。在查找信息的过程中，李同学建立了一个文件夹，将收集的各类信息分类存放在子文件夹中，并收藏了高校就业指导中心、行业企业网站、招聘网站及感兴趣的专业网站主页网址。李同学通过分析这些信息了解求职的目标行业、目标行业的发展趋势、行业的领跑者及新兴的公司等信息，明确了自己努力的方向，制定了职业生涯规划，并按该规划努力学习。最终，李同学在学校各科成绩都名列前茅，毕业后成功就职于名企。他经常将自己的成功经验分享给学弟学妹，鼓励他们做好自己的职业生涯规划。

请通过此案例，分析理解信息素养的概念和内涵，熟悉信息素养的评价维度。

【相关知识】

1. 信息素养的定义

"信息素养"的本质是全球信息化需要人们具备的一种基本能力。信息素养概念的酝酿始于图书检索技能的演变。2003年，我国普通高中信息技术课程标准中信息素养相关的叙述是"学生的信息素养表现在：对信息的获取、加工、管理、表达与交流的能力；对信息及信息活动的过程、方法、结果进行评价的能力；发表观点、交流思想、开展合作与解决学习和生活中实际问题的能力；遵守相关的伦理道德与法律法规，形成与信息社会相适应的价值观和责任感。"教育部2021年3月发布的《高等学校数字校园建设规范（试行）》对信息素养定义为："信息素养是个体恰当利用信息技术来获取、整合、管理和评价信息，理解、建构和创造新知识，发现、分析和解决问题的意识、能力、思维及修养。"

当今，人们生活在信息的海洋中，随时都在自觉与不自觉地与信息打交道，阅读各种各样的信息。信息作为信息社会的重要技术物质，已经逐渐变成社会各个领域中最具有价值、最不容忽视且为决策起到重要参考作用的因素，每个人在研究、工作以及生活各方面都面临着不同种类的、数量巨大的信息，用信息解决问题的能力成为每个人必备的一项基本技能。信息素养培育是高等学校培养高素质、创新型人才的重要内容。2018年4月13日教育部印发了《教育信息化2.0行动计划》，将"信息素养全面提升行动"列为八大实施行动之一。

2. 信息素养的要素

信息素养涵盖信息意识、信息知识、信息能力与信息道德。信息意识是指对信息的敏感程度，对信息的捕捉、分析、判断和吸收的自觉程度；信息知识是指与信息和信息技术相关的概念、理论、工具和方法；信息能力是指运用信息知识解决问题的能力；信息道德是指在从事信息活动时应遵循的行为规范的总和，是人们在信息生产、传播、利用和管理等信息活动中的关系规范和准则。信息素养构成要素如图1-1所示。

```
                        信息素养
    ┌───────────┬───────────┬───────────┬───────────┐
  信息意识     信息知识     信息能力      信息道德
  ●信息认知   ●文化基本知识  ●信息获取能力  ●信息道德意识
  ●信息需求   ●信息基本知识  ●信息处理能力  ●信息道德关系
  ●信息敏感度 ●信息技术知识  ●信息管理能力  ●信息道德活动
              ●语言基本知识  ●信息评价能力
                           ●信息交流能力
                           ●信息创新能力
```

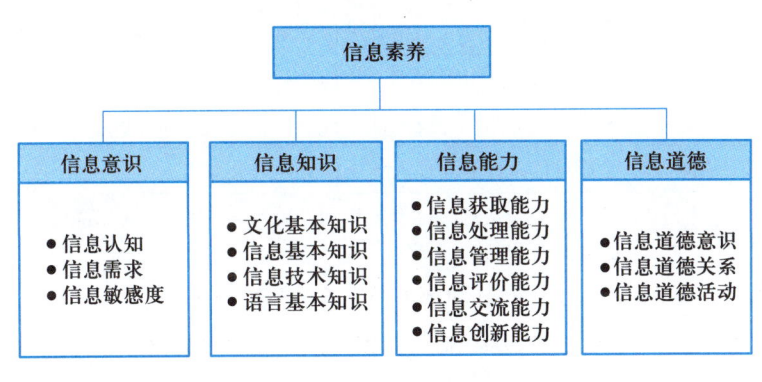

图1-1 信息素养构成要素

构成信息素养的诸要素组成了信息素养结构的有机体。信息意识是先导，信息知识是基础，信息能力是保障，信息道德是准则。信息意识决定是否能够想到利用信息和信息技术，信息知识决定是否知道怎样去做，信息能力决定能不能把想到的做到、做好，信息道德决定在做的过程中是否能遵守信息道德规范、合乎信息伦理。只有具有强烈的信息意识，才能激发信息知识获取和信息能力的提高，信息知识获取和信息能力的提升，也能促进人们对信息及信息技术作用和价值的认识，进一步增强应用信息的意识。信息道德则是信息意识、信息知识、信息能力正确应用的保证，它关系到信息社会的稳定和健康发展。

3. 信息素养的评价

判断一个人是否具备合格的信息素养，需要科学的评价，将构成信息素养的各种能力要素分解为具体而可量化的指标，从而形成信息素养评价指标体系。目前，许多专家学者研究构建了我国大学生信息素养评价标准，本书参考国内外大学生信息素养评价标准体系，依据教育部制定的《高等职业教育专科信息技术课程标准（2021年版）》，将高等职业院校学生信息素养评价指标体系划分为4个一级指标、16个二级指标。指标具体说明见表1-1。

表1-1 信息素养评价指标体系

一级指标	二级指标	指标描述
信息意识	信息认知	了解信息、信息环境、信息活动、信息知识，有自己的看法、见解
	信息需求	积极将社会对个体的要求转化为自身对信息的需求
	信息敏感度	具备对信息的感受力、判断力、洞察力、持久关注力
信息知识	文化基础知识	具备基本的阅读、书写、计算等基本知识，熟悉信息时代阅读、书写、计算方式的变化
	信息基本知识	具备基本的信息理论知识，熟悉基本的信息方法和原则，认识和理解信息、信息化的性质、信息化社会及其对人类影响

续表

一级指标	二级指标	指标描述
信息知识	信息技术知识	具备基本的信息获取技术、信息处理技术、信息呈现技术，了解新一代信息技术
	语言基础知识	掌握1~2门外语，适应国际化信息交流的需要
信息能力	信息获取能力	能使用信息检索工具找到所需要的信息
	信息处理能力	能结合实际问题，对信息进行重组和加工，形成解决问题的方案
	信息管理能力	能对信息进行分类管理，并选择不同媒介或途径存储信息
	信息评价能力	能对信息的来源、时效性、价值等进行鉴别和评价
	信息交流能力	能通过信息媒介与他人传递、交换或分享信息
	信息创新能力	能运用已知信息、已有知识和经验等，产生独特、新颖、有社会或个人价值的方案或产品
信息道德	信息道德意识	具备信息相关的道德观念、道德情感、道德意志、道德信念、道德理想
	信息道德关系	熟悉各种关系中信息获取和使用过程中的法律法规，尊重版权和他人隐私，合理合法使用各种信息
	信息道德活动	在信息的获取、使用、传播、生产过程中，自觉尊重和维护信息时代的公序良俗，遵守相关的法律、规定、机构性政策和礼节；能正确地评价信息行为，对信息意识和信息行为进行自我解剖、自我改造、自我提升

【任务实施】

步骤1：认知信息意识。

李同学基于信息为自己的职业生涯助力的目的，把遇到的问题转化为具体的信息需求：政策形势信息、行业产业信息、企业招聘信息等，这是信息意识的表现。

步骤2：认知信息知识。

李同学去高等学校信息咨询与就业指导中心查询政策，去行业协会网站查询行业信息，去招聘网站查询企业，需要学习相关的信息检索知识；对查询到的资料进行分类处理，需要信息管理知识；制作职业生涯规划，需要用到文字处理软件Word；将成功经验分享给学弟、学妹，需要用到演示文稿PPT。

步骤3：认知信息能力。

有些资料虽然能找到，但不容易下载，这需要信息获取能力；能对资料进行分类、存储、编辑、分享，这需要信息管理能力；判断信息本身的真伪和资源的优劣，需要判断和取舍，这是信息评价能力；把获取的资料经过提炼、整合、总结变成适合自己的职业生涯规划，这是信息处理能力；把资料和自己的创新分享给同学，这是信息交流能力。

步骤4：认知信息道德

在收集信息过程中，知道哪些信息可以免费使用，哪些信息存在知识产权问题，这是信息道德。

【能力拓展】

从新冠肺炎疫情期间大规模开展在线教育的情况来看，学生信息素养乃至家长的信息素养是确保在线学习有效性的重要影响因素之一，而大规模的在线办公、在线服务、在线消费同样凸显了信息素养对于每个人的重要性。可以说，信息素养是信息社会每一个人有效开展学习、工作和高质量生活的基本保障。以下是对 10 位学生进行有关信息素养认识的调研，他们的回答见表 1-2。请根据对信息素养构成要素及对信息素养评价指标体系的理解，分析这些学生的回答从哪一方面解释了信息素养的内涵。

表 1-2　学生关于信息素养认识的调研

学生	学生回答	对学生认知进行评价
学生 1	信息素养是应用计算机网络的一种能力	
学生 2	信息素养是对信息的获取、加工和应用的一种能力	
学生 3	通过互联网平台去获取信息和整合信息的能力	
学生 4	具备在网络学习平台学习的能力	
学生 5	正确而快速地找到自己需要的信息，并利用信息的能力	
学生 6	在网上搜索信息的技能	
学生 7	不要把一些不靠谱的信息通过微信、微博发布出去	
学生 8	信息素养为获取信息、判别信息和提炼信息的能力	
学生 9	得到想要的信息，理解得到的信息，利用得到的信息	
学生 10	知道知识的具体组织方式、信息的寻找方式和利用方式	

任务 1-2　熟悉信息技术发展史

微课 1-2　什么是新一代信息技术？

【学习目标】

- 熟悉信息和信息技术的概念。
- 熟悉信息技术的 5 次革命。
- 了解 3 次信息技术科技浪潮。
- 了解新一代信息技术及主要代表技术。

【任务描述】

获得就业信息是大学生实现择业愿望的必要途径，李同学为了合理地规划职业生涯，选择了以下信息渠道获取就业信息。

① 浏览就业信息网站。在国家有关部门主办的全国性就业信息网站、地方有关部门主办的就业信息网站、各高校就业信息网站、专业性招聘就业网站中，获取就业信息。

② 参加用人单位招聘会。在国家有关部门、各地、学校、用人单位等相关机构组织的各类现场或网络招聘活动中，获取就业信息。

③ 查阅媒体广告。在报纸、刊物、电台、电视台、视频媒体中的求职就业广告中，获取就业信息。

④ 借助社会关系。在与亲友、老师、校友等的交流中，了解用人单位信息。

请分析李同学所使用的就业信息渠道，分别使用了哪一次信息技术革命的产物。

【相关知识】

1. 信息和信息技术

信息指音讯、消息、通信系统传输和处理的对象，泛指人类社会传播的一切内容。人们通过获得、识别自然界和社会的不同信息来区别不同事物，得以认识和改造世界。1948年，数学家香农在题为《通信的数学理论》的论文中指出："信息是用来消除随机不确定性的东西。"

信息技术是指对信息进行采集、传输、存储、加工、表达的各种技术之和，是人类在生产和科学实验中认识自然和改造自然过程中所积累起来的获取信息、传递信息、存储信息、处理信息以及使信息标准化的经验、知识、技能和体现这些经验、知识、技能的劳动资料有目的的结合过程。

2. 5次信息技术革命

信息技术革命是指人类社会中信息存在形式和信息传递方式以及人类处理和利用信息的形式所发生的革命性的变化。人类的社会活动过程，就是人类交流信息和应用信息的过程。人类社会的发展和进步必然伴随着信息的存在、流通和加工利用方式的进步与发展。人类社会已经经历了5次信息技术革命，如图1-2所示。

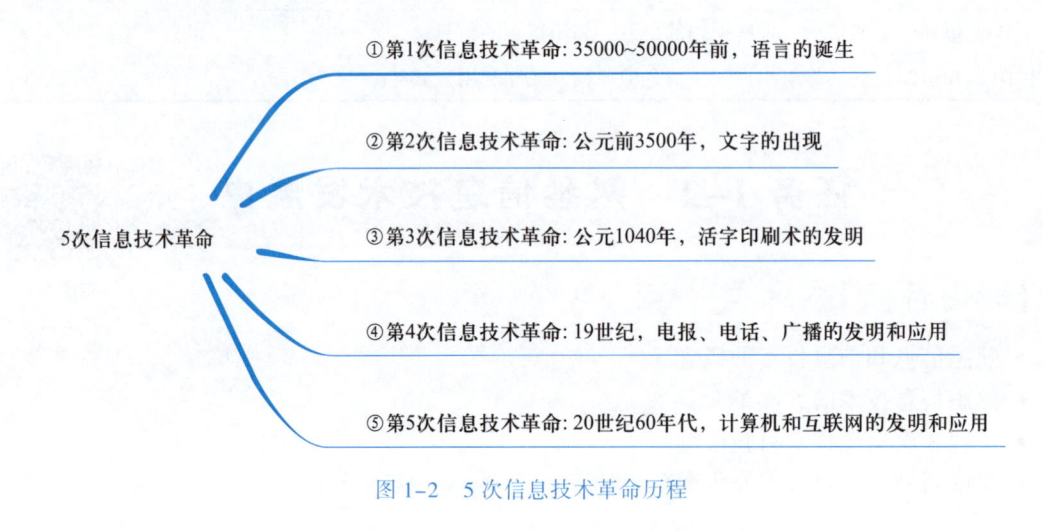

5次信息技术革命
- ① 第1次信息技术革命：35000~50000年前，语言的诞生
- ② 第2次信息技术革命：公元前3500年，文字的出现
- ③ 第3次信息技术革命：公元1040年，活字印刷术的发明
- ④ 第4次信息技术革命：19世纪，电报、电话、广播的发明和应用
- ⑤ 第5次信息技术革命：20世纪60年代，计算机和互联网的发明和应用

图1-2　5次信息技术革命历程

① 语言的诞生，比人类最初通过表情、手势等肢体动作来传递信息的方式更加便捷，促进了人类社会的进步和发展，促进了人类思维器官——大脑的发展，揭开了人类文明的序幕。然而，语言信息具有不稳定性，单靠语言的传递会造成误传。

② 文字的出现，使人类信息传递突破了语言的直接传递方式，使信息可以存储在文字中，超越时空界限，流传久远。文字的出现解决了信息记录的问题。没有文字就没有历史，没有文化，没有传承，也难有人类文明。然而，那时文字信息进行大量的传递还很困难。

③ 造纸和印刷术的发明，扩大了信息的交流和传递的容量和范围，使人类文明得以迅

速传播。印刷术的发明，解决了"量"的问题，使承载着知识内容的书籍得以批量生产，快速流入社会。文字和纸张可以实现远距离传递信息，但还是存在延时的问题。

④ 电报、电话、广播的发明及应用，使信息的传递手段发生了根本性的变革，信息通过金属导线上电脉冲传递信息及通过电磁波来进行无线通信，加快了信息传输的速度，压缩了信息的时空范围，信息能瞬间传遍全球。电视的普及，标志着多媒体的诞生，它集声音、文字、图像和影像于一身，大众有了直观感受，信息这个载体开始有了感情色彩。然而，电视的信息传输是单向的，大众只能接收给定的信息，却不能把自己的信息传输出去。

⑤ 计算机和互联网的发明和应用，从根本上改变了人类加工信息的手段，突破了人类大脑及感觉器官加工处理信息的局限性，极大地增强了人类加工、利用信息的能力。互联网的出现，让信息传输达到了信息革命史上的最高水平，它有效集合了之前信息载体的所有特征：实时、远距离和多媒体，还兼具信息双向互通的优势。

3. 3 次信息技术科技浪潮

如果说语言成就人类，文字创造文明，印刷术推动古代文明，无线电引领近代文明，电视机推进现代文明，那么计算机和互联网则引爆了当代文明，第 5 次信息技术革命推动了 3 次科技浪潮，都极大地改变了人类的生活，同时也随之诞生了一批代表性的科技企业。

① 第 1 次科技浪潮是 1980 年左右，以信息处理为核心的个人计算机时代。1981 年出现了计算机厂商 IBM、Intel、AMD 和 Sony，1985 年出现了软件厂商微软和 SAP。

② 第 2 次科技浪潮是 1995 年左右，以信息传输为核心的互联网时代。国内第一代互联网厂商阿里巴巴、百度、新浪等诞生在这个年代。2001 年后进入移动互联网时代，华为、小米等企业崛起。

③ 第 3 次科技浪潮是 2010 年左右，以信息获取为核心的大数据时代。云计算、物联网、移动互联网等应用和技术使得数据规模快速扩大，对大数据处理和分析的需求日益旺盛，推动了大数据领域的发展。大数据的分析、优化结果进一步改善其使用体验，支撑和推动了新一代信息技术产业的发展，代表企业有 IBM、VMware、阿里云等。

4. 新一代信息技术

新一代信息技术的概念是在 2010 年 10 月国务院下发的文件《关于加快培育和发展战略性新兴产业的决定》中首次提出，是七大战略性新兴产业体系之一。从国家"十二五"规划开始，新一代信息技术作为战略性新兴产业在国内的相关行业中崭露头角，图 1-3 所示为近

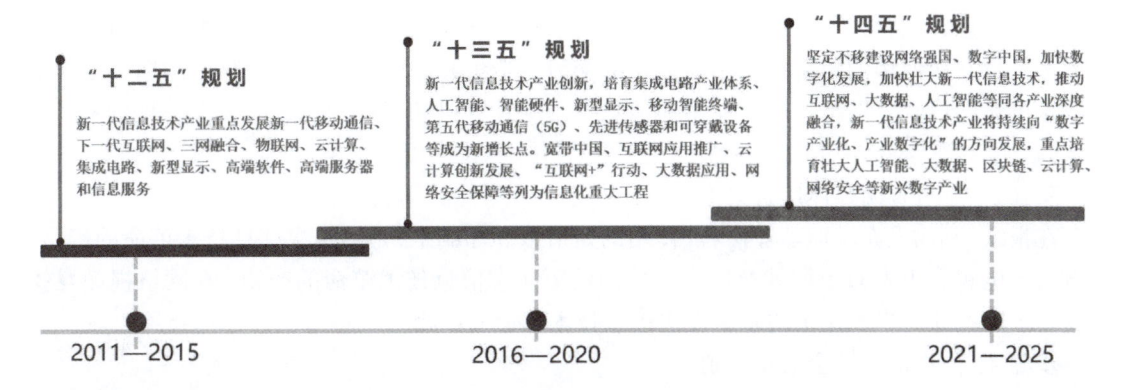

图 1-3 近 3 个国家五年规划中新一代信息技术的重点内容

3个国家五年规划中,新一代信息技术的重点内容。

"十四五"规划纲要指出,我国新一代信息技术产业将持续向"数字产业化、产业数字化"的方向发展。数字产业化方面,重点培育壮大人工智能、大数据、区块链、云计算、网络安全等新兴数字产业,数字产业化方向内容见表1-3。

表1-3 近3个国家五年规划中新一代信息技术的重点内容

云计算	大数据	物联网	工业互联网	区块链	人工智能	VR/AR
• 加快云操作系统迭代升级,推动超大规模分布式存储、弹性计算、数据虚拟隔离等技术创新 • 以混合云为重点培育云服务产业	• 推动大数据采集、清洗、存储、分析、可视化算法等技术创新 • 培育数据采集、标注、存储、传输、管理、应用等全生命周期产业体系	• 推动传感器、网络切片、高精度定位等技术创新 • 协同发展云服务与边缘计算服务 • 培育车联网、医疗物联网、家居物联网产业	• 打造自主可控的标识解析体系、标准体系、安全管理体系 • 推进"工业互联网+智能制造"产业生态建设	• 推动智能合约、共识算法、加密算法、分布式系统等技术创新 • 重点发展区块链服务平台和金融科技、供应链管理、政务服务等领域应用方案	• 建设重点行业人工智能数据集、发展算法推理训练场景 • 推进智能医疗装备、智能运载工具、智能识别系统等智能产品设计与制造 • 推动通用化和行业化人工智能开放平台建设	• 推动三维图形生成、动态环境建模、实时动作捕捉、快速渲染处理等技术创新 • 发展虚拟现实整机、感知交互、内容采集制作等设备、软件、行业解决方案

【任务实施】

步骤1:分析浏览就业信息网站渠道。

就业信息网站在向求职者提供就业信息前,首先要通过网站向招聘单位采集招聘信息存储在服务器上,然后,大学生通过互联网浏览该网站,获取招聘信息,所使用的信息技术为计算机和互联网,是第5次信息技术革命的产物。

步骤2:分析参加用人单位招聘会渠道。

用人单位的现场招聘会渠道一般会在校园内张贴招聘海报发布岗位职责、岗位要求、薪酬待遇等信息,应聘人员可通过海报获取招聘信息,并通过与招聘人员进行更深入的交流了解更多信息,所使用的信息技术主要语言的交流、造纸和印刷术,分别是第1次和第3次信息技术革命的产物。网络招聘会使用的信息技术为计算机和互联网,是第5次信息技术革命的产物。

步骤3:分析查阅媒体广告渠道。

在报纸、刊物发布求职就业广告,使用的是造纸和印刷术,是第3次信息技术革命的产物;在电台、电视台上发布求职就业广告,使用的第4次信息技术革命的产物;在网络视频媒体上发布求职就业广告,使用的是第5次信息技术革命的产物。

步骤4:分析借助社会关系渠道。

与亲友、老师、校友面对面交流,使用信息传递方式是语言,为第1次信息技术革命的产物；通过电话交流，使用的信息传递方式是无线通信，为第 4 次信息技术革命的产物；通过微信、QQ 沟通，使用的信息传递方式为互联网，是第 5 次信息技术革命的产物。

【能力拓展】

中国互联网协会发布《中国互联网企业综合实力指数（2021）》，综合实力企业榜单显示前 10 名分别为阿里巴巴、腾讯、百度、京东、美团、字节跳动、拼多多、网易、快手、三六零，根据 3 次技术浪潮时间脉络，梳理这 10 家公司诞生的时间、主要业务和品牌。

任务 1-3　认知信息社会责任

【学习目标】

- 掌握信息伦理知识并能有效辨别虚假信息。
- 了解相关法律法规与职业行为自律的要求。
- 了解信息社会责任。

【任务描述】

李同学为了尽快完成毕业设计，多留一点时间找工作，在网上找了几篇文章掐头去尾，粘贴复制很快完成了毕业实践报告的"撰写"，然后每天在网上找"事少钱多离家近"的好工作。功夫不负有心人，某天他真的看到一则招聘营销经理的广告，月工资上万，李同学赶紧拨打广告上的电话。接电话的女子自称是公司人力资源总监，她表示招聘岗位很紧俏，招聘即将结束，要他到某某大酒店面试。到了酒店，自称总监的张姓女子接待了李同学，看了他一眼说很满意，表示只要提交身份证复印件，交 1 000 元现金作为保证金便可入职。张总监告诉李同学，公司现在还招聘营销业务员，虽然工资没有经理高，但是月薪也有 5 000 元，要李同学把这个好消息告诉自己的同学，并承诺每招聘来一个业务员奖励 50 元，以后业务员赚的业务费，李同学作为经理还可以提成 20%。李同学随即提交了身份证复印件，并在班级 QQ 群中发布了张姓女子要他发布的招聘信息，辅导员邓老师发现后及时要求李同学撤回这条信息。

请问：邓老师为什么要求撤回招聘信息，上述案例中有哪些行为是错误的？

【相关知识】

1. 信息道德概念及内容

信息道德是指在信息的采集、加工、存储、传播和利用等信息活动环节中，用来规范其间产生的各种社会关系的道德意识、道德规范和道德行为的总和。它通过社会舆论、传统习俗等，使人们形成一定的信念、价值观和习惯，从而使人们自觉地通过自己的判断规范自己的信息行为。

信息道德不是由国家制定和强制执行的，是在信息活动中以善恶为标准，依靠人们的内心信念和特殊社会手段维系的。其结构内容可概括为两个方面，三个层次。两个方面，即主观方面和客观方面；三个层次，即信息道德意识、信息道德关系、信息道德活动。具体见表1-4。

表1-4 信息道德的结构内容

信息道德的两个方面		
1	主观方面	指人类个体在信息活动中以心理活动形式表现出来的道德观念、情感、行为和品质，如对信息劳动的价值认同，对非法窃取他人信息成果的鄙视等，即个人信息道德
2	客观方面	指社会信息活动中人与人之间的关系以及反映这种关系的行为准则与规范，如扬善抑恶、权利义务、契约精神等，即社会信息道德
信息道德的三个层次		
1	信息道德意识	包括与信息相关的道德观念、道德情感、道德意志、道德信念、道德理想等。它是信息道德行为的深层心理动因。信息道德意识集中地体现在信息道德原则、规范和范畴之中
2	信息道德关系	包括个人与个人的关系、个人与组织的关系、组织与组织的关系。这种关系是建立在一定的权利和义务的基础上，并以一定信息道德规范形式表现出来的
3	信息道德活动	包括信息道德行为、信息道德评价、信息道德教育和信息道德修养等。信息道德行为是人们在信息交流中所采取的有意识的、经过选择的行动。信息道德评价是根据一定的信息道德规范对人们的信息行为进行善恶判断。信息道德教育是按一定的信息道德理想对人的品质和性格进行陶冶。信息道德修养则是人们对自己的信息意识和信息行为的自我解剖、自我改造

2. 信息道德规范

随着互联网技术的发展，网络社会的多元化、开放化、自主化、虚拟化和数字化等方面的特征导致网络社会面临一系列新的道德难题，虚拟的网络社会中，违背信息道德的事情屡屡发生，如泄露客户机密、侵犯他人知识产权、网络黑客、造谣中伤、发布虚假信息、代写论文等。这些事情和行为严重影响了网络文化的良性发展，也给现实社会的稳定、法律秩序带来了重大隐患，给信息道德的建设带来了新的挑战。

以微博、微信、QQ等网络介质为载体的新媒介不断更新，网络自身的自由性和隐蔽性使垃圾信息、诈骗信息和冗余信息等恶意信息的传播打破了时空局限，给网络信息活动带来严重危害。这一方面严重阻碍信息活动主体进行正常、有用、健康的信息活动，扰乱网络信息活动的正常秩序；另一方面，网络信息环境污染也是对公众信息权利的侵害。

为了增进人类福祉、促进公平公正、保护隐私安全、提升信息伦理素养、强化社会责任担当，很多国家制定了相关的规范和法律来管理信息社会。为适应信息产业的快速发展，我国也先后出台了相关法律、法规。据2020年3月出版的《中国互联网法规汇编》（第二版）统计，我国目前针对互联网的专门立法有120余部，包括各类法律、行政法规、部门规章、司法解释和管理规定，如《个人信息保护法》《数据安全法》《新一代人工智能伦理规范》《计算机信息网络国际联网安全保护管理办法》《互联网信息服务管理办法》。此外，我国《刑法》《民法典》《著作权法》《治安管理处罚法》等非互联网专门法律中也不乏对各类信息伦理道德进行规范的内容。

3. 信息的鉴别

信息鉴别是指运用相关的知识和经验，对信息进行分析、判断和取舍。信息鉴别是高质量使用信息的能力，它能帮助人们从多个角度审视信息，运用科学的方法判断信息，选择为我所用的信息。因此，人们需要了解信息鉴别的种类和基本方法，使鉴别成为人们衡量信息的标尺，为科学使用信息提供帮助。

（1）信息鉴别的种类

信息鉴别的种类包括真伪鉴别、时效鉴别、价值取向鉴别和适用性鉴别，如图1-4所示。真伪鉴别是信息鉴别中最重要的一类，它决定了信息价值的基础；价值取向鉴别决定了信息能不能为人们所用；时效鉴别和适用性鉴别决定了信息的可用程度。

1 真伪鉴别 鉴别信息的真假，即信息中所涉及的事实是否是客观存在的，是决定信息是否有价值的主要因素

2 时效鉴别 信息有明显的时间限制，超出这一时间限制的信息其利用价值会削弱或消失

3 价值取向鉴别 同样的信息对不同的用户所产生的价值不相同

4 适用性鉴别 用户在使用信息的过程中，判断信息是否能让用户感觉有价值

图1-4 信息鉴别的种类

（2）信息鉴别的方法

信息鉴别有文字含义鉴别、数字含义鉴别、逻辑关系鉴别、冗余鉴别等鉴别方法。常用的文字含义鉴别，是指对信息所传达的含义进行科学的分析，从而检验信息真伪的方法。文字含义鉴别包含4个要素：信息来源是否权威，逻辑结构是否严谨，能否经得起比较验证，此外还可以通过实地考察勘验的方法进行鉴别。图1-5所示解释了文字含义鉴别4要素。

1. 信息来源是否权威 一般来说，正式信息源权威性比较强，如官方发布的消息，或被正式信息源多次提及的文献，如我国的《人民日报》《光明日报》

2. 逻辑结构是否严谨 根据平时掌握的理论政策和多方面的科学知识，对信息中所表述的事实和叙述论证方式进行逻辑分析，判断信息源逻辑结构是否严谨

3. 比较进行验证 比较待鉴别信息与权威渠道信息在某些事实点上的说法、结论是否一致。如果完全一致，则基本上可以得到证实；如果与权威渠道信息相左，则需要进一步核查

4. 实地考察勘验 实践出真知。当人们无法利用上述方法判断信息的真伪时，可以实地考察或者亲自验证

图1-5 文字含义鉴别4要素

4. 信息道德行为

信息时代人类最基本的社会行为是信息行为，信息道德行为是人们在信息获取、处理、表达信息过程中，能自觉尊重和维护信息时代的公序良俗，遵守相关的法律、规定、机构性

政策和礼节，做到合法获取信息、合理加工信息、真实传播信息。

（1）合法获取信息

信息获取指围绕一定目标，在一定范围内，通过一定的技术手段和方式方法获得原始信息的活动和过程。获取信息是信息加工、管理、评价等过程的发端，信息获取的合法与否决定了整个信息活动是否具有真实与合法性。如果信息获取合法，信息活动看起来就有序；如果信息获取非法，信息活动看起来就混乱。信息的合法获取一方面强调获取途径合法，例如，遵守法律规范，不侵犯他人隐私，明确私人信息、私人活动和私人空间都属隐私范畴，不得通过非法手段窥探、获取他人隐私信息；另一方面强调获取来源合法，因为获取的信息源，并非都是合法的、可用的，可能信息来源于非法平台，也可能信息中包含着虚假信息、无用信息甚至违法信息，如果不对信息进行鉴别，就可能会被有害信息误导，甚至触犯法律，这就要求人们运用信息鉴别的方法，对获取的信息进行分析、判断和取舍。

（2）合理加工信息

网络资讯言论突破了传统媒体信息加工的模式和约束，在信息技术的支撑下，信息资源极其丰富，又由于网络的自由性、开放性和弱监管性等特性，信息加工者的自主性和自由度得到空前提高。当然，自由是与责任是对等的，信息加工者有多大自由度，就要承担多大道德责任。信息加工之前，应首先确保信息加工所需要的"原材料"的真实合法。就如同工厂选错了产品加工的原材料，那么加工后的产品必然会不合格。在信息加工的过程中，还应选择合法的加工方式、合法的加工平台，对信息进行合法的处理，确保信息加工结果的精准性和真实性。不道德和不科学的信息加工不仅可能造成自身利益的严重损失，还可能严重侵犯他人、社会、国家的利益。不抄袭剽窃他人作品，使用正版软件，不发布计算机病毒、木马，不进行黑客攻击等行为都属于合理加工信息的范畴，图1-6所示为合理的信息加工行为。

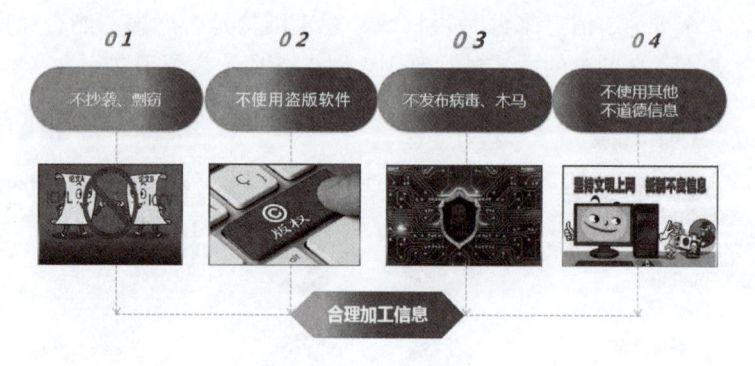

图1-6　合理加工信息行为

（3）真实传播信息

经过合法获取、合理加工的信息，须通过一定形式的表达，才能进入具体的信息活动，即所谓的信息传播。不同主体有不同的信息表达和传播习惯，只有使用通用字符或语法结构，遵循规范的表达范式传播信息，才能通畅地进行信息交流。更为重要的是，在传播信息过程中，应真实地还原和呈现信息原本的面貌和含义，信息活动主体只有传播各种真实准确的信息，其基本信息权利才能得到有效保障，其信息活动的价值才能得到真正实现，所以人们常说，真实是信息的生命。真实传播信息包括不传播网络谣言、不传播恶意信息、不传播其他非道德信息等，如图 1-7 所示。

图 1-7　真实传播信息

5. 信息社会责任

在信息社会中，虚拟空间与现实空间并存，人们在虚拟实践、交往的基础上，发展出新型的社会经济形态、生活方式以及行为关系。信息科技重塑了人们沟通交流时间和空间观念，不断改变着人们的思维与交往模式。一方面，伴随着越来越多的设备被互联网连接在一起，物与物之间、系统之间、行业之间甚至地域之间的界限越来越模糊，牵一发而动全身的可能性越来越大；另一方面，人与人之间的面对面交流显得越来越不重要，看上去社会关系趋于松散，但是每个社会成员对社会的"影响力"却与过去的时代有着本质的不同，非信息科技从业人员对社会的影响越来越突出。因此，每个信息社会成员都需要明确其身上的"信息社会责任"。

信息社会责任是指在信息社会中，个体在文化修养、道德规范和行为自律等方面应尽的责任。具备信息社会责任的人，在现实世界和虚拟空间中都应该对信息技术创新所产生的新观念和新事物，能从社会发展、职业发展的视角进行理性的判断和负责的行动，具体如下。

① 遵守信息相关法律，维持信息社会秩序。
② 尊重信息相关道德伦理，恪守信息社会行为规范。
③ 杜绝对国家、社会和他人的直接或间接危害。
④ 关注信息科技革命带来的环境变化与人文挑战。

【任务实施】

步骤 1：合法性获取。

在任务案例中，李同学每天在网上找"事少钱多离家近"的好工作，某天他看到一则招聘营销经理的广告，月工资上万，对于这条广告，他没有进行真假鉴别，也没有对信息来源的平台进行权威性和合法性鉴别，最终导致被虚假招聘广告所欺骗。如果他能在看到招聘广告时运用科学的信息鉴别方法，也许会更好地分辨网络信息的真伪性。这里就可以用到信息文字含义鉴别方法了，可以从招聘广告发布的网站来看来源是否权威，可以从招聘广告的工资、工作内容来看信息的逻辑是否严谨，还可以与同类型的其他招聘信息进行比较，经过以上 3 个方面的鉴别如果仍然不能辨别真伪，那么如果有条件的话还可以进行实地考察。

步骤 2：合理性加工。

案例中，李同学对毕业论文敷衍了事，抄袭拼凑的行为显然不符合合理加工信息的道德准则。撰写论文时必须合理借鉴他人已有的学术成果，但是如果只是复制粘贴他人的论文，这种行为被称为"学术不端"，违背了信息使用道德。李同学这种行为不仅是一种不道德的行为，更是一种违法行为，因为它严重侵犯了被抄袭者的知识产权。现实生活中因此被取消学位，甚至构成犯罪的比比皆是。

步骤3：真实性传播。

任务案例中的李同学为了吸引更多的同学从而获得50元/人的奖励，将张姓女子宣称的5 000元月薪招聘业务员的广告转发到了班级QQ群中。他将没有事实依据的信息随意在网络上转发，有可能造成更多同学被欺骗，违背了信息真实传播的道德。

【能力拓展】

疫情期间，某地某微信群发布招聘信息，称有渠道可以介绍去方舱医院上班，"待遇：工资+各种补贴合计2 000元/天，工作要求简单，只要接种过三针疫苗，45岁以下的成年人即可，而且包吃包住，还有专车接送。"这种既能抗疫还能赚钱的"好事"，一时间吸引了不少求职者，大家纷纷报名，却被告知"名额有限，需要交500元中介费预定名额"。请同学们用信息鉴别的几种方法分辨这则招聘信息的真伪。

任务1-4　认知DIKW层次模型

微课1-4　什么是DIKW模型？

【学习目标】

- 了解数据、信息、知识、智慧。
- 了解DIKW层次模型。

【任务描述】

李同学在了解企业的招聘信息时，主要使用了浏览就业信息网站渠道。当前招聘的网站非常多，每个招聘网站都有自己的人才数据库，求职者通过网站提供的搜索引擎可以找到相关的职位信息。李同学在招聘网站看到一则招聘信息，通过信息获取了：公司信息、职位待遇、工作职责、任职资格及工作地址。因为公司的任职要求为李同学所学的专业，工作地点也非常符合李同学的求职意向。为了提高应聘成功率，他拿出一张纸从中间对折，左边写上"公司要……"，右边写上"我有……"，中间留出空白，思考怎样才能从"我有"到"公司要"。基于当前自己掌握的知识情况，他制定了学习方案，以通过勤学苦练让自己具备了实力，同时深挖企业的各种信息，想办法通过加入产品外部团队或成为核心用户等方式来结识团队成员，对反馈的信息进行总结，预测还可能碰到的问题，帮助自己树立信心，更好地应对可能的变化，以获得企业的青睐。

请根据以上描述，理解数据、信息、知识、智慧的层次关系。

【相关知识】

1. 数据、信息、知识、智慧

① 数据（Data）。数据是反映客观事物属性的原始事实，是用数字、文字、图像、符号

等对客观现实的描述,以适合在相关领域中用人工或自然的方式进行保存、传递和处理。

② 信息(Information)。信息是具有时效性的有一定含义的,有逻辑的、经过加工处理的、对决策有价值的数据流。有专家给信息下的定义是:"信息是为了满足用户决策的需要而经过加工处理的数据。"简单而言,信息是经过加工处理后有逻辑关联的数据。

③ 知识(Knowledge)。知识就是沉淀并与已有人类知识库相结合并进行结构化的有价值信息。信息虽给出了数据中一些有一定意义的东西,但它的价值往往会在时间效用失效后开始衰减,只有通过人们的参与对信息进行归纳、演绎、比较等手段进行挖掘,使其有价值的部分沉淀下来,并与已存在的人类知识体系相结合作出建构和判断,信息就转化成了知识。

④ 智慧(Wisdom)。智慧是人类基于已有的知识,针对物质世界运动过程中产生的问题,根据获得的信息进行分析、对比、演绎找出解决方案的能力和远见。这种能力运用的结果是将信息的有价值部分挖掘出来并使之成为已有知识架构的一部分。

2. DIKW 层次模型

DIKW 层次模型将数据、信息、知识、智慧纳入一种金字塔形的层次体系,如图 1-8 所示。每一层比下一层都赋予一些特质。DIKW 模型通过以下步骤来协助研究及分析。

图 1-8　DIKW 模型

① 原始观察及量度获得了数据。

② 分析数据间的关系获得了信息。这些信息可以回答简单问题,例如:谁?什么?哪里?什么时候?意味着有听众及目的。

③ 在行动上应用信息产生了知识。知识可以回答"如何"的问题。知识是一些可行的关系及习惯工作方式。

④ 透过智者间的沟通及自我反省而利用知识会产生智慧。可以利用智慧解答关于行动的"为什么"的问题。智慧关心未来,它含有暗示及滞后影响的意味。

3. DIKW 层次模型对课程学习的意义

DIKW 层次模型是知识管理领域中一个重要的模型,它代表了知识管理的 4 个层级,明晰地勾勒出了在学习中将原始材料转化为自身认知的过程,对信息素养能力培养具有很好的借鉴和启示。通过 DIKW 层次模型,可以看到,知识递进的过程也是信息素养提升的过程,根据学习或需要解决的问题,对存在的各类数据检索和整理得到了信息,对信息进行分析和处理得到了知识,通过知识的积累、综合,可获得智慧与能力,如图 1-9 所示。

在用信息解决问题的整个过程中,要用到信息获取技术、信息传输技术、信息处理技术、

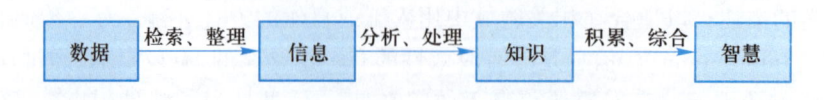

```
数据 →检索、整理→ 信息 →分析、处理→ 知识 →积累、综合→ 智慧
```

信息获取技术、信息传输技术、信息处理技术、信息控制技术、信息展示技术以及信息存储技术

图 1-9　信息素养与 DIKW 层次模型

信息控制技术、信息展示技术以及信息存储技术等信息技术，本书将以任务的形式将信息能力的提升贯穿学习信息技术的过程中。

【任务实施】

步骤 1：理解数据。

各类招聘网站将采集到的各类招聘信息以数字、文字、图像、符号等对客观现实描述的形式存在服务器中，这些数据如果不与求职者关联起来，本身没有意义。

步骤 2：理解信息。

李同学通过招聘网站提供的搜索引擎找到对应岗位的公司信息、职位待遇、工作职责、任职资格及工作地址，是一系列的文字数据。他通过对文字的理解得到了公司是什么性质、工作的职责和任职资格是什么、工作地点在哪里、报名的时间是什么等相关信息，获得了对岗位的理解，决定去试一试，说明数据对李同学是有用的信息。

步骤 3：理解知识。

李同学基于当前自己掌握的知识情况，制定了学习方案，通过勤学苦练让自己具备了实力。李同学能从相关信息中过滤、提炼及加工而得到有用的学习方案，解决了"如何"准备应聘的问题，提高了应聘的成功率，将信息转化为了知识。

步骤 4：理解智慧。

李同学在按学习方案进行应聘准备的同时，还去深挖企业的各种信息，通过经验、阅历、见识的累积，形成了对应聘的深刻认识，知道了公司为什么会这样招聘，并预测了可能碰到的问题，达到了智慧层面。

【能力拓展】

请根据下面的描述，分析产品团队是如何将数据变成智慧过程，理解 DIKW 层次模型。

互联网应用中存储着用户数据，包括年龄、职业、地区、生肖、星座等；交易数据，包括购买了什么商品、购买的时间等；浏览数据，包括浏览时间、关注了什么内容等。产品团队查到用户信息、交易数据、浏览数据这些原始数据并进行分析，通过对平台中用户数据进行分析得到用户画像；对交易数据中的商品进行分析获得诸如商品销量排行；对用户的浏览记录进行分析获得用户使用 App 的集中时间段。产品团队经过交易数据分析得出受欢迎商品和商品分类，通过用户的浏览记录获得用户集中的浏览时间段是在 7：00—9：00、20：30—22：00 和浏览哪些商品等，并根据这些信息制定了一个简单的运营方案，在用户集中的时间段进行分级运营，针对用户的浏览记录结合热销商品在首页进行运营方案的推送。通过运营数据分析得知在夜间推荐热销商品组合或者捆绑销售的方案效果很好，决定做个改进计划来大范围地推广这个方案，让这个改进计划成为以后营销体系中的模块。

项目小结

本项目设置了"认知信息素养""熟悉信息技术发展史""认知信息社会责任"和"认知DIKW层次模型"4个任务。以分析大学生职业规划、求职经历等具体任务为载体,学习信息素养的概念及构成要素,按照"信息意识是先导—信息知识是基础—信息道德是准则—信息能力是保障"思路组织学习内容,理念先行,先总后分,环环相扣。

在本项目能力拓展环节中,以"调研学生对信息素养的理解""分析中国互联网实力公司品牌所使用的主要信息技术""招聘信息的鉴别""用户数据变成智慧的过程"等4个能力提升训练将项目切换到不同的应用场景,旨在提高读者对信息素养及其构成的进一步理解,为将本项目的思想、理念、方法贯穿到后续每一个项目中打下基础。

项目提升

一、选择题

1. 关于信息素养教育,下列说法正确的是(   )。
    A. 信息素养教育拓宽视野,使人们知道这个世界上原来还有这么多信息资源
    B. 信息素养教育的训练信息获取能力,使人们知道如何获取所需要的信息
    C. 信息素养教育的培养信息利用能力,使人们具有敏锐的信息意识和利用信息解决问题的能力
    D. 信息素养教育与终身学习能力是一个相互促进、螺旋提升的关系
2. 信息素养包含(   )等方面。
    A. 信息意识、信息传播、信息能力、信息道德
    B. 信息意识、信息知识、信息评价、信息道德
    C. 信息意识、信息共享、信息知识、信息道德
    D. 信息意识、信息知识、信息能力、信息道德
3. (   )是指对信息的敏感程度,对信息的捕捉、分析、判断和吸收的自觉程度。
    A. 信息意识 B. 信息观念 C. 信息能力 D. 信息道德
4. 信息技术经历了一个漫长的发展过程,期间5次重大变革中的第4次信息革命是(   )。
    A. 文字的出现
    B. 印刷术和造纸术
    C. 电报、电话、广播等现代通信技术的发明及应用
    D. 电气时代的到来
5. 实现了远距离、实时、多媒体、信息双向互通的信息技术是(   )。
    A. 文字的出现
    B. 计算机和互联网的发明和应用
    C. 电报、电话、广播等现代通信技术的发明及应用

D. 造纸和印刷术的发明

6. 第5次信息技术推动了3次科技浪潮，都极大地改变了人类的生活，下面说法不正确的是（　　）。

　　A. PC时代出现了软件厂商微软和SAP
　　B. 互联网时代出现了计算机厂商IBM、Intel、AMD和Sony
　　C. 移动互联网时代国内出现了华为、小米、滴滴等企业
　　D. 云大物移时代出现了IBM、VMware、阿里云

7. 以下关于数据、信息和知识相互关系的理解，不正确的是（　　）。

　　A. 数据是原始事物现象的符号记录
　　B. 信息等同于知识
　　C. 信息是经加工处理的、具有意义的数据
　　D. 知识是人们运用大脑对获取或积累的信息进行系统化地提炼、研究和分析的结果

8. DIKW层次模型的最低层是（　　）。

　　A. 数据　　　　B. 信息　　　　C. 知识　　　　D. 智慧

9. 表现为收集、加工、应用、传播知识的能力，以及对事物发展的前瞻性看法是（　　）。

　　A. 数据　　　　B. 信息　　　　C. 知识　　　　D. 智慧

10. 小张毕业了想在网上找一份合适的工作，找了很久，觉得本地一家公司招聘的岗位很适合自己，打电话过去对方告知招聘广告是3个月前发出的，已经过期，小张这次失利是因为对信息没有进行（　　）鉴别。

　　A. 真伪鉴别　　　B. 价值取向鉴别　　　C. 时效性鉴别　　　D. 适用性鉴别

11. 想找兼职的小刘在某网站看到一则招聘网络兼职人员的信息，她了解到，在淘宝网上给商家"刷信誉"的工作非常轻闲，无须押金，更不用坐班，而且对方承诺，小刘每刷一笔商品，至少有15元钱的收入，每天至少可赚百元以上。小刘动了心，立刻垫钱刷了一笔500元的订单，结果可想而知。小刘正确的做法是（　　）。

　　A. 常见诈骗手段，主动忽略或者及时报警
　　B. 这种赚钱方式真轻松，赶快去应聘
　　C. 刚毕业就业困难，急用钱买新手机，日夜刷信誉赚钱
　　D. 发财致富之道，并介绍朋友一起发财

12. 随意下载、使用、传播他人软件或资料属于信息道德与信息安全失范行为中的（　　）。

　　A. 黑客行为　　　B. 侵犯他人隐私　　　C. 侵犯知识产权　　　D. 信息传播

二、判断题

1. 遇到问题首先能想到基于信息来解决，这体现了很好的信息意识。　　　　（　　）
2. 信息能力是指与信息和信息技术相关的概念、理论、工具和方法。　　　　（　　）
3. 信息技术是指对信息进行采集、传输、存储、加工、表达的各种技术之和。　　（　　）
4. 第3代信息技术革命加快了信息传输的速度，缩短了信息的时空范围，信息能瞬间传遍全球。　　　　（　　）
5. 云大物移时代进入以信息获取为核心的大数据时代。　　　　（　　）

6. 智慧是沉淀并与已有人类知识库进行结构化的有价值信息。（　　）
7. 原始观察及量度获得了数据、分析数据间的关系获得了信息。（　　）
8. DIKW层次模型将每天产生、使用的信息进行分层，使信息的可理解性越来越高。
（　　）
9. 信息道德是调整人们之间以及个人和社会之间信息关系的行为规范总和。（　　）
10. 信息鉴别是指运用相应的知识和经验，对信息进行分析、判断和取舍。（　　）
11. 毕业论文撰写过程中，随意篡改、伪造数据、抄袭、剽窃他人成果属于学术信息道德失范行为。（　　）
12. 信息社会责任是指在信息社会中，个体在文化修养、道德规范和行为自律等方面应尽的责任。（　　）

项目 2

信 息 检 索

— 信息泛滥——探寻有效的信息资源 —

📂 项目概述

互联网时代想要获得信息已变得非常便捷：即时搜索、个性推送、广告投放、他人分享等，人们常被海量的信息所包围。如何避免在获取信息的道路上迷路，则需要具有一定的信息检索能力。信息检索是人们进行信息查询和获取的主要方式，是信息化时代人们基本的信息素养之一。掌握信息的高效检索方法，是现代信息社会对高素质技术技能人才的基本要求，对人们的学习、生活和工作等方面都有非常大的作用。本项目主要包含信息检索基础知识、搜索引擎使用技巧、使用专业数据库进行信息检索等内容。

⊙ 项目目标

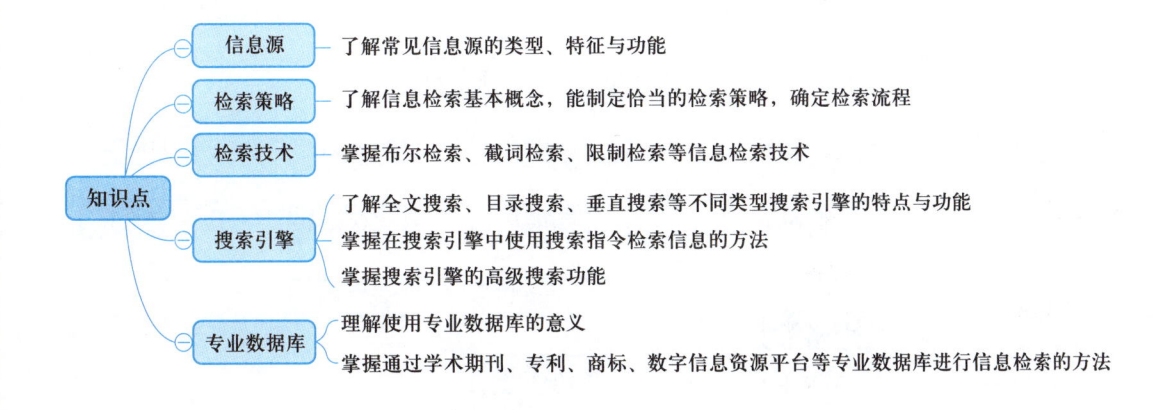

知识点

- **信息源**：了解常见信息源的类型、特征与功能
- **检索策略**：了解信息检索基本概念，能制定恰当的检索策略，确定检索流程
- **检索技术**：掌握布尔检索、截词检索、限制检索等信息检索技术
- **搜索引擎**：
  - 了解全文搜索、目录搜索、垂直搜索等不同类型搜索引擎的特点与功能
  - 掌握在搜索引擎中使用搜索指令检索信息的方法
  - 掌握搜索引擎的高级搜索功能
- **专业数据库**：
  - 理解使用专业数据库的意义
  - 掌握通过学术期刊、专利、商标、数字信息资源平台等专业数据库进行信息检索的方法

任务 2-1　选择合适的信息源

【学习目标】
- 了解信息源的类型与分类标准。
- 了解常用信息源的特点与功能。

【任务描述】

李同学正在参加校园创新项目"人工智能与垃圾分类"。老师要求李同学前往图书馆检索一些与项目相关的图书、论文、标准等专业资料，进行前期的文献阅读。老师叮嘱他，信息的检索不能盲目进行，不同类型的信息会收集在不同的信息源中，弄错了信息源，可能花了大量时间检索却收效甚微。请分析李同学应该搜集哪些资料，记录这些资料的信息源可能是哪些，并列举代表性信息源各一种。

【相关知识】

1. 信息源的概念

联合国教科文组织出版的《文献术语》将信息源定义为"个人为满足其信息需要而获得的信息来源"。从广义上来说，人际交流、实物、文献记录等都是人们能获取信息的来源；从狭义上来说，当信息被记录下来就是文献型信息源，信息还没有被记录下来就是非文献型信息源。记录信息的载体从几千年前的龟甲竹简，到现在的电子材质，都承载着记录传播人类知识经验的功能，因此，从是否成为文献型信息源的角度，信息源又可以进行如图 2-1 所示的分类。

口语和体语信息即人际交流信息，是获取信息最直接的来源。实物型信息源则指对信息

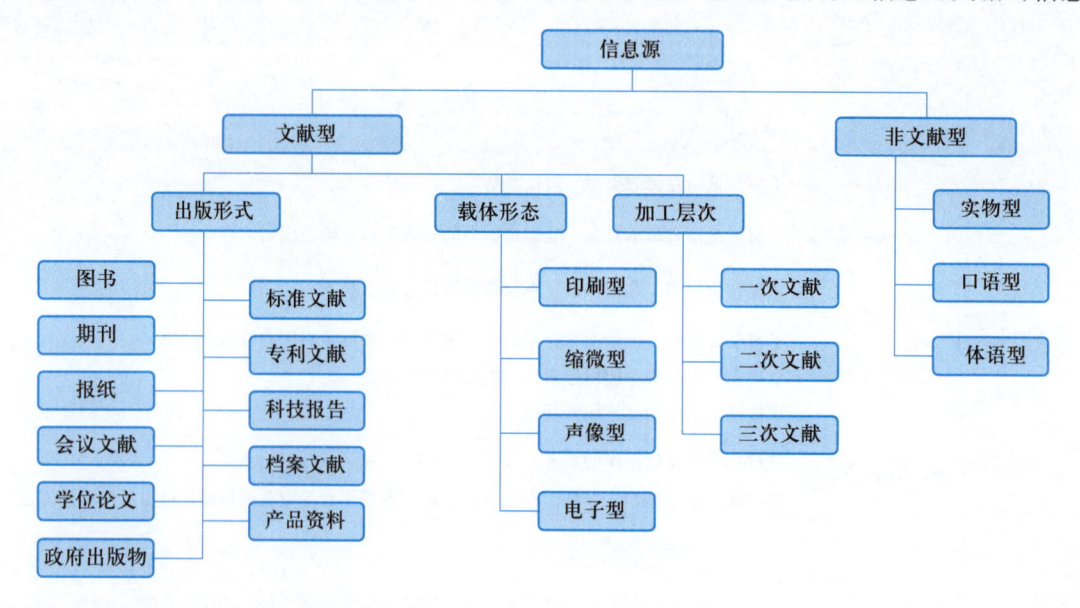

图 2-1　信息源的分类

直观的感受，是考察与识别信息的重要手段。而文献型信息源，不仅包括传统印刷型文献资料，还包括现代电子型资源，记载着大量的知识信息，成为人们获取信息最主要的来源。本项目所介绍的信息检索，主要针对文献型信息源。

2. 信息源的特点与功能

根据文献的编辑出版形式，常见的文献型信息源包括图书、期刊、标准等11种类型，不同类型的文献型信息源其主要功能侧重点不一样。例如，历史最悠久的"图书"，内容比较系统、全面、成熟，但出版周期较长，传递信息速度慢。如果是为了系统地学习知识、了解有关领域知识的概要、查找某一问题的具体答案，选择"图书"比较合适。而如果是要了解某学科的研究动态、趋势，则"期刊"这一类信息源更为合适。

随着信息技术的发展，人们将期刊、标准、专利、技术档案等资源转化为电子形态并以网络信息源的形式呈现，使用起来更为便捷。网络信息源是指以电子资源数据的形式，将文字、图像、声音、动画等多种形式的信息存储在光、磁等非印刷的介质中，利用计算机通过网络进行发布、传递、存储的各类信息资源，包括电子图书、电子期刊、新闻、商业信息、软件、数据库、博客、微博、生活、娱乐等信息。

【任务实施】

步骤1：分析所需信息的主题范围。

李同学对项目的主题"人工智能与垃圾分类"进行分析，将自己所需要的信息列举了出来，他发现需要搜集以下3个方面的资料。

① 人工智能及垃圾分类的最新研究信息，包括人工智能的概念、应用，垃圾分类的概念、应用，相关政策、研究进展等学术类信息。

② 已设计出来的智能垃圾分类的产品信息及具体工艺技术要求，包括产品的名称、型号、功能等技术类说明文档。

③ 智能垃圾分类产品的市场状况和生产企业的信息，包括企业的相关报道、产品的市场状况等商业性信息。

步骤2：分析记录上述信息的主要信息源类型。

根据所需信息的主要内容，结合各种文献型信息源的特征，列出可能记载了上述内容的信息源类型及可供参阅的代表性信息源，见表2-1。

表2-1 分析记录主要信息源类型

研究所需要的信息	记载上述内容的信息源类型	可供参阅的代表性信息源（自行填写）
学术性信息：人工智能及垃圾分类的最新研究	有深度的学术类文章，如学术期刊、科研报告	样例： 论文：《基于大数据的垃圾智能处理系统的分析与设计》，来自《电脑知识与技术》2020年第16期，作者：刘田田
	专业性、系统性的图书资料	
工艺技术性信息：智能垃圾分类产品信息及具体工艺技术要求	对产品进行详细说明，如专利、产品资料、标准、技术档案	
商业性信息：智能垃圾分类产品的市场状况和生产企业信息	企业的宣传册等公司产品资料	

【能力拓展】

分别从网络、期刊、报纸、图书、学位论文等信息源中检索关于"中国梦"的印刷型及电子型文献各一种,并填入下表。

序号	文献类型	印刷型文献名称	对应的电子型资源	来源渠道

任务 2-2 制定恰当的检索策略

【学习目标】

- 理解信息检索的基本概念。
- 掌握信息检索的基本技术。
- 能制定恰当的检索策略,确定检索流程。

【任务描述】

李同学通过对项目的分析,确定了接下来他需要查找一些与研究内容相关的学术论文、图书、标准、专利、产品宣传册等不同类型的信息资源。他打开计算机,在最常用的百度搜索中输入"关于人工智能和垃圾分类"关键词进行检索,但结果非常凌乱,有新闻资讯,有商品介绍,还有大量广告,却没有他所需要的学术论文等研究性信息,而且与主题也不是很贴合。李同学去向老师请教,老师指出由于他在检索前没有制定明确的检索策略,只是盲目地搜索,自然结果不理想。老师要求他制定一个检索策略,确定好表达信息需求的检索关键词、检索时间范围、检索工具以及检索途径、方式等内容,然后再按照策略去执行检索任务。请用表格或思维导图的形式帮助李同学制定一份查找有关"人工智能和垃圾分类"的信息检索策略。

【相关知识】

1. 信息检索概念

信息检索在生活中非常普遍,如找美食点外卖、订机票选酒店、发提问查攻略、找论文下资料、购车票、比价格……,拿出手机检索信息已成为生活的必需。人们对信息的需求千差万别,获取信息的方法也不尽相同。

信息检索是指信息的查找与获取。检,即查找;索,即获得与索取。也就是说,信息检索是指利用检索工具或检索系统,通过一定的途径、方法,将所需信息(事实、数据、知识)查找出来的过程。例如,小时候学习使用《新华字典》来查找汉字,就是一个信息检索的过程。

在这个过程中,《新华字典》便是检索工具,汉字的拼音或者部首便是检索途径,通过拼音指引或部首的指引直接定位到相应页面便是检索方法。

随着信息处理技术、通信技术、计算机和数据库技术的迅速发展,信息检索得到了广泛的应用,信息检索的方式也发生了翻天覆地的变化,从传统的手工检索转变为计算机检索。信息检索的工具也由纸质性字词典、目录、索引,发展为不同类型的搜索引擎、各种学科的专业数据库以及各类政府、机构、企业的网站甚至社交平台。

2. 信息检索技术

信息检索技术是利用联机数据库、网络数据库或搜索引擎等检索工具检索有关信息而采用的一种计算机技术,常用的检索技术包括布尔逻辑检索、截词检索、限定检索等。

(1)布尔逻辑检索

布尔逻辑检索是使用面最广、使用频率最高的一种检索技术,是指采用布尔逻辑表达式来表达检索需求,然后由计算机进行相应逻辑运算,以找出所需信息的方法。图 2-2 所示为布尔检索的 3 种类型,阴影部分表示信息系统中符合表达式要求的信息。例如,表达式 A and B,表示检出的信息必须同时包含有 "A" 和 "B" 两个检索词。

微课 2-2
布尔检索

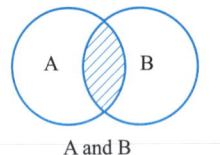

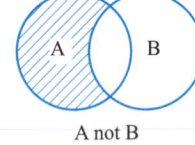

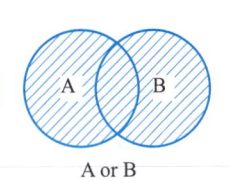

图 2-2 布尔逻辑组配的 3 种关系

布尔逻辑检索可以进行叠加。例如,要查找关于"信息素养的电子文档资料",为了尽可能将检索结果搜索完整,可以将"信息素养""电子文档"的相关检索词一并列出,通过逻辑算符进行组配:("信息素养"or"信息能力")and("电子文档"or"电子档案")。

(2)截词检索

截词检索是指在检索词的合适位置进行截断,然后使用截词符来进行处理实施检索的一种技术。常用的截词符有 *、? 等。例如,book 用 book? 处理,表示截一个词,可检索出含有 book 和 books 的记录;又如,solubility 用 solub* 处理,可检索出含有 solubilize, solubilization, soluble 等同根词。可见,截词检索具有隐含的布尔逻辑或(or)运算的功能。

微课 2-3
截词检索

(3)限定检索

限定检索是通过限制检索范围,达到优化检索结果的方法。限定检索的方式有多种,如进行字段限定、采用限定检索命令等。

字段限定的范围很多,常用的限定字段有题名、作者、关键词、时间、机构等。不同的数据库在进行字段限定时有不同的表达形式和使用规则,在进行字段限定检索时,要注意参阅数据库的使用说明,避免产生检索误差,如中国知网采用字段代码限定,而万方数据则采用中文名称限定。例如,检索关键词为"人工智能"或者标题中包含"大数据"的相关文章,在中国知网中的检索式表述为"KY= 人工智能 or TI= 大

微课 2-4
限定检索

数据",如图2-3所示;而在万方数据中,则表述为"关键词:(人工智能)or 题名:(大数据)",如图2-4所示。

图2-3 在中国知网中进行关键词或者题名限定检索

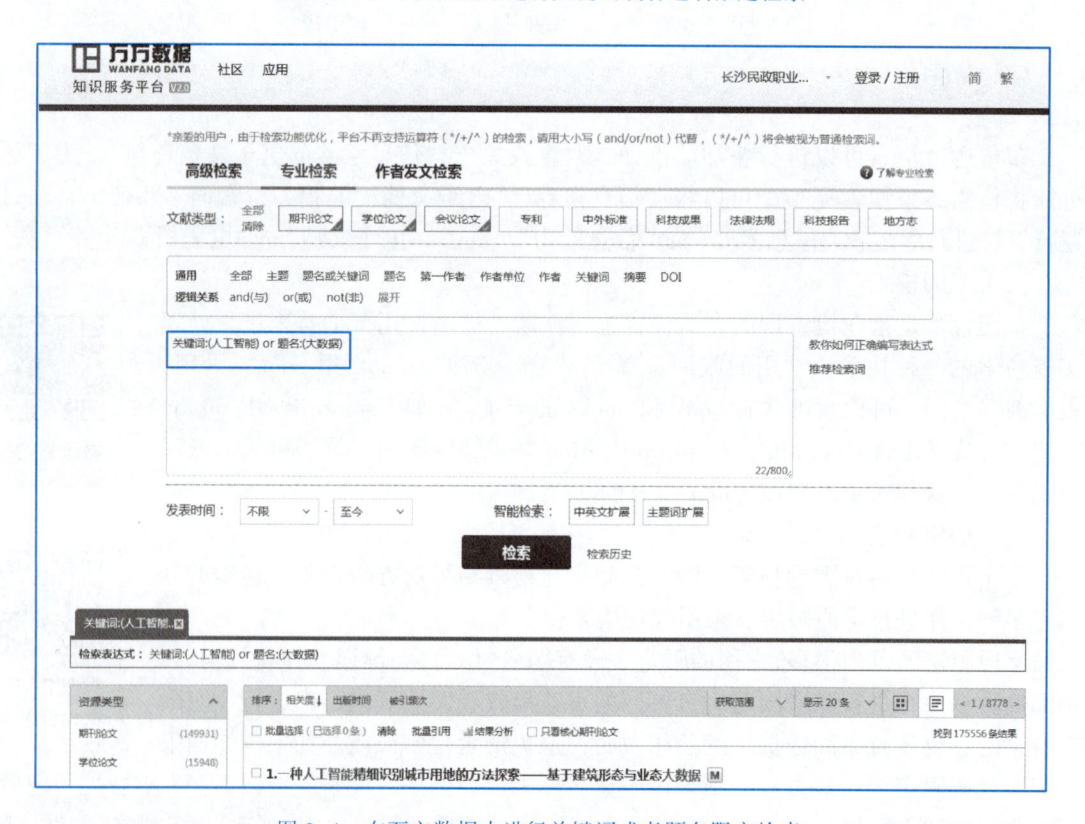

图2-4 在万方数据中进行关键词或者题名限定检索

在使用中国知网、万方等数据库检索信息时，多采用下拉列表的方式来进行字段限定，如图 2-5 所示。而在搜索引擎中，则可通过限定检索命令来进行，如 site、filetype、intitle、inurl 等。后面将详细说明限定检索命令的具体使用方法。

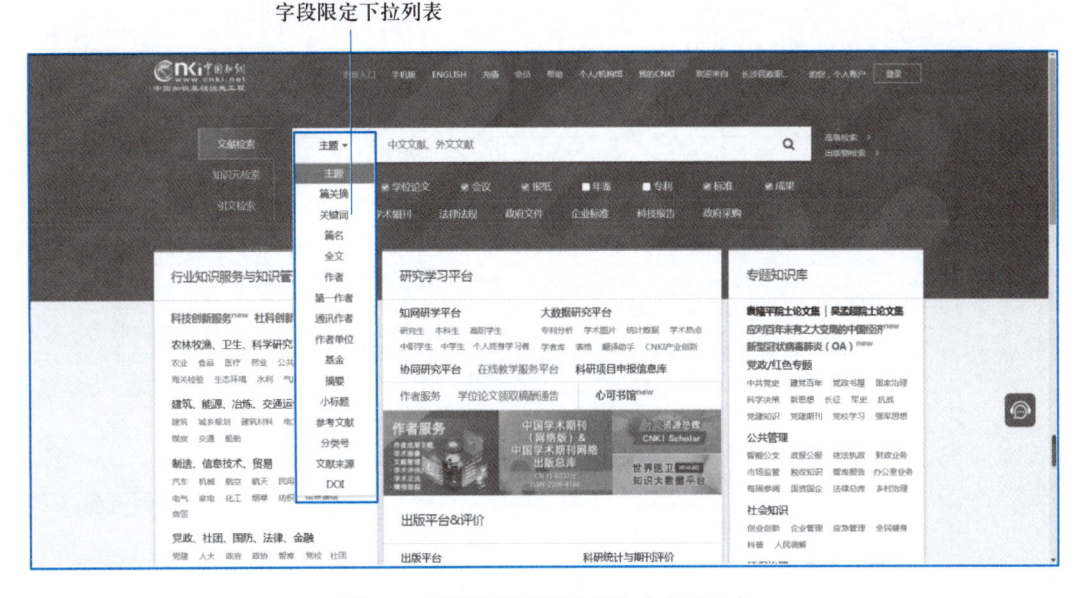

图 2-5　中国知网的下拉列表式字段限定

3. 信息检索策略

检索策略是指在明确信息需求的基础上选择检索系统或工具、确定检索词、检索途径、使用检索技术实施检索行为并对检索结果进行评价的一整套计划，并按此计划去执行检索任务的一个完整的信息检索流程，如图 2-6 所示。

检索策略指导着整个信息检索的过程，直接影响检索效果。好的检索策略是在对初步检索结果进行评价的基础上不断调整检索思路、修改检索词、完善检索表达式得到的。通过"检索→阅读→调整→再检索……"的过程，对策略了解越来越深入、全面，检索效率不断提升，从而圆满地解决信息需求。

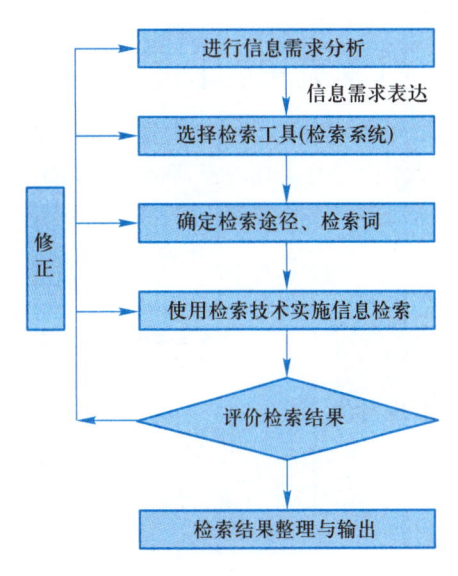

图 2-6　信息检索流程

【任务实施】

本任务实施的检索策略见表 2-2。

表 2-2 "人工智能与垃圾分类"检索策略

步骤	内容	目标	策略描述
1	进行课题分析	确定信息源类型	以学术论文、专业图书、相关标准、专利等知识型文献为主,相关的新闻资讯为辅
		确定时间范围	考虑技术的迅猛发展,且是为创新项目进行调研,因此资料的时间范围不能太久远,以近5年为宜
		确定信息语种	为了便于阅读学习,确定暂时以中文信息为主
2	选择检索工具	网络资源检索工具	百度、搜狗等搜索引擎
		电子型资源检索工具	中国知网、万方数据等由学校购买,可在校园内免费使用的专业数据库
		印刷型资源检索工具	图书馆馆藏图书书目系统
3	拟定检索标识	确定检索词	人工智能、垃圾分类、机器人、垃圾分类回收等,根据检索情况后续再进行调整
		确定检索途径	主题以及关键词途径
4	确定检索方式和检索表达式	简单检索	直接输入检索词,分多次进行
		高级检索	将检索词分别输入检索框,检索词进行逻辑组配,并限定时间范围(近5年)
		检索表达式	(人工智能 or 机器人)and(垃圾分类 or 垃圾分类回收)
5	按上述策略,通过切换检索工具、更换检索词来实施检索,筛选并查看整理检索结果		

【能力拓展】

实现中华民族伟大复兴,是近代以来中国人民最伟大的梦想,我们称之为"中国梦",基本内涵是实现国家富强、民族振兴、人民幸福。

请以"中国梦"为主题,制定相关资料的检索策略,并根据该策略实施检索,为完成1 000字左右的综述作业做资料收集准备。

微课 2-5 搜索引擎的工作原理

任务 2-3 使用高效的搜索引擎

【学习目标】

- 了解搜索引擎的基本类型。
- 掌握在搜索引擎中使用搜索指令检索信息的方法。
- 掌握搜索引擎的高级搜索功能。

【任务描述】

学院拟开展垃圾分类的宣传活动,而李同学又恰好在准备人工智能与垃圾分类的相关研究,于是老师安排他上网搜索一些"垃圾分类"的PPT课件,以便在班会上使用。李同学制定了一个简单的策略,选定以百度为检索工具,以"垃圾分类"为检索关键词,但实施检索后他发现结果五花八门，有广告、新闻报道，还有一些不太符合要求的模板，并没有适用的 PPT 资源，如图 2-7 所示。老师告诉他这个任务可以直接使用限定搜索指令来完成。请帮助李同学制定检索策略，利用搜索引擎一键完成该主题的 PPT 资源搜索。

图 2-7 在百度中检索"垃圾分类"

【相关知识】

1. 搜索引擎的类型

搜索引擎是目前最常用的信息检索工具之一，一般情况下只要输入一个简单的词语，便能找到答案，非常便捷，因而深受人们的喜爱。常用的搜索引擎包括全文型、目录型以及垂直型等类型。

（1）全文搜索引擎

全文搜索引擎是目前应用最为广泛的主流搜索引擎，如百度、搜狗、必应、360、有道、中国搜索等。搜索引擎能识别的关键词范围非常广泛，其内容可以是人名、网站、新闻、小说、软件、游戏、星座、工作、购物、论文……，其形式也可以是任何中文、英文、数字，或中文英文与数字的混合体，如"大话西游""windows12""F-1 赛车"等。对于关键词的数量，可以是一个或多个甚至是一句话，如"招生""mp3 下载""游戏 攻略 大全""蓦然回首，那人却在灯火阑珊处"等。例如，在百度搜索引擎中输入"扶贫书籍推荐"语句，检索结果如图 2-8 所示。

（2）目录索引

目录索引是将网页的内容按其网址分配到相关分类主题目录不同层次的类目之下，用户根据网站提供的主题分类目录，层层单击进入，直到找到所需内容。这一类搜索引擎也很多，如新浪、搜狐、网易等。新浪搜索引擎的分类目录如图 2-9 所示。

（3）垂直搜索引擎

垂直搜索专注于特定的搜索领域和搜索需求，例如，机票搜索、旅游搜索、生活搜索、小说搜索、视频搜索、音乐搜索、图片搜索、微信搜索、房产搜索等，是搜索引擎的细分和延伸，是对网页库中的某类专门信息进行整合。与全文搜索引擎的海量信息无序化相比，垂

基础篇

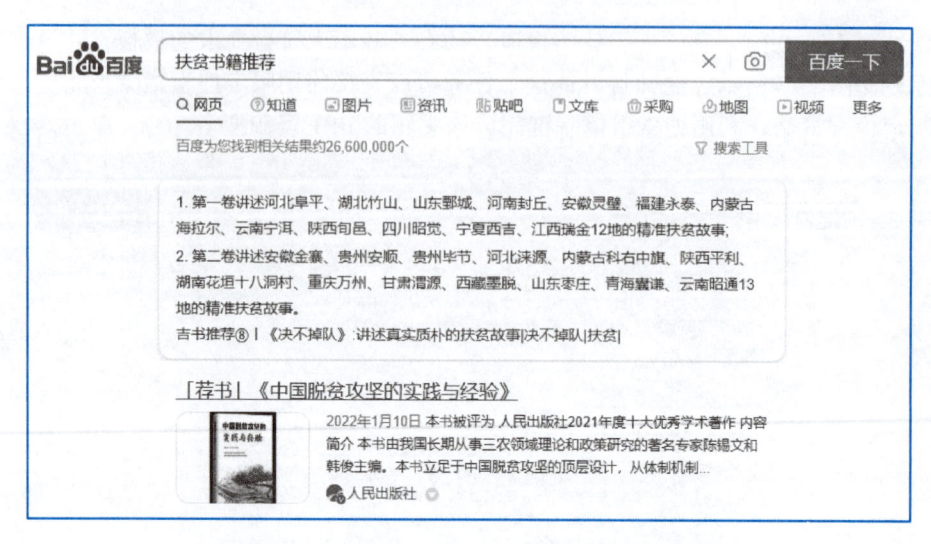

图 2-8　百度搜索引擎检索"扶贫书籍推荐"

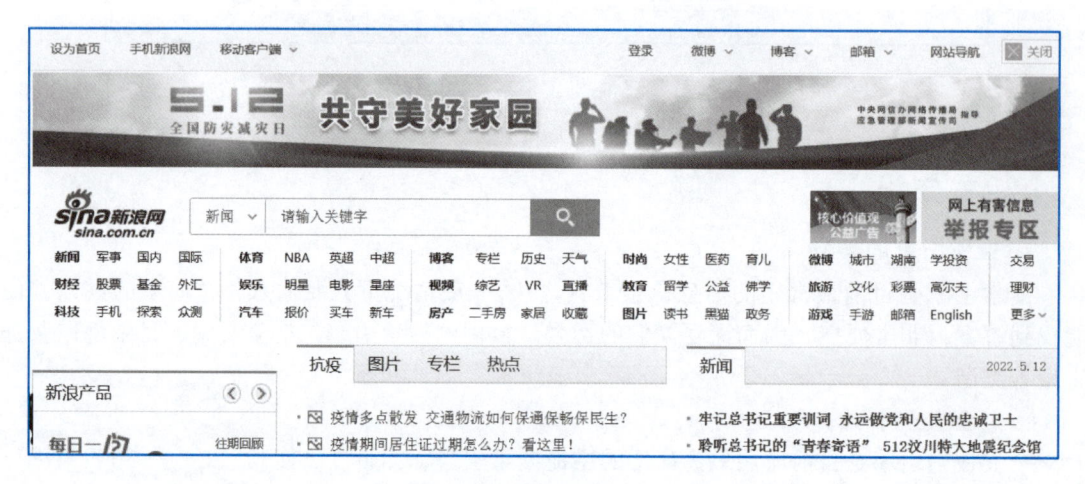

图 2-9　新浪分类目录

直搜索引擎显得更加专注、具体和深入。这类搜索引擎网站也有很多，如淘宝（搜索商品信息）、优酷（搜索视频信息）、盘搜搜（搜索网盘信息）、鸠摩搜书（搜索电子书信息）、去哪儿网（搜索旅游信息）、博客搜索（搜索博客信息）、12306（搜索列车信息）等。例如，图 2-10 展示了在"慢慢买"搜索引擎中检索"智能垃圾桶"的情况，检索结果将该商品在各个电商平台的价格信息进行列表展示，便于用户进行直观地比较。

2. 常用搜索指令的使用

搜索引擎是最常用的检索工具，但在搜索时检索结果存在广告干扰、排名相关度低甚至搜不到等问题，这时使用一些常用的搜索指令，就可以快速排除一些不相关的信息，检索效率提升很多，达到事半功倍的效果。

常用的搜索指令主要有以下几个。

① site 指令，其作用是限定在某个网站中进行检索。其具体用法是：关键词 + 空格 + site+ 英文冒号 + 搜索范围所限定的网站。这里要注意，网站前不用加 http 或者 www。例如，

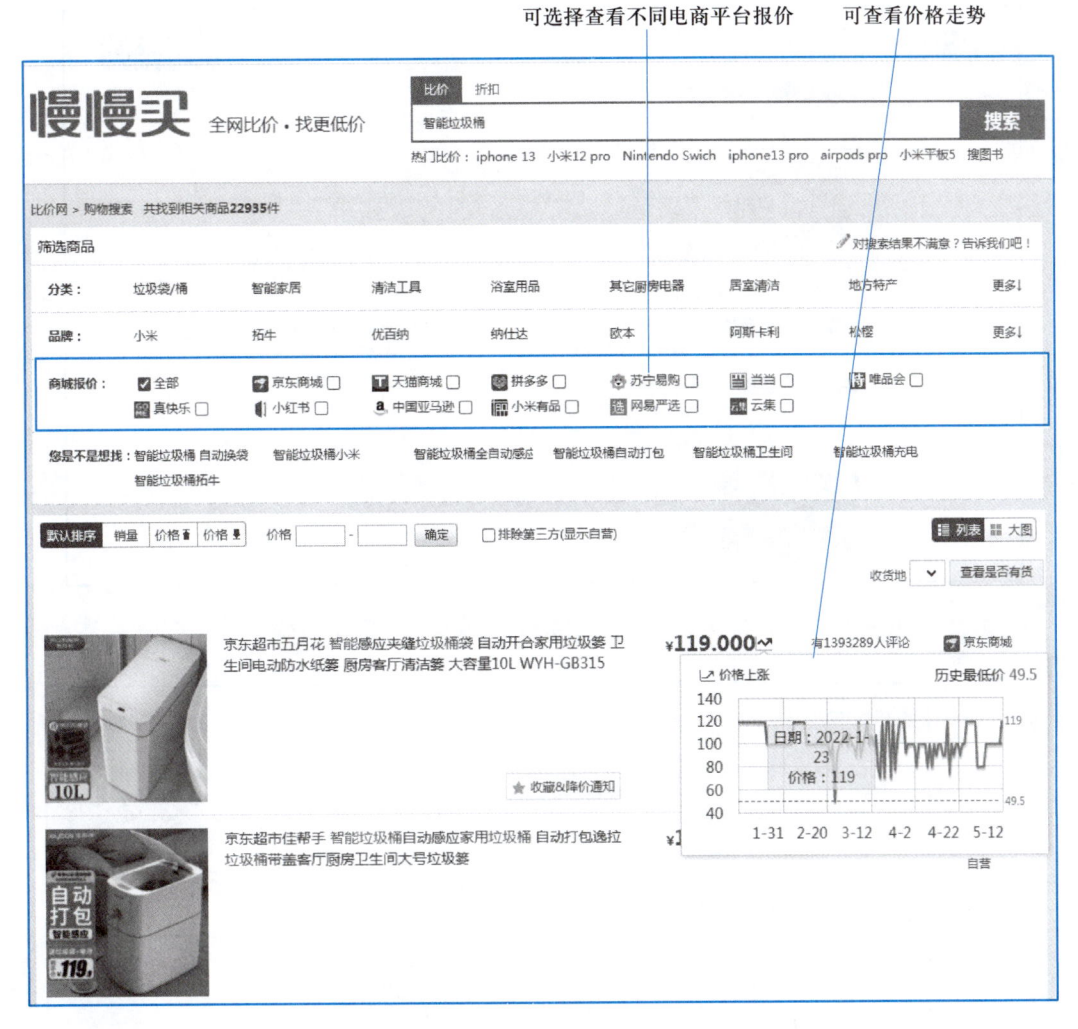

图 2-10　在"慢慢买"比价网中进行"智能垃圾桶"检索

要在知乎网站中搜索"人工智能"的信息，可以在搜索引擎（如百度）中直接输入"人工智能 site：zhihu.com"，如图 2-11 所示。从中可以看到，所有结果都直接来源于"知乎"网站，没有其他来源的结果干扰。

② filetype 指令，其作用是限制检索结果为某种特定的文件类型。具体用法是：关键词 + 空格 +filetype+ 英文冒号 + 文件类型。这个指令在搜索专业文档资料时非常好用。例如，想查找一些 Word 文档形式的英语四级真题试卷，在搜狗搜索引擎中输入"英语四级真题 filetype：doc"，如图 2-12 所示，可以看到，所有的检索结果都是关于英语四级真题的 Word 文档，没有其他的信息干扰。

③ intitle 指令，其作用是限制在标题中进行检索。intitle 指令的具体用法是：intitle+ 英文冒号 + 需要限定的关键词。例如，想检索智能机器人的信息，就可以在搜索引擎中输入"intitle：智能机器人"。查看返回的结果网页，发现其标题中均包含"智能机器人"，如图 2-13 和图 2-14 所示，这大大提高了检索效率。

④ inurl 指令。在 WWW 上，每一个信息资源都有统一且唯一的网址，该地址就叫 URL

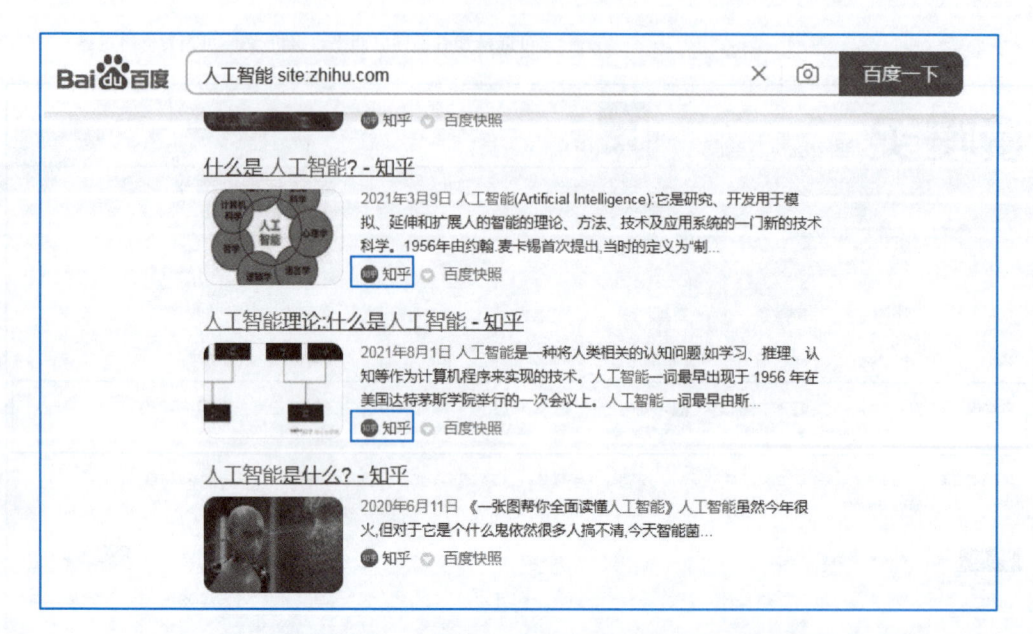

图 2-11　在百度中使用 site 指令检索知乎网站中关于"人工智能"的信息

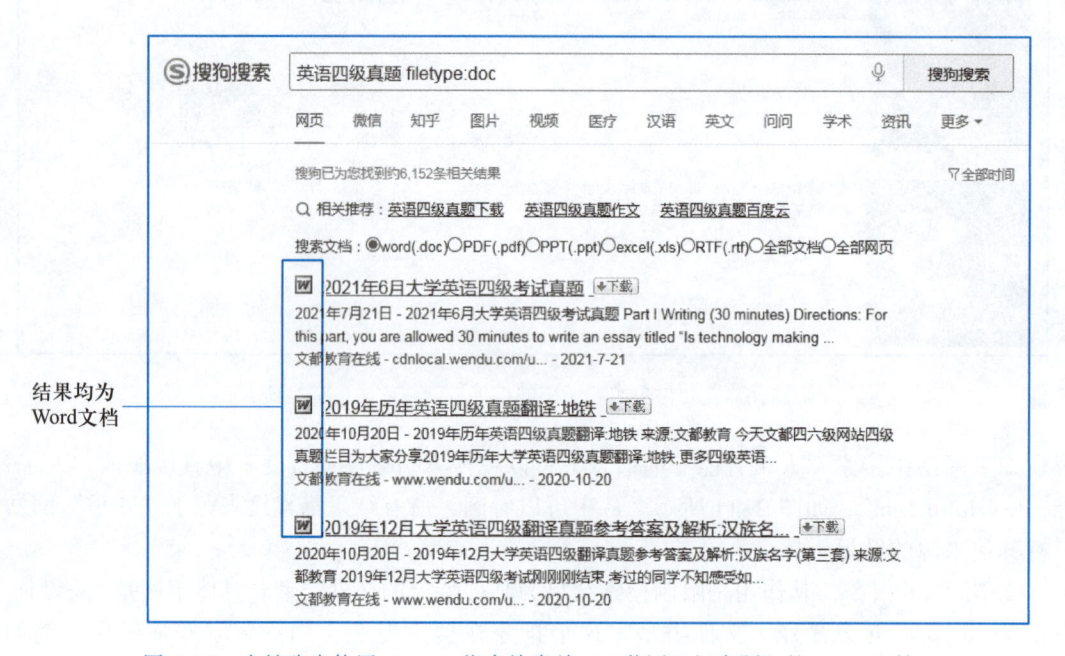

图 2-12　在搜狗中使用 filetype 指令检索关于"英语四级真题"的 Word 文档

（统一资源定位符），因此，用 inurl 指令进行检索，就是限定关键词出现在搜索结果的网址中，具体用法是：inurl：×××（××× 可以为任意字符串）。此命令表示查找 URL 中包含 ××× 的网页。inurl 指令有时可以取代 site 指令，但 site 后面接的是网站全名，如果不清楚或者记不清网站全名，用 inurl 指令就可以解决。例如，想要了解各个大学对人工智能专业的介绍，但大学众多，且不清楚各个学校的网址，而大学属于教育机构，其网址中一般都会带有 edu，因此，可以在搜索引擎中输入"intitle：人工智能专业介绍 inurl：edu"进行搜

图 2-13　在搜狗中使用 intitle 指令检索标题中包含"智能机器人"的信息

图 2-14　网页标题中包含"智能机器人"的信息

索。如图 2-15 所示，这几个检索结果分别来自江西理工大学、安徽工程大学、上海理工大学、南京工业大学、北京经济管理学院等学校的网站。

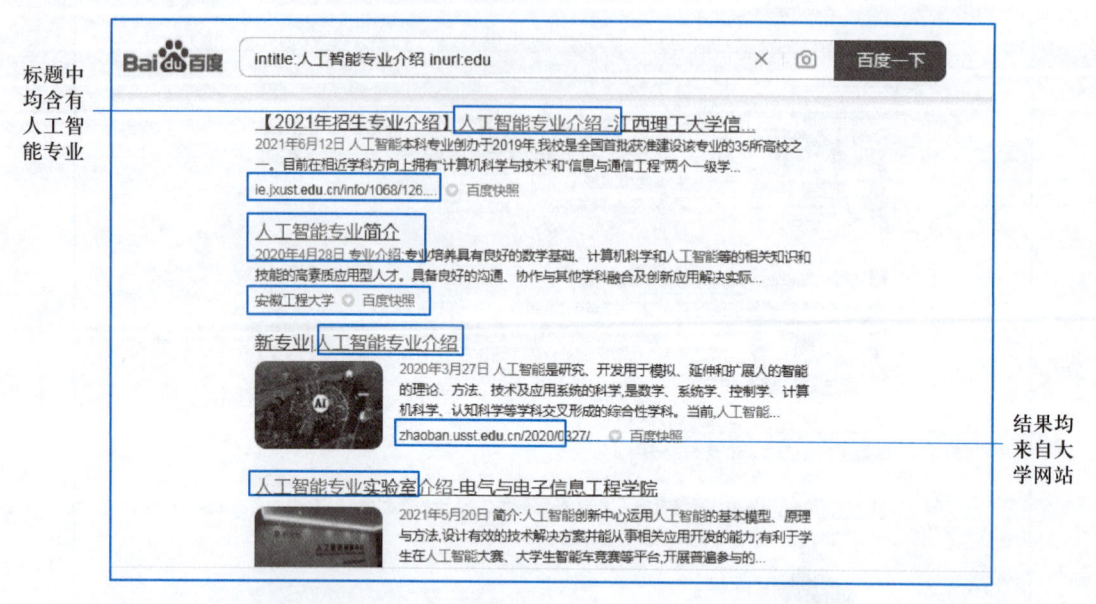

图 2-15 使用 inurl 指令检索标题中包含"人工智能专业介绍"且信息来自大学的网站

在上面的示例中，实质上表达了两个检索意图，一是要求检索结果的标题中包含人工智能专业介绍，二是要求检索结果来自大学的网站。这两个检索意图之间，是"and"的关系，也即要求同时满足，这里使用了信息检索技术中的"逻辑与"技术。

3. 搜索引擎的高级搜索功能

一般情况下，在搜索引擎中直接输入检索词便能实现一定程度的检索，但如果对搜索指令或者搜索技术的使用不太熟悉，也可以采用搜索引擎的高级检索功能，同样可以实现检索效率的提升。如图 2-16 所示，在百度的高级搜索界面中，可以对关键词之间进行布尔逻辑

图 2-16 百度高级搜索界面

关系组配，对搜索结果显示的时间范围、语言类型、搜索结果的文档格式、来源网站等进行限定，从而更加精确地检索想要的信息。

日常使用的很多搜索引擎都具有高级搜索功能。观察一下自己经常使用的搜索工具的高级搜索界面，并尝试使用高级搜索功能来提高检索效率。

【任务实施】

根据信息需求分析，本任务为检索某一特定格式（PPT）的信息，信息内容的主题为"垃圾分类"，主要用于在班级进行科普性知识宣讲，因此对信息的专业精度、深度要求不高，故通过搜索引擎即可完成本任务。确定检索策略如下。

步骤1：确定检索关键词为"垃圾分类"。

步骤2：确定所需信息的格式为PPT演示文稿。

步骤3：确定检索工具为百度搜索引擎。

步骤4：确定检索方式，使用搜索指令 filetype，以此限定检索结果的格式。

步骤5：实施检索。在百度检索框中输入"垃圾分类 filetype：PPT"，实施检索并查看检索结果，如图2-17所示。

图2-17 使用百度搜索引擎检索垃圾分类的相关PPT

【能力拓展】

小明准备开一家奶茶店进行创业，他首先关注的是加盟问题，但之前他从未主动了解过这方面的信息，于是想通过网络搜索获取信息。作为有一定搜索经验的你，请帮助他拟定一份检索策略，避免来路不明的广告误导，获取奶茶品牌、加盟流程说明、加盟注意事项及网友分享的较为实用的经验等优质信息。

任务 2-4 应用专业的数据库

微课 2-6 中国知网（全球学术快报）操作视频

【学习目标】
- 理解使用专业数据库的意义。
- 了解常用专业数据库的类型与作用。
- 掌握通过学术期刊、专利、商标等专业数据库进行信息检索的方法。

【任务描述】

李同学根据拟定的检索策略，首先选择百度作为检索工具开始实施资料的收集。他在百度搜索引擎中输入"（人工智能 or 机器人）and（垃圾分类 or 垃圾分类回收）"的表达式，很快找到了超过 300 万条的记录，如图 2-18 所示。李同学耐着性子看完了前面 20 条信息，这给了他一些思路，但不够聚焦，大多是一些新闻报道，且存在大量广告，对他的帮助不大，而且看完所有的内容也不可能。老师告诉他，在平时的学习中，经常会遇到要对某一课题进行深入研究的情况，这时需要的是较为系统和专业的信息，如学术论文、学位论文、专利、标准、科技报告、地方志等。这一类信息利用百度等搜索引擎是很难直接检索到的，即使检索到，也只是题录信息，要查看全文，还可能需要付费。学校购买了几个大型专业数据库，是检索这类信息的好帮手。请帮助李同学使用两种以上的专业数据库来完成相关资料的检索。

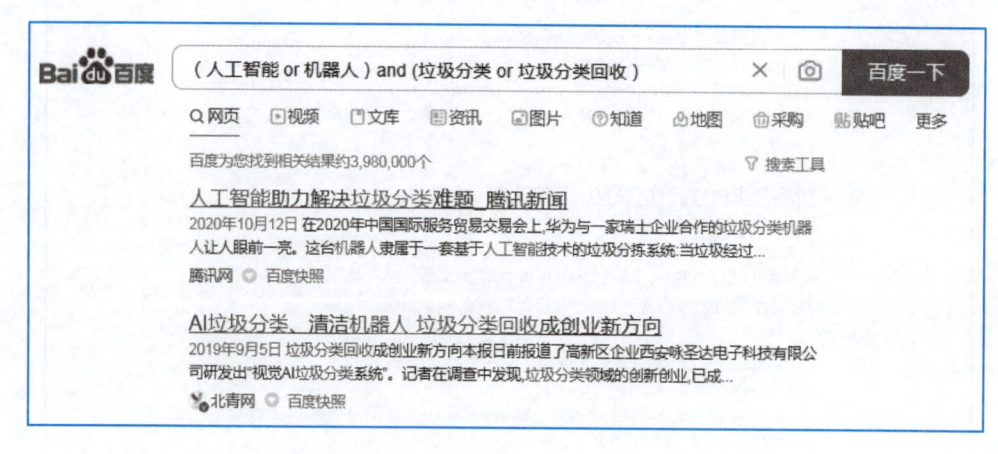

图 2-18 使用百度检索"垃圾分类与人工智能的应用"相关信息

【相关知识】

1. 专业数据库的选择

网络上除了大量的公众性、开放性信息外，还有诸如专业数据、学术期刊、学位论文、专利文献等专业性较强的信息资源，这一类资源利用搜索引擎往往无法直接获得，或者只能找到一些线索信息。例如，想了解国内 2016—2020 年的旅游人次及人均花费情况的具体数据，通过百度搜索引擎，可以获得以下信息，如图 2-19 所示。

图 2-19　百度搜索"2016—2020 年国内旅游人次"

显然这些结果并不能直接明了地回答每一年具体的旅游人次及人均花费情况，但是，如果选择"国家统计局"官方网站并进入其"数据查询系统"，那么各类数据一应俱全，如图 2-20 和图 2-21 所示。

这个例子说明，尽管搜索引擎是大多数人进行信息检索时的首选工具，但它并不一定是最合适的。在进行诸如学术研究、专题调研等深度分析时，以及获取专利、标准、企业数据等精准信息时，所需要的往往是某一专题综述性的或者专业性较强的信息，此时，应借助专业的数据库。

2. 常用的专业数据库

专业数据库具有强大的数据采集能力，海量的信息资源，涵盖多种数据与文献类型，是人们进行专业性信息检索的重要工具。网络上专业数据库数量庞大，例如中国知网、万方、维普等。常用的专业数据库的类型、名称以及其主要功能见表 2-3。

图 2-20　国家统计局数据查询系统首页

图 2-21 "2016—2020 年国内旅游情况"数据查询

表 2-3 常用专业数据库

数据库类型	代表性数据库	主要功能
图书信息检索系统	• 中国高等教育文献保障系统（联合目录公共检索系统） • 各高等院校及公共图书馆馆藏目录检索系统，如中国国家图书馆	检索图书信息。通过目录系统了解图书的标题、著者、出版时间、主要内容、馆藏情况等信息，并获取图书
期刊与学位、会议论文信息检索系统	• 中国知网学术期刊库 • 万方中国学术期刊库 • 维普期刊资源整合服务平台 • 国家哲学社会科学学术期刊数据库 • 博看人文期刊库	检索期刊信息。通过期刊检索系统了解期刊刊名、发行情况、收录文章信息（作者、篇名、全文等），并获取文章全文
	• 中国学术会议文献数据库 • 中国知网学位论文库	检索学位论文或会议论文信息。通过论文系统了解论文主题、作者、发表机构、时间等，并获取论文全文
专利信息检索系统	• 中国国家知识产权局 • 中国专利信息中心 • 世界知识产权组织	检索专利、商标等知识产权信息。通过专利检索系统了解专利名称、专利号、专利技术说明、专利权人、专利期限等，并获取专利文献
标准信息检索系统	• 国家标准全文公开系统 • 万方中外标准数据库 • 中国知网标准数据库	检索标准信息。通过标准检索系统了解标准名称、标准号、标准级别、应用范围等，并获取标准文献
网络学术信息检索系统	• 百度学术搜索 • 搜狗学术搜索 • 必应学术搜索 • 国家图书馆文津搜索	检索互联网平台上免费的学术信息，包括图书、古文献、论文、期刊报纸、多媒体、缩微文献、文档、词条、图谱等多种类型
通识学习资源数据库系统	• 学习强国 • 爱迪科森网上报告厅 • 网易公开课 • 起点考试网	网络上的学习资源库，包括各类学科、讲座、试题等多种学习资源
经济信息数据库检索系统	• 中国经济信息网（中经网） • 国务院发展研究中心信息网（国研网） • EPS 数据平台	提供经济数值型数据资源检索服务

3. 使用专业数据库检索信息

专业数据库种类繁多，表 2-1 也仅列出了常用的专业数据库，如中国知网，便包含了学术期刊、会议、报纸、学位、年鉴、专利、工具书、科技报告、法律法规等多种子数据库。各类数据库的使用方法类似，这里以万方数据知识服务平台为例，介绍如何使用专业数据库来检索期刊论文、专利等专业性较强的各类信息。

（1）万方数据知识服务平台概述

万方数据知识服务平台是由万方数据股份有限公司开发的一个高效、先进的信息服务平台，始建于 2000 年。该平台由中国学位论文全文数据库、中国学术期刊库、中国科技专家库、中国学术会议文献库、中国法律法规库、中外标准数据库、中国机构库、中国特种图书库、中文科技报告库、中国科技成果库以及学者库等多个子数据库构成，涵盖中外学术期刊论文、会议文献、学术成果、标准、专利、特种图书、科技报告等多种信息资源，资源种类齐全，品质高，更新快，具有广泛的应用价值。

（2）万方数据知识服务平台使用方法

① 万方数据知识服务平台首页的一框式检索可以实现海量多渠道多种类资源的一站式检索和发现，如图 2-22 所示。检索框左侧可以选择资源类型（如期刊、学位、会议、专利、标准等），实现分类型检索。在检索框中直接输入检索词进行检索，操作十分便捷。例如，直接输入检索词"人工智能"，便可获取"人工智能"相关的文献。平台还支持跨语言检索。例如，在检索框中输入检索词（information），检索出的结果包括中文、英文、日文、朝鲜文、德文、法文等多个语种的检索结果，并实现混合排序。在结果页面选择需要的语种，即可筛选出对应的文献资源。

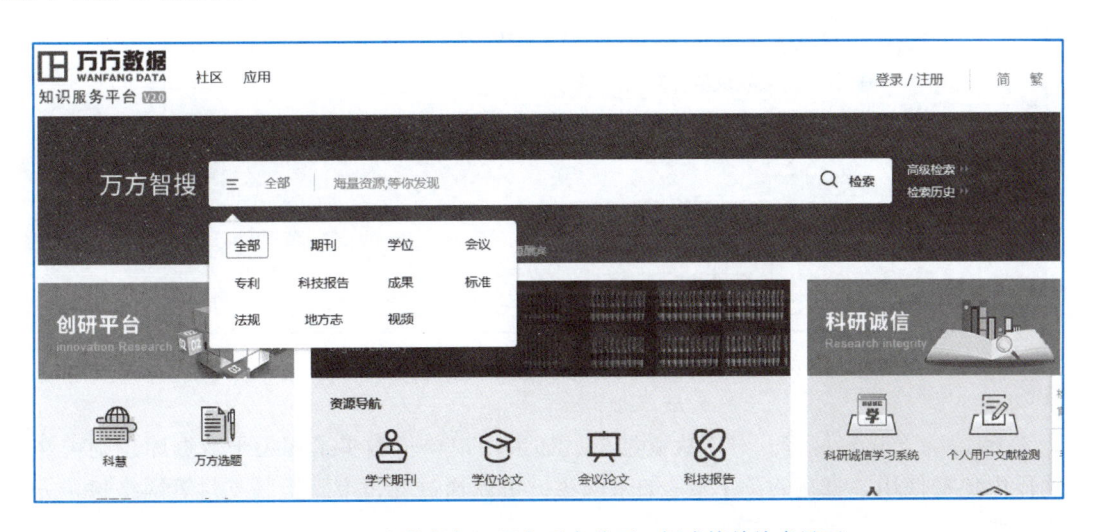

图 2-22 万方数据知识服务平台首页一框式简单检索界面

② 单击首页的"高级检索"超链接，进入高级检索界面。这里可限定主题、题名、关键词、作者等检索途径，检索词之间可以进行与、或、非的逻辑组配，同时还可以确定文献类型、发表时间范围等限制条件，以提高检索精度，如图 2-23 所示。

③ 如果对检索结果不满意，可以进行二次检索，或者对检索结果进一步筛选，如图 2-24 所示。

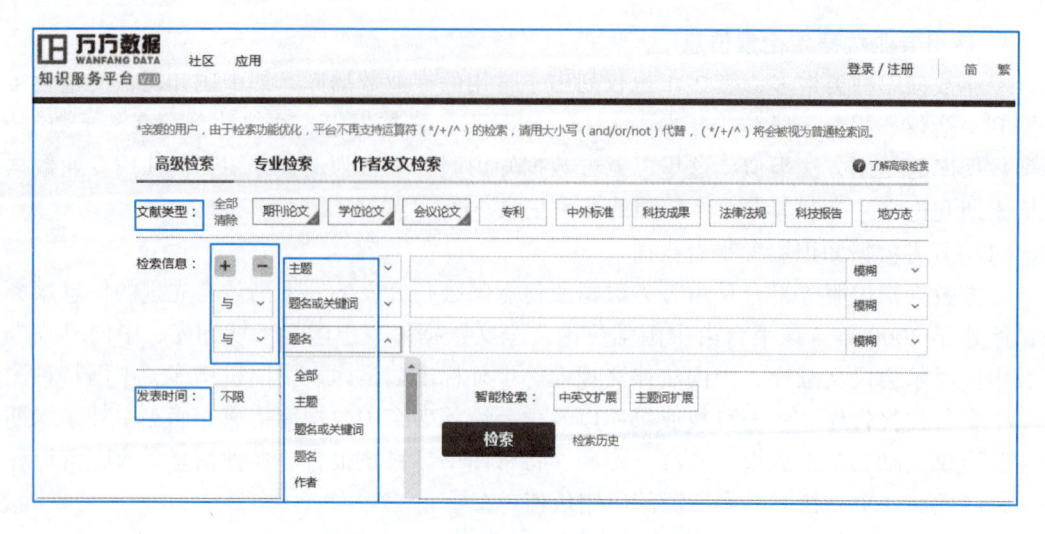

图 2-23　万方数据系统高级检索界面

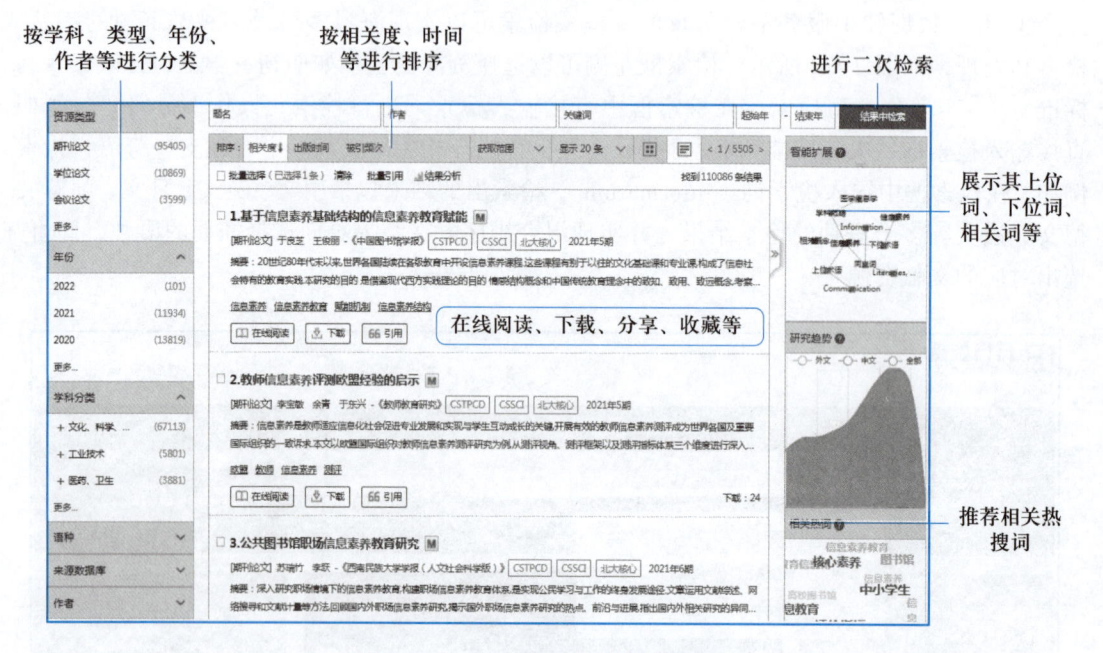

图 2-24　万方数据系统检索结果界面

④ 阅读、下载与付费。对于检索结果，如果用户单位购买了相关子数据库，则可在指定网段内免费使用，直接阅读下载；如未购买，可以通过支付宝、银联支付等网络付费方式按篇付费。

【任务实施】

步骤 1：分析检索课题。

本任务实质为检索人工智能与垃圾分类的专业性学术研究信息，信息的专业度要求较高。

步骤 2：选择检索工具。

根据初次检索情况，使用百度检索出大量非相关性信息，需要进一步选择专业性较强的数据库作为检索工具，这里选择万方数据库作为首选数据库。

步骤3：拟定检索词并确定检索表达式。根据检索模式的不同，检索表达式也不同。

- 直接检索：人工智能 垃圾分类。
- 高级检索：使用逻辑"与"。
- 专业检索："主题：垃圾分类 and 题名：人工智能"。

步骤4：实施检索并查看检索结果。

在检索框中输入检索表达式"主题：垃圾分类 and 题名：人工智能"，实施检索。查看检索结果，左侧可对结果进行分类，符合要求的检索结果可直接阅读或下载，如图2-25和图2-26所示。

图2-25　使用万方数据库进行专业检索

图2-26　使用万方数据库进行专业检索的结果

步骤5：更换数据库，进一步检索。

以中国知网为工具进一步进行检索，并分组查看期刊论文、会议论文、专利、标准等不同类型的相关信息，如图2-27所示。

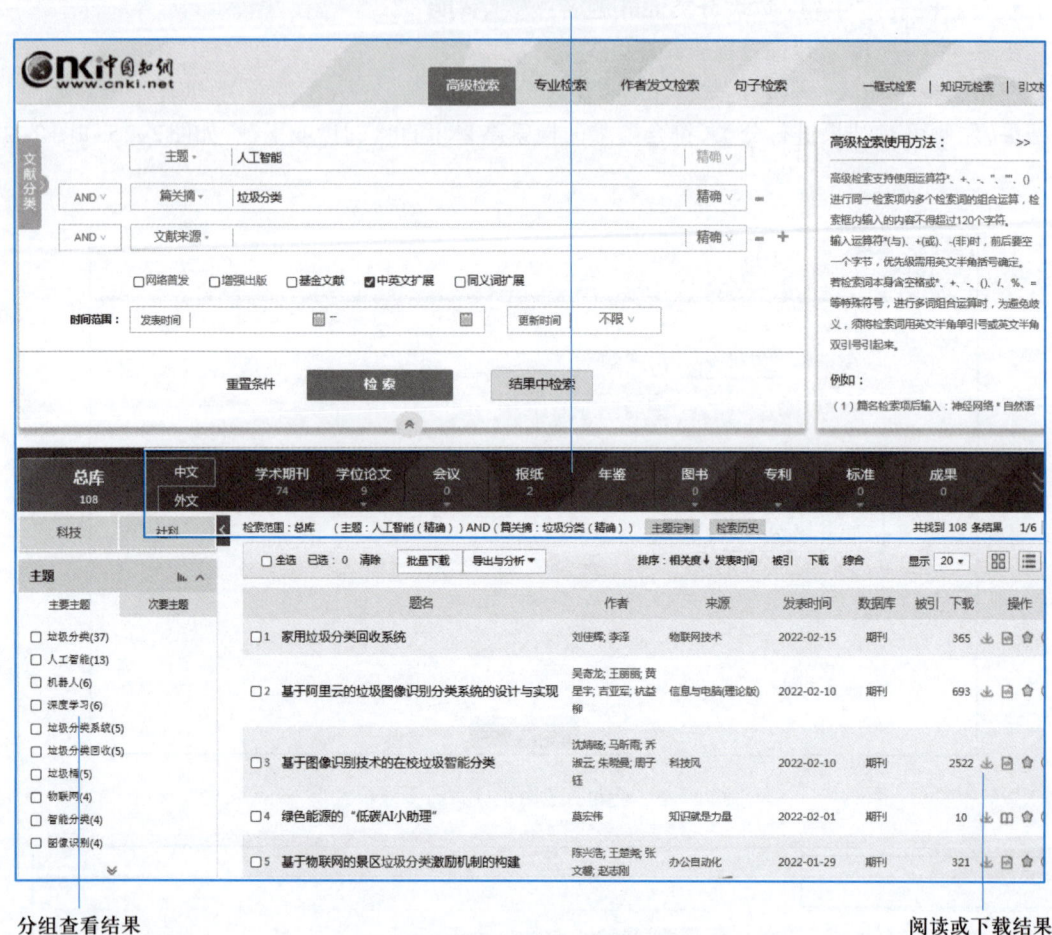

图 2-27　使用中国知网进行高级检索的结果

步骤6：整理检索结果，确定是否需要调整检索策略，继续实施新一轮检索。

【能力拓展】

① 在中国知网上收集本专业某位领军人物的相关学术作品，并选择其中被引量最高的文章进行阅读和下载。

② 在国研网上查找"人工智能"行业报告方面的文章，并对检索结果按发表时间排序进行查看。

③ 通过检索实例，比较搜索引擎与专业数据库在检索方式和结果上的异同。

项目小结

本项目设置了"选择合适的信息源""制定恰当的检索策略""使用高效的搜索引擎""应用专业的数据库"4 个任务,以检索"人工智能在垃圾分类中的应用"相关信息等具体任务为载体,学习信息检索相关知识。各任务遵循"分析信息需求—确定检索策略—使用检索工具—获取整理信息"的检索流程进行推进,从基础知识到技术精通,循序渐进,环环相扣。

本项目所涉及的信息检索知识与技能已经成为信息时代获取信息的必备素养。能力拓展环节中从关于"中国梦"主题的信息源收集到知网、国研网等专业数据库的具体使用等 4 个能力提升训练将项目切换到不同的主题应用场景,旨在提高读者的自学能力以及不同信息需求场景下的检索能力。希望案例中所涉及的内容能帮助读者拓展知识面,学会从不同信息渠道获取有效信息,提升检索能力。

项目提升

一、选择题

1. 搜索引擎也有高级玩法,比如用搜索引擎搜索河北大学网站上有关"奖学金"方面的内容,在百度中输入的检索表达式(　　)效果最好。
   A. 奖学金 site:www.hbu.edu.cn
   B. 奖学金 site:hbu.edu.cn
   C. site:hebu.edu.cn 奖学金
   D. site:hebu.edu.cn 奖学金

2. 想找一个国内电子产品专利说明书的全文,最好去下列(　　)官网。
   A. 工业和信息化部
   B. 国家标准化管理委员会
   C. 知识产权局
   D. 市场监督管理总局

3. 某网站没有站内检索功能,如果用搜索引擎来实现站内检索,需要用到(　　)这个检索语法。
   A. filetype
   B. inurl
   C. intitle
   D. site

4. 在百度的高级搜索界面中,第 3 项是"包含以下任意一个关键词",如果在搜索框中输入"大数据 人工智能",那么检索意图是(　　)。
   A. 大数据和人工智能这两个词都必须出现在检索结果中,布尔逻辑并且的意思
   B. 大数据和人工智能这两个词只要出现一个就可以了,布尔逻辑或的意思
   C. 出现大数据,但不能出现人工智能,布尔逻辑非的意思
   D. 出现人工智能,但不能出现大数据,布尔逻辑非的意思

5. 在 CNKI 中查询 2018 年发表的篇名中含有"鼻炎"的北大核心期刊论文,其中发文量最多的是(　　)。
   A. 四川大学华西医院
   B. 首都医科大学附属北京同仁医院
   C. 湘雅医院
   D. 齐鲁医院

6. (多选)想知道四川师范大学图书馆有没有《至味在人间》这本书,可以通过以下

（　　　）渠道查询。

　　A. 学校图书馆的微信公众号　　　　B. 学校图书馆官网首页
　　C. 学校图书馆的移动图书馆 App　　D. 学校图书馆的微博

7.（多选）在搜狗的搜索框中输入"软件工程 filetype：ppt site：edu.cn"，下列说法中正确的有（　　　）。

　　A. 检索表达式中的 filetype：ppt，作用是限制搜索结果的文件类型，必须是 PPT 文件。
　　B. 检索表达式中的 site：edu.cn，作用是限制检索结果的来源，必须来自教育网（edu.cn）。
　　C. 检索表达式中有 3 个条件，中间用两个空格连接，空格的作用是布尔逻辑或，只有满足其中一个条件即可
　　D. filetype、site 这两个语法，百度、必应等主流搜索引擎都支持

8.（多选）在 CNKI 中选择"篇名"作为检索途径，输入"信息素养与信息检索"检索词，匹配方式选择"精确"，找到的结果可能是（　　　）。

　　A.《"信息素养与信息检索通用教程"慕课及其教材的一体化建设》
　　B.《全媒体时代的医学信息素养与信息检索》
　　C.《信息素养与信息检索概论》
　　D.《信息检索与信息素养》

9.（多选）下列属于信息检索范畴的有（　　　）。

　　A. 走进图书馆书库，边走边逛，看到一本名为《至味在人间》的图书
　　B. 在携程网选择城市和时间区间，找到许多宾馆的报价
　　C. 在搜狗中输入"泽平宏观"，找到了许多宏观经济方面的深度文章
　　D. 在北京大学图书馆网站馆藏书目查询系统，找到《白银资本》这本书的馆藏状态

10.（多选）找求职攻略，可以用以下（　　　）渠道。

　　A. 百度经验　　　B. 微信　　　C. 知乎　　　D. 百度指数

11.（多选）药智数据是一个查询医药信息的平台，尽管商业化有点重，但里面有大量实用的信息可以免费查询，比如药品说明书。请搜索获取并对照太极集团的最新修订版"藿香正气口服液"的说明书，下列说法中正确的有（　　　）

　　A. 药品常规存放即可，没有特定要求
　　B. 它的执行标准是《中国药典》2005 年版
　　C. 与其他药物同时使用可能会发生药物相互作用
　　D. 它的主治功能中有脘腹胀痛这一项

二、判断题

1. 在 Excel 单元格中输入 18 位身份证号码，按 Enter 键后很可能会是以科学计数法的方式显示（出现 e+17），为了解决这个问题，可以在百度的搜索框中输入检索词"excel e+17"进行搜索。（　　　）

2. 在使用搜索引擎搜索信息时，在搜索框中输入的应该是检索词，一定不能输入一句话。（　　　）

3. 之所以能够在 CNKI 等学术论文检索系统中按照篇名、作者、作者单位、关键词等检

索点查找文献,是因为这些检索系统在之前的信息存储过程中对文献的这些字段进行了著录。
( )

4. 在百度的搜索框中输入"inurl:技巧 excel",检索意图是:要求"技巧"这个检索词出现在标题中,Excel 这个检索词出现在网页内容中。 ( )

5. 外观设计、实用新型专利说明书中有产品设计图纸,是学习设计的好素材。 ( )

6. 布尔逻辑有 3 种关系,分别是 and、or、not,这 3 种关系都是为了提升查准率。
( )

7. 在万方数据库中查找博士论文,找到的结果可以在线阅览全文,也可以下载全文,下载的全文文件需要用 CAJ 阅读器打开。 ( )

8. 在 CNKI 的高级检索中,可以通过图形化的界面轻松实现复杂的布尔逻辑检索。
( )

9. 在国家统计局网站上,不仅可以查询具体指标的多年数据,而且可以在线生成图表。
( )

10. 访问国家图书馆的数字资源需要注册账号,用自己的身份证号实名注册后可以免费使用其中的很多资源。 ( )

项目 3

文 档 处 理

— 言胜于行——让信息资源变为精美文稿 —

项目概述

信息时代，个体角色已从信息的接收者转变为信息的创造者，当其有目的地通过使用一系列检索技术、借助适当的检索系统搜索到所需信息后，能否对这些信息加以处理，用于表达个人思想、观点或者创造性地解决问题是衡量其信息素养的重要标准之一。文字处理作为既传统又常用的信息处理方式，是信息化办公的重要组成部分，广泛应用于人们日常生活、学习和工作的方方面面。本项目包含创建编辑文字文稿、排版美化文字文稿、处理文字文稿表格以及排版美化长文稿等任务。

项目目标

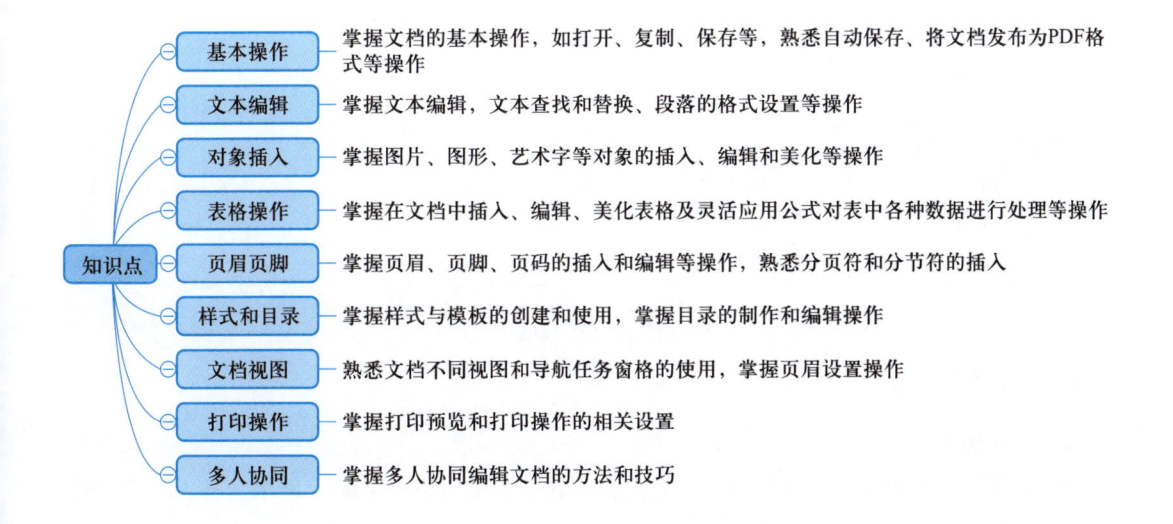

知识点
- 基本操作：掌握文档的基本操作，如打开、复制、保存等，熟悉自动保存、将文档发布为PDF格式等操作
- 文本编辑：掌握文本编辑，文本查找和替换、段落的格式设置等操作
- 对象插入：掌握图片、图形、艺术字等对象的插入、编辑和美化等操作
- 表格操作：掌握在文档中插入、编辑、美化表格及灵活应用公式对表中各种数据进行处理等操作
- 页眉页脚：掌握页眉、页脚、页码的插入和编辑等操作，熟悉分页符和分节符的插入
- 样式和目录：掌握样式与模板的创建和使用，掌握目录的制作和编辑操作
- 文档视图：熟悉文档不同视图和导航任务窗格的使用，掌握页眉设置操作
- 打印操作：掌握打印预览和打印操作的相关设置
- 多人协同：掌握多人协同编辑文档的方法和技巧

微课 3-1
工作界面介绍

任务 3-1　创建编辑文字文稿

【学习目标】

- 掌握文档的基本操作，如打开、复制、保存等，熟悉自动保存文档、联机文档、保护文档、检查文档、将文档发布为 PDF 格式、加密发布 PDF 格式文档等操作。
- 掌握文本的编辑。

【任务描述】

进入毕业季，毕业生们匆忙穿梭于校园的场景随处可见，学生们忙着找工作、忙着备战各种考试，也有忙着写毕业实践报告的，这其中就有李同学。眼看提交报告截止日期就要到了，李同学的毕业实践报告还没有完成，好在通过一段时间的资料查阅和调查实践，毕业实践报告的初稿已基本成型。本任务将利用 WPS 文字帮助李同学将毕业实践报告初稿内容编辑和加工成 WPS 文字文档，如图 3-1 所示。待内容不断完善后，再对该文档进行格式排版，确保毕业实践报告内容完整、结构清晰、排版规范。

图 3-1　文档编辑效果图

【相关知识】

1. 工作界面

WPS 是我国具有自主知识产权的民族软件代表，自 1988 年诞生以来，产品不断创新、变革，现已成为国产办公软件的首选。打开 WPS 文字文档后即进入其工作界面，主要包括标题栏、功能区、编辑区、状态栏、视图切换等部分，只有熟悉了 WPS 文字工作界面才可以熟练地应用该软件进行文字处理操作，如图 3-2 所示。

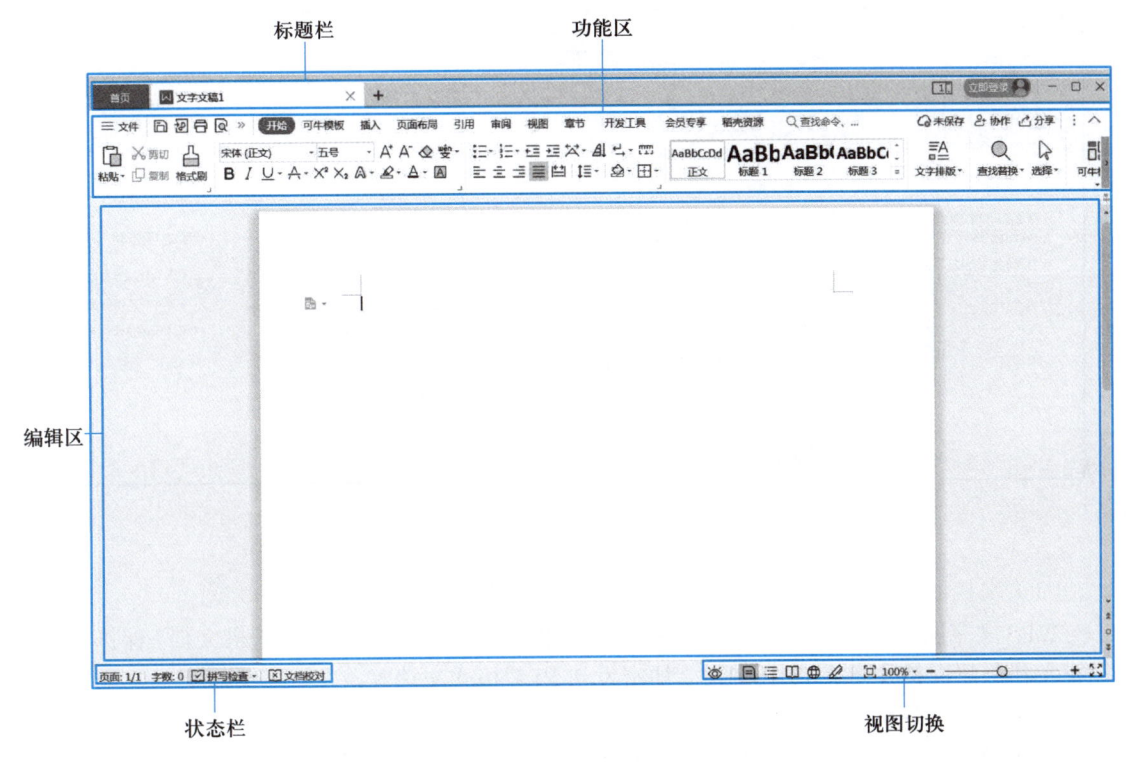

图 3-2　WPS 文字工作界面

2. 功能区

WPS 文字功能区默认情况下有"文件""开始""插入""页面布局""引用""审阅""视图""章节""开发工具""会员专享"等选项卡，当单击功能区中任一选项卡后，在其下方就会出现相应命令集合，如图 3-3 所示。

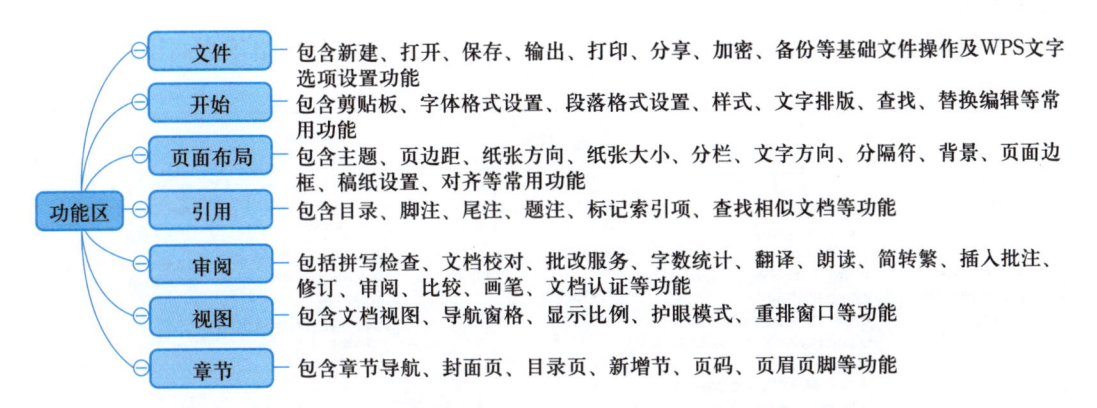

功能区
- 文件——包含新建、打开、保存、输出、打印、分享、加密、备份等基础文件操作及WPS文字选项设置功能
- 开始——包含剪贴板、字体格式设置、段落格式设置、样式、文字排版、查找、替换编辑等常用功能
- 页面布局——包含主题、页边距、纸张方向、纸张大小、分栏、文字方向、分隔符、背景、页面边框、稿纸设置、对齐等常用功能
- 引用——包含目录、脚注、尾注、题注、标记索引项、查找相似文档等功能
- 审阅——包括拼写检查、文档校对、批改服务、字数统计、翻译、朗读、简转繁、插入批注、修订、审阅、比较、画笔、文档认证等功能
- 视图——包含文档视图、导航窗格、显示比例、护眼模式、重排窗口等功能
- 章节——包含章节导航、封面页、目录页、新增节、页码、页眉页脚等功能

图 3-3　WPS 文字功能区

3. "文件"菜单

"文件"菜单主要是对文件进行新建、打开、保存、输出、打印、分享、加密、备份、选项等基础文件操作和设置,如图 3-4 所示。

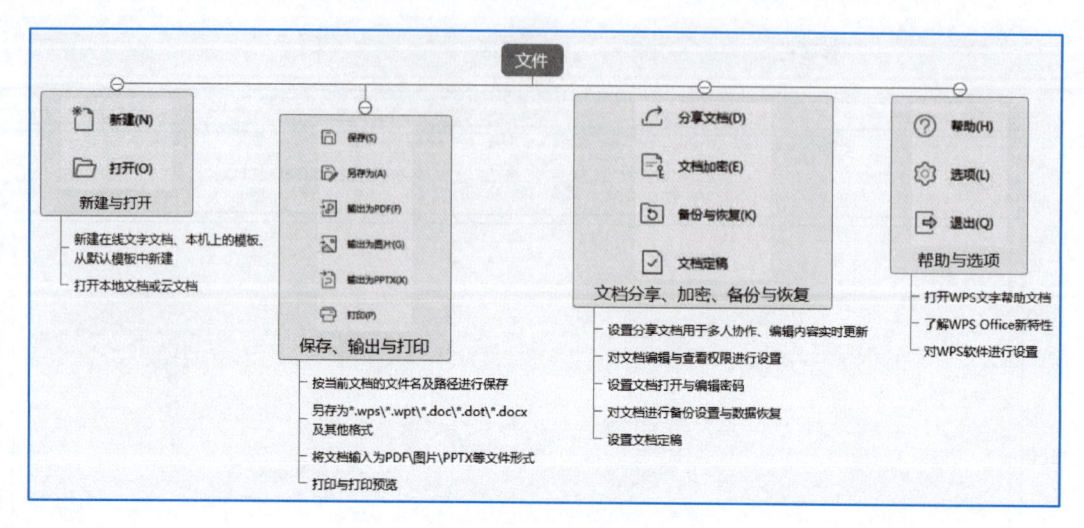

图 3-4 "文件"菜单

(1) 文档的基本操作

WPS 文字文档的基本操作包括新建、打开、保存、自动保存、复制、联机文档、保护文档、检查文档、将文档发布为 PDF 格式、加密发布 PDF 格式文档等。

(2) 文档的编辑

WPS 文字主要用于编辑文本,可以用来制作各种结构清晰、排版精美的文字文档,在文档中可以输入中文、西文、标点、特殊符号、日期和时间。文档的编辑包括文本及其他特殊符号的输入、文本的选择、文本的复制与移动、文本的删除、撤销与恢复等操作。

4. "页面布局"选项卡

"页面布局"选项卡包括文档主题设置、页边距、纸张方向、纸张大小、分栏、文字方向、分隔符、行号、背景、页面边框、稿纸设置、文字环绕、对齐、组合、旋转、选择窗格等,如图 3-5 所示。

对于创建好的文档,可以对其进行页边距、纸张、版式、文档网络等页面设置。文档页

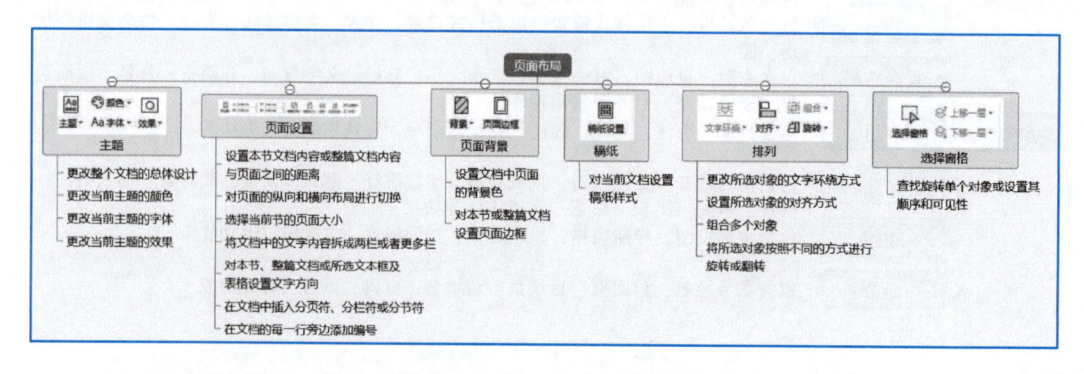

图 3-5 "页面布局"选项卡

边距是指页面的边线到文字的距离，通常可在页边距内部的可打印区域中插入文字和图形，也可以将某些项目放置在页边距区域中（如页眉、页脚和页码等），根据需要可以调整页边距的大小。

【任务实施】

步骤 1：创建文档并设置文档页面。

启动 WPS，新建一个默认名为"文字文稿 1"的空白文档。单击快捷访问工具栏中的"保存"按钮，打开"另存为"对话框，选择合适的存储位置，在"文件名"文本框中输入"毕业实践报告（初稿）"，在"文件类型"下拉列表中选择"Microsoft Word 文件（*.docx）"选项，单击"保存"按钮；在"页面布局"选项卡的"页边距"组中单击对话框启动器按钮 ⌐|，打开"页面设置"对话框，在"页边距"选项卡的"页边距"组中设置"上""下"均为"2"（厘米）、"左"为"3"（厘米）、"右"为"2"（厘米），如图 3-6（a）所示。切换到"纸张"选项卡，在"纸张大小"下拉列表中选择"A4"选项，单击"确定"按钮，如图 3-6（b）所示。

(a)　　　　　　　　　　　　(b)

图 3-6　"页面设置"对话框

步骤 2：添加并编辑文本。

在创建好的"毕业实践报告（初稿）.docx"文档编辑区中输入毕业实践报告的具体内容，如图 3-7 所示。

步骤 3：文档校对。

为检查出文档的文字错误，可利用"文档校对"功能进行查验，单击"审阅"→"文档

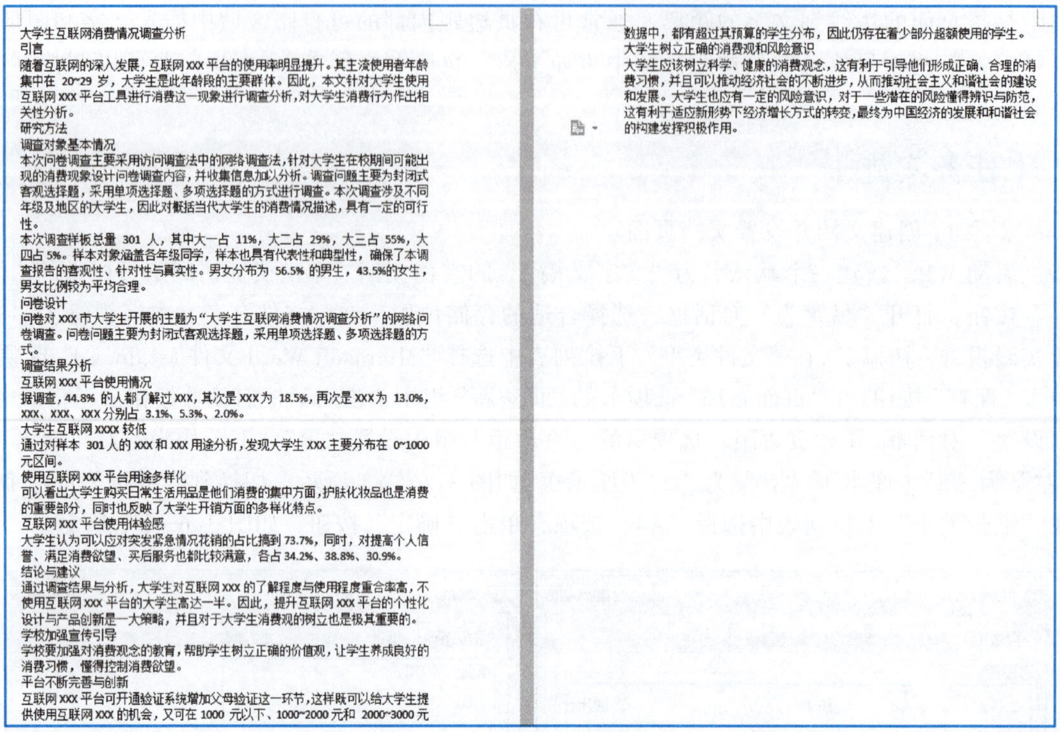
大学生互联网消费情况调查分析
引言
随着互联网的深入发展，互联网 xxx 平台的使用率明显提升。其主流使用者年龄集中在 20~29 岁，大学生是此年龄段的主要群体。因此，本文针对大学生使用互联网 xxx 平台工具进行消费这一现象进行调查分析，对大学生消费行为作出相关性分析。
研究方法
调查对象基本情况
本次问卷调查主要采用访问调查法中的网络调查法，针对大学生在校期间可能出现的消费现象设计问卷调查内容，并收集信息加以分析。调查问题主要为封闭式客观选择题，采用单项选择题、多项选择题的方式进行调查。本次调查涉及不同年级及地区的大学生，因此对概括当代大学生的消费情况描述，具有一定的可行性。
本次调查样板总量 301 人，其中大一占 11%，大二占 29%，大三占 55%，大四占 5%。样本对象涵盖各年级同学，样本也具有代表性和典型性，确保了本调查报告的客观性、针对性与真实性。男女分布为 56.5% 的男生，43.5%的女生，男女比例较为平均合理。
问卷设计
问卷对 xxx 市大学生开展的主题为“大学生互联网消费情况调查分析”的网络问卷调查。问卷问题主要为封闭式客观选择题，采用单项选择题、多项选择题的方式。
调查结果分析
互联网 xxx 平台使用情况
据调查，44.8% 的人都了解过 XXX，其次是 XXX 为 18.5%，再次是 XXX 为 13.0%，XXX、XXX、XXX 分别占 3.1%、5.3%、2.0%。
大学生互联网 xxxx 较低
通过对样本 301 人的 xxx 和 xxx 用途分析，发现大学生 xxx 主要分布在 0~1000 元区间。
使用互联网 xxx 平台用途多样化
可以看出大学生购买日常生活用品是他们消费的集中方面，护肤化妆品也是消费的重要部分，同时也反映了大学生开销方面的多样化特点。
互联网 xxx 平台使用体验感
大学生认为可以应对突发紧急情况花销的占比搞到 73.7%，同时，对提高个人信誉、满足消费欲望、买后服务也都比较满意，各占 34.2%、38.8%、30.9%。
结论与建议
通过调查结果与分析，大学生对互联网 xxx 的了解程度与使用程度重合率高，不使用互联网 xxx 平台的大学生高达一半。因此，提升互联网 xxx 平台的个性化设计与产品创新是一大策略，并且对于大学生消费观的树立也是极其重要的。
学校加强宣传引导
学校要加强对消费观念的教育，帮助学生树立正确的价值观，让学生养成良好的消费习惯，懂得控制消费欲望。
平台不断完善与创新
互联网 xxx 平台可开通验证系统增加父母验证这一环节，这样既可以给大学生提供使用互联网 xxx 的机会，又可在 1000 元以下、1000~2000 元和 2000~3000 元数据中，都有超过其预算的学生分布，因此仍存在着少部分超额使用的学生。
大学生树立正确的消费观和风险意识
大学生应该树立科学、健康的消费观念，这有利于引导他们形成正确、合理的消费习惯，并且可以推动经济社会的不断进步，从而推动社会主义和谐社会的建设和发展。大学生也应有一定的风险意识，对于一些潜在的风险懂得辨识与防范，这有利于适应新形势下经济增长方式的转变，最终为中国经济的发展和和谐社会的构建发挥积极作用。

图 3-7　添加文本效果

校对”按钮，此时弹出“文档校对”对话框，单击“开始校对”按钮，显示文档中存在 5 处错误。单击“开始修改文档”按钮，在文档右侧弹出“文档校对”侧边栏，单击每条校对结果即可快速查看出错类型，单击“替换全部错误”按钮即完成对文档的校对，如图 3-8 所示。

步骤 4：将文稿备份到云端。

单击快速启动工具栏中的“保存”按钮，将文稿保存到本地。为了多地多设备同步修改文件，可以同时将文稿另存为云文档，在界面左上角单击“文件”按钮，在下拉列表中选择“另存为”选项，打开“另存文件”窗口。在窗口左侧选择“我的云文档”选项，单击“保存”按钮，如图 3-9 所示。

通过以上操作，“毕业实践报告（初稿）.docx”的创建与编辑就完成了，效果如图 3-10 所示。

【能力拓展】

新学期伊始，阅读与图书馆学生管理委员会（图管委）本着广泛发掘人才和“公开、公平、公正、客观”的原则，面向新生公开纳新。社团办公室联合策宣外联部接到任务要做一份招新通知，介绍图管委基本情况、工作内容、招新条件和报名方式，并将通知进行适当的排版处理。

① 启动 WPS，新建空白文字文档。

② 将文档页边距设置为“窄”，在文档编辑区输入“图管委招新通知”内容，如图 3-11 所示。

③ 将页边距设置为：上、下、左、右边距均为“1.27 厘米”。

④ 设置纸张大小为 A4 纸。

图 3-8 文档校对

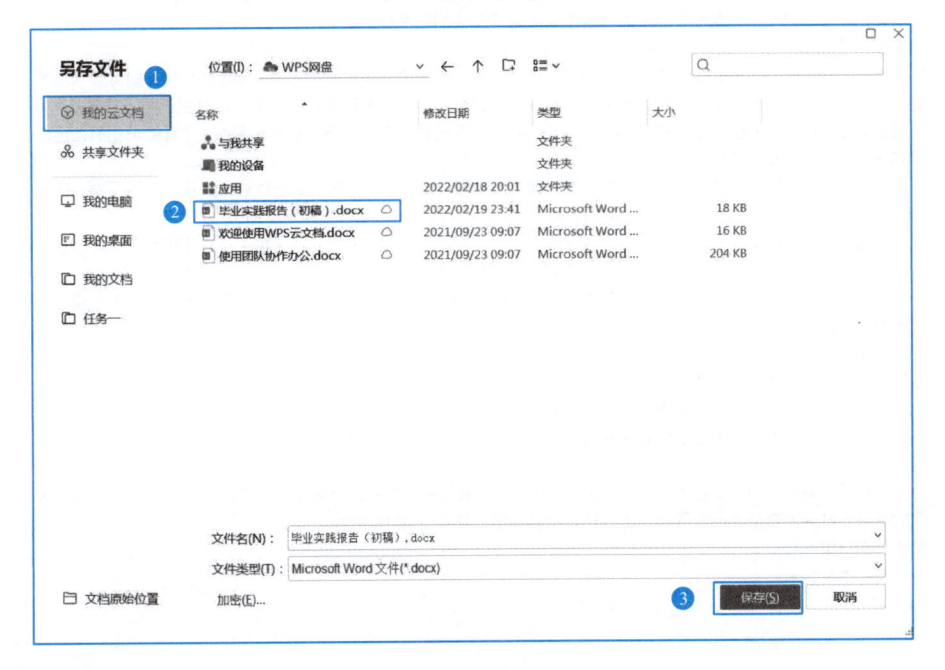

图 3-9 将文档另存为云文档

大学生互联网消费情况调查分析
引言
随着互联网的深入发展，互联网 xxx 平台的使用率明显提升。其主流使用者年龄集中在 20~29 岁，大学生是此年龄段的主要群体。因此，本文针对大学生使用互联网 xxx 平台工具进行消费这一现象进行调查分析，对大学生消费行为作出相关性分析。
研究方法
调查对象基本情况
本次问卷调查主要采用访问调查法中的网络调查法，针对大学生在校期间可能出现的消费现象设计问卷调查内容，并收集信息加以分析。调查问题主要为封闭式客观选择题，采用单项选择题、多项选择题的方式进行调查。本次调查涉及不同年级及地区的大学生，因此对概括当代大学生的消费情况描述，具有一定的可行性。
本次调查样板总量 301 人，其中大一占 11%，大二占 29%，大三占 55%，大四占 5%。样本对象涵盖各年级同学，样本也具有代表性和典型性，确保了本调查报告的客观性、针对性与真实性。男女分布为 56.5% 的男生，43.5%的女生，男女比例较为平均合理。
问卷设计
问卷对 xxx 市大学生开展的主题为“大学生互联网消费情况调查分析”的网络问卷调查。问卷问题主要为封闭式客观选择题，采用单项选择题、多项选择题的方式。
调查结果分析
互联网 xxx 平台使用情况
据调查，44.8% 的人都了解过 xxx，其次是 xxx 为 18.5%，再次是 xxx 为 13.0%，xxx、xxx、xxx 分别占 3.1%、5.3%、2.0%。
大学生互联网 xxxx 较低
通过对样本 301 人的 xxx 和 xxx 用途分析，发现大学生 xxx 主要分布在 0~1000 元区间。
使用互联网 xxx 平台用途多样化
可以看出大学生购买日常生活用品是他们消费的集中方面，护肤化妆品也是消费的重要部分，同时也反映了大学生开销方面的多样化特点。
互联网 xxx 平台使用体验感
大学生认为可以应对突发紧急情况花销的占比搞到 73.7%，同时，对提高个人信誉、满足消费欲望、买后服务也都比较满意，各占 34.2%、38.8%、30.9%。
结论与建议
通过调查结果与分析，大学生对互联网 xxx 的了解程度与使用程度重合率高，不使用互联网 xxx 平台的大学生高达一半。因此，提升互联网 xxx 平台的个性化设计与产品创新是一大策略，并且对于大学生消费观的树立也是极其重要的。
学校加强宣传引导
学校要加强对消费观念的教育，帮助学生树立正确的价值观，让学生养成良好的消费习惯，懂得控制消费欲望。
平台不断完善与创新
互联网 xxx 平台可开通验证系统增加父母验证这一环节，这样既可以给大学生提供使用互联网 xxx 的机会，又可在 1000 元以下、1000~2000 元和 2000~3000 元数据中，都有超过其预算的学生分布，因此仍存在着少部分超额使用的学生。
大学生树立正确的消费观和风险意识
大学生应该树立科学、健康的消费观念，这有利于引导他们形成正确、合理的消费习惯，并且可以推动经济社会的不断进步，从而推动社会主义和谐社会的建设和发展。大学生也应有一定的风险意识，对于一些潜在的风险懂得辨识与防范，这有利于适应新形势下经济增长方式的转变，最终为中国经济的发展和和谐社会的构建发挥积极作用。

图 3-10 “毕业实践报告（初稿）.docx”创建与编辑效果图

图管委招新通知
阅读与图书馆学生管理委员会（以下简称为“图管委”），是我校校团委领导下的校级学生社团组织之一。图管委以“服务读者，增强图书馆与学生读者之间的联系”为宗旨，以培养学生创新思维和实践能力，“营造阅读氛围，丰富学习生活、增强人文气息、建设书香校园”为目标。
图管委是在校团委领导下、学务部和图书馆共同指导下，学生参与图书馆管理、协助图书馆加强服务工作和开展读书活动的学生组织机构，是联系图书馆与学生读者之间交流的纽带和桥梁。
招新部门及工作内容
办公室：配合会长、副会长工作。负责与校团委的联系；做好图管委各项资料的汇总；负责办公用品的保管与添置；记录各类会议和考勤；传达和执行图管委常务会议下达的各项任务；管理图管委财务；管理图管委日常事务。
管理部：组织学生志愿者队伍；招募和管理勤工助学学生；配合图书馆的需要，组织干事或志愿者参与图书馆值班，参与服务区域的管理等工作。
漂流部：负责募集图书，接受社会各界的图书捐赠；负责图书漂流管理工作，登记并管理好各类漂流图书；负责向毕业生做好捐书宣传活动等工作。
策宣外联部：以各种形式倡导阅读，宣传图管委影响力；协助其他部门做好各项宣传工作；及时反馈读者信息，协助图书馆收集各种资料；做好新书推荐及各项宣传活动等工作。
新媒体部：负责“书香南广”官方微信、微博内容的采集、编辑、发布等；及时发布图书馆信息，让学生能通过网络更便捷有效地了解图书馆动态。
图管委招新条件
遵守社团章程，积极参加社团活动；
服从组织领导，履行社团相应职责和各项义务；
以大一、大二学生为主，大三学生有兴趣也可以报名。
报名方式
想加入的同学请于周四、周五（10 月 21 日—22 日）至学校图书馆领取招新表格进行现场招新。接下来的招新活动我们会第一时间发布至“书香民院”公众号，欢迎同学们关注“书香民院”!
阅读与图书馆
学生管理委员会
2021 年 10 月 4 日

图 3-11 输入“图管委招新通知”内容

任务 3-2　排版美化文字文稿

微课 3-2
文档格式设置

【学习目标】
- 熟练掌握文档字符格式设置。
- 熟练掌握文档段落格式设置。
- 掌握文本查找和替换操作。

【任务描述】

对于毕业论文、毕业设计报告等正式的文档文件，定稿后都要打印出来供老师、专家审阅，这样不仅需要输入文本内容，还需要设置文本的格式，使其美观。李同学为了提交毕业实践报告初稿给指导老师审阅，准备按照要求进行排版设计。本任务将通过完善"毕业实践报告（初稿）.docx"文档，详细介绍设置字符格式、段落格式以及查找与替换等操作。设置效果如图 3-12 所示，相关要求如下。

图 3-12　"毕业实践报告（初稿）.docx"排版效果

① 标题为宋体、三号、加粗，字符间距加宽 0.04 cm，标题后空一行，居中显示。
② 正文为小四号、宋体，各段落首行缩进 2 字符，正文行距为 21 磅。
③ 章节标题为四号、黑体、顶格，章节标题上、下均空一行。

④ 小节标题为小四号、楷体、顶格，小节标题上空一行。
⑤ 为各章节标题、小节标题添加编号。
⑥ 将文章中的"高校大学生"替换为"大学生"。

【相关知识】

"开始"选项卡

主要作用是对 WPS 文字文档进行文字编辑和设置格式，是最常用的菜单选项卡，主要包括剪贴板设置、字体设置、段落设置、样式设置、文字排版、编辑栏，如图 3-13 所示。

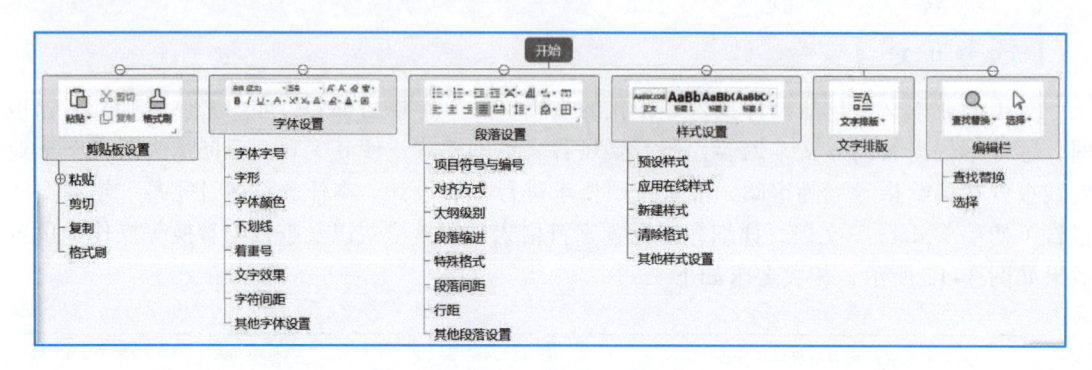

图 3-13 "开始"选项卡

（1）文档格式设置

为了使文档更加美观，常常需要对字体格式进行设置，如字体、字号、字形、字体颜色等。通过这些简单的编辑操作，可以使文档更加严谨精致。

对文档进行排版时，通常会以段落为基本单位进行操作。段落的格式设置主要包括对齐方式、缩进、间距、行距等，合理设置这些格式，可使文档结构清晰、层次分明。

（2）格式刷

格式刷工具可以将特定文本的格式复制到其他文本中，当用户需要为不同文本重复设置相同格式时，可以使用格式刷工具提高工作效率。

（3）查找替换

查找与替换就是在文档中查找与替换字符串。在满是文字的文档中轻松而快捷地找到需要替换的词语并且进行替换，对很多用户来说是一件头疼的事，灵活应用 WPS 提供的查找与替换功能，可以很方便地做到在文档中查找与替换字符串。

【任务实施】

步骤 1：设置标题格式。

单击"首页"标签，在主界面中单击"我的云文档"按钮，可以看到已经备份在云端的"毕业实践报告（初稿）.docx"文档。打开文档。在第 1 行选定栏处单击选中第 1 行文字（或者使用鼠标拖曳的方式选择），在"开始"选项卡的"字体"组中单击对话框启动器按钮，打开"字体"对话框。在"字体"选项卡的"中文字体"下拉列表中选择"宋体"，在"字号"下拉列表中选择"三号"，在"字形"下拉列表中选择"加粗"。切换到"字符间距"选项卡，在"间距"下拉列表中选择"加宽"，值默认为"0.04 厘米"，单击"确定"按钮，完成标题字符格式设置。设置过程如图 3-14 所示。

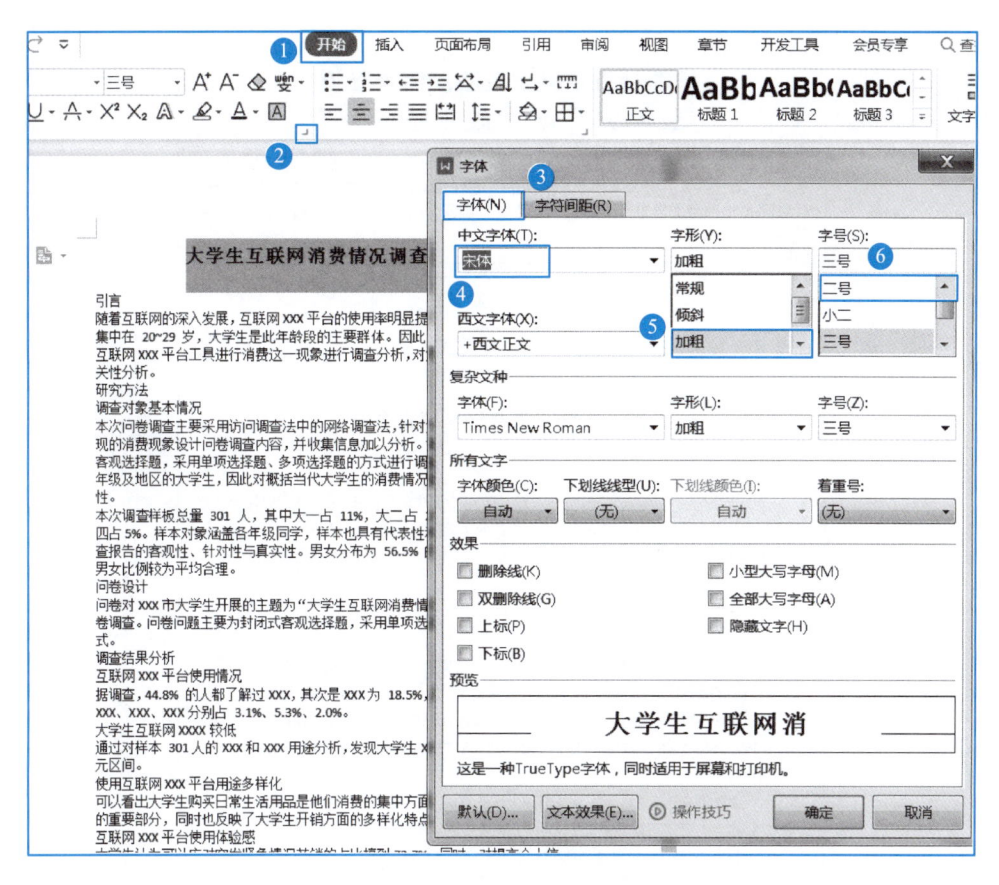

图 3-14　设置标题字符格式

继续保持第 1 行文字的选中状态，单击"开始"选项卡"段落"组右下角的对话框启动器按钮 ，打开"段落"对话框，在"缩进和间距"选项卡"常规"组的"对齐方式"下拉列表中选择"居中对齐"，将"间距"组中的"段后"设置为"1 行"，如图 3-15 所示。标题格式设置完成效果如图 3-16 所示。

步骤 2：设置正文格式。

在正文开始位置单击，然后按住 Shift 键的同时在正文结尾处再次单击，选中正文。在"开始"选项卡中使用字体设置工具快速设置"字体"为"宋体"、"字号"为"小四"。打开"段落"对话框，在"缩进和间距"选项卡的"特殊格式"下拉列表中选择"首行缩进"，并设置度量值为"2 字符"，在"行距"下拉列表中选择"固定值"，并设置值为"21 磅"。正文格式设置效果如图 3-17 所示。

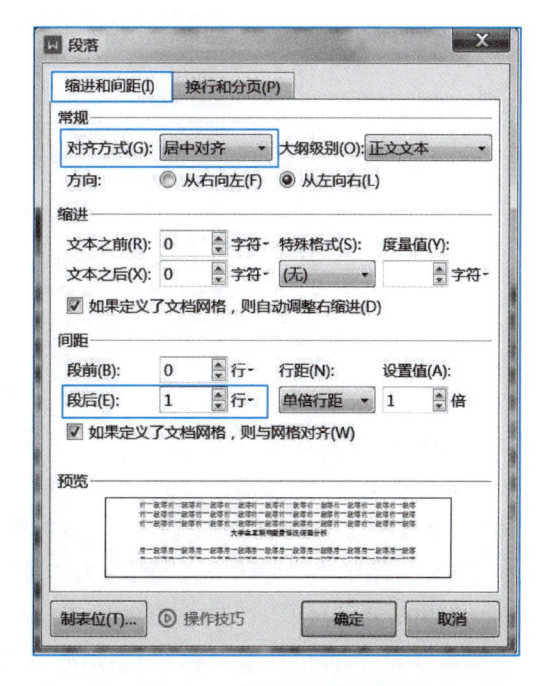

图 3-15　设置标题段落格式

图 3-16　标题格式设置效果

图 3-17　正文格式设置效果

步骤 3：设置章标题格式。

先选中第 1 个章标题"研究方法"，在"开始"选项卡的字体设置工具中更改"字体"为"黑体"、"字号"为"四号"。保持第 1 个章标题"研究方法"的选中状态，打开"段落"对话框，在"缩进"组中将"特殊格式"更改为"无"，在"间距"组设置"段前""段后"均为"1 行"。

使用格式刷将第 1 个章标题的格式复制到其他章标题。选中"研究方法"，双击"格式刷"按钮，此时鼠标指针变为 形状，然后依次选择其他章标题"调查结果分析""建议与结论"后，再次单击"格式刷"按钮退出该状态。设置效果如图 3-18 所示。

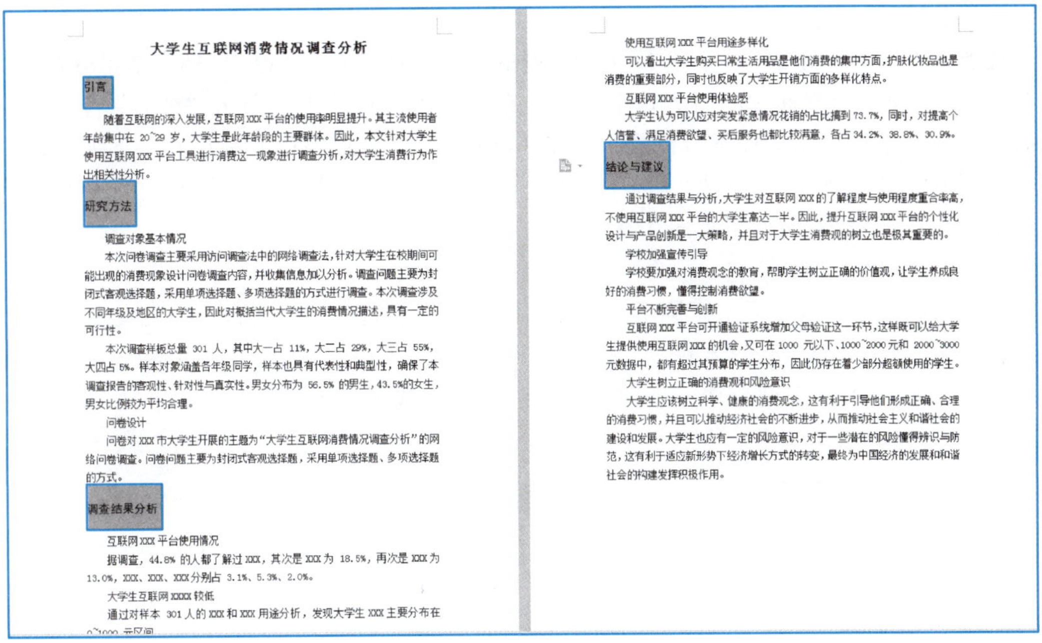
大学生互联网消费情况调查分析

引言

随着互联网的深入发展，互联网 XXX 平台的使用率明显提升。其主流使用者年龄集中在 20~29 岁，大学生是此年龄段的主要群体。因此，本文针对大学生使用互联网 XXX 平台工具进行消费这一现象进行调查分析，对大学生消费行为作出相关性分析。

研究方法

调查对象基本情况

本次问卷调查主要采用访问调查法中的网络调查法，针对大学生在校期间可能出现的消费现象设计问卷调查内容，并收集信息加以分析。调查问题主要为封闭式客观选择题，采用单项选择题、多项选择题的方式进行调查。本次调查涉及不同年级及地区的大学生，因此对概括当代大学生的消费情况描述，具有一定的可行性。

本次调查样板总量 301 人，其中大一占 11%，大二占 29%，大三占 55%，大四占 5%。样本对象涵盖各年级同学，样本也具有代表性和典型性，确保了本调查报告的客观性、针对性与真实性。男女分布为 56.5% 的男生，43.5%的女生，男女比例较为平均合理。

问卷设计

问卷对 XXX 市大学生开展的主题为“大学生互联网消费情况调查分析”的网络问卷调查。问卷问题主要为封闭式客观选择题，采用单项选择题、多项选择题的方式。

调查结果分析

互联网 XXX 平台使用情况

据调查，44.8% 的人都了解过 XXX，其次是 XXX 为 18.5%，再次是 XXX 为 13.0%，XXX、XXX、XXX 分别占 3.1%、5.3%、2.0%。

大学生互联网 XXXX 较低

通过对样本 301 人的 XXX 和 XXX 用途分析，发现大学生 XXX 主要分布在 0~1000 元区间。

使用互联网 XXX 平台用途多样化

可以看出大学生购买日常生活用品是他们消费的集中方面，护肤化妆品也是消费的重要部分，同时也反映了大学生开销方面的多样化特点。

互联网 XXX 平台使用体验感

大学生认为可以应对突发紧急情况花销的占比揭到 73.7%，同时，对提高个人信誉、满足消费欲望、买后服务也都比较满意，各占 34.2%、38.8%、30.9%。

结论与建议

通过调查结果与分析，大学生对互联网 XXX 的了解程度与使用程度重合率高，不使用互联网 XXX 平台的大学生高达一半。因此，提升互联网 XXX 平台的个性化设计与产品创新是一大策略，并且对于大学生消费观的树立也是极其重要的。

学校加强宣传引导

学校要加强对消费观念的教育，帮助学生树立正确的价值观，让学生养成良好的消费习惯，懂得控制消费欲望。

平台不断完善与创新

互联网 XXX 平台可开通验证系统增加父母验证这一环节，这样既可以给大学生提供使用互联网 XXX 的机会，又可在 1000 元以下、1000~2000 元和 2000~3000 元数据中，都有超过其预算的学生分布，因此仍存在着少部分超额使用的学生。

大学生树立正确的消费观和风险意识

大学生应该树立科学、健康的消费观念，这有利于引导他们形成正确、合理的消费习惯，并且可以推动经济社会的不断进步，从而推动社会主义和谐社会的建设和发展。大学生也应有一定的风险意识，对于一些潜在的风险懂得辨识与防范，这有利于适应新形势下经济增长方式的转变，最终为中国经济的发展和和谐社会的构建发挥积极作用。

图 3-18　设置章节标题格式效果

步骤 4：设置节标题格式。

节标题格式的设置方法与章标题类似，设置效果如图 3-19 所示。

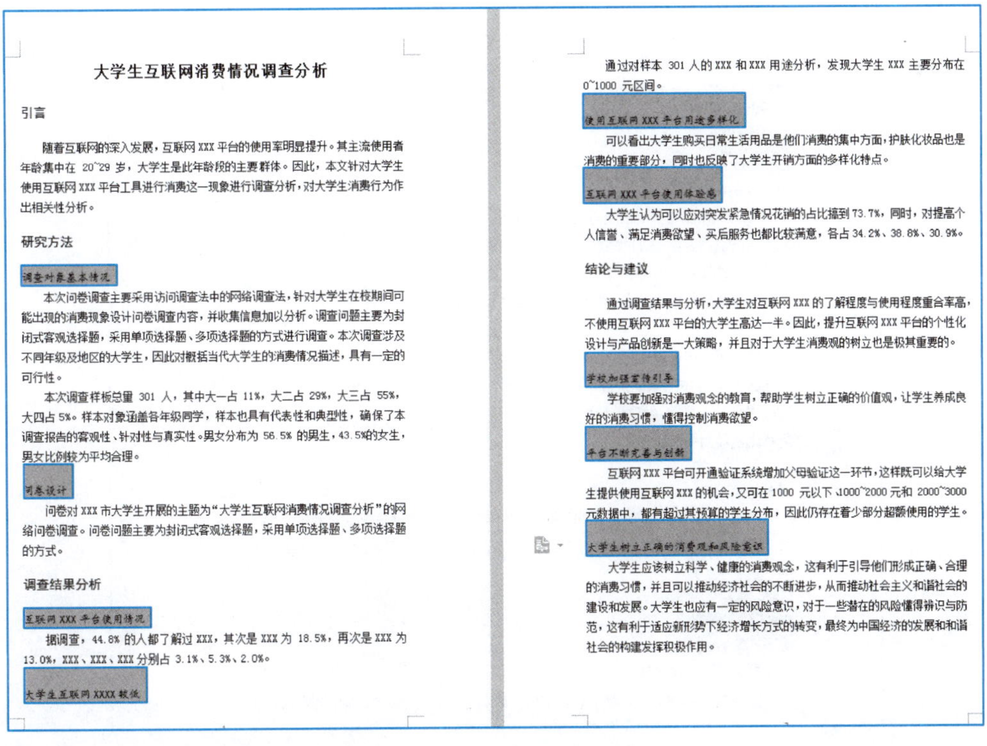
大学生互联网消费情况调查分析

引言

随着互联网的深入发展，互联网 XXX 平台的使用率明显提升。其主流使用者年龄集中在 20~29 岁，大学生是此年龄段的主要群体。因此，本文针对大学生使用互联网 XXX 平台工具进行消费这一现象进行调查分析，对大学生消费行为作出相关性分析。

研究方法

调查对象基本情况

本次问卷调查主要采用访问调查法中的网络调查法，针对大学生在校期间可能出现的消费现象设计问卷调查内容，并收集信息加以分析。调查问题主要为封闭式客观选择题，采用单项选择题、多项选择题的方式进行调查。本次调查涉及不同年级及地区的大学生，因此对概括当代大学生的消费情况描述，具有一定的可行性。

本次调查样板总量 301 人，其中大一占 11%，大二占 29%，大三占 55%，大四占 5%。样本对象涵盖各年级同学，样本也具有代表性和典型性，确保了本调查报告的客观性、针对性与真实性。男女分布为 56.5% 的男生，43.5%的女生，男女比例较为平均合理。

问卷设计

问卷对 XXX 市大学生开展的主题为“大学生互联网消费情况调查分析”的网络问卷调查。问卷问题主要为封闭式客观选择题，采用单项选择题、多项选择题的方式。

调查结果分析

互联网 XXX 平台使用情况

据调查，44.8% 的人都了解过 XXX，其次是 XXX 为 18.5%，再次是 XXX 为 13.0%，XXX、XXX、XXX 分别占 3.1%、5.3%、2.0%。

大学生互联网 XXXX 较低

通过对样本 301 人的 XXX 和 XXX 用途分析，发现大学生 XXX 主要分布在 0~1000 元区间。

使用互联网 XXX 平台用途多样化

可以看出大学生购买日常生活用品是他们消费的集中方面，护肤化妆品也是消费的重要部分，同时也反映了大学生开销方面的多样化特点。

互联网 XXX 平台使用体验感

大学生认为可以应对突发紧急情况花销的占比揭到 73.7%，同时，对提高个人信誉、满足消费欲望、买后服务也都比较满意，各占 34.2%、38.8%、30.9%。

结论与建议

通过调查结果与分析，大学生对互联网 XXX 的了解程度与使用程度重合率高，不使用互联网 XXX 平台的大学生高达一半。因此，提升互联网 XXX 平台的个性化设计与产品创新是一大策略，并且对于大学生消费观的树立也是极其重要的。

学校加强宣传引导

学校要加强对消费观念的教育，帮助学生树立正确的价值观，让学生养成良好的消费习惯，懂得控制消费欲望。

平台不断完善与创新

互联网 XXX 平台可开通验证系统增加父母验证这一环节，这样既可以给大学生提供使用互联网 XXX 的机会，又可在 1000 元以下、1000~2000 元和 2000~3000 元数据中，都有超过其预算的学生分布，因此仍存在着少部分超额使用的学生。

大学生树立正确的消费观和风险意识

大学生应该树立科学、健康的消费观念，这有利于引导他们形成正确、合理的消费习惯，并且可以推动经济社会的不断进步，从而推动社会主义和谐社会的建设和发展。大学生也应有一定的风险意识，对于一些潜在的风险懂得辨识与防范，这有利于适应新形势下经济增长方式的转变，最终为中国经济的发展和和谐社会的构建发挥积极作用。

图 3-19　设置节标题格式效果

步骤 5：添加编号。

选中第 1 个章节标题"引言"，按住 Ctrl 键的同时选择"研究方法""调查结果分析""结论与建议"，使 3 个章标题同时为选中状态，在"开始"选项卡中单击"编号"下拉按钮，在展开的列表中选择第 1 种编号样式，如图 3-20 所示。参照步骤 1 的方法，分别选中每一个章标题下的节标题，在"开始"选项卡中单击"编号"下拉按钮，在展开的列表中选择第 3 种编号样式，编号设置效果如图 3-21 所示。

步骤 6：查找和替换。

对文档进行格式设置后，李同学对毕业实践报告内容进行了一次自查，他发现报告中有多处表述为"高校大学生"，这与标题"大学生"不统一，为了快速修改，可使用 WPS"查找替换"功能。使用 Ctrl+A 组合键全选文本内容，在"开始"选项卡中单击"查找替换"按钮，在

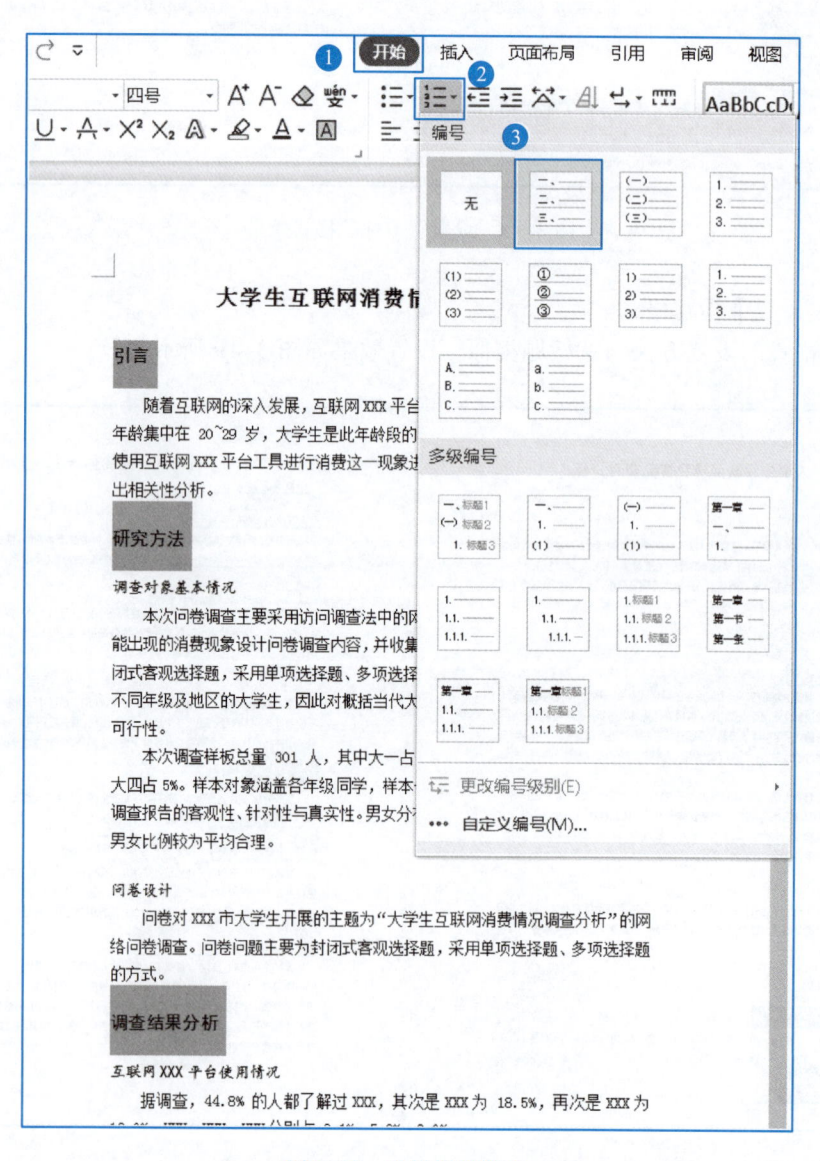

图 3-20　选择编号样式

图 3-21　编号设置效果

下拉列表中选择"替换"选项，打开"查找和替换"对话框；在"查找内容"文本框中输入"高校大学生"，在"替换为"文本框中输入"大学生"；单击"全部替换"按钮，这时 WPS 将搜索整个文档，将所有的"高校大学生"替换为"大学生"，并弹出"WPS 文字"对话框，提示"全部完成。完成 6 处替换。"如图 3-22 所示。

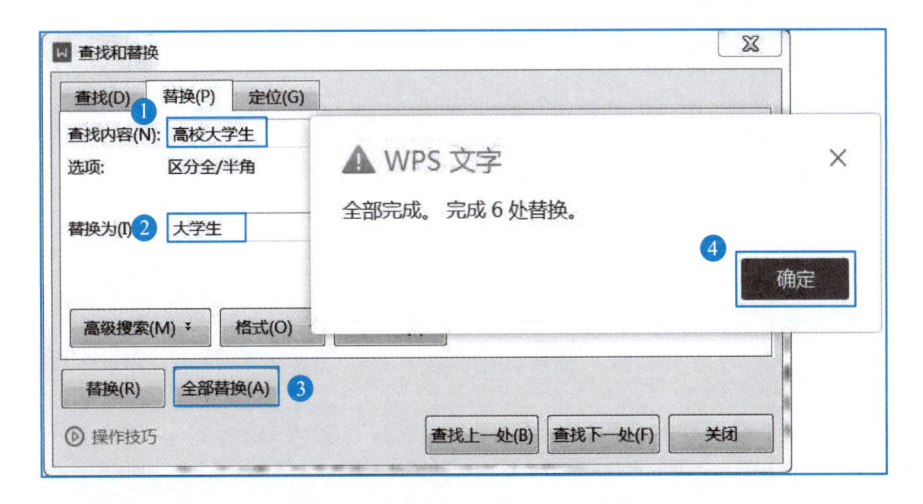

图 3-22　"查找和替换"设置效果

步骤 7：保存文档。
单击"保存"按钮，保存文档。

【能力拓展】

请按照如下排版要求，将任务 3-1 中的"图管委招新通知.docx"文档进行格式设置，排版效果如图 3-23 所示。

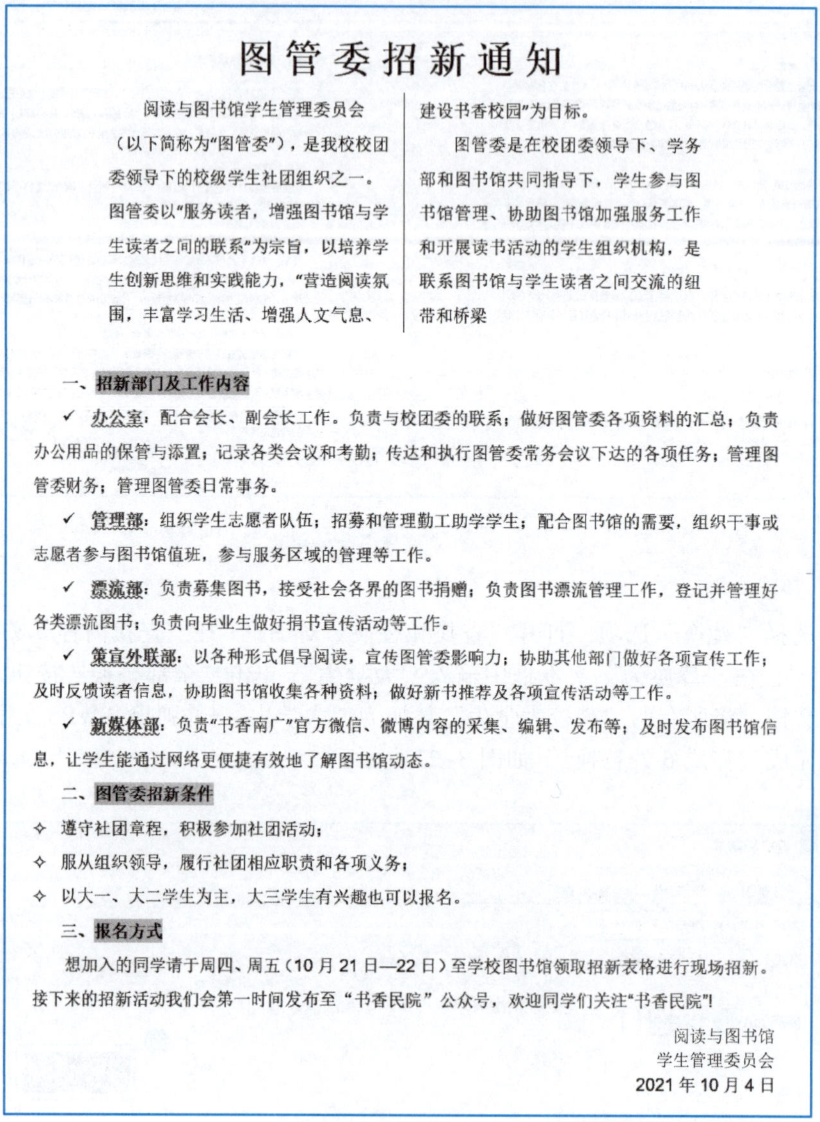

图 3-23 "图管委招新通知.docx"排版效果

① 打开任务 3-1 编辑好的"图管委招新通知.docx"文档。
② 将文档页面边距设置为上、下：2 cm，左、右：3 cm。
③ 标题为宋体、一号、加粗，字符间距加宽 3.7 磅，居中显示。
④ 正文为宋体、小四，首行缩进 2 字符，1.5 倍行距。
⑤ 为第 1 段设置分栏，添加分割线。
⑥ 为段落标题添加编号，加粗显示，并添加字符底纹。

⑦ 为"招新部门"及"招新条件"添加效果图所示的项目符号,招新部门名称设置字体颜色为"深红色"。

⑧ 落款及日期设置为右对齐。

任务 3-3　处理文字文稿表格

【学习目标】

- 掌握在文档中插入和编辑表格、对表格进行美化、灵活应用公式对表格中数据进行处理等操作。
- 掌握图片、图形、艺术字等对象的插入、编辑和美化等操作。

【任务描述】

李同学的毕业实践报告初稿排版完成后,提交给指导老师审阅,指导老师建议对报告中的结论增加数据表格或图表支撑,更有助于观点的呈现,其次要注意适当引用,在毕业实践报告末尾补充参考文献。在 WPS 文字中,不仅可以在文档中插入表格,用于制作日常使用的日程表、个人简历等文件,还可以插入精美的图形、图片等对象,并对它们进行编辑美化,使文档更加直观生动。

在"毕业实践报告(初稿).docx"文档中插入表格,录入中西文内容、进行相应的计算并设置表格样式,效果如图 3-24 所示。

消费额度 月生活费	0-500 元	500-1000 元	1000-2000 元	2000 以上	小计(人)
1000 元以下	11	5	3	0	19
1000-2000 元	51	33	13	6	103
2000-3000 元	2	9	8	5	24
3000 元以上	0	1	1	4	6

图 3-24　在文档中插入表格效果

【相关知识】

1. "插入"选项卡

"插入"选项卡的主要作用是在文档中插入各种元素,包括封面页、空白页、分页符、表格、流程图、思维导图、批注、页眉页脚、页码、水印、文本框、艺术字、日期和时间、符号、公式、超链接等元素,如图 3-25 所示。

(1)插入表格

表格是由水平的行和垂直的列组成,行与列交叉形成的方框称为单元格,可以在单元格中添加文字或图片等对象。表格在文档处理中十分重要。在日常办公中常常需要制作各式各样的表格,如日程表、课程表、报名表和个人简历等。可通过插入虚拟表格、"插入表格"对话框、手动绘制表格等方式插入表格。

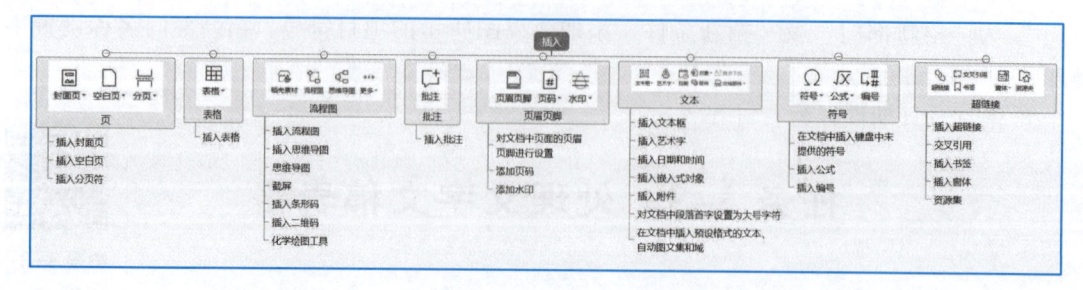

图 3-25 "插入"选项卡

（2）插入图片、图形

在 WPS 中，可以根据需要插入精美图片、配套图形及艺术字等对象，通过混合排版使文档图文并茂、版面新颖、形式多样，更加具有表现力。通过"插入"选项卡插入图片或图形后，会自动切换到"图片工具"或"绘图工具"选项卡，可以对所插入图片或图形进行相应的编辑操作。

（3）插入艺术字

艺术字是 WPS 预先设定好的一些文字效果，应用不同的艺术字效果可以让文字更加醒目突出，使文档极具层次感。通过"插入"选项卡插入艺术字后会自动切换到"文本工具"选项卡，在其中可以使用各种工具对艺术字进行编辑操作。

2. "表格工具"选项卡

当文档中插入表格后，在功能区会出现"表格工具""表格样式"选项卡。"表格工具"选项卡主要是对表格进行操作，如设置表格属性、插入行和列、合并拆分单元格、调整行高列宽、公式、排序等操作，如图 3-26 所示。

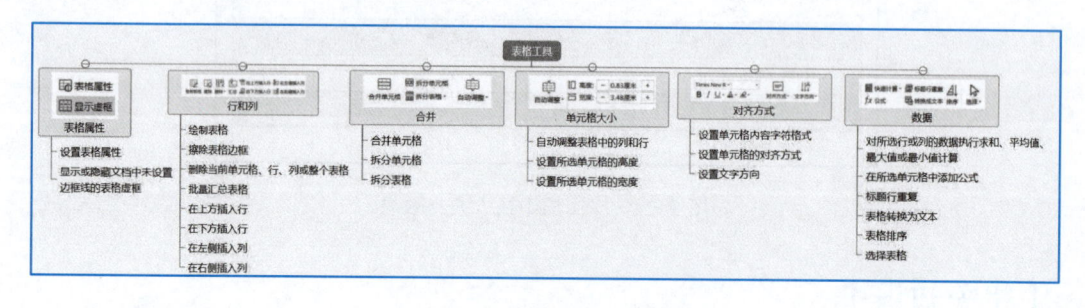

图 3-26 "表格工具"选项卡

（1）编辑表格

表格创建完成后，就可以在表格中输入数据。在输入数据的过程中，经常需要对表格进行添加行或列、选取单元格数据、调整行高与列宽、设置表格对齐方式或文字环绕方式、单元格的合并与拆分、自动调整表格大小、设置单元格对齐方式、表格转换成文本、绘制表头斜线等操作。

（2）表格计算

在编辑文字文档时，可以进行简单的数据运算，利用简单的函数和计算公式可以实现数据统计和分析。WPS 文字中针对表格添加了计算域，在表格中实现快速批量添加计算公式。

表格快速计算可以对所选行或列的数据执行求和、平均值、最大值或最小值计算。计算结果在所选行或列的后一个单元格显示，如果不存在后一个单元格，那么将新创建一行或一列。

3. "表格样式"选项卡

"表格样式"选项卡主要用于对表格样式进行设置，如设置边框、底纹、表头斜线等，如图 3-27 所示。

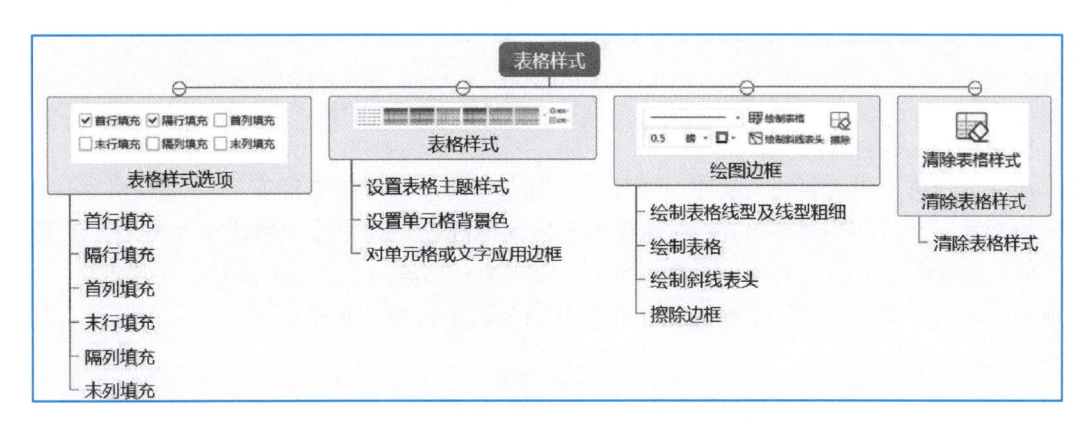

图 3-27 "表格样式"选项卡

（1）表格美化

插入表格后，为了使表格更加美观，可以使用表格主题样式美化表格，也可以对表格的边框、底纹等进行单独设置。

（2）绘制斜线表头

在制作课程表、日程表或者多表头内容的表格时，需要绘制斜线表头以帮助分隔表头内容。WPS 文字提供了 8 种斜线表头，可以使表格各部分所展示的内容更加清晰，每一个斜线表头都是一个独立的文字输入区域，并且可以随着表格移动。

【任务实施】

步骤 1：插入表格。

打开 WPS 软件"我的云文档"，打开"毕业实践报告（初稿）.docx"文件。将光标定位到要插入表格的位置，在"插入"选项卡中单击"表格"下拉按钮，在展开的列表中选择"插入表格"选项，打开"插入表格"对话框，在"列数"与"行数"文本框中分别输入"6""5"，单击"确定"按钮，这时会自动在文档对应位置插入一个 5 行 6 列的表格。

步骤 2：调整表格。

选中第 1 行表格，在"表格工具"选项卡中单击"表格属性"按钮，打开"表格属性"对话框；切换到"行"选项卡，选中"指定高度"复选框，在其后的文本框中输入"1.1（厘米）"，单击"确定"按钮。将光标置于第 1 列上方，当光标变为↓形状时，选中第 1 列，按步骤 1 的操作方法打开"表格属性"对话框，切换到"列"选项卡，将列宽设置为"3.84 厘米"，单击"确定"按钮。将插入点置于第 1 行第 1 列单元格中，在"表格样式"选项卡中单击"绘制斜线表头"按钮，打开"斜线单元格类型"对话框，选择第 2 个选项，单击"确定"按钮，完成斜线表头的绘制，如图 3-28 所示。

图 3-28 表格调整后效果图

步骤 3：输入表格内容。

在第 1 行第 1 列的斜线表头中分别输入"月生活费"和"消费额度"，设置字体为宋体、字号为 5 号、字符间距紧缩 0.03 cm。输入表格其他内容，选中除了斜线单元格之外的其他单元格，设置中文字体为宋体、西文字体为 Times New Roman、字号为五号。在"表格工具"选项卡中单击"对齐方式"下拉按钮，在展开的列表中选择"水平居中"选项，设置效果如图 3-29 所示。

消费额度 月生活费	0~500元	500~1000元	1000~2000元	2000元以上	小计（人）
1000 元以下	11	5	3	0	
1000~2000 元	51	33	13	6	
2000~3000 元	2	9	8	5	
3000 元以上	0	1	1	4	

图 3-29 输入表格内容效果图

步骤 4：计算表格数据。

选中第 2 行第 2 列～第 5 行第 5 列的数据区域，单击"表格工具"选项卡中的"快速计算"按钮，在下拉列表中选择"求和"选项，则在"小计（人）"列中会自动计算出相应的数据，如图 3-30 所示。

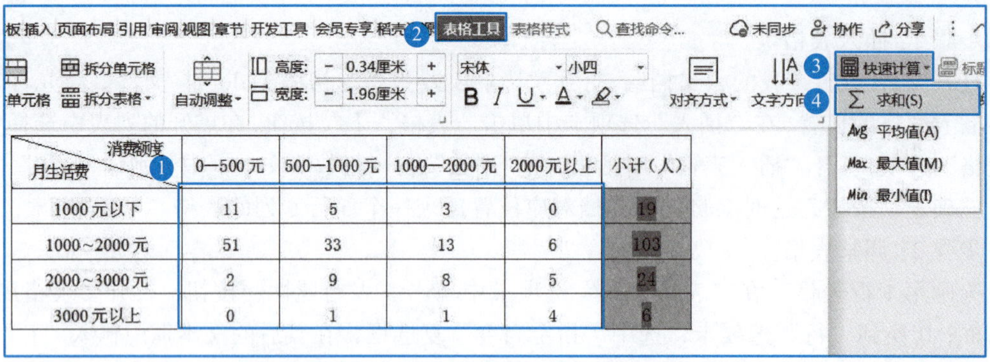

图 3-30 计算表格数据

步骤 5：设置表格样式。

同时选中第 2 行和第 4 行，在"表格样式"选项卡中单击"底纹"按钮，在下拉列表中选择一种底纹颜色，设置效果如图 3-31 所示。

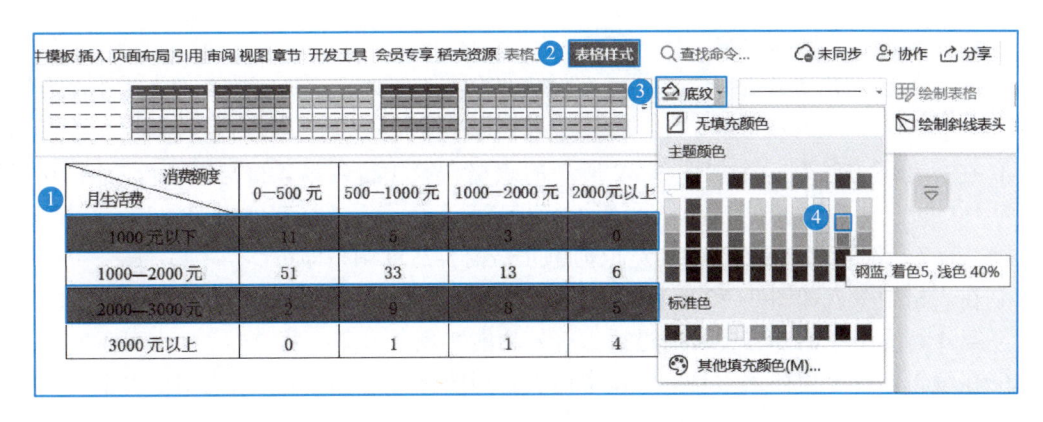

图 3-31 设置表格样式

【能力拓展】

制作"出差申请表"

新建一个名为"出差申请表.docx"的空白文档，然后进行下列操作，"出差申请表"的最终效果如图 3-32 所示。

图 3-32 "出差申请表"效果图

① 将页面布局设置为"窄"。

② 输入标题"出差申请表"，设置字体为楷体、字号为一号、加粗、对齐方式为居中对齐。

③ 在标题下方绘制一个如图 3-32 所示的表格，第 1 行~第 4 行与第 7 行~第 10 行的行高为 1.0 cm，第 5 行行高为 4.0 cm，第 6 行行高为 6.0 cm，表格宽度为 18.73 cm。第 1 行、第 5 行、第 7 行与第 10 行各列的列宽根据单元格内容适度调整即可。

④ 在表格中输入如图 3-32 所示的文本内容，设置字体为宋体、字号为四号。

⑤ 第 4 行表格中的"□"可通过插入符号功能实现。

⑥ 在编辑区右上角插入素材"出差申请表公司图标.jpg"图片，适当调整大小。

任务 3-4　排版美化长文稿

微课 3-4　样式及多级编号设置

【学习目标】

- 熟悉分页符和分节符的插入方法，掌握页眉、页脚、页面的插入和编辑等操作。
- 掌握样式的创建和使用，掌握目录的制作和编辑操作。
- 熟悉文档不同视图和导航任务窗格的使用方法，掌握页面设置操作。
- 掌握打印预览和打印操作的相关设置。
- 掌握多人协同编辑文档的方法和技巧。

【任务描述】

在编排论文、说明书和书籍等长文档时，需要设置章节，频繁设置字符和段落格式，还需要进行页眉和页脚的设置、目录的提取等操作。WPS 文字提供了分隔符、样式、页眉、页脚以及目录等功能，针对需要审阅的文档，还提供了修订与批注功能，使审阅工作更加简单方便。毕业实践报告最后打印提交到学校时，都有统一的排版要求，如果按照任务 2 的简单排版方式，部分内容细微修改也会导致整个文档重新排版，且无法自动生成和更新目录，经过查阅学校对毕业实践报告的排版要求，李同学将按照以下步骤对长文档进行排版美化处理。

① 为实践报告插入封面页，并根据需要将封面内容补充完整。

② 修改正文样式为：小四号、宋体，各段落首行缩进 2 字符，正文行距为 21 磅，应用样式。

③ 为各级标题新建样式：一级标题名称为"自定义 1 级标题"，黑体、四号、加粗，段前段后间距：1 行；二级标题名称为"自定义 2 级标题"，楷体、小四号、段前间距 1 行；三级标题名称为"自定义 3 级标题"，宋体、小四号、首行缩进 2 字符。

④ 自定义多级列表，使一级标题的编号为 1；2；3；…，关联"自定义 1 级标题"样式；二级标题的编号为 1.1；1.2；1.3；…，并关联"自定义 2 级标题"样式；三级标题的编号为 1.1.1；1.1.2；1.1.3；…，并关联"自定义 3 级标题"样式。

⑤ 应用自定义标题样式。

⑥ 在摘要前创建一个新页面，插入智能目录。

⑦ 为参考文献设置编号，编号样式为［1］、［2］、［3］…。

⑧ 为实践报告插入页眉，显示内容为论文标题，页脚显示页码（居中），封面页不需要设置页眉和页脚。

设置完成后效果如图 3-33 所示。

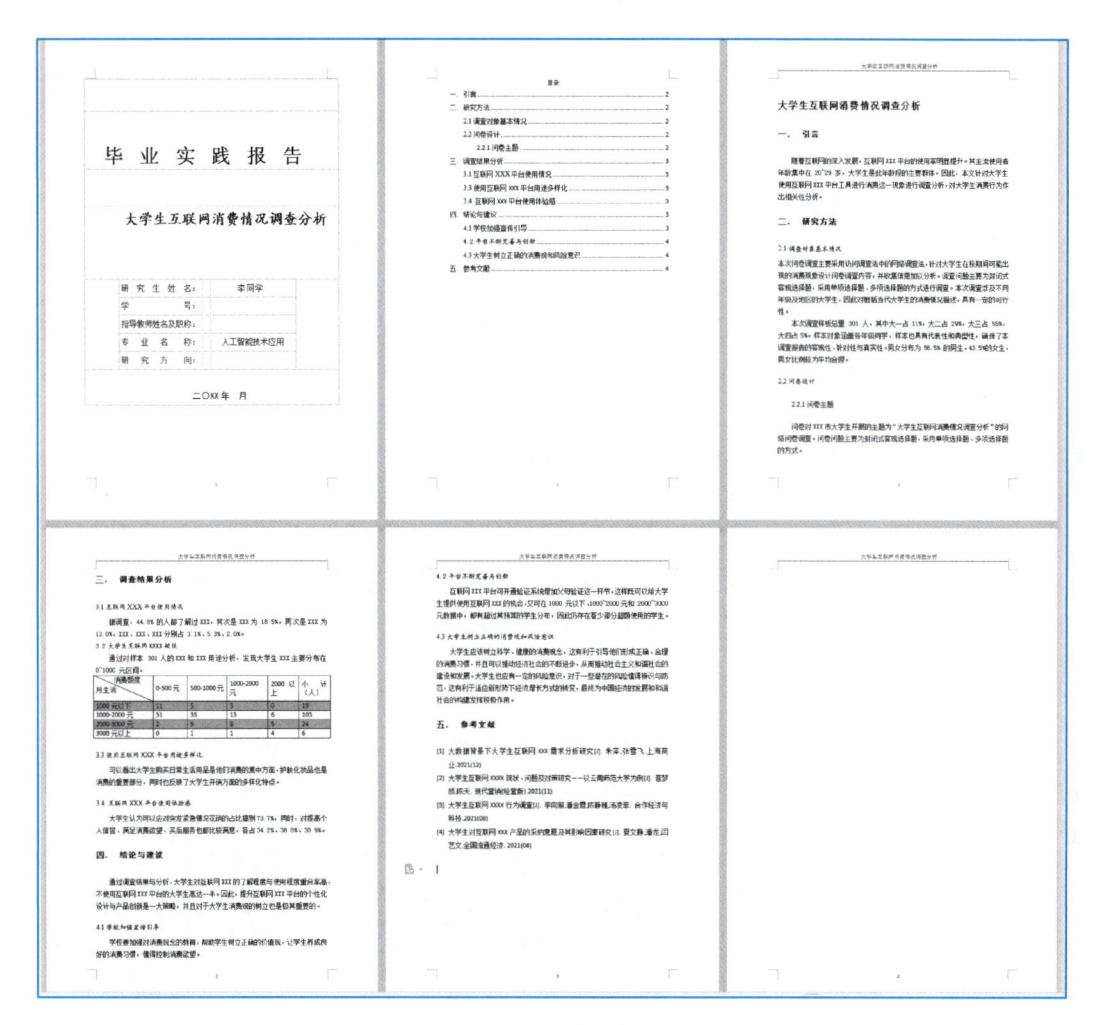

图 3-33　长文档排版效果

【相关知识】

1."引用"选项卡

"引用"选项卡主要用于实现在文档中插入目录、脚注等比较高级的功能，如目录、脚注、题注、索引、搜文库、相似文档、邮件等，如图 3-34 所示。

（1）插入目录

在使用 WPS 文字写论文、报告时，由于内容较多，目录是长文档不可缺少的部分，有了目录就能快速定位文档中的内容。

（2）脚注和尾注

脚注一般用于对当前页面的某处内容进行注释，添加在当前页面的底端，对文档中的某

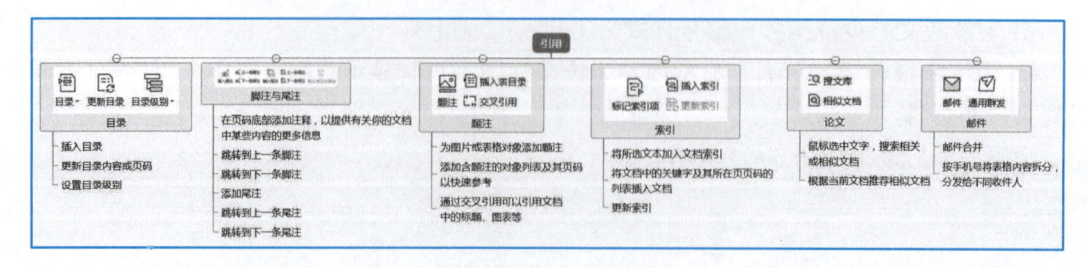

图 3-34 "引用"选项卡

些词汇进行解释说明就要用到脚注。尾注是一种对文本的补充说明,添加在整个文档的末尾,列出引用文献的出处。在撰写论文和报告时,需要插入参考文献,参考文献就属于尾注。

(3)样式

很多人在录入文字后,反复应用"字体""字号"等命令设置文档的字符格式,反复应用"两端对齐""居中"等命令设置段落格式。对于长文档来说,这样的操作需要重复多次,而且一旦设置不合理,还要返工一一修改,严重影响排版效率。对一篇长文档进行排版,应该首先确定文档的排版要求,如字体格式、段落格式、各级编号格式等,然后根据确定好的文档格式在样式中进行统一设置。

(4)多级编号

WPS 文字提供的多级编号功能可以实现对章节的自动编号。设计多级编号后可以在导航窗格查看大纲结构。对于长文档来说,使用 WPS 文字处理的多级编号功能,实现自动编号,可以减少很多人工修改的麻烦。

2. "视图"选项卡

"视图"选项卡主要用于设置文档操作窗口的视图类型,包括文档视图、导航窗格、显示比例、护眼模式、窗口、并排比较、宏等功能,如图 3-35 所示。

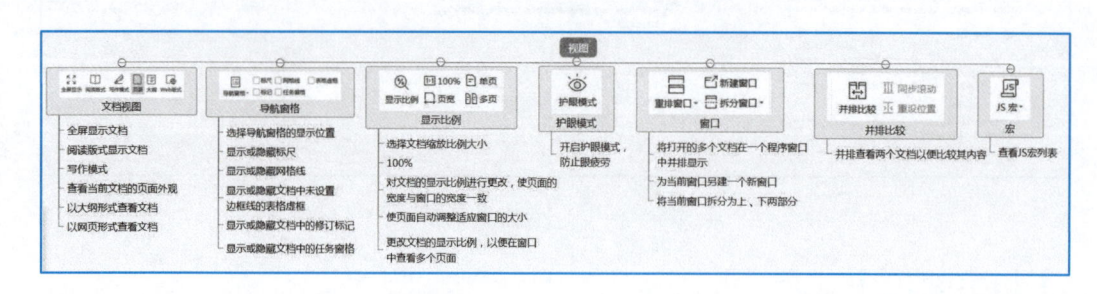

图 3-35 "视图"选项卡

(1)视图模式

WPS 文字提供了多种视图模式,在日常查阅过程中,为了提高阅读与编辑的效率,读者可以根据情况使用不同的视图模式来查阅文档。视图模式有全屏显示、阅读版式、页面、大纲、Web 版式等。

(2)导航窗格

在 WPS 文字中,将常用的"文档结构图"和 WPS 独特的"章节导航"整合进了全新的"导航窗格"中,使"目录""章节""书签"合而为一,更为简洁和高效。"目录标签页"可

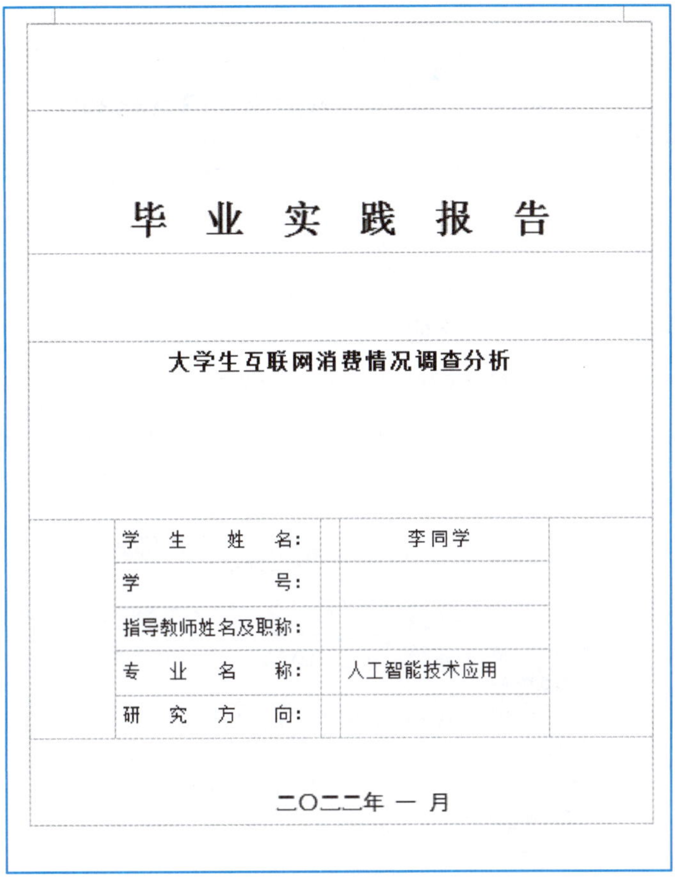

毕 业 实 践 报 告

大学生互联网消费情况调查分析

学 生 姓 名:	李同学
学 号:	
指导教师姓名及职称:	
专 业 名 称:	人工智能技术应用
研 究 方 向:	

二〇二二年 一 月

图 3-36 插入封面模板及完善内容

以更加直观地查看整个文档结构框架，自由跳转至查看的内容。“章节标签页”可以使文档分节情况一览无余，快速地进行分节操作。“书签标签页”记录了文档中的所有标签，单击即可跳转到标签位置。

【任务实施】

步骤 1：插入封面页。

在文档起始位置，单击“插入”选项卡，再单击“封面页”按钮，在下拉列表中选择“预设封面页”模板，这里选第一个模板，如图 3-36 所示，根据实际情况将封面页内容补充完整，封面模板中的格式和预设内容可以根据需要进行修改。

步骤 2：修改样式。

将光标定位到正文部分，在“开始”选项卡的“样式功能组”中，右击“正文”样式，如图 3-37（a）所示，在弹出的快捷菜单中选择“修改样式”命令，打开“修改样式”对话框，单击“格式”按钮，在下拉列表中分别选择“字体”和“段落”选项，如图 3-37（b）所示，分别打开“字符”对话框和“段落”对话框，修改字号为“小四”。

步骤 3：新建样式。

将光标定位到任意 1 级段落标题“引言”处，单击“开始”功能区“样式”所在功能组

(a)

(b)

图 3-37　修改正文样式

的扩展按钮，在展开的列表中选择"新建样式"选项，打开"新建样式"对话框。根据任务要求，在"名称"文本框输入"自定义1级标题"，字体格式设置为黑体、四号、加粗；在"格式"下拉列表中选择"段落"选项，在打开的"段落"对话框中设置"间距"为"段前""段后"均为"1"行，单击"确定"按钮，设置过程如图 3-38 所示。

接下来新建样式 2 和样式 3。将光标定位到任意一个 2 级段落标题，如"调查对象基本情况"，参照以上步骤，新建"自定义 2 级标题"样式，字体格式为楷体、小四号，段间距为"段前 1 行"；新建"自定义 3 级标题"，字体格式为宋体、小四号，首行缩进 2 字符。

步骤 4：自定义多级编号。

将光标再次定位到任意 1 级段落标题"引言"，单击"开始"选项卡中的"编号"按钮，在下拉列表中选择"自定义编号"选项，打开"项目符号和编号"对话框，在"自定义列表"

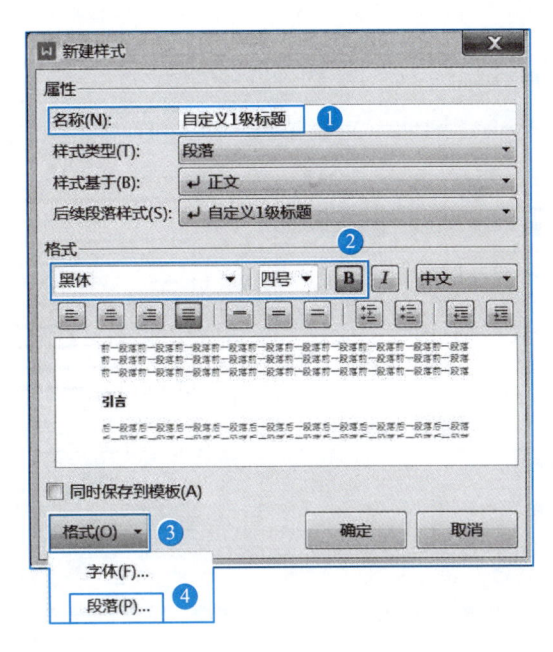

图 3-38 新建"自定义 1 级标题"样式

选项卡中选择第 2 个编号样式,单击"自定义"按钮,如图 3-39(a)所示打开"自定义多级编号列表"对话框,将编号格式中的"."改为"、","编号样式"选择中文大写的编号,单击"高级"按钮,在扩展对话框的"将级别链接到样式"下拉列表中选择"自定义 1 级标题"样式,单击"确定"按钮。设置过程如图 3-39(b)所示。

将光标再次定位到 2 级段落标题"调查对象基本情况",参照步骤 1 自定义 2 级标题的多级列表,打开"项目符号和编号"对话框,在"自定义列表"选项卡中选择第 1 个编号样式,单击"自定义"按钮,打开"自定义多级编号列表"对话框,这时"级别"默认为"2"。选中"正规形式编号"复选框,在"将级别链接到样式"下拉列表中选择"自定义 2 级标题"样式,单击"确定"按钮,如图 3-40 所示。

以同样的方式自定义 3 级标题的多级编号。

步骤 5:应用样式。

选中所有 1 级段落标题,在"预设样式"列表中选择"自定义 1 级标题"样式;选中所有 2 级段落标题,在"预设样式"列表中选择"自定义 2 级标题"样式;选中所有 3 级段落标题,在"预设样式"列表中选择"自定义 3 级标题"样式;应用自定义样式后,文档效果如图 3-41 所示。

步骤 6:提取目录。

样式设置完成后,就可以为正文自动生成目录。将光标定位到正文开始处,单击"插入"选项卡中的"空白页"按钮,然后单击"引用"选项卡中的"目录"按钮,在下拉列表中选择"智能目录"中的二级目录格式,即可在文档中插入目录,如图 3-42 所示。

步骤 7:为参考文献添加编号。

单击"开始"选项卡中的"编号"按钮,在下拉列表中选择"自定义编号"选项,此时打开"项目符号和编号"对话框,在其中选择某一预设编号,单击"自定义"按钮,打开"自

(a)

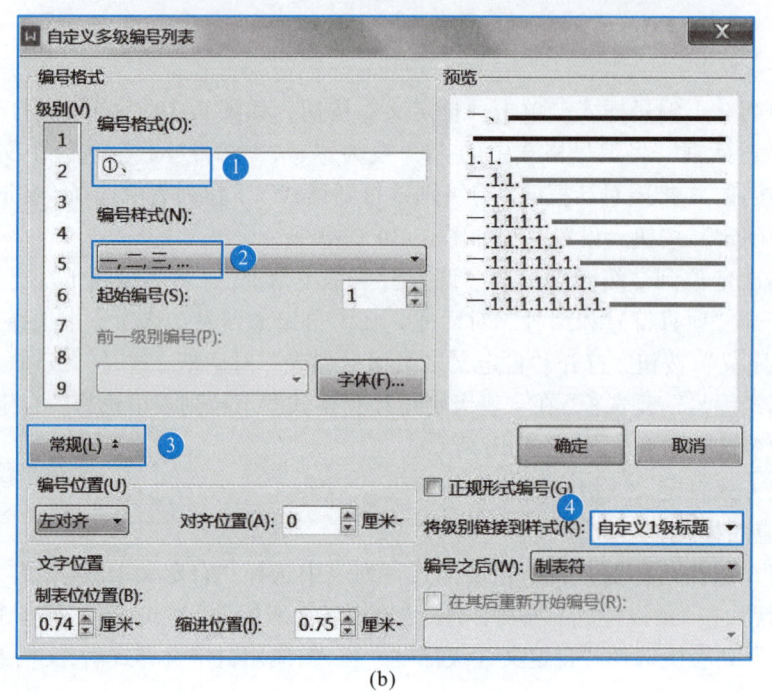

(b)

图 3-39　自定义 1 级标题的多级编号

定义编号列表"对话框,设置"编号样式"为阿拉伯数字编号格式,在"编号格式"文本框中输入显示编号的格式,通常使用的编号格式为方括号样式,如图 3-43 所示。

步骤 8:插入页眉页脚。

由于封面页和目录页不需要设置页眉,需要在正文开始处插入分节符,将光标定位到正文开始处,单击"页面布局"选项卡中的"分隔符"按钮,在下拉列表中选择"下一页分节符"

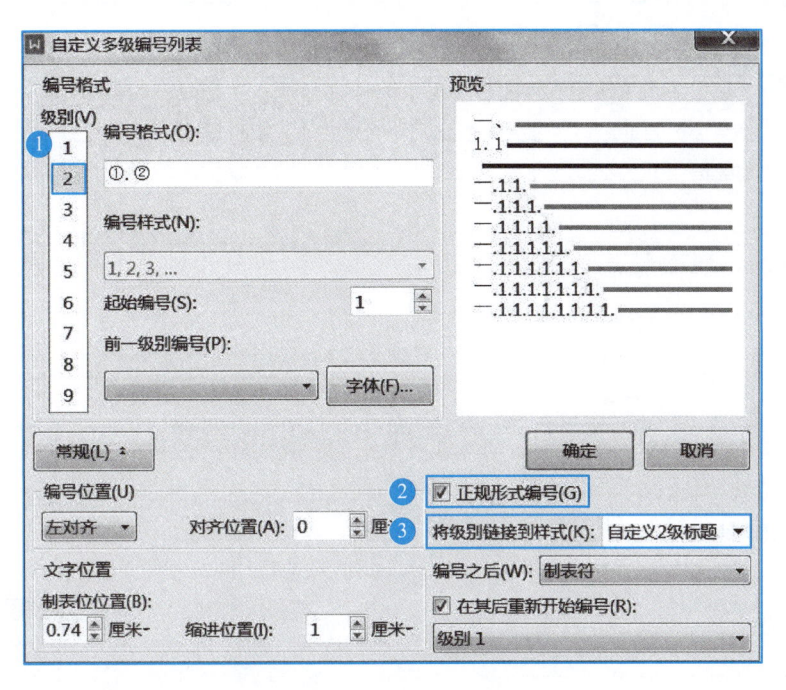

图 3-40　自定义 2 级标题的多级编号

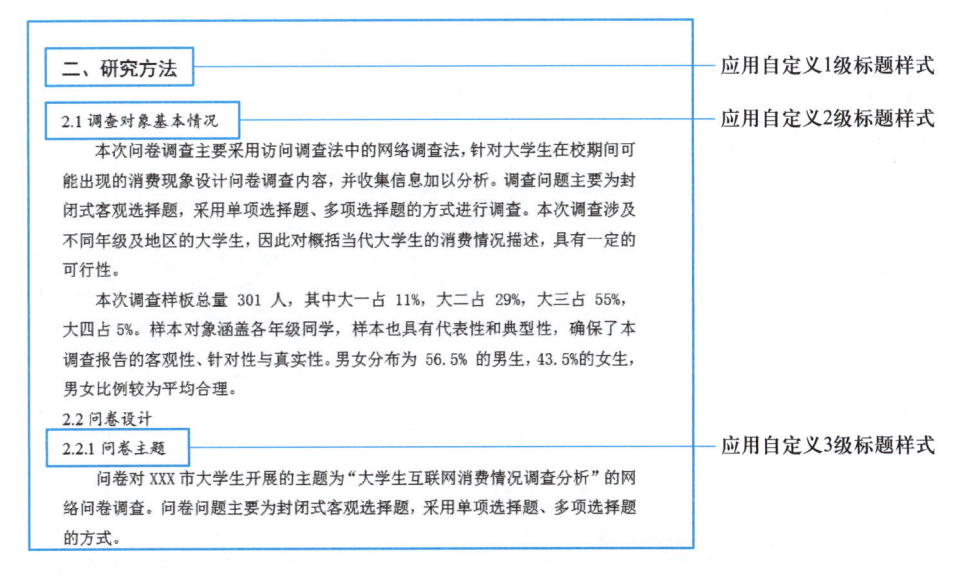

图 3-41　应用自定义样式

选项。双击文档第一页页面顶端，输入页眉内容："大学生互联网消费情况调查分析"，在自动出现的"页眉页脚"选项卡中单击"页眉横线"，在下拉列表中选择一种横线样式，取消"同前节"按钮的选中状态。双击封面页和目录页的页眉，在"页眉页脚"选项卡中单击"页眉"按钮，在下拉列表中选择"删除页眉"选项；单击"页眉横线"按钮，在下拉列表中选择"删除横线"选项；双击正文内容任意位置完成页眉编辑。设置效果如图 3-44 所示。

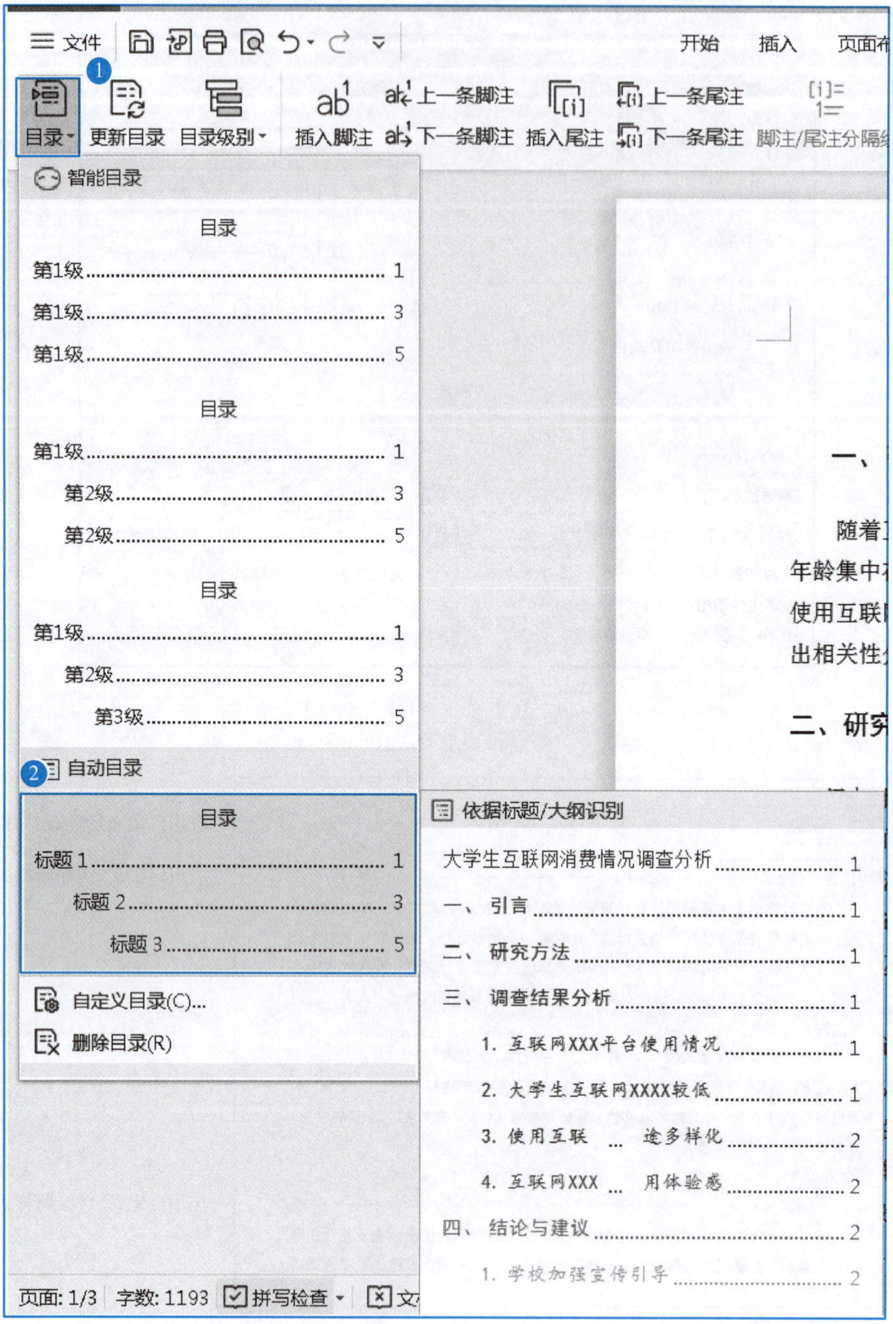

图 3-42 提取目录效果

  双击页面底端，显示"插入页码"浮动工具栏，单击"插入页码"按钮，在打开的面板中选择"页脚居中"样式，单击"确定"按钮，即可查看文档中插入的页码。单击"页码"按钮，在下拉列表中选择"页码"选项，打开"页码"对话框，设置"起始页码"为"1"、应用范围为"本节"，双击正文任意区域完成页码编辑。设置效果如图 3-45 所示。

  经过以上设置，"毕业实践报告"排版完成，效果如图 3-46 所示。

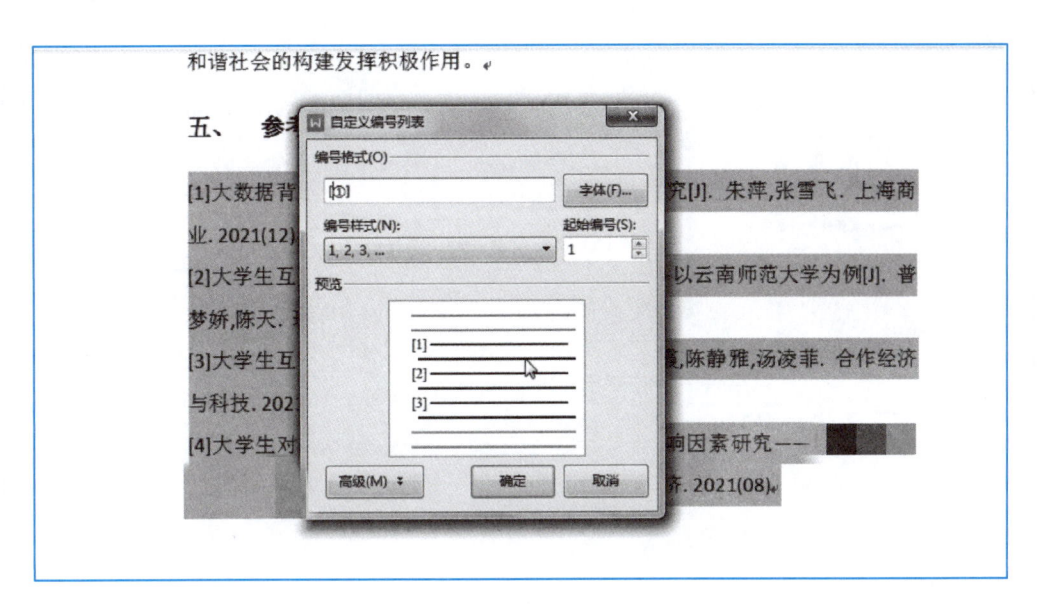

图 3-43　为参考文献添加编号

图 3-44　添加页眉效果

图 3-45　设置页码

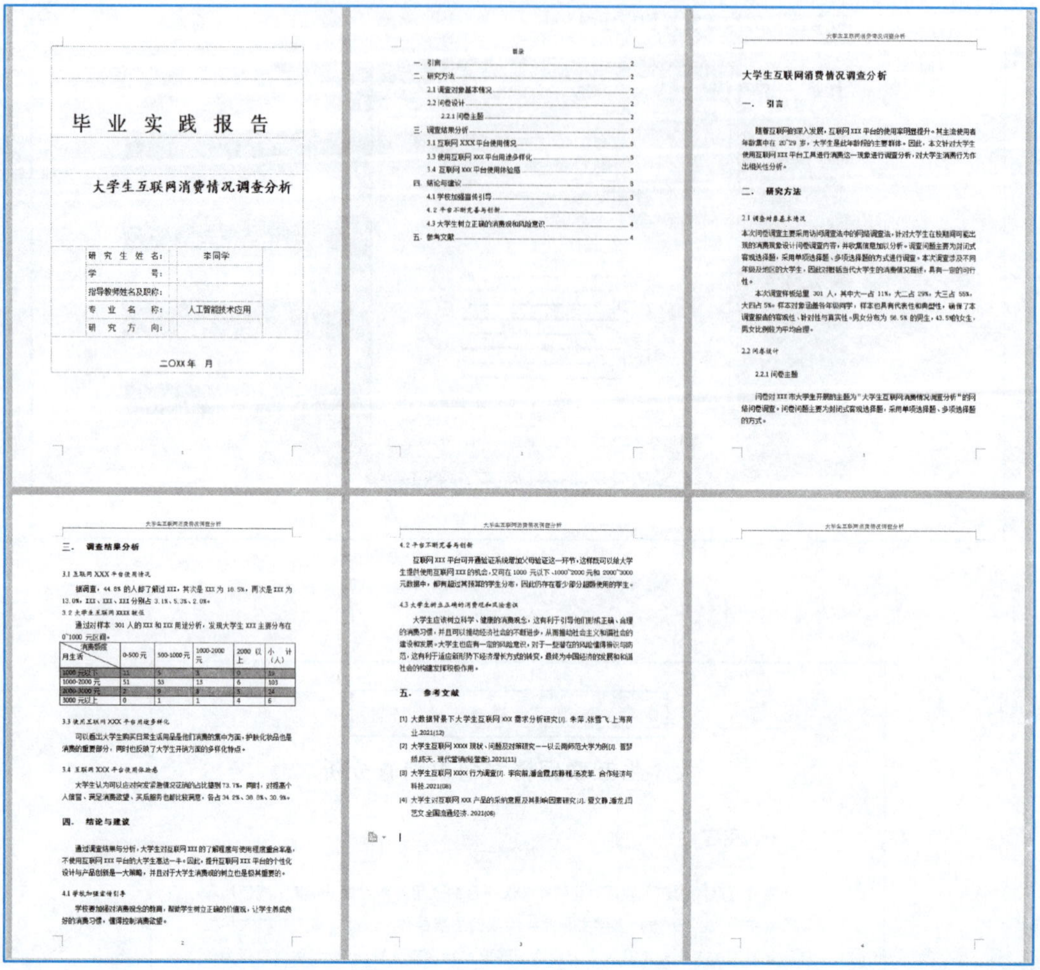

图 3-46　长文档排版效果

【能力拓展】

北京××大学信息工程学院张老师撰写了一篇题为《基于频率域特性的闭合轮廓描述子对比分析》的学术论文，拟投稿于某大学学报。根据该学报相关要求，论文必须遵照论文样式进行排版。请根据配套素材"长文档排版能力拓展素材.docx"和相关图片文件等完成排版任务，具体要求如下。

① 将素材文件"长文档排版素材.docx"另存为"论文正样.docx"，保存于桌面，并在此文件中完成所有要求，最终排版不超过5页。样式可参考配套素材中的"论文正样1.jpg"~"论文正样5.jpg"。

② 论文页面设置为A4幅面，上、下、左、右页边距分别为：3.5、2.2、2.5和2.5（cm）。论文页面只指定行网格（每页42行），页脚距边距1.4 cm，在页脚居中位置设置页码。

③ 论文正文以前的内容，段落不设首行缩进，其中论文标题、作者、作者单位的中英文部分均居中显示，其余为两端对齐。文章编号为黑体、小五号字；论文标题大纲级别为1

级、样式为标题1；中文字体为黑体，英文字体为Times New Roman，字号为三号。作者姓名的字号为小四，中文字体为仿宋，西文字体为Times New Roman。作者单位、摘要、关键字、中图分类号等中英文内容字号为小五号，中文字体为宋体，西文字体为Times New Roman，其中摘要、关键字、中图分类号等中英文内容的第一个词（冒号前面的部分）设置为黑体。

④ 参考"论文正样1.jpg"示例，将作者姓名后面的数字和作者单位前面的数字（含中文、英文两部分），设置为正确的格式。

⑤ 自正文开始到参考文献列表为止，页面布局分为对称两栏。正文（不含图、表、独立成行的公式）为五号字（中文字体为宋体，西文字体为Times New Roman），首行缩进2字符，行距为单倍行距；表注和图注为小五号（表注中文字体为黑体，图注中文字体为宋体，西文字体均用Times New Roman），居中显示；其中正文中的"表1""表2"与相关表格有交叉引用关系（注意："表1""表2"的"表"字与数字之间没有空格）。参考文献列表为小五号字，中文字体为宋体，西文字体为Times New Roman，采用项目编号，编号格式为"［序号］"。

⑥ 素材中黄色字体部分为论文的第一层标题，大纲级别2级，样式为标题2，多级项目编号格式为"1、2、3、…"，文字为黑体、黑色、四号，段落行距为最小值30磅，无段前段后间距；素材中蓝色字体部分为论文的第二层标题，大纲级别3级，样式为标题3，对应的多级项目编号格式为"2.1、2.2、…、3.1、3.2、…"，文字为黑体、黑色、五号，段落行距为最小值18磅，段前、段后间距为3磅，其中参考文献无多级编号。

项目小结

本项目设置了"创建编辑文字文稿""排版美化文字文稿""处理文字文稿表格"和"排版美化长文稿"4个任务，以高校毕业实践报告和毕业论文常规制作任务为载体，基于"文稿输入—简单美化—插入对象—规范排版"的工作流程推进学习，操作难度由简入繁，环环相扣，层层递进，完成这4个任务后，读者能基本掌握WPS文字的常用操作。

在能力拓展环节中，"图管委招新通知内容编辑""图管委招新通知排版""出差申请表制作"和"学术论文排版"4个能力提升训练将项目切换到不同的应用场景，旨在提高读者的自学能力及不同场景的适应能力。在今后的学习工作中，希望读者将所学知识融会贯通，根据实际需要丰富WPS文字操作技巧，利用软件灵活地解决实际问题。

项目提升

一、选择题

1. 在WPS文字中，可以在（　　）选项卡中设置纸张方向为横向。
   A. 开始　　　　　　B. 插入　　　　　　C. 页面布局　　　　　　D. 格式
2. 在WPS文字中设置文字的字号，设置为（　　）的字最大。
   A. 五号　　　　　　B. 四号　　　　　　C. 三号　　　　　　D. 一号
3. WPS文字中，要进行文本复制操作，首先要（　　）。
   A. 单击"开始"选项卡中的"复制"按钮

B. 单击"开始"选项卡中的"粘贴"按钮

　　C. 单击"开始"选项卡中的"剪切"按钮

　　D. 选定想要复制的文本

4. WPS 文字提供了多种视图模式，（　　）模式可以在整个显示设备上完整呈现文档，适合在演示汇报中使用。

　　A. 阅读版式　　　　B. 大纲视图　　　　C. 全屏显示　　　　D. 页面视图

5. （　　）是 WPS 文字表格工具中常用的单元格对齐方式。

　　A. 靠上两端对齐　　B. 靠上右对齐　　　C. 水平居中　　　　D. 中部两端对齐

6. 在使用 WPS 文字制作表格时，如果表格数据较多，经常会造成表格跨页，这样第 2 页就无法看到标题行，对数据的展现、查看造成一定的影响，可通过（　　）操作。

　　A. 拆分单元格　　　B. 绘制斜线表头　　C. 表格转文本　　　D. 标题行重复

7. 在 WPS 文字文档中，一页没排满的情况下需要强制换页，应该通过（　　）操作解决。

　　A. 插入换行符　　　B. 插入分页符　　　C. 分栏符　　　　　D. 插入分节符

8. （　　）一般用于对当前页面的某处内容进行注释，添加在当前页面的底端。

　　A. 脚注　　　　　　B. 引用　　　　　　C. 题注　　　　　　D. 尾注

9. 在 WPS 文字中，关于页码描述错误的是（　　）。

　　A. 对文档设置页码时，可以对第一页不设置页码

　　B. 文档的不同节可以设置不同的页码

　　C. 删除某页的页码，将自动删除整篇文档的页码

　　D. 只有该文档为一节或节与节之间的连接没有断开时，C 选项才正确

10. 在 WPS 文字中，下列关于项目符号的说法正确的是（　　）。

　　A. 项目符号样式一旦设置，便不能改变

　　B. 项目符号一旦设置，便不能取消

　　C. 项目符号只能是特殊字符，不能是图片

　　D. 项目符号可以设置，也可以取消或改变

11. 在制作课程表、日程表或者多表头内容的表格时，经常需要分隔表头内容，可以实现这一功能的选项是（　　）。

　　A. 拆分单元格　　　B. 绘制斜线表头　　C. 表格转文本　　　D. 标题行重复

12. 在浏览长文档时，如浏览长篇小说、长篇论文，由于内容过多，常常遇到关闭 WPS 后忘记自己阅读到文章的哪个部分，为了避免此种情况发生，可以为文档添加（　　）。

　　A. 图表目录　　　　B. 书签　　　　　　C. 超链接　　　　　D. 尾注

13. （多选）WPS 文字的工作界面主要包括（　　）、（　　）、编辑区、导航窗格、任务窗格、状态栏等部分。

　　A. 标签栏　　　　　B. 功能区　　　　　C. 文本框　　　　　D. 图片

14. （多选）在 WPS 文字中，若想保存文字文档可以（　　）。

　　A. 在快速访问工具栏上，单击"保存"按钮

　　B. 按 F2 键

　　C. 选择"文件"菜单中的"保存"命令

　　D. 选择"文件"菜单中的"另存为"命令

15．（多选）在 WPS 文字中，页面设置主要包括（　　　　）。
  A．设置页边距　　　B．设置纸张大小　　　C．设置首行缩进　　　D．设置字体大小
16．（多选）在 WPS 文字中，下列有关选择操作正确的是（　　　　）。
  A．按住 Ctrl 键，可以选择不连续的文本　　　B．在段落中双击，可以选中该段落
  C．按住 Shift 键，可以选中矩形区域　　　D．在选中栏双击将选取光标所指段落
17．（多选）在 WPS 文字中，"底纹"可以应用于（　　　　）。
  A．节　　　　　　B．文字　　　　　　C．段落　　　　　　D．整篇文档
18．（多选）WPS 文字的视图模式有（　　　　）。
  A．全屏显示　　　B．阅读版式　　　C．页面视图　　　D．Web 版式
19．（多选）下列选项中，属于 WPS 文字"表格工具"选项卡自动调整表格大小的方法是（　　　　）。
  A．适应窗口大小　　　　　　　B．根据内容调整表格
  C．平均分布各行　　　　　　　D．平均分布各列
20．（多选）WPS 文字中的"图片工具"提供的两种图片裁剪方式是（　　　　）。
  A．按形状裁剪　　B．按比例裁剪　　C．按大小裁剪　　D．按区域裁剪
21．（多选）在 WPS Office 2019 文字中，将常用的"文档结构图"和 WPS 特色的"章节导航"整合进了全新的"导航窗格"中，使（　　　　）合而为一，更为简洁和高效。
  A．目录　　　　　B．章节　　　　　C．书签　　　　　D．引用
22．（多选）WPS 文字中的"图片工具"可以对图片设置以下效果（　　　　）。
  A．阴影　　　　　B．倒影　　　　　C．发光　　　　　D．柔化边缘
23．（多选）WPS 文字对文本样式可以进行的操作有（　　　　）。
  A．新建样式　　　B．修改样式　　　C．清除样式　　　D．叠加样式

二、判断题

1．在 WPS 文字中，按 Ctrl+N 组合键可以创建新文档。（　　）
2．WPS 文档的扩展名是 wps。（　　）
3．在 WPS 文字中，要将文档中某部分文本内容复制到别处，第一步要进行的操作是复制。（　　）
4．要实现"分栏"，可执行"插入"菜单中的"分栏"命令。（　　）
5．在编辑状态下，操作的对象经常是被选择的内容，若鼠标指针在某行行首的左边，则单击可以选中光标所在行。（　　）
6．在 WPS 中，若要将一些选中的文本内容设置为粗体字，则单击工具栏上的 B 按钮。（　　）
7．在 WPS 文字中，对文档中多个不连续的段落设置相同的格式，最方便的方法是重复操作。（　　）
8．在 WPS 文字中，当图形对象越来越多时，有些图形或文字会被别的图形遮盖，这时需要改变图形的"文字环绕方式"。（　　）
9．WPS 中"格式刷"按钮的作用是复制文本。（　　）
10．在 WPS 表格编辑中，可以进行旋转单元格的操作。（　　）

11. 在 WPS 文字中,要进入页眉页脚编辑区,可以单击"视图"菜单,选择"页眉和页脚"命令。   (   )

12. 在 WPS 文字中,文档的不同节可以设置不同的页码。   (   )

项目 4

电子表格处理

— 数字说话——用电子表格分析数据信息 —

项目概述

利用信息检索工具可以搜索到的信息具有众多形式，数据是包含符号、文字、数字、图像等的信息表现形式。数据本质上是人类观察客观世界的一个记录，但数据背后的价值远远超过数据本身。为有效利用所获取的信息尤其是数据信息，需要用户对数据进行充分的处理和分析。电子表格是常用的一种信息处理工具，它是信息化办公的重要组成部分，不仅可以用来快速制作出各种美观、实用的电子表格，而且具有强大的数据管理、数据计算、数据统计和分析功能，在数据信息的分析和处理中发挥着重要的作用，广泛应用于财务、管理、统计、金融等领域。本项目包含创建编辑电子表格、处理电子表格数据、设置电子表格函数、制作电子表格图表等任务。

项目目标

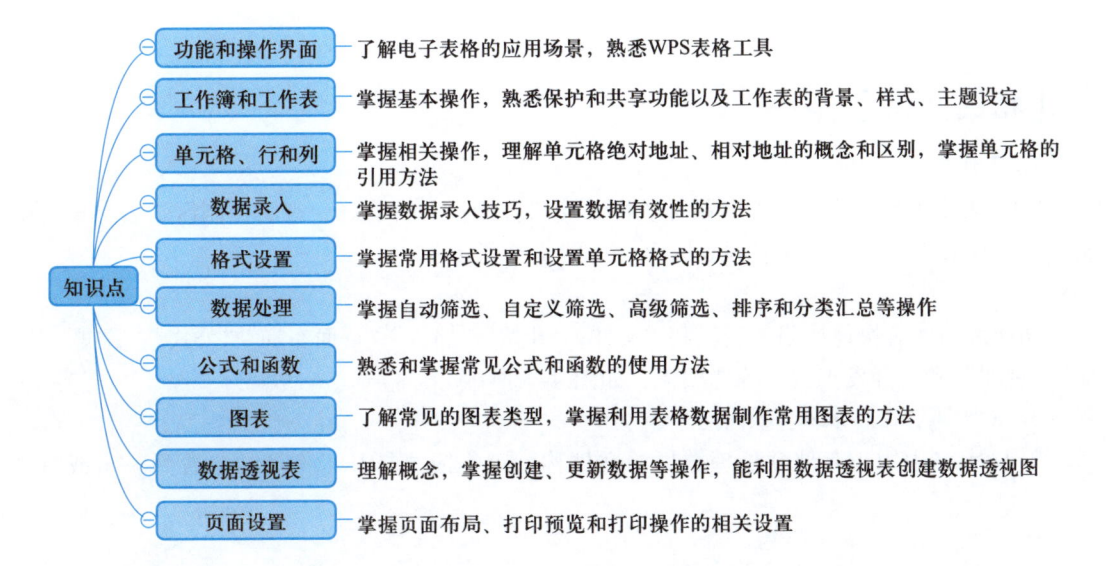

知识点
- 功能和操作界面 —— 了解电子表格的应用场景，熟悉WPS表格工具
- 工作簿和工作表 —— 掌握基本操作，熟悉保护和共享功能以及工作表的背景、样式、主题设定
- 单元格、行和列 —— 掌握相关操作，理解单元格绝对地址、相对地址的概念和区别，掌握单元格的引用方法
- 数据录入 —— 掌握数据录入技巧，设置数据有效性的方法
- 格式设置 —— 掌握常用格式设置和设置单元格格式的方法
- 数据处理 —— 掌握自动筛选、自定义筛选、高级筛选、排序和分类汇总等操作
- 公式和函数 —— 熟悉和掌握常见公式和函数的使用方法
- 图表 —— 了解常见的图表类型，掌握利用表格数据制作常用图表的方法
- 数据透视表 —— 理解概念，掌握创建、更新数据等操作，能利用数据透视表创建数据透视图
- 页面设置 —— 掌握页面布局、打印预览和打印操作的相关设置

任务 4-1　创建编辑电子表格

【学习目标】

- 了解电子表格的应用场景，熟悉相关工具的功能和操作界面。
- 掌握新建、保存、打开和关闭工作簿，切换、插入、删除、重命名、移动、复制、冻结、显示及隐藏工作表等操作。
- 掌握单元格、行和列的相关操作，掌握使用控制句柄、设置数据有效性和设置单元格格式的方法。
- 掌握数据录入的技巧，如快速输入特殊数据、使用自定义序列填充单元格、快速填充和导入数据，掌握格式刷、边框、对齐等常用格式设置方法。

【任务描述】

李同学正在求职阶段，从网上收集一些相关公司的招聘信息，制作成求职信息分析表。他了解到电子表格是当今现代化办公的重要组成部分，通过制作和使用电子表格，用户可以对数据进行规范、高效的管理。本次任务利用 WPS 表格的数据录入和格式设置功能制作"求职信息分析表"，制作完成后的效果如图 4-1 所示。

图 4-1　"求职信息分析表"的最终效果

【相关知识】

1. 工作界面

WPS 表格的工作界面主要包括标签区、窗口控制区、功能区、视图控制区、名称框、编辑栏、工作表编辑区、工作表列表区等，如图 4-2 所示。

2. 功能区

功能区主要有快速访问工具栏和"文件""开始""插入""页面布局""公式""数据""审阅""视图"和"开发工具"等选项卡，如图 4-3 所示。

3. 工作簿、工作表和单元格

WPS 表格中用来存储并处理数据的文件称为工作簿。打开工作簿，会看到一个或者多

项目 4　电子表格处理　87

图 4-2　WPS 表格工作界面

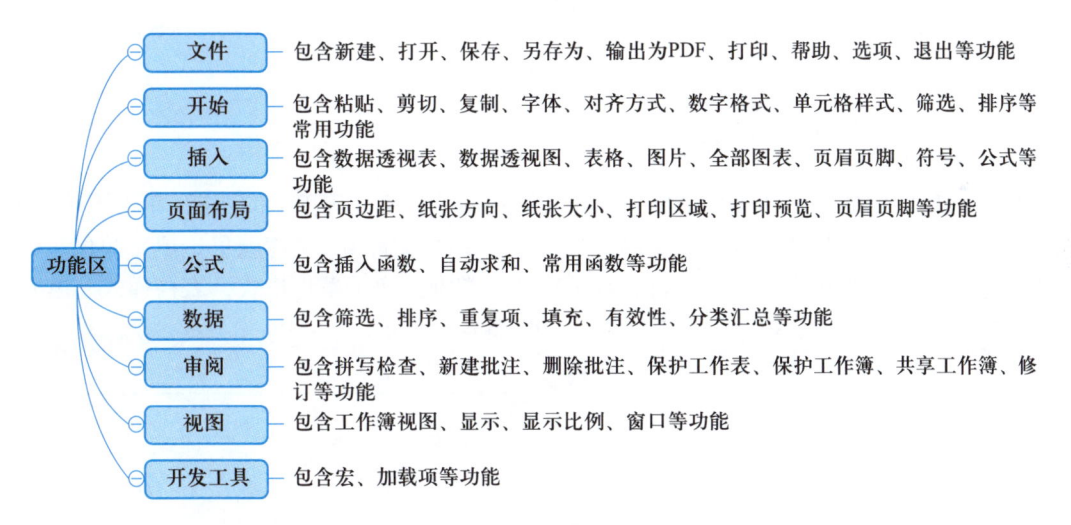

图 4-3　功能区

- 文件：包含新建、打开、保存、另存为、输出为PDF、打印、帮助、选项、退出等功能
- 开始：包含粘贴、剪切、复制、字体、对齐方式、数字格式、单元格样式、筛选、排序等常用功能
- 插入：包含数据透视表、数据透视图、表格、图片、全部图表、页眉页脚、符号、公式等功能
- 页面布局：包含页边距、纸张方向、纸张大小、打印区域、打印预览、页眉页脚等功能
- 公式：包含插入函数、自动求和、常用函数等功能
- 数据：包含筛选、排序、重复项、填充、有效性、分类汇总等功能
- 审阅：包含拼写检查、新建批注、删除批注、保护工作表、保护工作簿、共享工作簿、修订等功能
- 视图：包含工作簿视图、显示、显示比例、窗口等功能
- 开发工具：包含宏、加载项等功能

个工作表，它是由行和列构成的一个二维表格，工作表名称一般在左下角，默认以 Sheet1、Sheet2……命名。在工作表中，可以看到很多格子，一个格子就是一个单元格，它是组成电子表格的最小单位。工作簿、工作表和单元格三者之间的关系如图 4-4 所示。

4."文件"菜单

工作簿操作主要使用"文件"菜单的功能，单击该菜单，弹出后台窗口，有新建、打开、保存、另存为、输出为 PDF、打印、帮助、选项、退出等选项，如图 4-5 所示。

工作簿操作主要包括创建工作簿、保存工作簿、重命名工作簿、打开工作簿和关闭工作簿等。

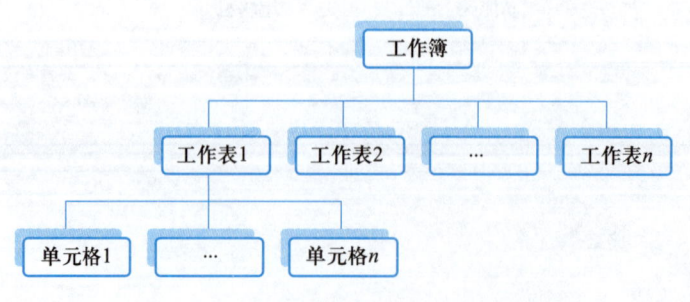

图 4-4 工作簿、工作表和单元格关系图

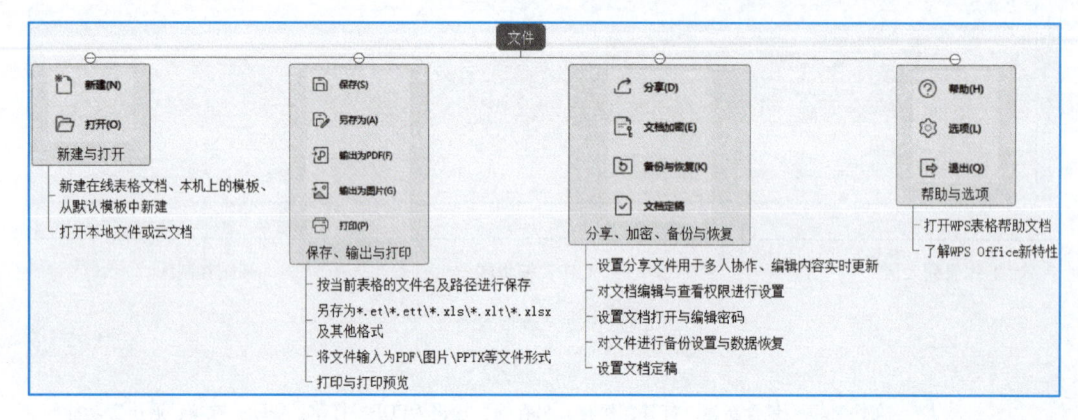

图 4-5 "文件"菜单

5. "开始"选项卡

电子表格的创建编辑和单元格格式设置主要使用"开始"选项卡的功能，单击该选项卡，出现相应功能区，有粘贴、剪切、复制、格式刷、字体、字号、字体颜色、填充颜色、对齐方式、缩进量、合并居中、自动换行、数字格式、类型转换、条件格式、表格样式、单元格样式、插入函数、筛选、排序、填充等选项，如图 4-6 所示。

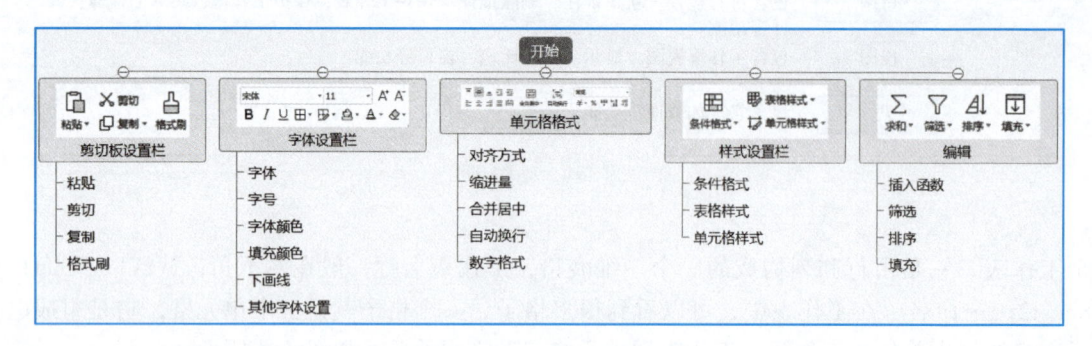

图 4-6 "开始"选项卡

（1）工作表操作

工作表操作主要包括新建工作表、重命名工作表、移动或复制工作表、删除工作表、工作表的行与列操作等内容。

（2）单元格操作

单元格操作主要包括选定单元格、插入和删除单元格、复制和移动单元格、合并和拆分单元格和设置批注等内容。

（3）数据录入

在使用电子表格输入数据时，要正确使用各种类型的数据，避免出现因使用不当造成数据丢失等现象。WPS 表格中常用的数据类型有字符型（文本型）数据、数值型（数字型）数据、日期型数据。

（4）数据有效性

利用数据有效性功能可以快速录入数据以及防止录入错误数据，提高数据录入的准确性。

（5）设置单元格格式

电子表格数据录入之后，通过设置单元格格式可以对表格进行美化，设置单元格格式包括数字格式、对齐方式、字体格式、边框等操作。

【任务实施】

步骤 1：新建求职信息分析表文件。

启动 WPS，新建一个默认名为"工作簿 1"的空白表格。单击快捷访问工具栏中的"保存"按钮，打开"另存为"对话框，选择合适的存储位置，在"文件名"文本框中输入"求职信息分析表"，在"文件类型"下拉列表中选择"WPS 表格文件（*.et）"选项，单击"保存"按钮。

步骤 2：录入求职信息分析表内容。

首先录入字符型数据，其中"公司名称"和"职位名称"两列内容直接录入，如图 4-7 所示。需要注意的是，如果输入数据后，数据显示不完整，或显示为"####"，说明单元格需要增加列宽。

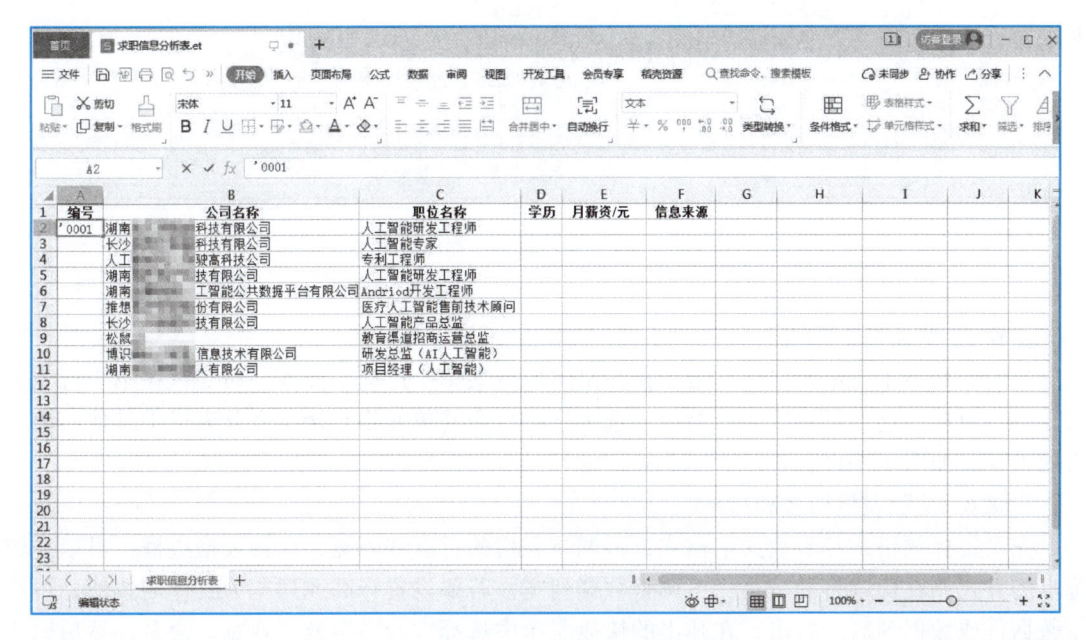

图 4-7　录入字符型数据

基础篇

步骤3:"编号"列使用填充柄快速填充数据。

在A2单元格中先输入英文引号,再输入数据0001,将鼠标指针置于A2单元格右下角,出现+字形填充柄时拖曳鼠标填充单元格数据至A11单元格,这样就完成了顺序式填充,如图4-8所示。

	A	B	C	D	E	F
1	编号	公司名称	职位名称	学历	月薪资/元	信息来源
2	0001	湖南■■■科技有限公司	人工智能研发工程师			
3	0002	长沙■■■科技有限公司	人工智能专家			
4	0003	人工■■■驶高科技公司	专利工程师			
5	0004	湖南■■■技有限公司	人工智能研发工程师			
6	0005	湖南■■■工智能公共数据平台有限公司	Andriod开发工程师			
7	0006	推想■■■份有限公司	医疗人工智能售前技术顾问			
8	0007	长沙■■■技有限公司	人工智能产品总监			
9	0008	松鼠■■■	教育渠道招商运营总监			
10	0009	博识■■■信息技术有限公司	研发总监(AI人工智能)			
11	0010	湖南■■■人有限公司	项目经理(人工智能)			
12						

图4-8 使用填充柄快速填充数据

步骤4:"学历"列使用快捷键填充相同数据。

单击D2单元格,按住Ctrl键的同时单击要输入相同数据的D4、D5、D7、D8和D11单元格,输入需要填充的数据"本科",按Ctrl+Enter组合键,这样就可以快速填充学历为"本科"的数据。同理,可以快速填充学历为"专科"和"硕士"的数据。效果如图4-9所示。

	A	B	C	D	E	F
1	编号	公司名称	职位名称	学历	月薪资/元	信息来源
2	0001	湖南■■■科技有限公司	人工智能研发工程师	本科		
3	0002	长沙■■■科技有限公司	人工智能专家	硕士		
4	0003	人工■■■驶高科技公司	专利工程师	本科		
5	0004	湖南■■■技有限公司	人工智能研发工程师	本科		
6	0005	湖南■■■工智能公共数据平台有限公司	Andriod开发工程师	专科		
7	0006	推想■■■份有限公司	医疗人工智能售前技术顾问	本科		
8	0007	长沙■■■技有限公司	人工智能产品总监	本科		
9	0008	松鼠■■■	教育渠道招商运营总监	专科		
10	0009	博识■■■信息技术有限公司	研发总监(AI人工智能)	硕士		
11	0010	湖南■■■人有限公司	项目经理(人工智能)	本科		
12						

图4-9 使用快捷键填充相同数据

步骤5:单元格的编辑。

选中表格第1行单元格后右击,在弹出的快捷菜单中选择"插入"命令,在第1行上方新建一行数据,这一行将作为标题行,选中标题行合并单元格。接着完善表格中其他需要录入的内容,如图4-10所示。

步骤6:设置表格格式和边框。

先设置标题格式和表头文字格式,再调整表格的行高和列宽,设置表格边框。可以通过拖曳的方式调整标题行的行高,再调整数据列宽。若要设置行高或列宽为具体的数值,可选中数据行或数据列后,右击,在弹出的快捷菜单中选择"行高"或"列宽"命令,然后输入行高或列宽的具体数值,单击"确定"按钮即可。最终效果如图4-11所示。

项目 4　电子表格处理

	A	B	C	D	E	F
1			求职信息分析表			
2	编号	公司名称	职位名称	学历	月薪资/元	信息来源
3	0001	湖南科技有限公司	人工智能研发工程师	本科	7000-12000	拉勾网
4	0002	长沙科技有限公司	人工智能专家	硕士	8000-12000	猎聘
5	0003	人工驶高科技公司	专利工程师	本科	12000-20000	猎聘
6	0004	湖南技有限公司	人工智能研发工程师	本科	12000-20000	猎聘
7	0005	湖南工智能公共数据平台有限公司	Andriod开发工程师	专科	8000-10000	拉勾网
8	0006	推想份有限公司	医疗人工智能售前技术顾问	本科	25000以上	猎聘
9	0007	长沙技有限公司	人工智能产品总监	本科	20000-25000	猎聘
10	0008	松鼠	教育渠道招商运营总监	专科	25000以上	猎聘
11	0009	博识信息技术有限公司	研发总监（AI人工智能）	硕士	20000-25000	猎聘
12	0010	湖南人有限公司	项目经理（人工智能）	本科	8000-12000	猎聘
13						

图 4-10　单元格的编辑

	A	B	C	D	E	F	G
1			求职信息分析表				
2	编号	公司名称	职位名称	学历	月薪资/元	信息来源	
3	0001	湖南能科技有限公司	人工智能研发工程师	本科	7000-12000	拉勾网	
4	0002	长沙据科技有限公司	人工智能专家	硕士	8000-12000	猎聘	
5	0003	人工驾驶高科技公司	专利工程师	本科	12000-20000	猎聘	
6	0004	湖南科技有限公司	人工智能研发工程师	本科	12000-20000	猎聘	
7	0005	湖南人工智能公共数据平台有限公司	Andriod开发工程师	专科	8000-10000	拉勾网	
8	0006	推想股份有限公司	医疗人工智能售前技术顾问	本科	25000以上	猎聘	
9	0007	长沙科技有限公司	人工智能产品总监	本科	20000-25000	猎聘	
10	0008	松鼠	教育渠道招商运营总监	专科	25000以上	猎聘	
11	0009	博识信息技术有限公司	研发总监（AI人工智能）	硕士	20000-25000	猎聘	
12	0010	湖南器人有限公司	项目经理（人工智能）	本科	8000-12000	猎聘	
13							

图 4-11　最终效果图

【能力拓展】

为了加强公司的规范化管理，某零售产品公司的员工需要在每个月月底制作一个公司产品库存表，以便于统计当月的产品库存数。

① 启动 WPS，新建空白电子表格文件，重命名为"库存表"。

② 按照图 4-12 所示依次录入库存表的内容：编号、产品名称、规格、单价、上月库存数、本月入库数、本月出库数、本月库存数。

	A	B	C	D	E	F	G	H	I
1					库存表				
2	编号	产品名称	规格	单价	上月库存数	本月入库数	本月出库数	本月库存数	
3	100001	可口可乐	瓶	￥3	5000	10000	14000	1000	
4	100002	巧克力饼干	盒	￥5	1000	6000	4000	3000	
5	100003	牛奶	箱	￥40	500	2000	2500	0	
6	100004	矿泉水	瓶	￥5	1200	5000	4000	2200	
7	100005	元气森林	瓶	￥10	400	3000	1000	2400	
8	100006	方便面	箱	￥50	100	600	400	300	
9	100007	洗发水	瓶	￥20	350	1000	600	750	
10	100008	薯片	袋	4	2000	4000	5000	1000	
11									

图 4-12　库存表最终效果图

③ 通过拖曳的方式调整标题的行高和列宽到合适大小，设置表格格式和边框，如图 4-12 所示。

微课 4-2
分类汇总

任务 4-2　处理电子表格数据

【学习目标】
- 掌握电子表格的数据排序操作。
- 掌握自动筛选、自定义筛选、高级筛选等操作。
- 掌握电子表格的数据分类汇总的操作。

【任务描述】

李同学制作完求职信息分析表后，需要对表格数据进行一些处理，包括对平均薪资进行排序，筛选出符合学历要求的公司和职位，按信息来源对公司进行分类汇总等。本次任务利用 WPS 表格对求职信息分析表的数据进行排序、筛选和分类汇总等操作，以便更为直观地看到求职的相关信息。"求职信息分析表"制作完成后的效果如图 4-13 所示。

编号	公司名称	职位名称	学历	月平均薪资/元	信息来源
0001	湖南　　能科技有限公司	人工智能研发工程师	本科	10000	拉勾网
0010	湖南　　器人有限公司	项目经理（人工智能）	本科	10000	猎聘
0003	人工　　驾驶高科技公司	专利工程师	本科	16000	猎聘
0004	湖南　　科技有限公司	人工智能研发工程师	本科	16000	猎聘
0007	长沙　　科技有限公司	人工智能产品总监	本科	22000	猎聘
0006	推想　　股份有限公司	医疗人工智能售前技术顾问	本科	25000	猎聘
本科 计数			6	6	
0002	长沙　　据科技有限公司	人工智能专家	硕士	10000	猎聘
0009	博识　　信息技术有限公司	研发总监（AI人工智能）	硕士	22000	猎聘
硕士 计数			2	2	
0005	湖南　　工智能公共数据平台有限公司	Andriod开发工程师	专科	9000	拉勾网
0008	松鼠	教育渠道招商运营总监	专科	20000	猎聘
专科 计数			2	2	
总计数			10	10	

图 4-13　"求职信息分析表"的最终效果

【相关知识】

"数据"选项卡

WPS 表格的数据处理主要使用"数据"选项卡的功能，单击该选项卡，出现相应功能区，有筛选、排序、重复项、数据对比、分列、填充、有效性、分类汇总等选项，如图 4-14 所示。

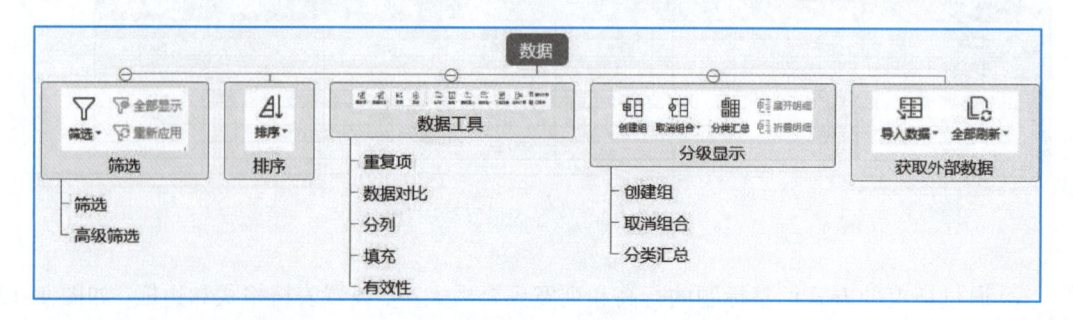

图 4-14　"数据"选项卡

（1）排序

排序功能可以按照关键字对数据进行单条件或是多条件的升序、降序排序，还可以按照需要设置自定义排序方式。

（2）筛选

筛选功能是从数据清单中选取满足条件的记录，不满足条件的数据被自动隐藏，从而快速提取表格中的信息。筛选分为简单筛选和高级筛选。

（3）分类汇总

分类汇总功能是指把工作表中的数据分门别类地进行统计处理。无须建立公式，电子表格将会自动对各类别的数据进行求和、求平均值、统计个数、求最大值（最小值）和总体方差等多种计算，并且分级显示汇总的结果，从而增加了工作表的可读性，使用户能更快捷地获得需要的数据并做出判断。

【任务实施】

步骤 1：首先将求职信息分析表中的"月薪资"改成"月平均薪资"，方便后续进行数据处理。

步骤 2：对求职信息分析表中"月平均薪资/元"，按升序进行排列。

选中求职信息分析表数据区域中的任意单元格，单击"开始"选项卡中的"排序"按钮，在下拉列表中选择"自定义排序"选项，如图 4-15 所示。打开"排序"对话框，设置主要关键字为"月平均薪资/元"、排序依据默认为"数值"、次序为"升序"，单击"确定"按钮，如图 4-16 所示。排序后的结果如图 4-17 所示。

图 4-15 平均薪资进行排序

图 4-16 "排序"对话框

	A	B	C	D	E	F
1	编号	公司名称	职位名称	学历	月平均薪资/元	信息来源
2	0005	湖南 工智能公共数据平台有限公司	Andriod开发工程师	专科	9000	拉勾网
3	0001	湖南 科技有限公司	人工智能研发工程师	本科	10000	拉勾网
4	0002	长沙 科技有限公司	人工智能专家	硕士	10000	猎聘
5	0010	湖南 人有限公司	项目经理（人工智能）	本科	10000	猎聘
6	0003	人工 驶高科技公司	专利工程师	本科	16000	猎聘
7	0004	湖南 技有限公司	人工智能研发工程师	本科	16000	猎聘
8	0008	松鼠	教育渠道招商运营总监	专科	20000	猎聘
9	0007	长沙 技有限公司	人工智能产品总监	本科	22000	猎聘
10	0009	博识 信息技术有限公司	研发总监（AI人工智能）	硕士	22000	猎聘
11	0006	推想 份有限公司	医疗人工智能售前技术顾问	本科	25000	猎聘

图 4–17　排序后的结果

步骤 3：筛选出求职信息分析表中的平均薪资大于 15 000 的公司和职位。

在表格下方插入 3 行，在 A13 单元格中输入“月平均薪资 / 元”，在 A14 单元格中输入“>15000”。选择数据区域中的任意单元格，单击“开始”选项卡中的“筛选”按钮，在下拉列表中选择“高级筛选”选项，打开“高级筛选”对话框。在其中选中“将筛选结果复制到其他位置”单选按钮，“列表区域”选择默认设置，“条件区域”选择 A13:A14 区域，“复制到”选择 A16 单元格（也可以复制到新工作表的单元格），单击“确定”按钮，结果就会显示出来，如图 4–18 所示。

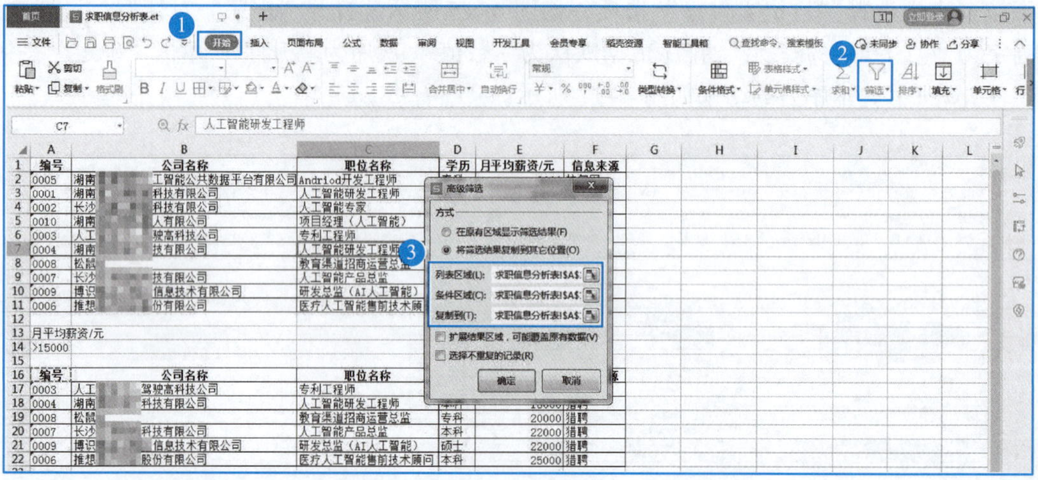

图 4–18　筛选

步骤 4：对求职信息分析表中的职位名称按学历进行分类汇总。

首先对学历进行排序，单击“学历”单元格，选择“排序”下拉列表中的“自定义排序”选项，在“排序”对话框中设置为升序。单击“数据”选项卡中的“分类汇总”按钮，在弹出的“分类汇总”对话框中，设置“分类字段”为“学历”、“汇总方式”为“计数”、“选定汇总项”为“学历”和“职位名称”，如图 4–19 所示。

【能力拓展】

某零售产品公司为统计员工的销售业绩制作了一份“销售业绩表”，如图 4–20 所示。为了更直观地看到公司每个月的产品销量额，需要对“销售业绩表”中的数据按月份进行分类

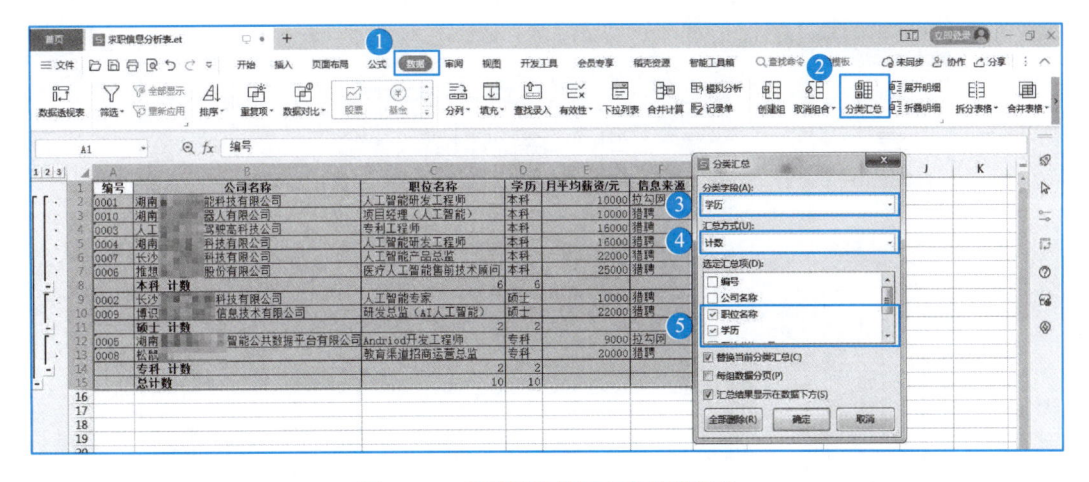

图 4-19　求职信息分析表的分类汇总

图 4-20　销售业绩表

汇总，最终效果如图 4-21 所示。

① 对"销售业绩表"中的数据按月份进行排序。

② 对"销售业绩表"中的数据按月份进行分类汇总。

图 4-21　分类汇总最终效果图

任务 4-3　设置电子表格函数

微课 4-3　常用函数

【学习目标】

• 理解单元格绝对地址、相对地址的概念和区别，掌握相对引用、绝对引用、混合引用及工作表外单元格的引用方法。

• 熟悉公式和函数的使用，掌握平均值、最大/最小值、求和、计数等常见函数的使用方法。

【任务描述】

李同学制作完求职信息分析表后，了解到电子表格的函数经常用来完成数据的取数以及快速计算，功能非常强大。通过电子表格的函数设置功能对求职信息分析表的数据进行计算分析，分别统计学历为本科的职位个数和学历为本科的职位的月平均薪资，这样可以更直观地看到求职的相关信息。最终效果如图 4-22 和图 4-23 所示。

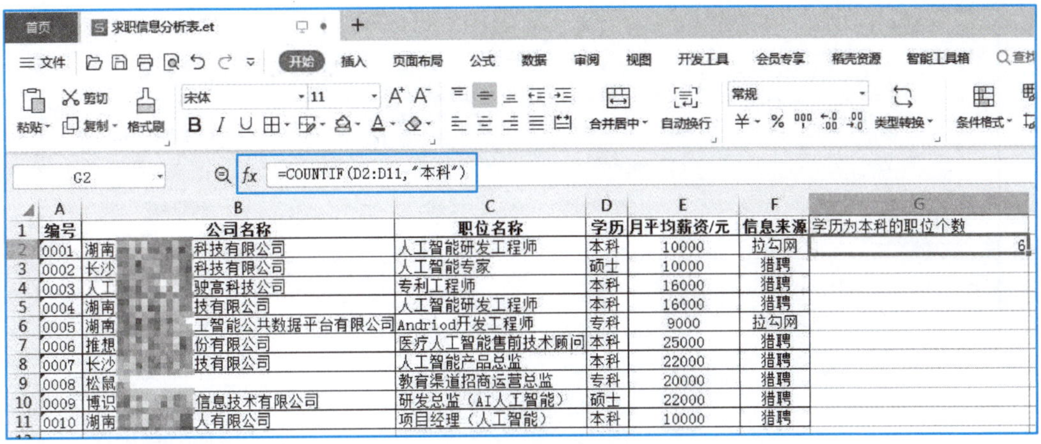

图 4-22 学历为本科的职位个数

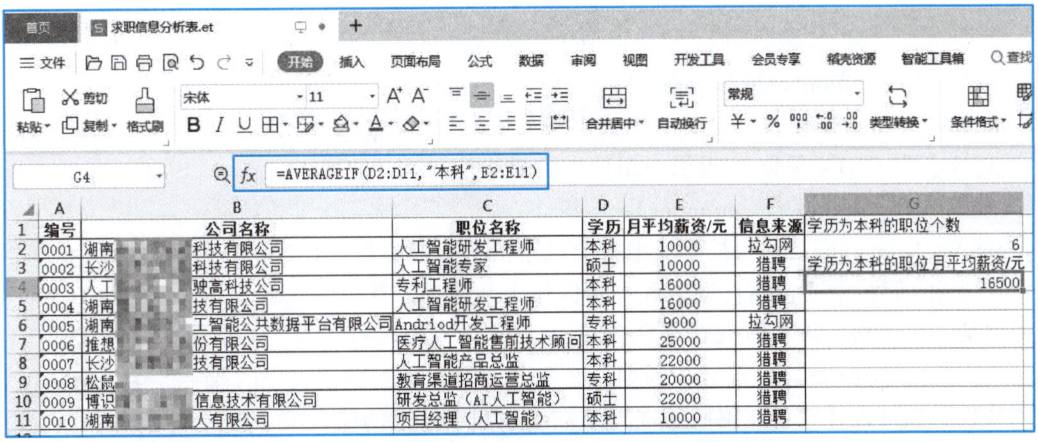

图 4-23 学历为本科的职位月平均薪资

【相关知识】

"公式"选项卡

电子表格的函数设置主要使用"公式"选项卡的功能,单击该选项卡,出现相应功能区,有函数库、定义的名称、公式审核等选项,如图 4-24 所示。

(1)单元格的引用

单元格的引用分为相对引用、绝对引用和混合引用。相对引用是最常见的引用方式,在复制单元格公式时,公式随着引用单元格的位置变化而变化。相对引用的特点是公式向右或向下复制均会改变引用关系,绝对引用的特点是公式向右或向下复制均不会改变引用关系。混合引用有两种情况"列变行不变"和"行变列不变"。

(2)常用函数

① 平均值(AVERAGE 函数):返回参数的平均值(算术平均值)。

语法:AVERAGE(number1,number2,…)

number1,number2,…为需要计算平均值的 1~255 个参数。

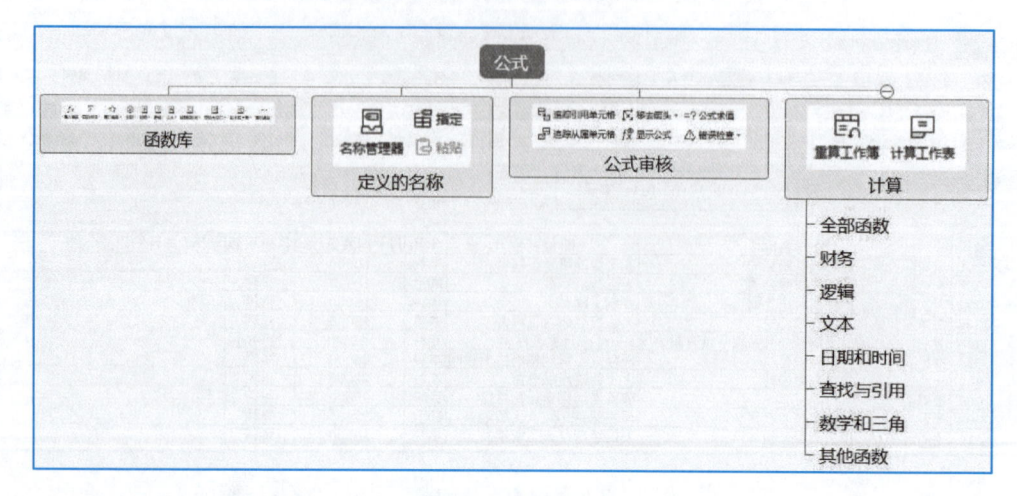

图 4-24 "公式"选项卡

② 最大值（MAX 函数）：返回一组值中的最大值。

语法：MAX（number1，number2，…）

number1，number2，…是要从中找出最大值的数字参数（1~255 个）。

③ 最小值（MIN 函数）：返回一组值中的最小值。

语法：MIN（number1，number2，…）

number1，number2，…是要从中找出最小值的数字参数（1~255 个）。

④ 求和函数，主要包括自动求和与跨区域求和两类。其中跨区域求和的函数（SUM 函数）指返回某一单元格区域中所有数字之和。

⑤ 计数函数（COUNT 函数）：返回包含数字以及包含参数列表中的数字的单元格的个数。利用计数函数可以计算单元格区域或数字数组中数字字段的输入项个数。

语法：COUNT（value1，value2，…）

value1，value2，…为包含或引用各种类型数据的参数（1~255 个），但只有数字类型的数据才被计算。

⑥ 条件函数（IF 函数）：包含 3 个参数，第 1 个参数是条件，第 2 个参数是符合条件返回的结果，第 3 个参数是不符合条件返回的结果。可以进行多个条件的嵌套，完成多条件判断。

⑦ 对满足特定条件的单元格求和函数（SUMIF 函数）：包含 3 个参数，第 1 个参数是求和条件所在区域，第 2 个参数是求和条件，第 3 个参数是求和区域。

⑧ 对满足特定条件的单元格计数函数（COUNTIF 函数）：包含 2 个参数，第 1 个参数是计数区域，第 2 个参数是计数条件。

【任务实施】

步骤 1：对求职信息分析表中数据进行计算分析。

统计学历为本科的职位个数，因为是对满足特定条件的单元格计数，所以应该用 COUNTIF 函数。计数区域是"学历"所在的 D 列，计数条件是"本科"。在 G2 单元格中输入函数"=COUNTIF（D2：D11，"本科"）"即可求出，结果如图 4-25 所示。

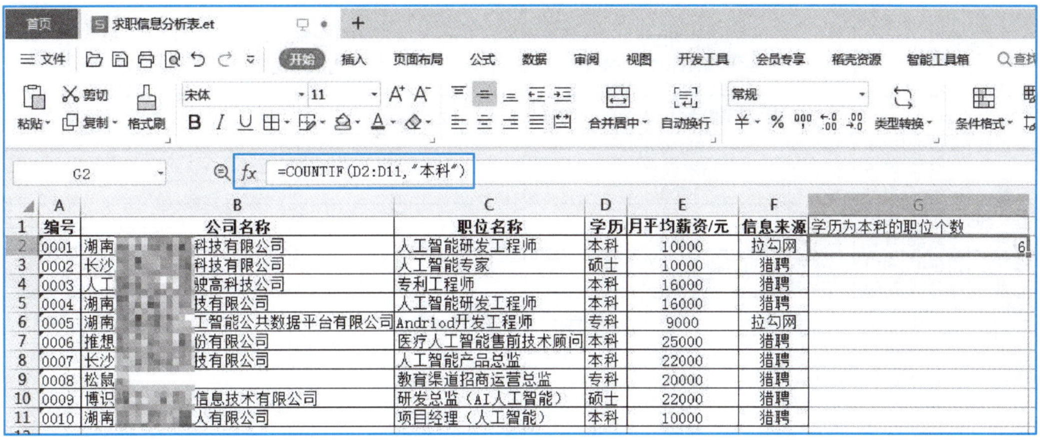

图 4-25　学历为本科的职位个数

步骤 2：统计学历为本科的职位月平均薪资。

因为是对满足特定条件的单元格求平均值，所以应该用 AVERAGEIF 函数。该函数包含 3 个参数：第 1 个参数是求平均值条件所在区域，第 2 个参数是求平均值条件，第 3 个参数是求平均值区域。"本科"为求平均值条件，"学历"所在的 D 列单元格 D2 至 D11 为求平均值条件所在区域，"月平均薪资/元"所在的 E 列单元格 E2~E11 为求平均值区域。在 G4 单元格中输入函数"=AVERAGEIF（D2：D11，'本科'，E2：E11）"，按 Enter 键，完成 G4 单元格的计算，结果如图 4-26 所示。

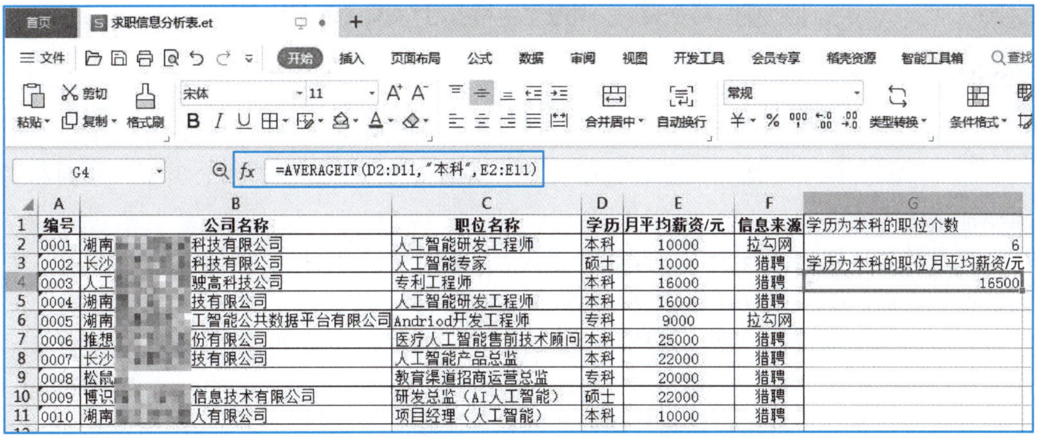

图 4-26　学历为本科的职位月平均薪资

【能力拓展】

某产品公司在每个月或半年的时间内，会对公司员工 KPI 绩效进行分析。根据本任务所学知识，使用电子表格的函数计算完成"公司员工 KPI 绩效表"，如图 4-27 所示。

① 根据公式"销售业务 KPI=（销售额/销售目标）×100"，计算各员工的销售业务 KPI 得分。

员工信息			销售业务KPI （销售额/销售目标）×100		出勤KPI 迟到或早退扣2分/次，旷工扣5分/次，事假扣1分/次				
姓名	部门	岗位	销售额	岗位销售额目标	销售KPI得分	迟到/早退次数	旷工次数	事假次数	出勤KPI得分	总分
张建军	运营部	部长	58124	50000		4	1	3		
王立国	销售部	组长	52142	30000		5	0	0		
李娜	运营部	组员	12145	15000		4	0	2		
韩安邦	销售部	组员	8547	15000		2	0	1		
赵芳	运营部	部长	32645	50000		0	0	0		
钱文正	销售部	组员	6245	15000		5	0	0		
刘青	运营部	组员	2415	15000		0	1	0		
周行智	运营部	部长	42518	50000		4	0	1		
吴国松	运营部	组员	21574	15000		7	1	0		
王妙丽	销售部	组长	32648	15000		0	0	0		
周礼	销售部	组长	42154	30000		4	0	1		
李浩	运营部	组员	8547	15000		5	1	0		
张龙	运营部	组长	10245	30000		2	1	1		
李国强	销售部	组员	10214	15000		0	2	0		
赵丙辰	运营部	组员	13624	15000		0	0	1		
沈琬	运营部	组员	21542	15000		0	0	0		
平均分										

图 4-27 公司员工 KPI 绩效表

② 根据表格中的提示，迟到或早退各扣 2 分 / 次，旷工扣 5 分 / 次，事假扣 1 分 / 次，计算各员工的出勤 KPI 得分。

③ 运用函数计算出各员工的总分。

④ 运用函数计算出所有员工的销售业务 KPI 得分的平均分和出勤 KPI 得分的平均分。

任务 4-4　制作电子表格图表

微课 4-4　数据透视表

【学习目标】

· 了解常见的图表类型及电子表格处理工具提供的图表类型，掌握利用表格制作常用图表的方法。

· 理解数据透视表的概念，掌握数据透视表的创建、更新数据、添加和删除字段、查看明细数据等操作，能利用数据透视表创建数据透视图。

· 熟悉工作簿的保护、撤销保护和共享，工作表的保护、撤销保护，工作表的背景、样式、主题设定等操作。

· 掌握页面布局、打印预览和打印操作的相关设置。

【任务描述】

李同学制作完求职信息分析表后，可以通过电子表格的图表制作功能对表格进行图表展示，以便更直观地看到求职相关信息。WPS 表格内置了多种图表类型，包括柱形图、折线图、饼图、条形图等，使用图表工具，可以一目了然地显示数据的变化趋势。本次任务为制作"求职信息分析表"柱形图，制作完成后的柱形图效果如图 4-28 所示。

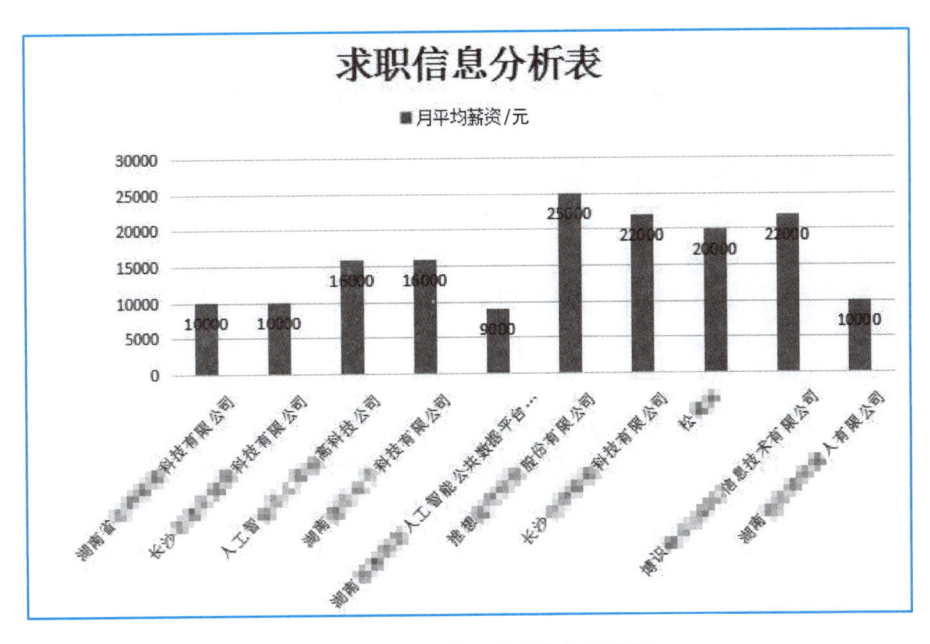

图 4-28 "求职信息分析表"柱形图

【相关知识】

1. "插入"选项卡

电子表格的图表制作主要使用"插入"选项卡的功能，单击该选项卡，出现相应功能区，有数据透视表、数据透视图、表格、图片、形状、图标、全部图表、文本框、页眉页脚、符号、公式等选项，如图 4-29 所示。

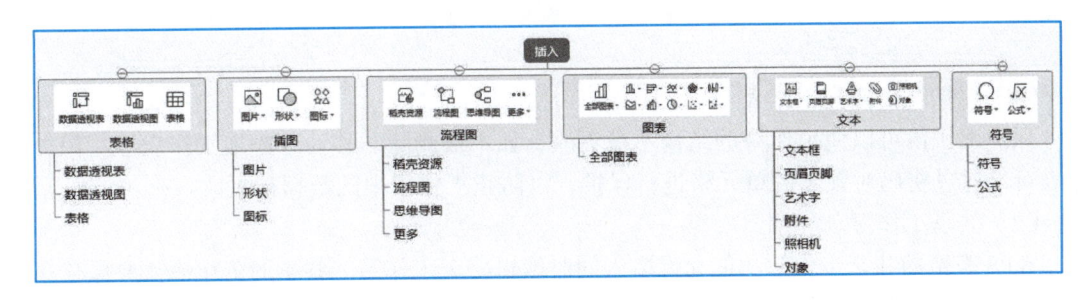

图 4-29 "插入"选项卡

（1）图表的组成

WPS 表格中内置了多种图表类型，虽然图表的类型很多，但每一种图表的组成元素大多相同。一般而言，默认的组成元素包括图表区、绘图区、数据系列、图表标题、坐标轴、数据标签、图例和网格线等。

（2）插入图形

插入图形主要包括插入柱形图、插入条形图、插入折线图、插入饼图、移动图表位置、调整图表大小、更改图表类型等操作。柱形图是 WPS 表格常见的图表样式之一，它可以直观地对比显示数据差异。条形图可以用宽度相同的条形来表示，通过高度或长短来表示数据多少。条形图便于显示各个项目之间的比较情况，可以更好地展示数据排名。折线图可以直观地反映出数据变化趋势。饼图能显示一个数据系列中各项的大小与各项总和的比例。

（3）美化图形

美化图形主要包括添加数据标签、添加趋势线、快速布局、更改颜色、更改图表样式、设置图表区域格式等操作。

（4）数据透视表

数据透视表是常用的数据分析工具，利用它可以直接对数据进行排序、分类汇总、筛选或计算。

2. "审阅"选项卡

电子表格的保护工作簿和工作表主要使用"审阅"选项卡的功能，单击该选项卡，出现相应功能区，有拼写检查、朗读、中文简繁转换、新建批注、删除批注、锁定单元格、保护工作表、保护工作簿、共享工作簿、修订等选项，如图4-30所示。

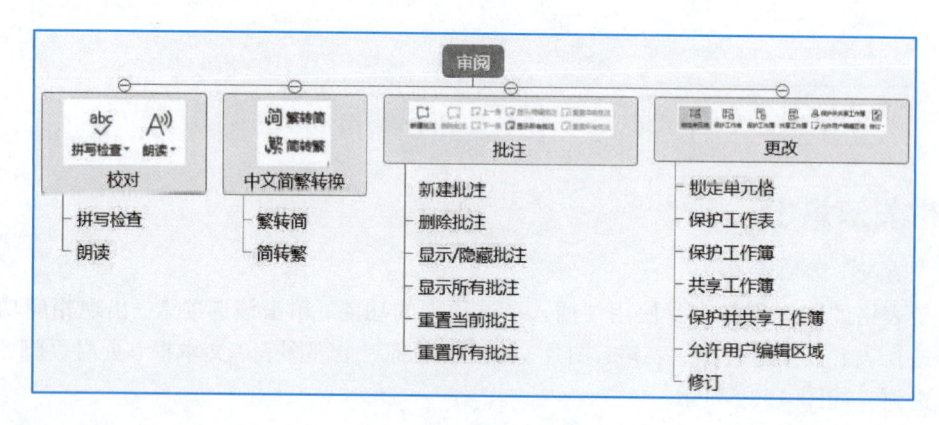

图4-30 "审阅"选项卡

（1）保护工作簿和工作表

保护工作簿可以使工作簿的结构不被更改，如不被删除、移动、添加工作表等。保护工作表可以通过密码对锁定的单元格进行保护，以防止工作表中的数据被更改。

（2）共享工作簿

WPS表格的共享工作簿功能允许多人同时编辑一个工作簿。共享的工作簿需要保存在允许多人打开此工作簿的网络位置。

3. "页面布局"选项卡

电子表格的设置打印页面主要使用"页面布局"选项卡的功能，单击该选项卡，出现相应功能区，有页边距、纸张方向、纸张大小、打印区域、打印预览、页眉页脚等选项，如图4-31所示。

工作表中的数据存储并处理完后，用户需要打印工作表时，需要对打印页面进行设置。页面设置包括页面、页边距、页眉/页脚、打印区域和打印标题等操作。为了使打印效果符合预期，在打印工作表之前，除了对电子表格设置打印页面外，还需要对工作表进行打印预览。在打印工作表时可以进行打印网格线和行号列标、打印选定工作表、打印整个工作簿等操作。

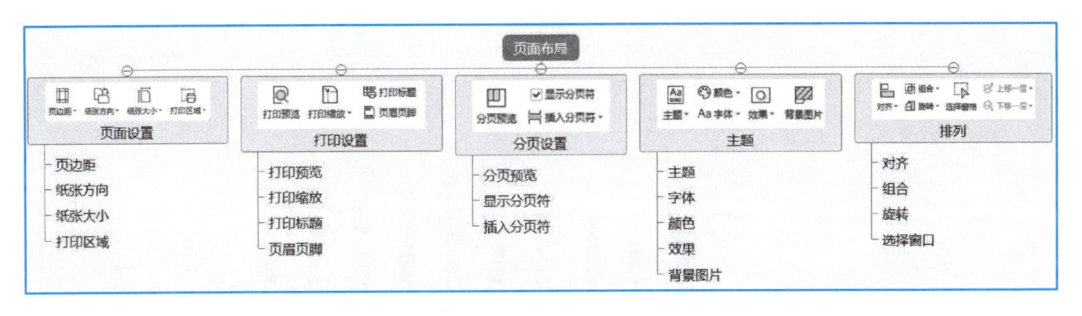

图 4-31 "页面布局"选项卡

【任务实施】

步骤 1：制作"求职信息分析表"柱形图。

根据求职信息分析表的内容，选择"公司名称"和"月平均薪资 / 元"两列作为数据列，选中 B2：B12 和 E2：E12 区域，单击"插入"选项卡中的"全部图表"按钮，在弹出的"插入图表"对话框中选择"柱形图"→"簇状柱形图"选项，并单击该图形，即可在"求职信息分析表"工作表中插入柱形图，如图 4-32 所示。

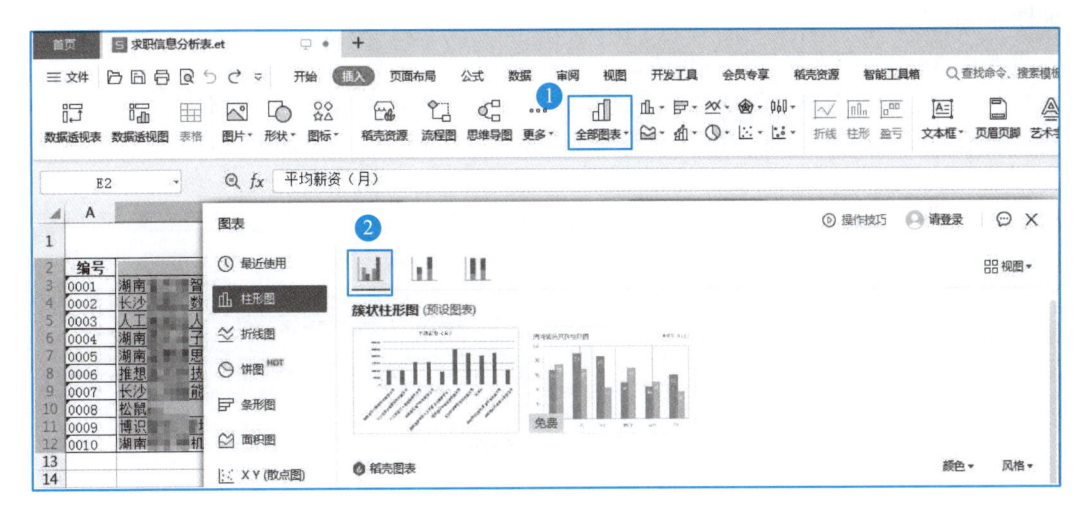

图 4-32　插入柱形图

步骤 2：调整图表大小。

将创建的柱形图移动到一个新工作表中，工作表名称为"求职信息分析表 – 柱形图"，再选中柱形图，将鼠标指针置于图表区域左上角的空心小圆点上，此时指针将变成双向箭头。按住鼠标左键不放并拖动鼠标，将柱形图调整到合适尺寸后，释放鼠标左键，即可调整柱形图大小，如图 4-33 所示。

步骤 3：美化图形。

选中柱形图，选择图表标题，修改为"求职信息分析表"，设置格式为宋体、20、加粗。单击"图表工具"选项卡中的"添加元素"按钮，在下拉列表中选择"图例"→"顶部"选项，

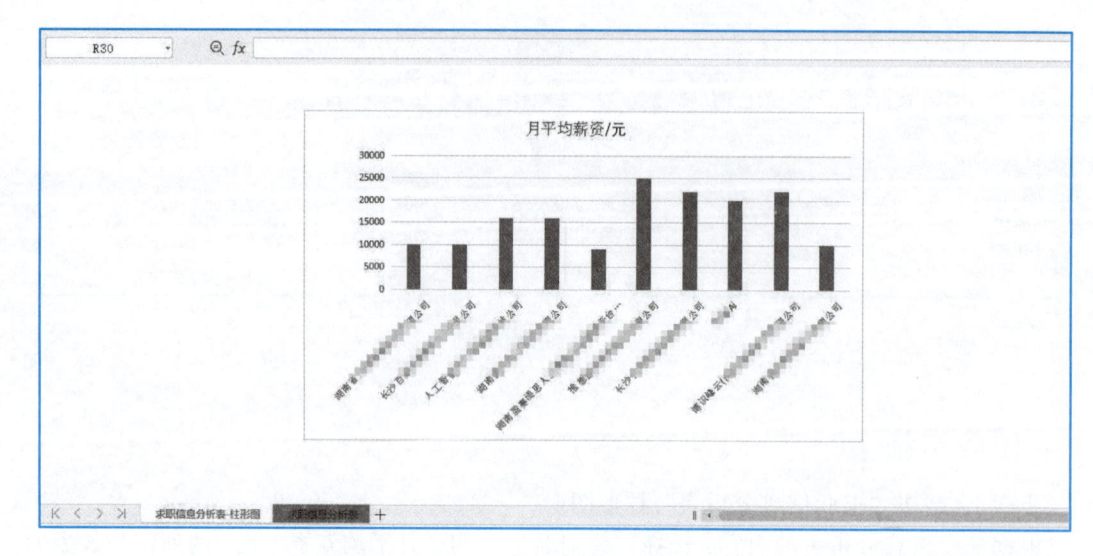

图 4-33 调整图表大小

如图 4-34 所示。单击"图表工具"选项卡中的"添加元素"下拉按钮，在下拉列表中选择"数据标签"→"数据标签内"选项，如图 4-35 所示。这样就完成了柱形图的制作，最终效果如图 4-36 所示。

步骤 4：设置打印求职信息分析表。

打开"求职信息分析表"工作表，单击"页面布局"选项卡中的"纸张方向"按钮，在下拉列表中选择"横向"选项；单击"纸张大小"按钮，在下拉列表中选择"A4"选项。单击"页

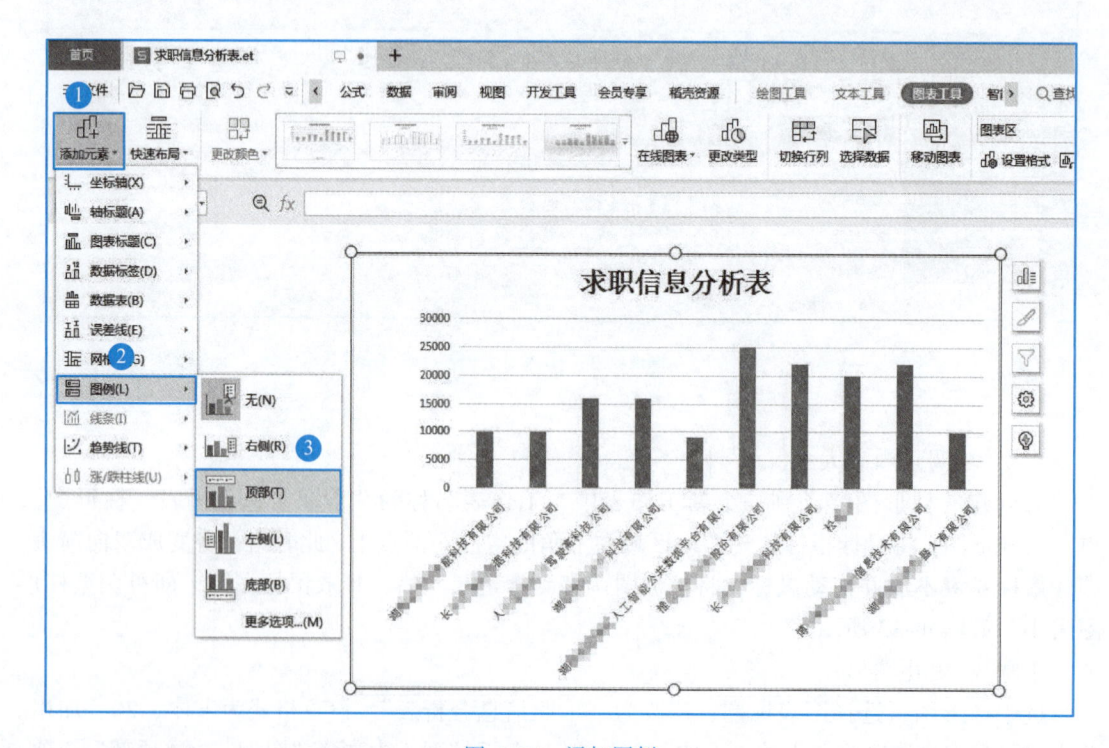

图 4-34 添加图例

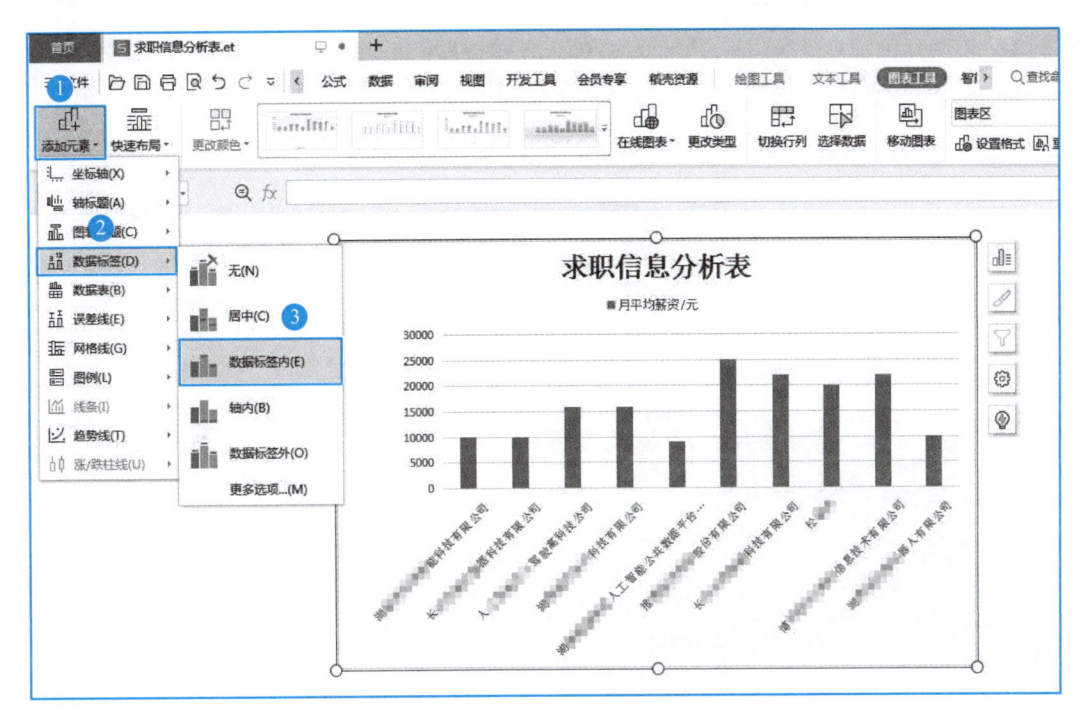

图 4-35 添加数据标签

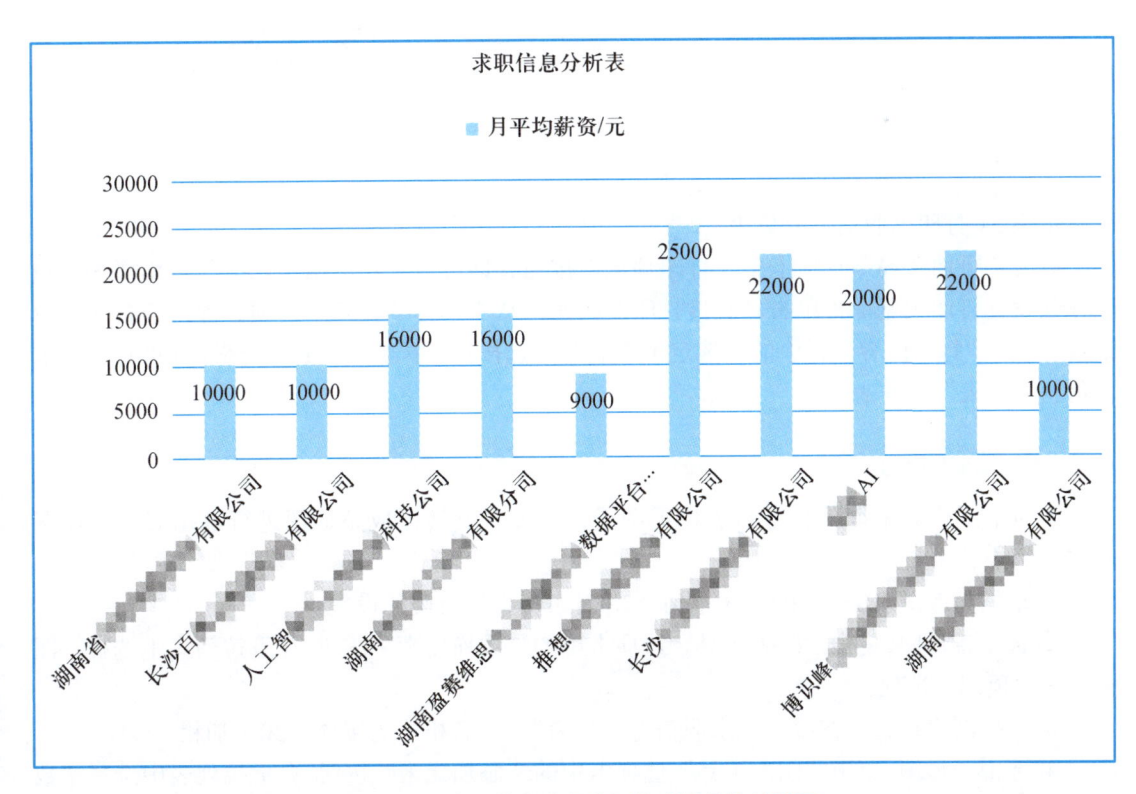

图 4-36 "求职信息分析表"柱形图最终效果图

面布局"选项卡中的"打印标题"按钮,弹出"页面设置"对话框,在"工作表"选项卡的"打印区域"文本框中输入"\$A\$1:\$F\$12",在"打印标题"栏的"顶端标题行"文本框中输入"\$1:\$1",单击"确定"按钮,这样就设置好打印区域和打印标题行,如图 4-37 所示。

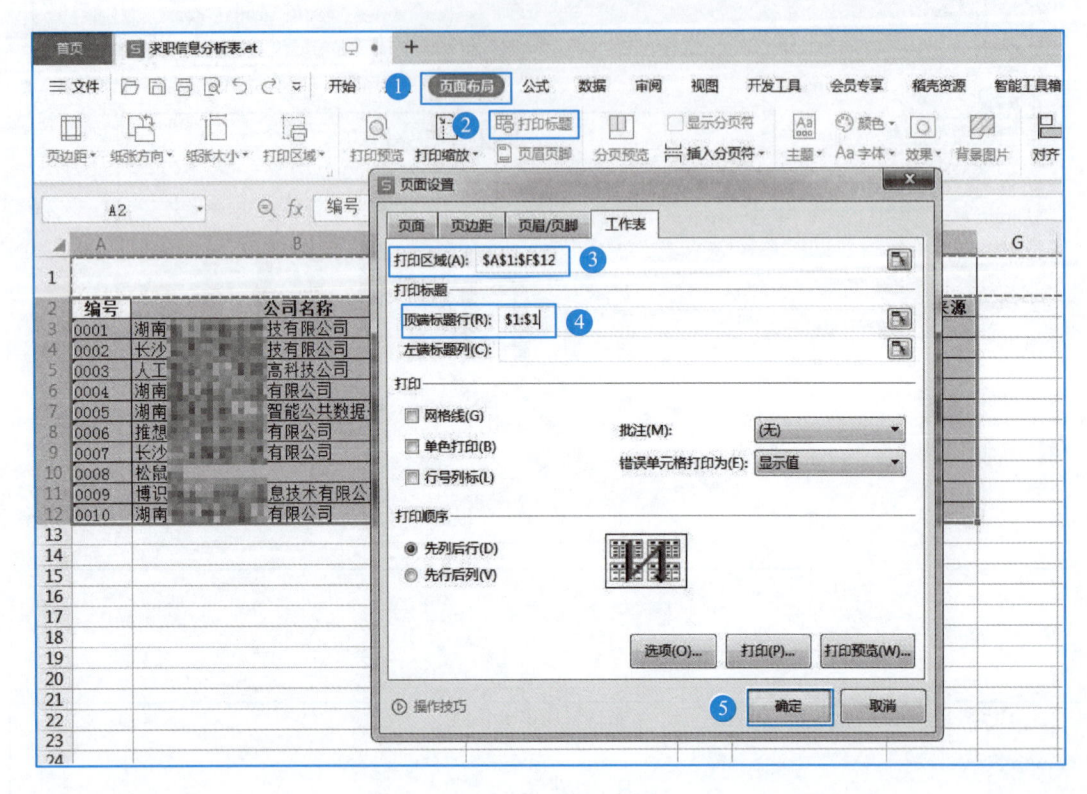

图 4-37　页面设置

步骤 5:打印求职信息分析表。

单击"页面布局"选项卡中"打印预览"按钮,即可对"年度销售业绩"工作簿 Sheet1 工作表设置打印预览。再单击"直接打印"按钮,从中选择"打印"选项,弹出"打印"对话框,选中"打印内容"栏中的"选定工作表"单选按钮,单击"确定"按钮,即可打印"求职信息分析表"工作表。

【能力拓展】

李同学制作完求职信息分析表柱形图后,需要将其转换成条形图进行数据展示,如图 4-38 所示。

① 根据更改图表类型功能进行操作,并对条形图进行美化设置。

② 选中条形图,单击"图表工具"选项卡中的"添加元素"按钮,在下拉列表中选择"图例"→"顶部"选项。

③ 选择图表标题,修改为"求职信息分析表",设置格式为宋体、20、加粗。

④ 选中条形图,单击"图表工具"选项卡中的"添加元素"按钮,在下拉列表中选择"数据标签"→"数据标签内"选项。

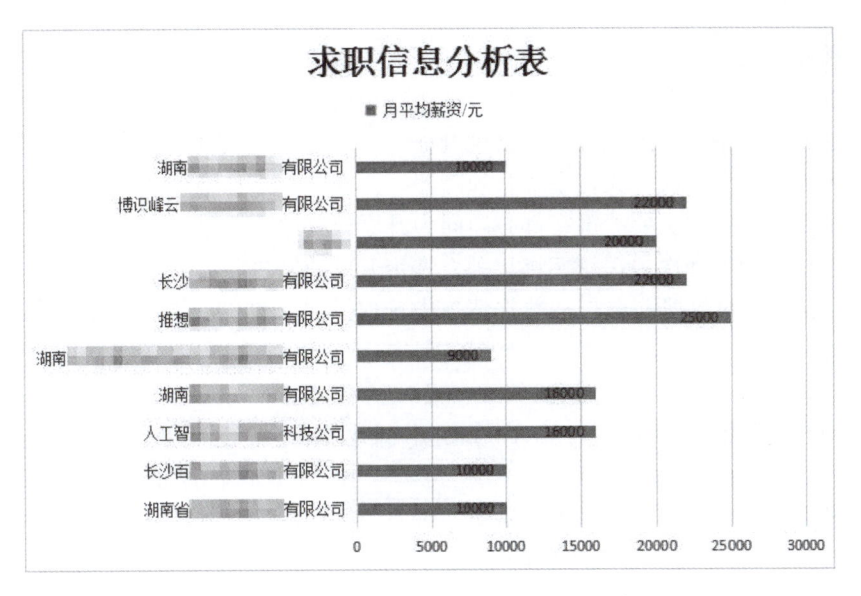

图 4-38 "求职信息分析表"条形图

项目小结

本项目设置了"创建编辑电子表格""处理电子表格数据""设置电子表格函数""制作电子表格图表"4 个任务，以制作和处理大学生求职信息表任务作为载体，学习电子表格的编辑及其处理操作，基于"数据录入—数据处理—数据统计—数据分析"的工作流程推进学习，在知识结构的设置上主要依据 WPS 表格工具实现的功能进行分类，脉络清晰，思路明确。

在能力拓展环节中，"公司产品库存表""销售业绩表""公司员工 KPI 绩效表""求职信息分析表条形图"作为 4 个能力提升训练将项目切换到不同的应用场景，旨在提高读者的自学能力及对不同数据处理的理解和应用能力。希望读者可以掌握 WPS 表格工具的使用方法，运用计算思维解决更多的数据处理问题，提高数据处理的工作效率。

项目提升

一、选择题

1. 如果在单元格中输入数据"20220202"，WPS 表格将把它识别为（　　）数据。
   A．文本型　　　　　B．数值型　　　　　C．日期和时间型　　D．公式
2. 为了区分"数字"和"数字字符串"数据，WPS 表格要求在输入"数字字符串"时，应当添加（　　）字符。
   A．"　　　　　　　B．'　　　　　　　C．#　　　　　　　D．@
3. 为了将 WPS 表格工作表中所有小于 60 的单元格数据用红色醒目显示，快速的操作方法是设置（　　）。

A. 单元格格式 B. 自动套用表格格式
C. 条件格式 D. 自定义格式

4. 在 WPS 表格中，对数据清单进行多重排序，则（　　）。

   A. 主要关键字和次要关键字都必须升序
   B. 主要关键字和次要关键字都必须降序
   C. 主要关键字和次要关键字都必须同为升序或降序
   D. 主要关键字和次要关键字可以独立选定升序或降序

5. WPS 表格中的数据筛选是从数据清单中选取满足条件的记录，不满足条件的数据将被（　　）。

   A. 排在后面 B. 清除格式 C. 删除 D. 自动隐藏

6. 在 WPS 表格中，使用升序、降序按钮进行排序操作时，活动单元格应选定为（　　）。

   A. 工作表的任何地方 B. 数据清单中的任何地方
   C. 排序依据数据列的任一单元格 D. 数据清单标题行的任一单元格

7. 下列函数中为单条件计数函数的是（　　）。

   A. COUNTIF B. COUNTIFS C. DATEDIF D. SUMIFS

8. 下列单元格中为绝对引用的是（　　）。

   A. =A1 B. =A$1 C. =$A$1 D. =$A1

9. 在 Excel 工作表中，单元格 C4 中有公式"=A3+$C$5"，在第 3 行之前插入一行后，单元格 C5 中的公式为（　　）。

   A. =A4+$C6 B. =A4+$C$5 C. =A3+$C6 D. =A3+$C$5

10. 在 WPS 表格中，打印预览中显示的页面大小（　　）。

    A. 就是打印出的实际大小 B. 总是比实际的小
    C. 总是比实际的大 D. 不一定是打印出的实际大小

11. WPS 表格中，使用（　　）选项，可以设置允许打开工作簿，但不能修改被保护的部分。

    A. 共享工作簿 B. 另存为 C. 保护工作簿 D. 保护工作表

12. 在 WPS 表格的图表中，能反映出数据变化趋势的图表类型是（　　）。

    A. 柱形图 B. 条形图 C. 饼图 D. 折线图

二、判断题

1. 查找的快捷键是 Ctrl+F。（　　）
2. 在 WPS 表格中，在当前单元格输入文本型数据时，默认为居中对齐方式。（　　）
3. WPS 表格中用来存储并处理工作表数据的文件称为工作簿。（　　）
4. Excel 中的筛选功能，可以只显示符合设定条件的数据，而隐藏其他数据。（　　）
5. WPS 表格的排序功能，设置了升序、降序两种排序方式。（　　）
6. 在 WPS 表格中，能处理数据的最小单元是单元格。（　　）
7. 在 Excel 单元格输入公式时，必须以"="开头。（　　）
8. 在 WPS 表格中，区域 C3：E5 共占据 4 个单元格。（　　）
9. Excel 中的绝对地址与相对地址是一样的，只是写法不同而已。（　　）

10. 在 WPS 表格中为了清晰地反映图中每个数据项所占的比例,最好使用饼图。
(   )
11. WPS 表格的审阅功能可以保护工作表和工作簿不被更改。   (   )
12. 在 WPS 表格中,数据可以按图形方式显示在图表中,当工作表中某些数据发生变化时,相应图表自动更新。   (   )

项目 5

演示文稿制作

— 生动演绎——把枯燥信息变为灵动图文 —

项目概述

在对信息进行检索、分析处理、再创造后往往还需要与他人进行分享与交流。根据分享和交流的方式可以选择不同类型的信息展示工具来提高效率,达到事半功倍的效果。演示文稿是一种常用信息展示工具,是信息化办公的重要组成部分,被广泛应用于产品宣传、教学培训等领域。使用演示文稿制作工具可快速制作出图文并茂、富有感染力的演示文稿,并且可通过图片、视频和动画等多媒体形式展现复杂的信息内容,将信息内容清晰、直观地展示给观众,从而使表达的内容更容易被理解。本项目包含创建编辑演示文稿、编辑应用母版与对象、设计演示文稿动态效果、分享演示文稿作品等任务。

项目目标

知识点

- 功能与操作界面 —— 了解演示文稿的应用场景,熟悉 WPS 演示界面与工具
- 文件操作与视图 —— 掌握新建、打开、保存、导出等基本文件操作,熟悉视图的应用
- 幻灯片设计与操作 —— 理解幻灯片的设计及布局原则,掌握幻灯片的创建、复制、删除、移动等基本操作
- 对象插入与编辑 —— 掌握在幻灯片中插入编辑文本框、图表、音、视频、形状等各类对象的方法
- 母版编辑与应用 —— 理解幻灯片母版的概念,掌握幻灯片母版、备注母版的编辑及应用方法
- 动态效果设置 —— 掌握切换、动画、超链接及动作按钮的设置方法
- 定稿与放映 —— 了解幻灯片的放映类型,掌握使用排练计时进行放映

微课 5-1 工作界面介绍

任务 5-1　创建编辑演示文稿

【学习目标】

- 熟悉演示文稿操作界面，熟悉文件菜单、开始选项卡。
- 熟悉演示文稿不同视图方式的应用。
- 熟悉演示文稿的基本框架结构。
- 掌握演示文稿的创建、打开、保存、退出等基本操作。
- 掌握幻灯片的创建、复制、删除、移动、背景设置等基本操作。

【任务描述】

李同学已经完成了毕业实践报告的撰写并通过了指导老师的审核。指导老师通知他大约一个月后参加实践报告答辩。答辩时，李同学有 10 分钟左右的时间介绍实践报告的主题及选择该主题的原因，并详细地就实践报告的主要论点、论据进行介绍。李同学知道此次答辩关系着自己是否能够顺利毕业，为了更好地陈述毕业实践报告，他决定制作一个毕业实践报告答辩演示文稿，并向指导老师请教。

通过此任务掌握通过空白模板制作简单演示文稿的方法。本任务文档制作完成后的效果如图 5-1 所示。

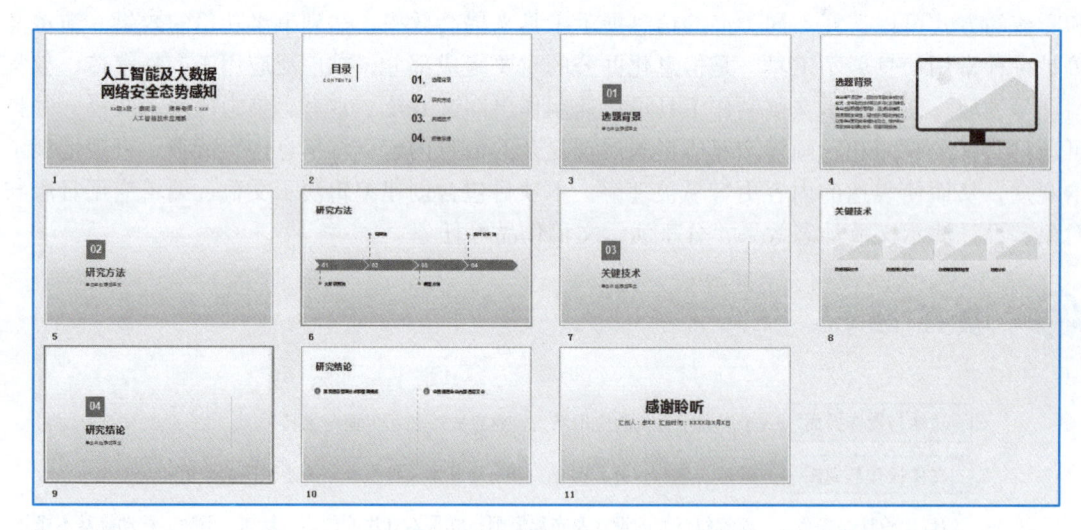

图 5-1　"毕业实践报告答辩"演示文稿

【相关知识】

1. 工作界面

WPS 演示的工作界面主要包括标题栏、功能区、大纲/幻灯片窗格、编辑区、备注窗格、状态栏等，如图 5-2 所示。

标题栏用于演示文稿标签切换和窗口控制，包括标签区和窗口控制区；标签区主要用于

项目 5　演示文稿制作　113

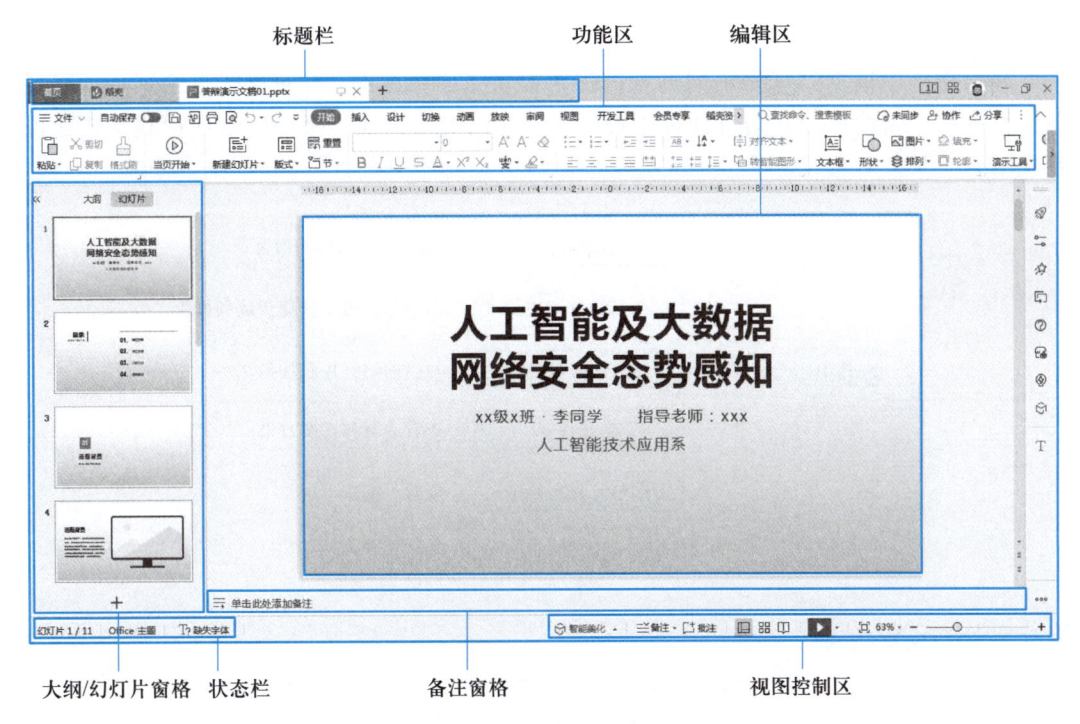

图 5-2　工作界面

访问、切换和新建演示文稿；窗口控制区主要用于切换、缩放和关闭工作窗口，登录、切换和管理账号。功能区承载了各类功能入口，包括功能区选项卡、"文件"菜单、快速访问工具栏、快捷搜索框、协作状态区等。大纲/幻灯片窗格默认位于编辑界面的左侧，可以帮助浏览演示文稿或快速定位特定内容。编辑区是内容编辑和呈现的主要区域，包括演示文稿页面、标尺、滚动条。备注窗格可以给幻灯片添加备注信息。状态栏可以显示演示文稿的状态信息和提供视图控制功能，如显示演示文稿的页数等信息；视图控制区的"普通视图""幻灯片浏览视图""阅读视图"等按钮可以帮助在不同视图之间快速切换，在缩放比例控制区拖动滚动条可快速调整页面显示比例。

2. 功能区

功能区承载了各类功能入口，包含"文件"菜单、开始、插入、设计、切换、动画、放映等选项卡，具体功能如图 5-3 所示。

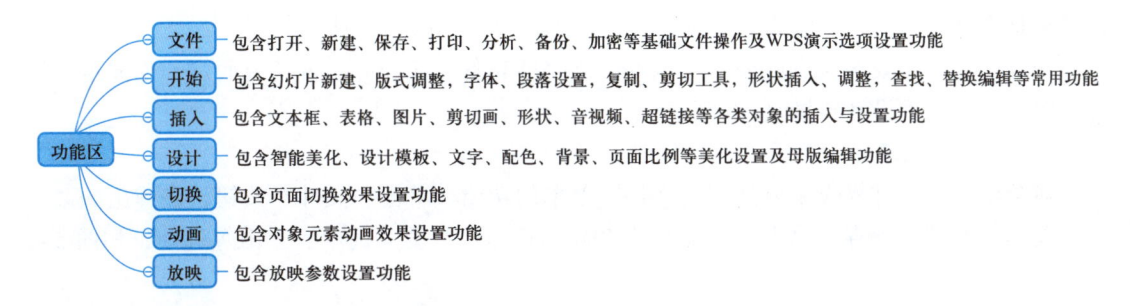

图 5-3　功能区

3. 视图

演示文稿中根据幻灯片不同浏览的需求提供了 5 种视图：普通视图、幻灯片浏览视图、备注页视图、阅读视图和幻灯片母版视图。默认情况下，演示文稿的视图模式为普通视图。各视图的主要应用场景如图 5-4 所示。

```
            ┌── 普通视图 ──── 编辑演示文稿的内容
            │
            ├── 幻灯片浏览视图 ── 对幻灯片进行快捷更改与排版
            │
视图 ───────┼── 备注页视图 ── 对当前幻灯片添加备注
            │
            ├── 阅读视图 ──── 查看动画和切换效果
            │
            └── 幻灯片母版视图 ── 查看、编辑母版
```

图 5-4　各视图主要应用场景

4. 演示文稿结构

演示文稿是用于演示、介绍、讲座等场合的文件，通常由 WPS 演示或者 PPT 软件制作。演示文稿中的每一页就叫幻灯片，每张幻灯片都是演示文稿中既相互独立又相互联系的内容。每张幻灯片中可以包含文本框、表格、图片、剪切画、形状、音视频等对象。演示文稿、幻灯片和对象的关系如图 5-5 所示。

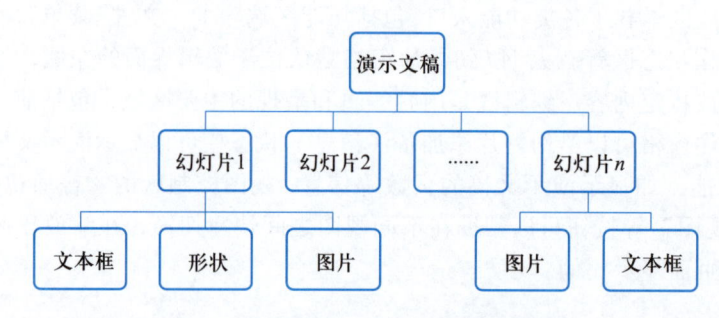

```
                    演示文稿
         ┌─────────┬─────────┬─────────┐
       幻灯片1   幻灯片2    ……      幻灯片n
      ┌──┼──┐                    ┌────┼────┐
    文本框 形状 图片              图片    文本框
```

图 5-5　演示文稿、幻灯片与对象的关系

一套完整的演示文稿一般包含封面页、目录页、转场页、内容页和结尾页 5 部分。所采用的素材有文字、图片、图表、动画、声音、影片等，如图 5-6 所示。

当然，并不是要求所有的演示文稿都必须完整具备这 5 部分，视情况而定，当演示文稿较短时，也可以不设计转场页。

5. "文件"菜单

对演示文稿文件操作主要使用"文件"菜单的功能，单击"文件"按钮，在弹出的菜单中有新建、打开、保存、另存为、输出为 PDF、打印、帮助、选项、退出等选项，如图 5-7 所示。

6. "幻灯片 / 大纲"窗格

新建或者打开演示文稿后，对幻灯片的操作主要使用"幻灯片 / 大纲"窗格的功能。

图 5-6 演示文稿结构

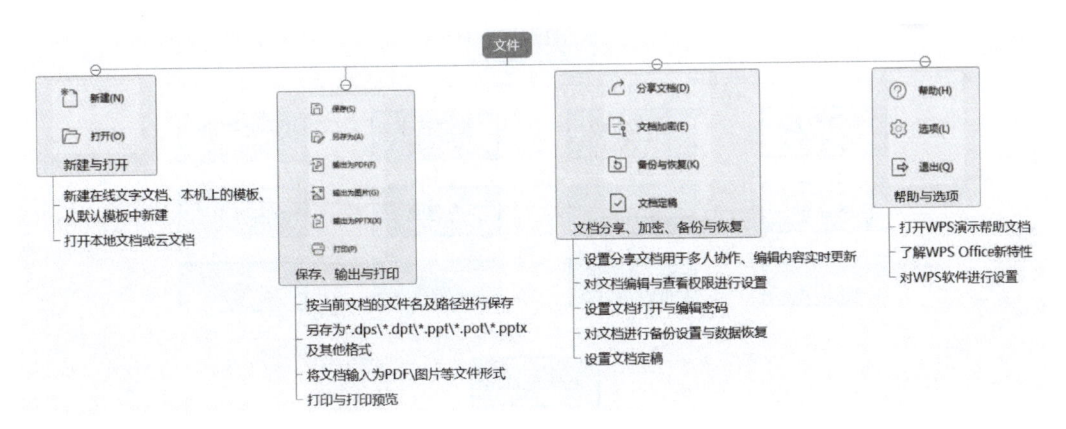

图 5-7 "文件"菜单

（1）幻灯片基本操作

幻灯片的基本操作主要包括新建、复制、删除、隐藏与显示幻灯片等。

（2）幻灯片版式设置

幻灯片版式是一种常规排版的格式，通过幻灯片版式的应用可以对文字、图片等更加合理简洁地进行布局。通常 WPS 软件已经内置几个母版版式类型供用户使用，利用这几个版式可以轻松完成幻灯片制作和运用。

7. "开始"选项卡

对幻灯片中文本对象的字体、段落设置主要使用"开始"选项卡的功能，"开始"选项卡的主要功能如图 5-8 所示。

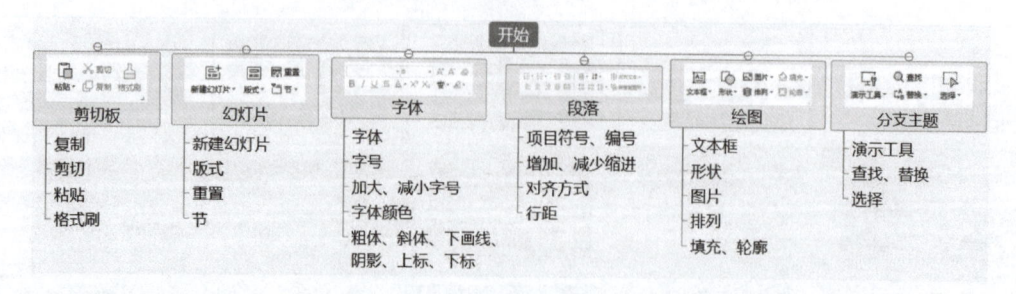

图 5-8 "开始"选项卡

【任务实施】

步骤1：确定演示文稿结构框架。

因演示的要求与环境不同，演示文稿的设计也会有所不同。使演示文稿实现"有效沟通"最关键的因素，是演示文稿在表达上的清晰度，也即信息内容的逻辑性。在开始制作演示文稿具体内容前，应先确定演示文稿的整体结构框架。毕业实践报告答辩一般需要介绍选题背景、研究方法、关键技术（问题）及研究结论等内容，答辩演示文稿对应的结构框架如图 5-9 所示。

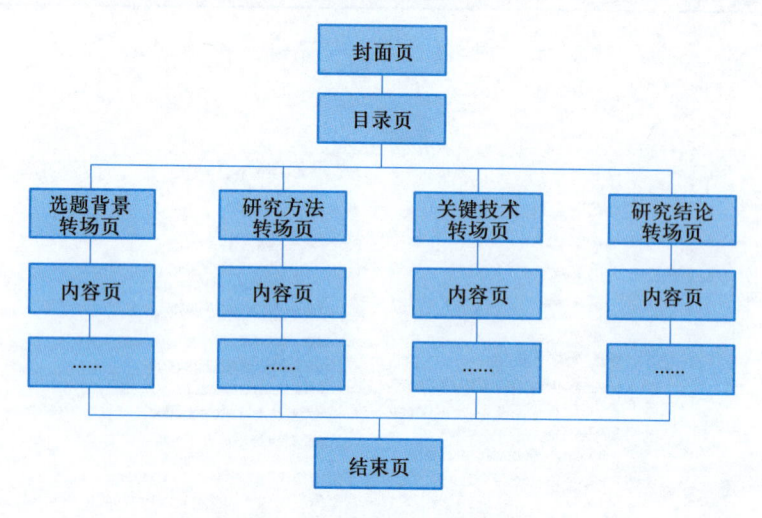

图 5-9 答辩演示文稿结构

步骤2：新建空白演示文稿。

打开 WPS，选择"文件"菜单中的"新建"命令，即可新建一个空白演示文稿，如图 5-10 所示。

当新建一个演示文稿后，接下来可以更改演示文稿的大小以及页面比例。单击"设计"选项卡中的"幻灯片大小"按钮，在下拉列表中可以将幻灯片大小设置为标准（4∶3）或宽屏（16∶9），如图 5-11 所示。

步骤3：制作封面页。

单击编辑区中的"空白演示"文本框输入演示文稿标题"人工智能及大数据网络安全态势感知"，单击副标题文本框，输入班级、姓名、指导老师、专业等信息，调整字体、字号，如图 5-12 所示。

图 5-10　新建演示文稿

图 5-11　设置幻灯片大小

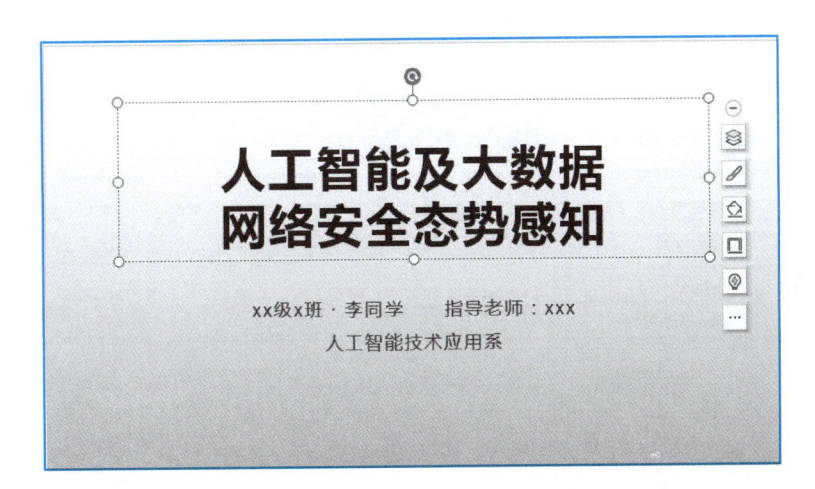

图 5-12　封面幻灯片

步骤 4：制作目录页。

在左侧导航窗格选择封面幻灯片并右击，在弹出的快捷菜单中选择"版式"命令，选择"配套版式"中的第 4 个目录版式，单击"插入"按钮，如图 5-13 所示。根据演示文稿结构框架输入"选题背景""研究方法""关键技术""研究结论"。

步骤 5：制作转场页。

按照步骤 4 相同方法插入转场页版式幻灯片，如图 5-14 所示。

输入 4 个章节的转场页序号及标题内容，如图 5-15 所示。

图 5-13 插入目录幻灯片

图 5-14 插入转场页

步骤 6：制作内容页。

以"研究方法"内容页为例，按步骤 4 相同方法，在左侧导航窗格"研究方法"转场页后插入选择研究方法内容页幻灯片，右击，在弹出的快捷菜单中选择"版式"命令，再选择相应版式，单击"插入"按钮，如图 5-16 所示。

在标题文本框中输入"研究方法"，根据研究方法具体内容在下方文本框中分别输入"文献研究法""调查法""模型方法""统计分析法"，调整字体、字号，删除多余的文本框，如图 5-17 所示。

按照相同方法插入其他 3 个章节的内容版式幻灯片。

步骤 7：制作结尾页。

按步骤 4 相同方法，在演示文稿最后新建一张幻灯片，右击，在弹出的快捷菜单中选择

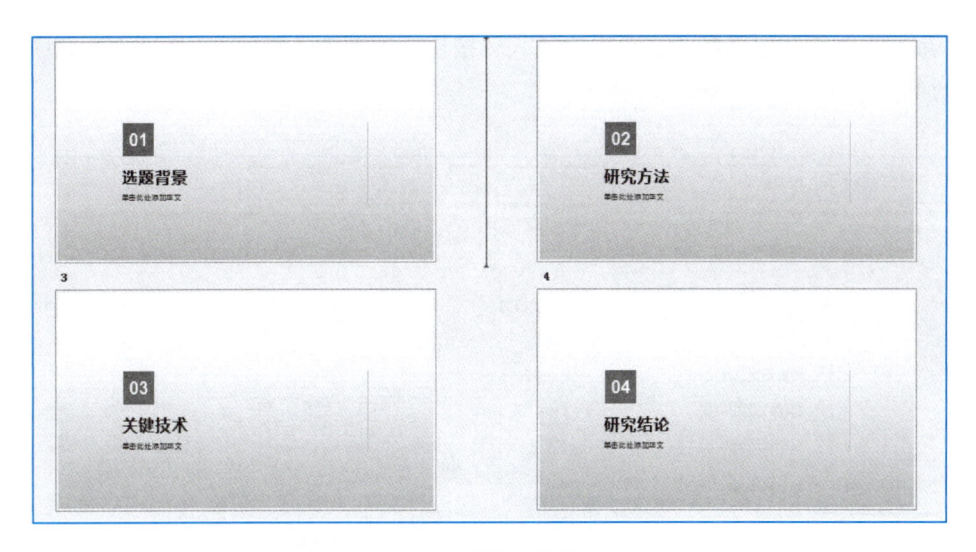

图 5-15　转场页幻灯片

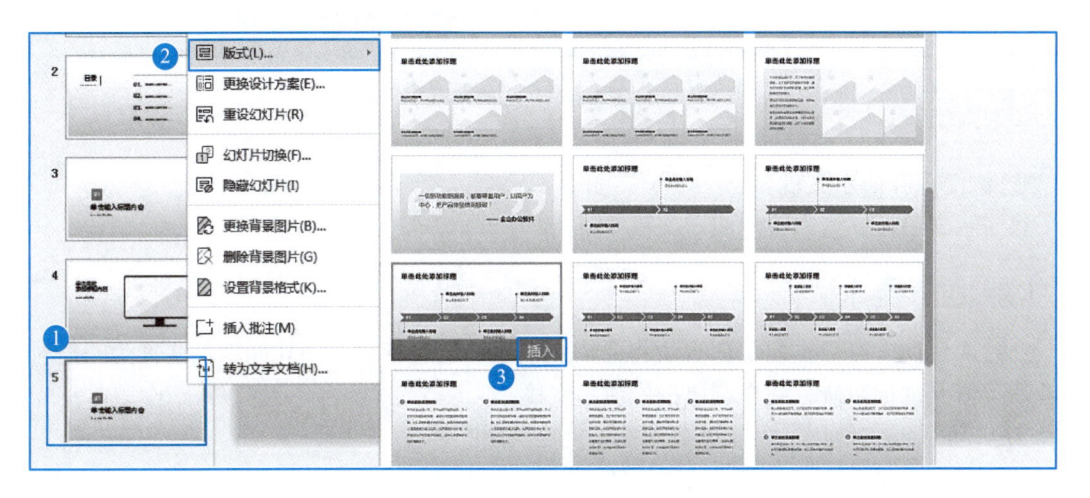

图 5-16　插入内容页

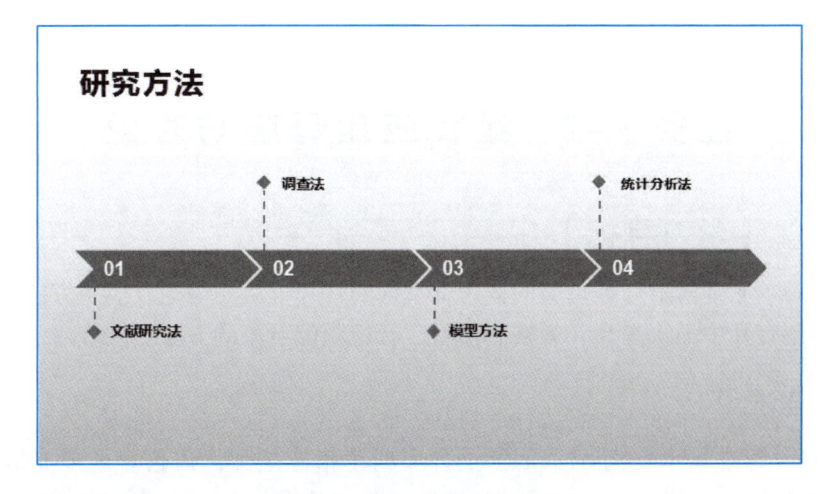

图 5-17　第 2 章内容幻灯片

"版式"命令,选择结尾页版式,单击"插入"按钮,如图 5-18 所示。修改文本框内汇报人及汇报时间。

图 5-18 插入结尾页

步骤 8:保存演示文稿。

将演示文稿保存为"答辩演示文稿 01.pptx"。

【能力拓展】

经过两年的学习后,同学们很快将要毕业求职。就业指导老师让同学们 4 人为一组对本专业职位情况进行调研,制作调研报告演示文稿。

① 启动 WPS,使用空白或者自带模板创建演示文稿。

② 确定调研报告标题,制作封面幻灯片。

③ 确定调研报告框架,如岗位介绍、岗位数据、信息分析、情况总结等,制作目录幻灯片、各章节转场页幻灯片及结尾页幻灯片。

④ 保存演示文稿。

任务 5-2　编辑应用母版与对象

微课 5-2 母版编辑

【学习目标】

• 理解幻灯片母版的概念,掌握幻灯片母版的编辑及应用方法。

• 掌握在幻灯片中插入图片、表格、形状、音视频等对象的方法。

【任务描述】

李同学将"答辩演示文稿 01.pptx"文件发给了指导老师,请指导老师提出修改建议。指导老师在查看演示文稿后,向李同学反馈演示文稿基本包含了陈述实践报告的基本要点,但空白幻灯片的默认版式较为单调，且在演示文稿中仅使用文本对象，不能够很好地引起观看者的注意，建议李同学使用 WPS 演示自带模板或者下载模板创建演示文稿，并在演示文稿中增加图片、表格、音视频等形式的内容。李同学在收到老师反馈后，开始收集图片素材、制作图表，并添加到演示文稿中。

通过此任务可以掌握演示文稿中母版的设置与应用、各类对象的插入与编辑。本任务文档制作完成后的效果如图 5-19 所示。

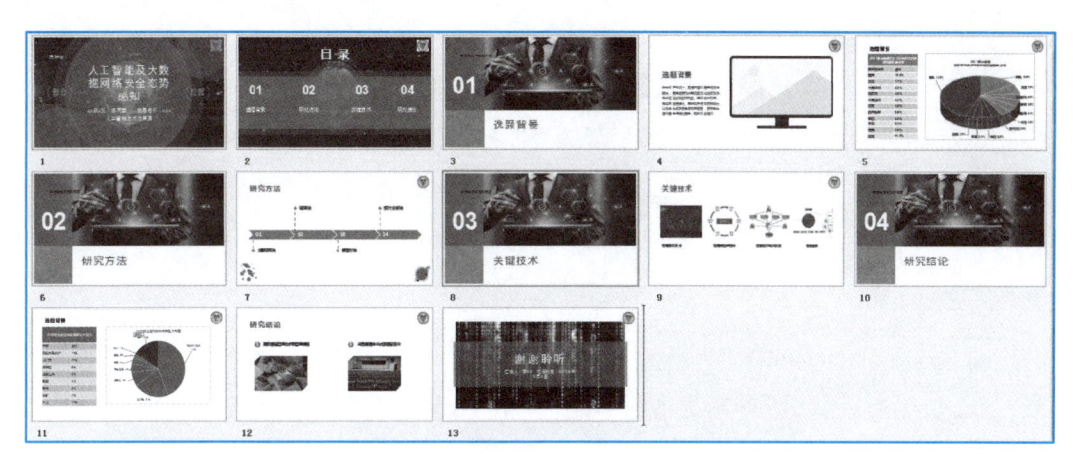

图 5-19　毕业实践报告答辩演示文稿

【相关知识】

1. 版式、母版与模板

版式是指演示文稿中的一种常规排版的格式，如标题和副标题文本、列表、图片、表格、自选图形和视频等元素的摆列方式。通过版式的应用可以对文字、图片等进行更加合理简洁的布局。常见版式如图 5-20 所示。

幻灯片版式的设计和编辑，是在母版视图中进行的。幻灯片母版是存储相关应用的设计

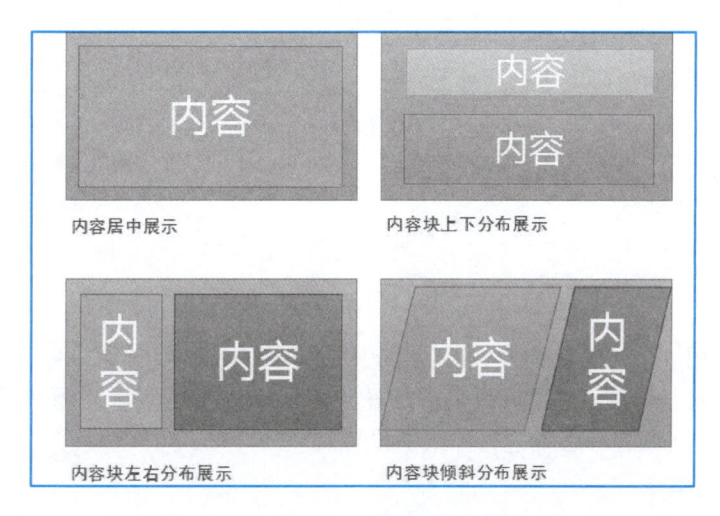

图 5-20　常见版式

模板信息的幻灯片，包含字形、占位符大小或位置、背景设计和配色方案。母版主要是为了快速统一幻灯片中的元素，同时便于对演示文稿进行批量修改，同一个演示文稿文件允许多个母版共存。在默认情况下，演示文稿的母版由 12 张幻灯片组成，其中包括 1 张主母版（第 1 张）和 11 张幻灯片版式母版（其余 11 张），如图 5-21 所示。在母版幻灯片中设置的格式和样式将被应用到演示文稿中。

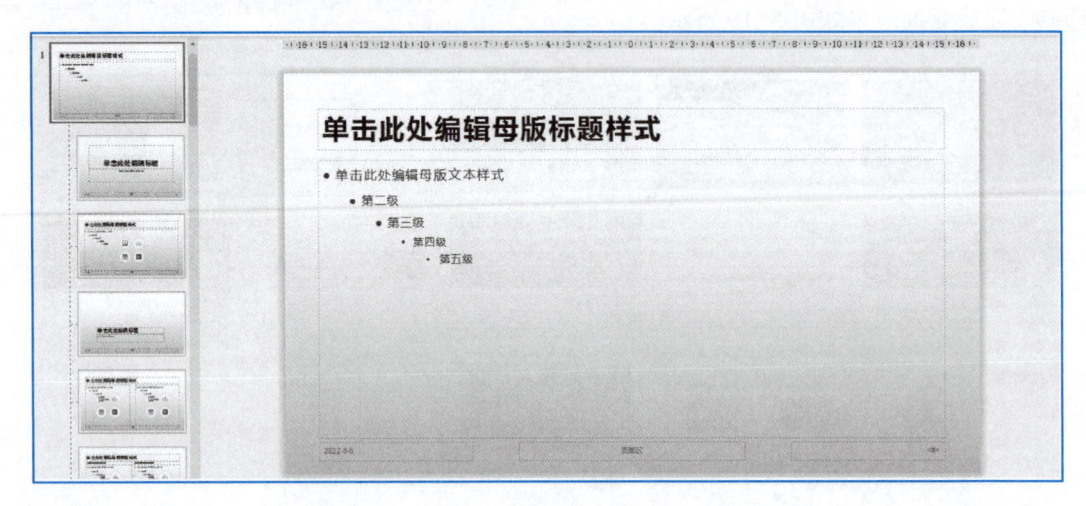

图 5-21　母版

模板是特殊的演示文稿文件（扩展名为".dpt"），它记录了对幻灯片母版、版式和主题组合所做的任何自定义设置，用户能够以模板为基础重复创建相似的演示文稿页，进而将全部幻灯片上的内容设置成一致的格式。

2. "设计"选项卡

幻灯片的模板、母版、版式、主题等设置主要使用"设计"选项卡的功能。"设计"选项卡的主要功能如图 5-22 所示。

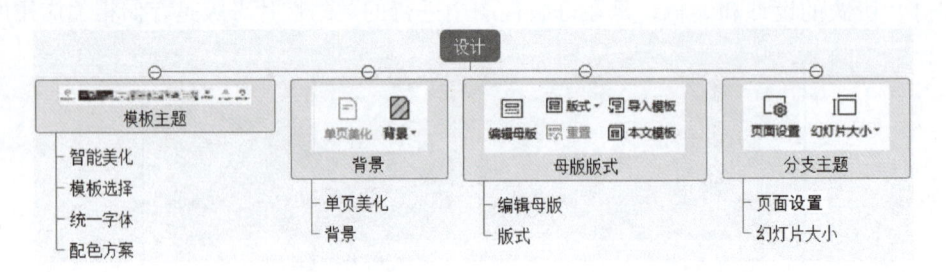

图 5-22　"设计"选项卡

① 模板的应用。智能美化为模板的应用提供了方便快捷的方式。

② 母版的编辑与应用。编辑母版包括设置母版的背景样式、设置标题和正文的字体格式、选择主题等，都是在原有母版上进行样式的设置。

3. "插入"选项卡

文本框、图表、音、视频、形状等各类对象的插入与编辑主要使用"插入"选项卡的功能。

"插入"选项卡的主要功能如图 5-23 所示。

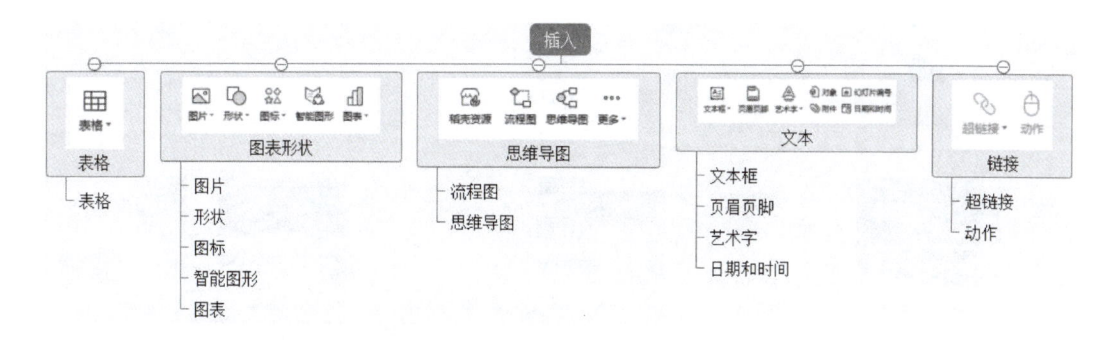

图 5-23 "插入"选项卡

① 图片的插入与编辑。好的图片可以让画面更美观、主题更突出，从而获得更佳的演示效果。图片已经成为演示文稿的必备要素之一。

② 表格的插入与编辑。表格是数据的详情罗列，是展现数据最为清晰、高效的形式之一。

③ 形状的插入与编辑。形状可以用来清晰地表达流程、突显重点内容、分割内容区域、增强页面层次等，是很常见且用途广泛的演示文稿元素。

④ 音频的插入与设置。音频可以用于候场音乐、演讲时的背景音乐、特定页面的音效或者制作音乐相册等。

⑤ 视频的插入与设置。在演示文稿中插入视频可以避免在多个应用软件之间切换，使放映或者演讲更流畅。

⑥ 超链接的插入与编辑。超链接可以将幻灯片中的内容与其他内容相链接。

【任务实施】

步骤 1：打开演示文稿。打开任务 5-1 中保存的"答辩演示文稿 01.pptx"演示文稿。

步骤 2：应用演示文稿模板。单击"设计"选项卡，单击"智能美化"按钮，在下拉列表中选择"全文换肤"选项，如图 5-24 所示。

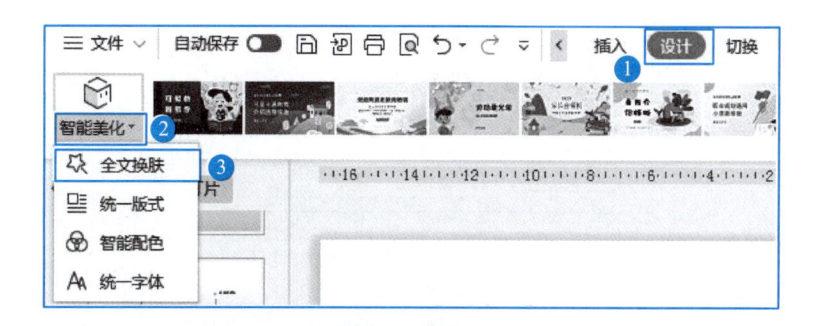

图 5-24 应用模板

步骤 3：单击"分类"按钮，单击"毕业答辩"，选择合适的模板，这里以"蓝色简约航空航天专业毕业答辩"模板为例，如图 5-25 所示。单击"预览换肤效果"按钮，单击"应用美化"应用模板。

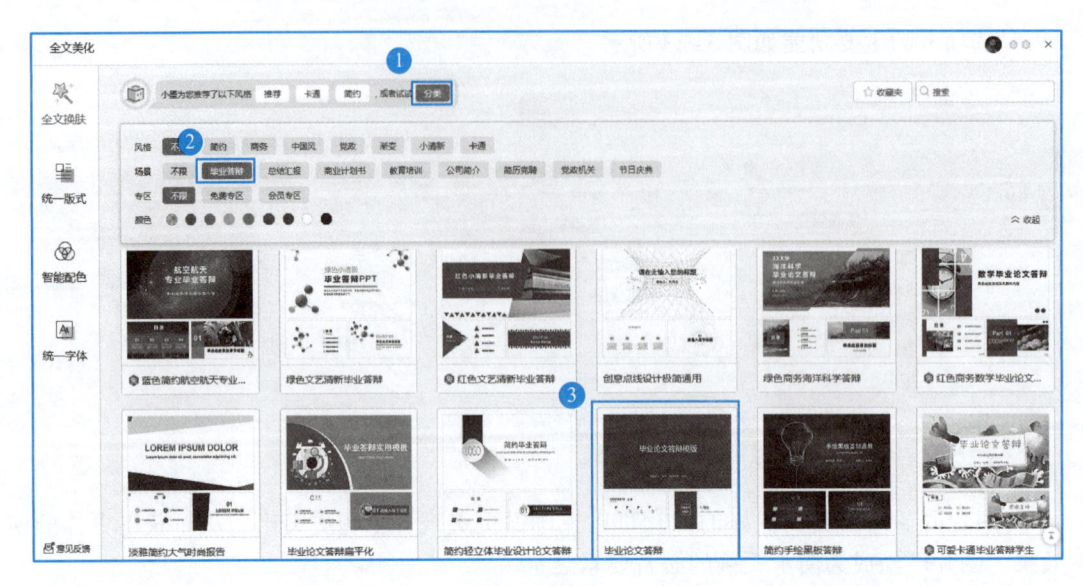

图 5-25　查找、选择模板

步骤 4：准备图片及表格素材。通过网络收集与实践报告相关的图片素材，并分析统计数据，制作图表。

步骤 5：使用母版编辑修改模板版式。为演示文稿添加校徽背景，替换封面页、目录页图片。单击"设计"选项卡，单击"编辑母版"按钮，如图 5-26 所示。

图 5-26　编辑母版

选中第 2 套母版第 1 张母版幻灯片，如图 5-27 所示。

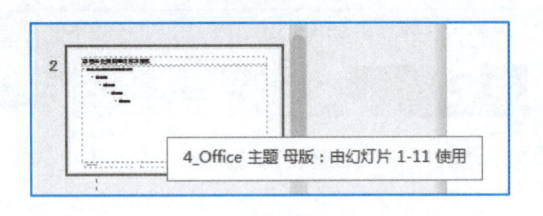

图 5-27　选中待修改母版幻灯片

单击"插入"选项卡，单击"图片"按钮，选择"本地图片"，如图 5-28 所示。

选择校徽图片文件，调整图片大小并置于页面右上角，如图 5-29 所示。

更换背景图片。选择封面页母版幻灯片，在右侧编辑区右击，在弹出的快捷菜单中选择"更改背景图片"命令，更换背景图片，如图 5-30 所示。使用相同方法，更换目录页的背景图片。

图 5-28　插入本地图片

图 5-29　插入校徽图片

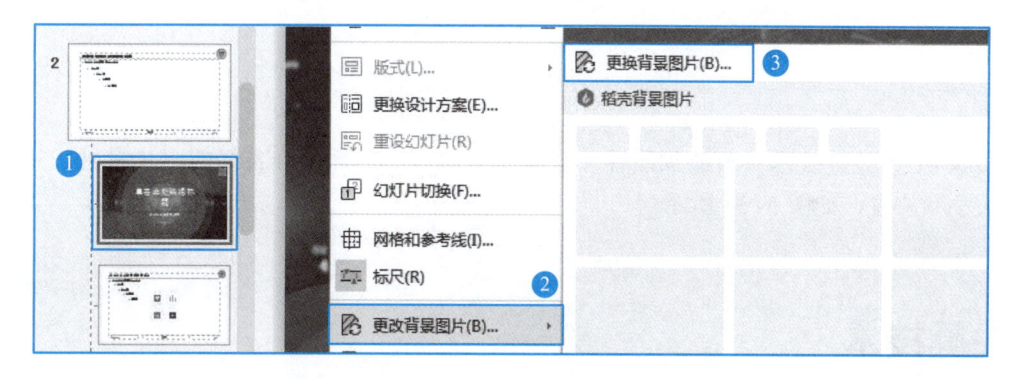

图 5-30　更换背景图片

删除星球、宇宙飞船等多余元素，在"幻灯片母版"选项卡中单击"关闭"按钮，退出母版编辑，如图 5-31 所示。

图 5-31　退出母版编辑

步骤 6：修改目录页。应用模板后，部分文本内容可能出现格式不匹配的情况，需要重新调整设置。

步骤 7：为选题背景章节添加图片与图表。在第 4 张幻灯片中右侧区域，单击"图片"按钮，插入图片。在第 4 张幻灯片后新建一张幻灯片，版式改为"两栏内容"，将"2019 年企业终端染毒类型分布表"复制到左侧区域，将"2019 年企业终端染毒类型分布图"复制到右侧区域。调整表格样式为"中度强度 2- 样式 5"，表格文本字体大小为"16 磅"，调整图片中数字标签文本字体大小为"14 磅"，调整表格与图片至合适大小，如图 5-32 所示。

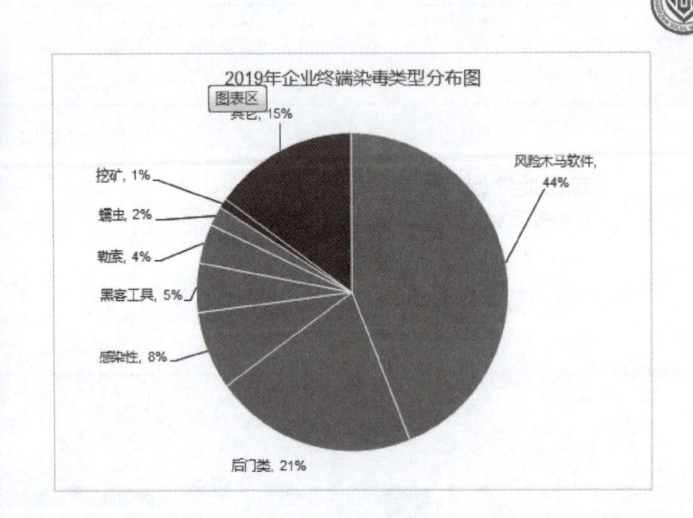

图 5-32　添加选题背景章节图表

步骤 8：为关键技术章节添加图片。在第 9 张幻灯片中插入准备好的图片素材，并调整图片大小和位置，如图 5-33 所示。

图 5-33　添加关键技术章节图片

步骤 9：为研究结论章节添加图片。在第 10 张幻灯片后新建一张空白幻灯片，在第 11 张幻灯片中插入准备好的图片素材，并调整图片大小和位置，如图 5-34 所示。
步骤 10：保存演示文稿。将演示文稿保存为"答辩演示文稿 02.pptx"。

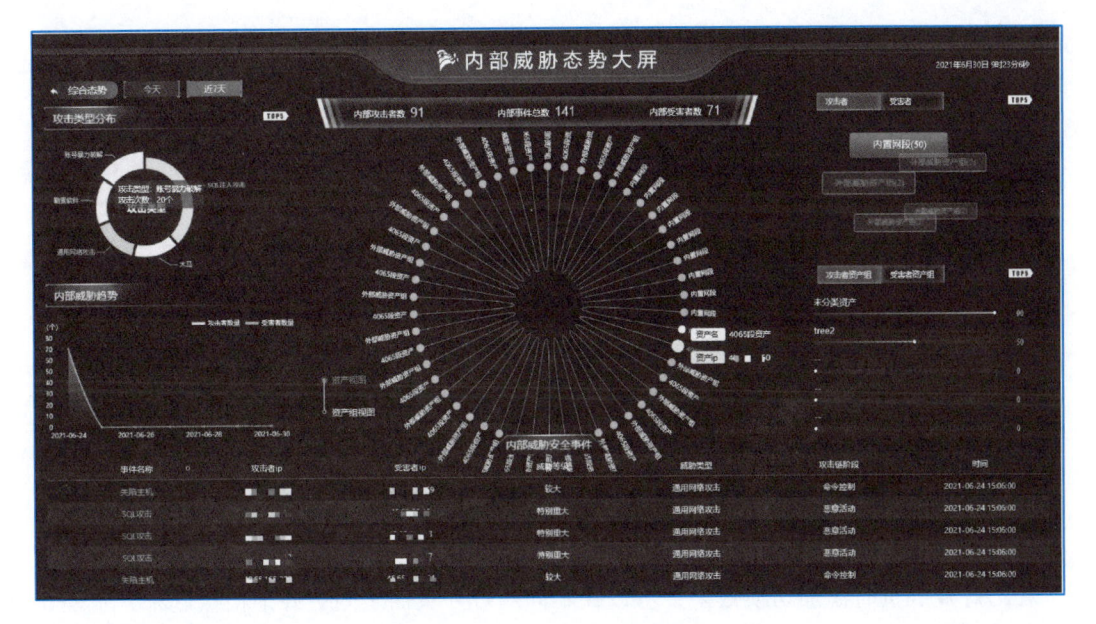

图 5-34　添加报告总结章节图片

【能力拓展】

统一调研报告演示文稿幻灯片风格，丰富调研报告内容，并对多媒体对象进行编辑。
① 启动 WPS，打开任务 5-1 能力拓展调研报告演示文稿。
② 使用母版为演示文稿添加水印。
③ 在封面页添加背景音乐。
④ 为岗位介绍章节添加图片。
⑤ 为岗位数据、信息分析章节添加图表。
⑥ 保存演示文稿。

任务 5-3　设计演示文稿动画效果

微课 5-3
对象插入

【学习目标】

- 掌握幻灯片切换动画、对象动画的设置方法。
- 掌握幻灯片动作按钮的应用方法。

【任务描述】

李同学按指导老师要求为演示文稿中添加了图片、表格，但仍感觉缺少点什么，自己又说不上来。于是他将演示文稿发给了同寝室的室友，让他们看看还有什么可以改进的地方。室友小吴在看完演示文稿后指出演示文稿中所有的内容都是静态的，听众需要在幻灯片中寻找小李陈述的内容，容易产生视觉疲劳。李同学恍然大悟，开始为演示文稿添加动画效果。

【相关知识】

1. "切换"选项卡

页面切换效果设置主要使用"切换"选项卡的功能。"切换"选项卡的主要功能如图5-35所示。

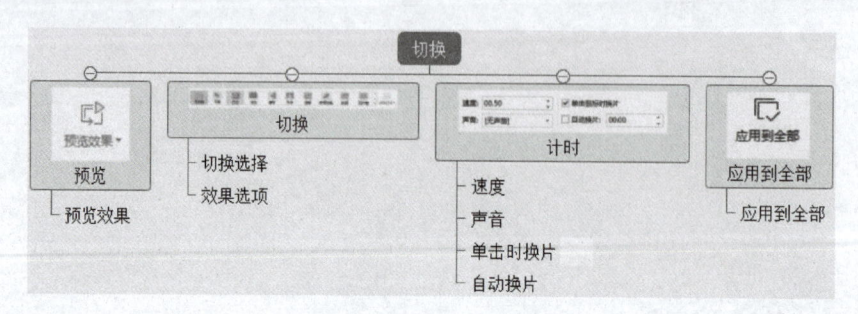

图 5-35 "切换"选项卡

在幻灯片翻页时添加切换效果，可以让不同幻灯片页面之间更好地衔接起来，页面切换起来显得更加自然、生动或有趣，提升观众的视觉体验以及激发观众的观看兴致，从而获得更好的演示效果。

2. "动画"选项卡

幻灯片中对象的动画效果设置主要使用"动画"选项卡的功能。"动画"选项卡的主要功能如图5-36所示。

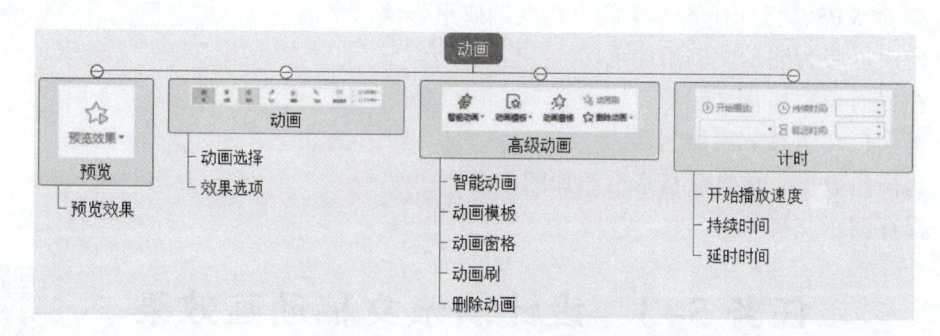

图 5-36 "动画"选项卡

制作精美的动画可以在放映幻灯片时更加吸引观众的注意，在演示要点时可以适当添加动画效果。

【任务实施】

步骤1：开演示文稿。打开任务5-2中完成的"答辩演示文稿02.pptx"演示文稿。

步骤2：添加页面切换效果。选择第1张幻灯片，单击"切换"选项卡，单击"平滑"按钮切换效果，单击"应用到全部"按钮，如图5-37所示。

步骤3：为目录页添加超链接。选中"选题背景"文本框，单击"插入"选项卡，单击"超链接"按钮，单击"本文稿中的位置"，选择"3.选题背景"，单击"超链接颜色"按钮，将"超链接颜色"修改为"白色"，选中"链接无下画线"单选按钮，单击"应用到全部"按钮，如图5-38所示。

图 5-37 添加切换效果

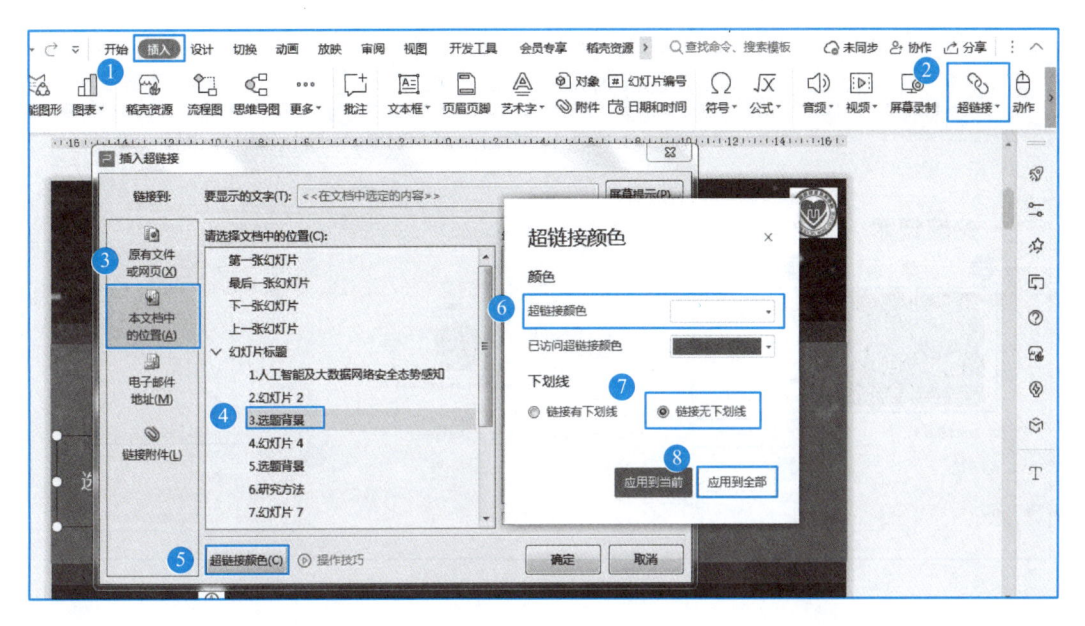

图 5-38 插入超链接

按照相同方法为其他文本框添加超链接。

步骤4：为第9张幻灯片添加动画效果。选中"数据采集技术"文本框及左上图片，单击"动画"选项卡，选择"出现"进入动画，单击"动画窗格"按钮，再单击"添加效果"按钮，选择"擦除"退出动画，如图5-39所示。

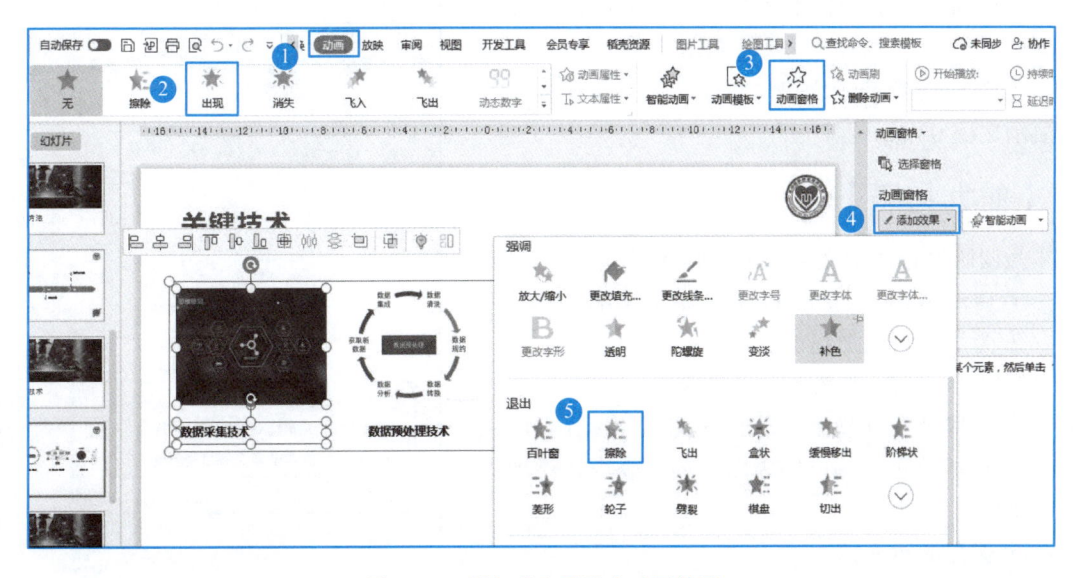

图 5-39 添加进入及退出动画效果

单击"数据采集技术"图片，单击"动画"选项卡，单击"动画刷"按钮，单击"数据预处理技术"图片，复制进入、退出动画设置；再次单击"动画刷"按钮，单击"数据预处理技术"文本框，将进入、退出动画设置复制到文本框，在"动画窗格"中会新增3、4、5、6共4个动画，如图5-40所示。

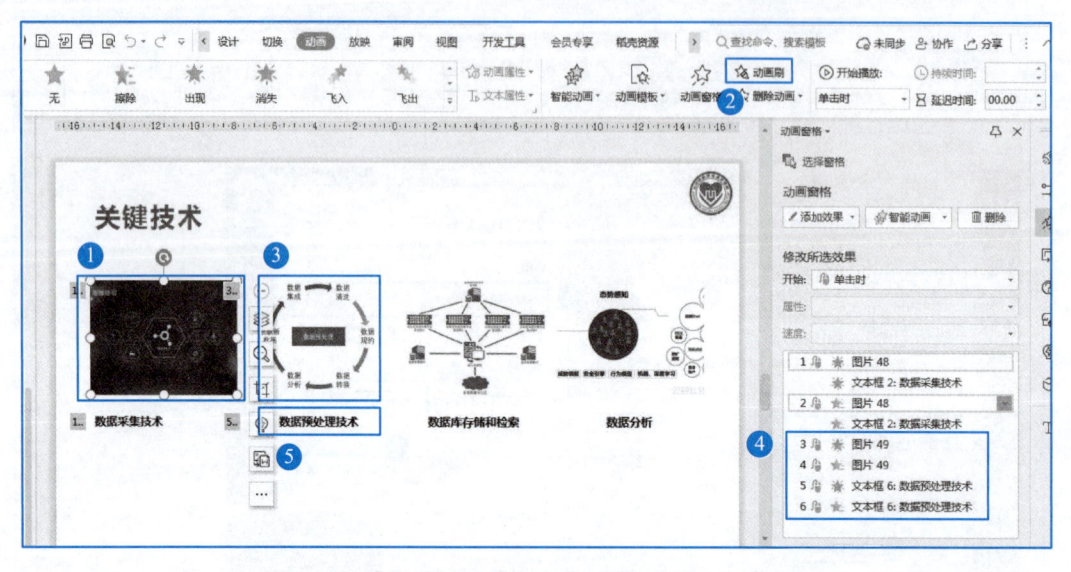

图 5-40　动画刷复制动画设置

在"动画窗格"中，将编号为5的动画拖曳到编号4之前，在"开始播放"处将"单击时"改为"与上一动画同时"；选中编号为6的动画，在"开始播放"处将"单击时"改为"与上一动画同时"，如图5-41所示。

按相同的方法设置本页其他的文本框及图片的动画。

步骤5：保存演示文稿。将演示文稿保存为"答辩演示文稿03.pptx"。

【能力拓展】

为调研报告演示文稿添加动画效果。
① 启动 WPS，打开调研报告演示文稿。
② 为目录页添加超链接。
③ 为全部幻灯片添加切换效果。
④ 为目录页章节标题添加进入、退出动画效果。
⑤ 根据演示文稿内容为图片、图表内容添加强调动画效果。
⑥ 保存演示文稿。

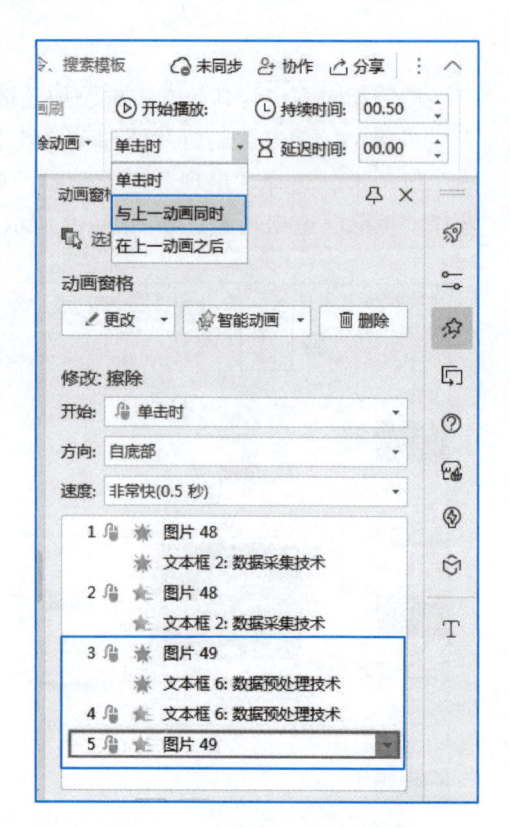

图 5-41　动画排序及播放设置

任务 5-4　分享演示文稿作品

微课 5-4
动画设置

【学习目标】

- 掌握幻灯片不同格式的导出。
- 了解幻灯片的放映类型，会使用排练计时进行放映。

【任务描述】

李同学将修改后的演示文稿发给指导老师并通过了审核，指导老师让李同学熟悉实践报告内容，进行演练，控制好陈述时间。李同学还请教了已经毕业的张学姐，了解答辩现场环境及流程，开始进行排练并对演示文稿进行放映设置。

【相关知识】

1. 演示文稿的导出

可以将演示文稿导出为图片、PDF、视频等格式，以便在没有安装 WPS 演示的计算机上播放。当演示文稿链接外部的音视频时，可将演示文稿打包成文件夹或者压缩文件，以避免多媒体文件丢失。

2. "放映"选项卡

如果需要预览或者汇报演示文稿，可以进行放映模式设置。放映模式设置主要使用"放映"选项卡的功能。"放映"选项卡的主要功能如图 5-42 所示。

图 5-42　"放映"选项卡

① 设置幻灯片放映方式。演示文稿可以按从头开始播放、从当前开始播放、自定义放映等方式进行放映。

② 结束放映。当要结束幻灯片放映时，可以按 Esc 键，或者右击幻灯片，在弹出的快捷菜单中选择"结束放映"命令。

③ 排练计时。当制作好演示文稿后，用户可以通过"排练计时"功能进入排练模式，演讲者就可以对演讲时间进行计时估算。

【任务实施】

步骤1：打开演示文稿。打开任务5-2中完成的"答辩演示文稿03.pptx"演示文稿。

步骤2：排练。进入排练模式，在"放映"选项卡中单击"排练计时"按钮，在下拉列表中选择"排练全部"选项，进入排练模式，如图5-43所示。

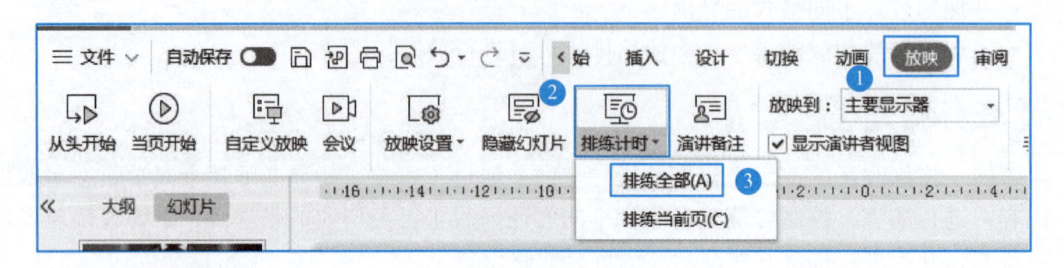

图5-43　进入排练模式

步骤3：控制陈述时间在9—10分钟，要做到详略得当，重点突出，次要的内容快速略过。

步骤4：添加备注。根据排练情况，适当添加备注信息，单击"备注"按钮，复制或者输入备注内容，如图5-44所示。适当备注可以起到提示演讲者的作用，使演讲更加流畅自然。

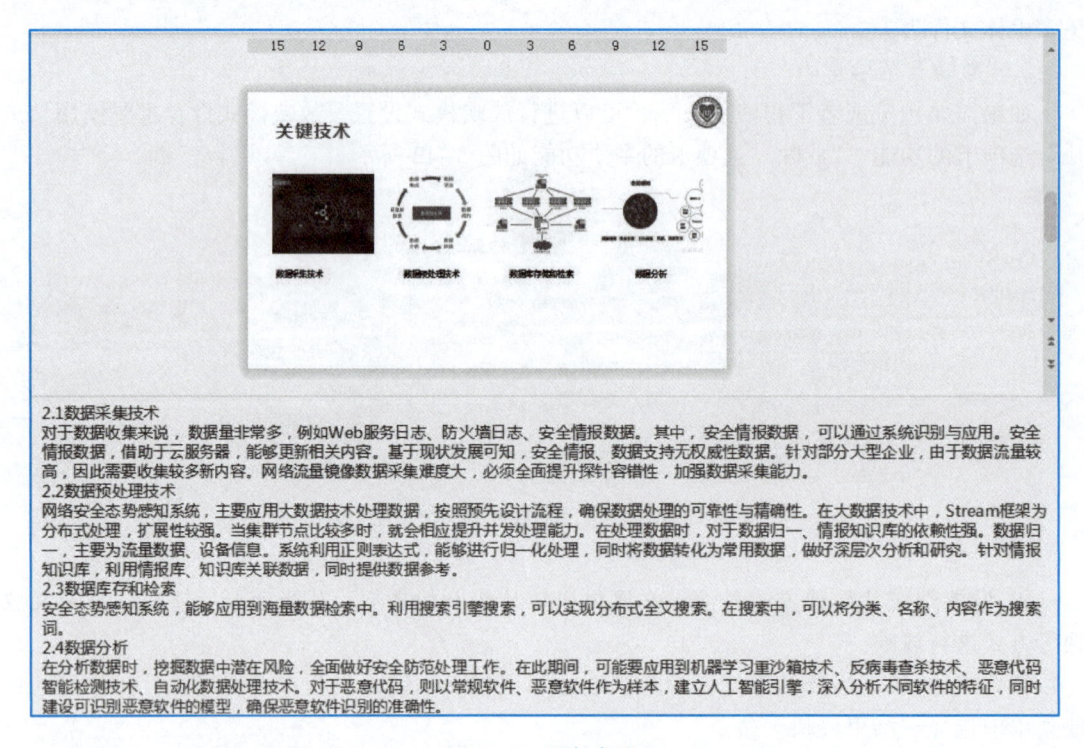

图5-44　添加备注

步骤5：设置放映方式。答辩现场有投影仪，可以设置"多显示器"放映方式，观众看到的是无备注的演示文稿，而演讲者在另一台计算机上看到的是带有备注的演示文稿，如图5-45所示。

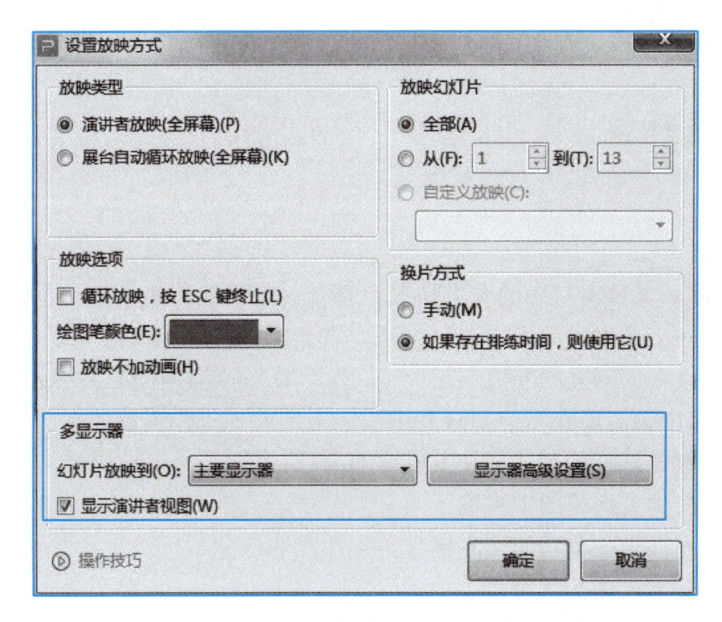

图 5-45　设置放映方式

步骤 6：保存演示文稿，此处保存为"答辩演示文稿 04.pptx"。

步骤 7：另存及打包文稿，为防止意外情况发生，保存一份 PDF 或者图片格式的文档，并将文档打包为压缩文件存储到 U 盘中，保证答辩时万无一失。

【能力拓展】

与同学分享交流调研报告。

① 启动 WPS，打开调研报告演示文稿。
② 使用备注功能标注关键信息。
③ 使用排练计时彩排。
④ 设置演示文稿放映方式。
⑤ 保存演示文稿。
⑥ 演示文稿汇报交流，时长 5—10 分钟。

项目小结

本项目设置了"创建编辑演示文稿""编辑应用母版与对象""设计演示文稿动效""分享演示文稿作品"4 个任务。以高校日常学习生活场景中对汇报型演示文稿的制作要求作为任务载体，按照演示文稿的常规制作流程，基于"框架设计—排版布局—动态交互—演示输出"的工作流程推进学习，在知识结构上从易到难，在应用能力上从基础到精通，做到循序渐进、环环相扣。

在能力拓展环节中，"专业职位调研报告演示文稿创建""统一演示文稿风格""添加演示文稿动效""调研报告分享交流"4 个能力提升训练将项目切换到不同的应用场景，旨在提高读者的自学能力及不同场景的适应能力。希望读者可以掌握 WPS 演示文稿的制作方法，并能够在日常生活、工作、学习中做到举一反三，制作出更加精美的演示文稿。

项目提升

一、选择题

1. 下列关于演示文稿窗口中的布局情况，符合一般情况的是（　　）。
   A. 菜单栏在工具栏的下方　　　　　　B. 状态栏在最上方
   C. 幻灯片区在大纲区的左边　　　　　D. 标题栏在窗口的最上方
2. 在演示文稿中，需要在当前幻灯片中输入文字时，操作正确的是（　　）。
   A. 必须更改幻灯片的版式，使其能含有文字
   B. 必须切换到大纲视图中去输入
   C. 应当首先插入一个新的文本框
   D. 应当直接输入新的文字
3. 在演示文稿中，设置幻灯片背景格式的填充选项中包含（　　）。
   A. 字体、字号、颜色、风格　　　　　B. 设计模板、幻灯片版式
   C. 纯色、渐变、图片和纹理、图案　　D. 亮度、对比度和饱和度
4. 母版实际上就是一种特殊的幻灯片，它用于设置演示文稿中每张幻灯片的预设格式，以下说法中错误的是（　　）。
   A. 母版能控制演示文稿有一个统一的内容
   B. 母版能控制演示文稿有一个统一的颜色
   C. 母版能控制演示文稿有一个统一的字体
   D. 母版能控制演示文稿有一个统一的项目符号
5. 关于演示文稿，下列关于表格的叙述中错误的是（　　）。
   A. 可以向表格中插入新行和新列　　　B. 不能合并和拆分单元格
   C. 可以改变列宽和行高　　　　　　　D. 可以给表格添加边框
6. 关于演示文稿，下列关于超链接的叙述中错误的是（　　）。
   A. 可以链接到其他演示文稿的某张幻灯片上
   B. 可以链接到本演示文稿的某张幻灯片上
   C. 可以链接到网页地址上
   D. 可以链接到其他文件上
7. 在演示文稿中，幻灯片的切换方式是（　　）。
   A. 编辑幻灯片时切换不同视图
   B. 编辑新幻灯片时的过渡形式
   C. 编辑幻灯片时切换不同的设计模板
   D. 幻灯片放映时两张幻灯片之间的过渡方式
8. 在演示文稿中，若要设置幻灯片中对象的动画效果，应选择（　　）。
   A. 普通视图　　　　　　　　　　　　B. 幻灯片浏览视图
   C. 幻灯片放映视图　　　　　　　　　D. 以上均可

9. 在演示文稿中，动画效果共分为 4 类，下列选项中错误的是（　　）。
   A. 进入　　　　　B. 退出　　　　　C. 强调　　　　　D. 切换
10. 如果要从第 2 张幻灯片跳转到第 8 张幻灯片，应使用"幻灯片放映"选项卡中的（　　）。
    A. 排练计时　　　　　　　　　　B. 广播幻灯片
    C. 录制幻灯片演示　　　　　　　D. 自定义幻灯片放映
11. 若要保存幻灯片文件为"97-2003 演示文稿"的格式，文件扩展名是（　　）。
    A. *.pptx　　　B. *.ppt　　　C. *.ppts　　　D. *.ppsx
12. 对幻灯片进行"排练计时"的设置，其主要作用是（　　）。
    A. 预置幻灯片播放时的动画效果　　B. 预置幻灯片播放时的放映方式
    C. 预置幻灯片的播放次序　　　　　D. 预置幻灯片播放的时间控制

二、判断题

1. 在演示文稿中，最方便调整幻灯片的顺序是在备注面板视图下。（　　）
2. 在演示文稿中，可以根据需要选择不同的幻灯片版式。（　　）
3. 在演示文稿中，可以在"设计"选项卡中设置幻灯片的长宽比。（　　）
4. 使用母版可以统一所有幻灯片格式。（　　）
5. 在演示文稿中，可以插入特定格式的音乐和影片文件。（　　）
6. 在演示文稿中，通过超链接可以实现幻灯片中的跳转，可以使用文字超链接，不能使用图片超链接。（　　）
7. 在演示文稿中，自定义动画就是设置每张幻灯片的切换效果。（　　）
8. 为了使演示文稿活泼生动，在演示文稿中对每一页中各项元素设置的动画效果越多越好。（　　）
9. 在演示文稿中当在一张幻灯片中依次插入 5 个文本框并都设置动画效果后，若不调整动画的先后顺序，则 5 个文本框的动画播放顺序是和插入顺序一致的。（　　）
10. 播放演示文稿时，按 Esc 键可以停止播放。（　　）
11. 演示文稿不支持同时在多个显示设备上放映。（　　）
12. 对于已创建的多媒体演示文稿可以用文件打包功能使其能在没有安装演示文稿的环境下放映。（　　）

拓展篇

项目 6

信 息 安 全

— 安全第一——给信息使用上把安全锁 —

项目概述

人们每天都在使用手机和计算机浏览各类网站和信息系统，如何保障信息安全呢？信息安全主要保护信息及信息系统免受未经授权的进入、使用、披露、破坏、修改、检视、记录及销毁，是指信息产生、制作、传播、收集、处理、选取等信息使用过程中的信息资源安全，保证信息的机密性、完整性、可用性、可控性和可审查性。信息安全包含计算机科学、网络技术、通信技术、密码技术、信息安全技术等综合性技术，同时还涉及社会学、伦理学和心理学等，是一项综合性的工程和技术。

本项目包含建立信息安全意识，了解信息安全的基本概念和相关技术，常用网络安全设备的功能和部署方式，网络信息安全保障的一般思路，掌握利用系统安全中心配置防火墙和病毒防护的方法以及第三方信息安全工具的使用方法等内容。

项目目标

知识点
- 信息安全意识 —— 能识别常见的网络欺诈行为
- 信息安全的基本概念和相关技术
  - 了解信息安全基本要素、网络安全等级保护等内容
  - 了解信息安全面临的常见威胁和常用的安全防御技术
- 网络安全设备、网络信息安全保障
  - 了解设备功能和部署方式
  - 了解安全保障的一般思路
- 配置防火墙、病毒防护和第三方信息安全工具 —— 掌握配置方法和使用方法，解决一般的安全问题

任务 6-1 寻找身边的信息安全

微课 6-1 什么是信息安全？

【学习目标】

- 了解社会生活中的信息安全问题，建立信息安全意识，具备识别常见的网络欺诈行为的能力
- 了解信息安全的基本概念、现状
- 了解信息安全的发展历程、技术与应用

【任务导入】

互联网给人们的学习、生活和工作带来了极大的便利，在使用手机和计算机上网时，时时刻刻都面临着信息安全的挑战。常见的信息安全问题有二维码陷阱、网络钓鱼陷阱、伪基站、伪 Wi-Fi 热点、垃圾短信、骚扰电话、电信诈骗、网络钓鱼、木马病毒、信息泄露、恶意数据窃取等。

在人们身边，常常碰到信息安全问题，下面一起来探寻与体验，完成表 6-1 的任务吧。

表 6–1 寻找身边的信息安全任务卡

任务步骤	完成要求
步骤 1：探索身边存在的信息安全问题	选定检索工具，拟定检索词、构建检索式、选择检索途径，检索身边存在的信息安全问题
步骤 2：分析信息安全陷阱相关案例，总结案例中的网络欺诈行为典型特征	选取 4 个典型的案例，以列表形式列出其典型特征
步骤 3：掌握防范技巧，提高信息安全意识	学习并应用在校园学习、生活中容易碰到信息安全问题的防范知识和技巧

【任务实施】

步骤 1：探索身边存在的信息安全问题。

利用百度搜索引擎，检索词为"信息安全、网络欺诈行为"，检索式为"信息安全＊网络欺诈行为"，检索途径为标题检索，须用搜索指令 intitle，检索效果图如图 6-1 所示。

步骤 2：分析相关案例，了解网络欺诈行为典型特征，掌握防范技巧。

在现代互联网时代，人们每天可能面临各种网络欺诈行为。通过分析典型网络欺诈案例，总结出其特征，见表 6-2。

步骤 3：掌握防范技巧，提高信息安全意识。

在分析网络欺诈行为典型特征的基础上，人们需要提升安全意识，提高防范技巧，见表 6-3。

图 6-1　常见的网络欺诈行为

表 6-2　典型网络欺诈案例及其特征

序号	网络欺诈行为	案例	典型特征
1	二维码陷阱	张某在网上购物，因迟迟未收到快递，便要求卖家退款，之后一名自称是客服的人员联系了她，并用微信发送给她多张二维码，称扫描后可以退款，张某扫码后，发现手机微信和支付宝中的现金被转走	① 伪造的缴、退费二维码。 ② 小礼品诱导扫码。 ③ 虚假网点。 ④ 隐含病毒的二维码。 ⑤ 陌生的二维码名片
2	网络钓鱼陷阱	周某收到一封邮件，称其银行卡的口令需要升级，让其访问网站进行升级。周某在该网站上操作，跟平时登录某银行网站的操作步骤没有区别，只是到最后一步输入密码时，提示重新输入，连续输入3次后，卡内一万余元人民币被盗走	① 通过发送电子邮件，以虚假信息引诱用户中圈套。 ② 建立假冒网上银行、网上证券网站，骗取用户账号、密码实施盗窃。 ③ 利用虚假的电子商务进行诈骗。 ④ 利用木马和黑客技术等手段窃取用户信息后实施盗窃活动。 ⑤ 利用用户弱口令等漏洞破解、猜测用户账号和密码
3	伪基站	小王收到一条来自某大型购物网站的短信，提示因购物网站的系统升级，须及时登录某网址进行认证，以免影响正常使用。小王在认证过程中输入银行卡号和密码，结果银行卡内余额被洗劫一空	① 隐蔽性强，"伪基站"发射信号装置轻便，可以放在背包里，变成一个行走的发射器。 ② 伪装性强，可以任意修改发送号码，如将短信发送号码伪装成银行或者运营商的客服号码或者公共服务号码

续表

序号	网络欺诈行为	案例	典型特征
4	伪 Wi-Fi 热点	小李将手机设置为自动连接 Wi-Fi 的功能，某次在公共场所连接到一个不用输入密码直接登录的 Wi-Fi 热点，登录手机网银，并输入卡号和密码查询银行卡账户余额，银行卡被盗刷两千多元	① 非实名制上网，密码简单，容易通过管理端口，劫持路由器。 ② 通过钓鱼软件能够窃取手机上的个人信息和密码，包括网银密码、股票账户密码、信用卡密码等。 ③ 可获取连接着的身份信息，分析其消费行为，并将这些大数据出售。 ④ 连接方式大部分是通过电话号码或微信授权进行的

表 6-3　信息安全防范技巧

序号	信息安全点	安全防范技巧
1	账号安全	① 如果有初始密码，应尽快修改。 ② 密码长度不少于 8 个字符。 ③ 不要使用单一的字符类型，如只用小写字母或纯数字。 ④ 用户名和密码不要使用相同字符。 ⑤ 常见的弱口令尽量避免设置为密码。 ⑥ 个人、家人、朋友、亲戚或宠物的名字避免设置为密码。 ⑦ 生日、结婚纪念日、电话号码等个人信息避免设置为密码。 ⑧ 所有系统尽可能使用不同密码。 ⑨ 防止网页自动记住用户名和密码。 ⑩ 密码应定期更换
2	上网安全	① 使用知名的安全浏览器。 ② 收藏经常访问的网站，不要轻易点击别人发送的网址。 ③ 对超低价、超低折扣、中奖等诱惑信息要提高警惕。 ④ 避免访问色情、赌博、反动等非法网站。 ⑤ 避免将工作信息、文件上传到互联网存储空间，如网盘、云共享文件夹等。 ⑥ 在社交网站谨慎发布个人信息
3	网上交易安全	① 遇到填写个人详细信息可获得优惠券的页面需要谨慎。 ② 注意保护个人隐私，使用个人的银行账户、密码和证件号码等敏感信息时需谨慎。 ③ 使用手机支付服务前，应按要求安装支付环节的安全防范程序。 ④ 无论以何种理由要求资金打入陌生人账户、安全账户的行为都是诈骗犯罪，切勿上当受骗。 ⑤ 当收到与个人信息和金钱相关（如中奖、集资等）的邮件和短信需要提高警惕
4	电子邮件使用安全	① 不打开、回复可疑邮件、垃圾邮件和不明来源的邮件。 ② 收发个人和单位邮件时，应使用单位邮箱处理，私人邮件应私人邮箱处理。 ③ 对个人的邮箱用户名和密码安全负责，不要将其借与他人。 ④ 为电子邮箱设置高强度密码，并设置每次登录时必须进行用户名和密码验证。 ⑤ 收到涉及敏感信息邮件时，要对邮件内容和发件人反复确认，尽量进行线下沟通。 ⑥ 若发现邮箱存在任何安全漏洞的情况，应该及时通知邮箱系统管理人员及时处理。 ⑦ 应警惕邮件的内容、网址链接、图片等外链。 ⑧ 不转发来历不明的电子邮件及附件

续表

序号	信息安全点	安全防范技巧
5	计算机主机安全	① 安装杀毒软件。 ② 操作系统应及时更新最新安全补丁。 ③ 关闭办公计算机的远程访问。 ④ 定期备份重要数据。 ⑤ 关闭系统中不重要的服务。 ⑥ 为计算机设置锁屏密码。 ⑦ 计算机系统更换操作人员时，交接重要资料的同时，更改系统的密码。 ⑧ 及时清理回收站。 ⑨ 离开座位时应设置计算机为退出状态或锁屏状态，建议设置自动锁屏
6	办公环境安全	① 禁止随意放置或丢弃含有敏感信息的纸质文件，废弃文件需要用碎纸机粉碎。 ② 废弃或待消磁介质转交他人时应经管理部门消磁处理。 ③ 应将复印或打印的资料及时取走。 ④ 废弃的光盘、U 盘或计算机等要消磁或彻底破坏。 ⑤ 禁止在便签纸上留存用户名、密码等信息。 ⑥ Ukey 不使用时应及时拔出并妥善保管。 ⑦ 办公中涉及重要内容电话找安静的地方接听，避免信息泄露。 ⑧ U 盘、移动硬盘随时存放在安全地方，勿随意借用、放置
7	手机使用安全	① 手机设置自动锁屏功能，建议锁屏时间设置 1~5 分钟，避免手机被其他人恶意使用。 ② 尽可能通过手机自带的应用市场下载手机应用程序。 ③ 为手机安装杀毒软件。 ④ 经常为手机做数据同步备份。 ⑤ 为手机设置访问密码是保护手机安全的第一道防线，防止手机丢失导致信息泄露。 ⑥ 蓝牙功能不用时，应处于关闭状态。 ⑦ 手机废弃前应对数据进行完全备份，恢复出厂设置清除残余信息。 ⑧ 对程序执行权限加以限制，非必要程序禁止读取通讯录等敏感信息
8	无线网络连接安全	① 在办公环境中禁止私自通过办公网开放 Wi-Fi 热点。 ② 工作环境不访问任何非本单位的开放 Wi-Fi。 ③ 需要单独增设 Wi-Fi 网络时，应报备，禁止自行开热点。 ④ 禁止使用 Wi-Fi 共享类 App，避免导致无线网络用户名及密码泄露。 ⑤ 警惕公共场所免费的无线信号为不法分子设置的钓鱼陷阱。 ⑥ 设置高强度的无线密码，各单位的认证机制建议采取实名方式

【相关知识】

1. 信息安全概念与发展现状

信息是一种社会性资源，具有依附性、价值性、时效性、共享性和传递性的特征。信息安全是指保护信息资源的安全，确保信息的真实和有效。从狭义层面看，信息安全保障人们的个人隐私和自我利益不受外界侵犯。

信息技术的高速发展，网络空间的信息安全问题日渐突出。互联网普及之初，因其网络结构简单且功能单一，虚拟的网络世界与现实社会之间存在较大的隔离，互联网的安全对现实社会的安全影响极其有限。但随着互联网技术的迅速发展和理念的快速迭代更新，互联网深入人们的学习、生活和工作中，通过计算机和手机，人们可在网络世界解决衣、食、住、行等一系列生存和发展活动需求。人们将海量现实社会中的信息移植到互联网的虚拟世界，并将网络作为学习、生活和工作场所后，信息将虚拟世界和现实社会融合，因此网络空间的信息安全在某种程度上也是现实社会的安全问题。

2. 信息安全的发展历程

信息技术的高速发展和人们需求的日益增长推动通信和互联网的快速发展，信息安全也随之快速发展。信息安全的发展大致分为通信保密、信息安全和信息安全保障3个发展阶段。

（1）通信保密阶段

20世纪90年代以前，人们主要使用电话、电报、传真等工具进行信息沟通，主要面临的信息安全问题是如何保障传递的信息安全，做到信息的保密，防止信息的发送者和接收者以外的对象查看信息。此时信息安全理论和技术的研究主要集中在密码技术，通过加密来保障信息传递安全，此阶段信息安全也称为通信保密安全。

（2）信息安全阶段

20世纪90年代以后，随着集成电路技术的飞速发展，计算机技术也随之快速发展，推动了计算机软硬件的发展，计算机和网络技术进入了各个领域并实际应用，网络规模迅速扩大。在这一阶段，网络的快速发展为计算机病毒出现并广泛传播提供了温床，计算机病毒、蠕虫和木马等恶意代码通过网络路径传播，其危害性和危害范围与网络的发展成正比。

如何防治计算机病毒、蠕虫和木马等恶意代码，保护网络环境的安全，人们对信息安全有了新的认知和定义。在通信保密的基础上，操作系统、分布式系统和网络系统安全逐步成为信息安全的重点。为了有效解决重要的信息安全问题，计算机和网络安全新技术也在突破和发展，如防火墙、Web防火墙、入侵检测与防御、漏洞扫描、网闸以及VPN等网络安全技术逐步成熟，信息安全进入了以机密性、完整性和可用性为目标的信息安全阶段。在此阶段，我国于1994年提出信息系统等级保护的概念。

（3）信息安全保障阶段

随着互联网应用发展特别是移动互联网的出现和应用，构成了一个不受时空限制的信息环境，人类社会正式迈进了信息化时代。在信息化时代，信息科学技术融入了社会各个层面和行业，产业空前繁荣，社会的信息化程度大大提高。电子商务、电子政务、云计算、物联网、大数据处理和区块链等相继出现并广泛应用，并且深入其他传统领域。

因此，信息安全不再是静态的，不能局限于对信息被动保护，而应对整个信息和信息系统进行自主保护和主动防御。人、技术和管理是信息安全保障的3个要素，其中人是信息安全保障的基础，信息和信息系统都是人为建立的，其建设的最终目的也是为人服务，人在其中是基础的要素，因此专业知识强、安全意识高的专业人员是信息安全保障的关键。技术是信息安全保障的核心要素，任何信息系统都在运行的过程中都不可避免地存在安全漏洞，因此必须正视威胁和攻击，综合分析安全风险，实施适当的安全防护措施，依靠先进的信息安全技术，达到保护信息系统的目的。管理是信息安全保障的关键要素，只有通过不断完善信息安全管理规章制度及法律法规，信息安全专业人员自觉遵守相关制度及法律法规，在许可的范围内合理地使用信息系统，这样才能保证信息系统的安全。

3. 信息安全技术与应用

信息安全最终目的是保护信息本身的安全，信息的安全属性主要包含机密性、完整性和可用性。机密性是信息不泄露给未授权者，完整性是保护信息正确、完整和未被篡改，可用性是指被授权用户可以访问信息，并按其要求运行。

信息不能独立存在，不能脱离载体，信息系统就是信息重要载体。保障信息及信息系统的主要有以下安全技术。

（1）防火墙技术

防火墙是用于安全管理与筛选的软件和硬件设备，通过建立在内、外网络边界上的过滤机制构建相对隔绝的保护屏障。内部网络被认为是相对安全和可信赖的，而外部网络被认为是不安全和不可信赖的。防火墙可以通过监控进出网络的流量，在防火墙同意的情况下让安全、核准的信息进入，同时抵制存在威胁的信息。防火墙的主要实现技术有数据包过滤、加密技术、防病毒技术、应用网关和代理服务等。

（2）信息加密技术

信息加密的目的是保护数据在网上传输，保护数据、文件、口令和控制信息在网内不被破坏和窃取。数据加密技术主要分为数据传输加密和数据存储加密。数据传输加密主要是对传输中的数据流进行加密，在传输过程信息不可阅读和不可识别，只有信息到达目的地后，才会被自动解密成为可读数据。数据存储加密技术使用加密算法转换等方法实现存取控制，对用户权限加以审查和限制，防止信息被非法和越权存取。加密是一种主动安全防御策略，用较小的代价即可为信息提供安全保护。

（3）身份认证技术

身份认证是核查用户身份证明，对用户的身份进行鉴别的过程，其实质是核查用户是否具有请求资源的权限，能保护信息系统中的信息和服务不被未授权的用户访问。身份认证包括基于信息秘密、信任物体和生物特征等方法。除传统的静态密码认证技术以外，当前身份认证技术还有动态密码、IC卡、数字证书、指纹识别、人脸识别和虹膜识别等。

（4）入侵检测系统

入侵检测系统是一种对网络活动进行实时监测的专用系统，发现可疑信息传输时，可发出警报或采取主动应对措施。该系统处于防火墙之后，是防火墙系统的合理补充和有力延伸，可及时响应信息安全决策并提供威胁证据，实时、动态地检测来自内部和外部网络的各种攻击行为，及时、准确、全面地发现入侵行为。通过与防火墙协同联动，对防火墙功能进行有效补充，覆盖其检测和保护的盲区，提升信息安全防护能力。

【能力拓展】

信息安全陷阱在人们日常使用网络时可能经常会碰到，但是信息安全是一个系统的工程，假如你是一名信息安全管理员，如何去处理这些问题？请参考表6-4进行整理。

表 6-4　信息安全体系构成框架

安全体系	安全要素	安全设备	安全节点
安全物理环境			
安全通信网络			
安全区域边界			
安全计算环境			
安全管理中心			
⋮			

微课 6-2
配置 Windows 11 防火墙

任务 6-2　体验 Windows 安全配置方法

【学习目标】

- 熟悉 Windows 安全配置标准
- 掌握 Windows 安全中心的基本流程和步骤
- 了解 Windows 安全配置范围

【任务导入】

新买的计算机安装了 Windows 11 家庭中文版操作系统，可以使用 Windows 11 安全中心配置，实现操作系统的安全。任务卡见表 6-5。

表 6-5　体验 Windows 安全配置方法任务卡

任务步骤	完成要求
步骤 1：设置病毒威胁与防护	完成安全威胁的评估和扫描
步骤 2：防火墙和网络保护	完成防火墙的"允许应用"以及"入站规则"和"出站规则"设置

【任务实施】

步骤 1：设置病毒威胁与防护。

从 Windows 11 "开始"菜单，打开"设置"对话框，单击左侧"隐私与安全性"选项，然后单击右侧"Windows 安全中心"按钮，再单击"打开 Windows 安全中心"按钮，进入"Windows 安全中心"。

"病毒和威胁防护"是 Windows 11 的核心设置，是保证操作系统安全的重要组件。"当前威胁"是对病毒等安全威胁的评估，如图 6-2 所示。

平时使用时，需要经常对计算机进行扫描，扫描选项有"快速扫描""完全扫描""自定义扫描"和"Microsoft Defender 脱机版扫描"，如图 6-3 所示。其中"快速扫描"是对操作系统核心关键的、易被威胁的文件夹进行扫描，"完全扫描"是对所有文件和正在运行的程序进行扫描，"自定义扫描"是对指定文件夹进行扫描，"Microsoft Defender 脱机版扫描"用

项目 6　信息安全

图 6-2　病毒和威胁防护

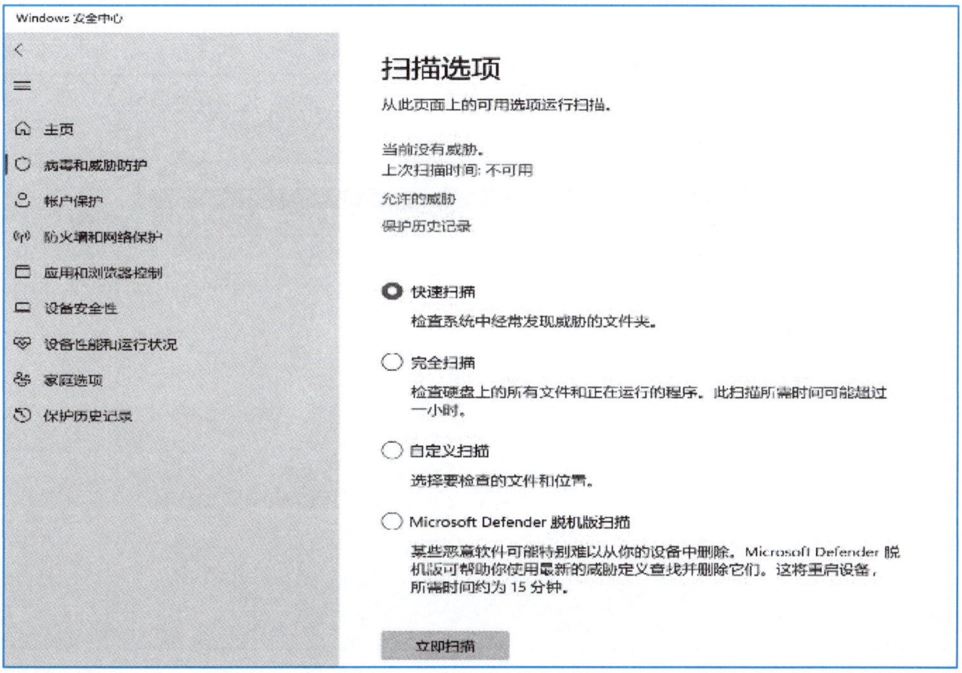

图 6-3　扫描选项

于对特别恶意的软件和程序进行删除。

为了保障操作系统的安全，一般来说，"快速扫描"一般一个星期扫描一次，"完全扫描"一个月一次，当从U盘复制文件到某个文件夹后，可对该文件进行"自定义扫描"。

步骤2：防火墙和网络保护。

Windows 11 的防火墙专门针对"域网络""专用网络"和"公共网络"3种情况。域网络 Windows 可以验证对计算机所连接域的域控制器的访问。专用网络只应将可信网络标识为专用网络，用户很可能希望将家庭网络或小型企业网络标识为专用网络。除域网络之外，其他所有网络最初都归为公共网络一类。直接连到 Internet 或者位于公共场所（如机场和咖啡店）的网络应保留为公共网络。

（1）允许应用的设置

在使用防火墙时，可以对应用是否能够通过防火墙进行设置。打开"允许的应用"窗口，如果需要添加、更改和删除允许的应用和端口，需要单击"更改配置"按钮进行操作，如图 6-4 所示。具有配置功能后可以选择应用修改"专用"或者"公用"网络允许其通过防火墙进行通信，还可以对其进行"删除"操作，如图 6-5 所示。

当需要增加应用进入"允许其他应用"，浏览计算机中的文件，选择需要增加应用的 .exe 文件，如图 6-6 所示。对于新增应用，选择网络类型可以是"专用"和"公用"网络类型，如图 6-7 所示。

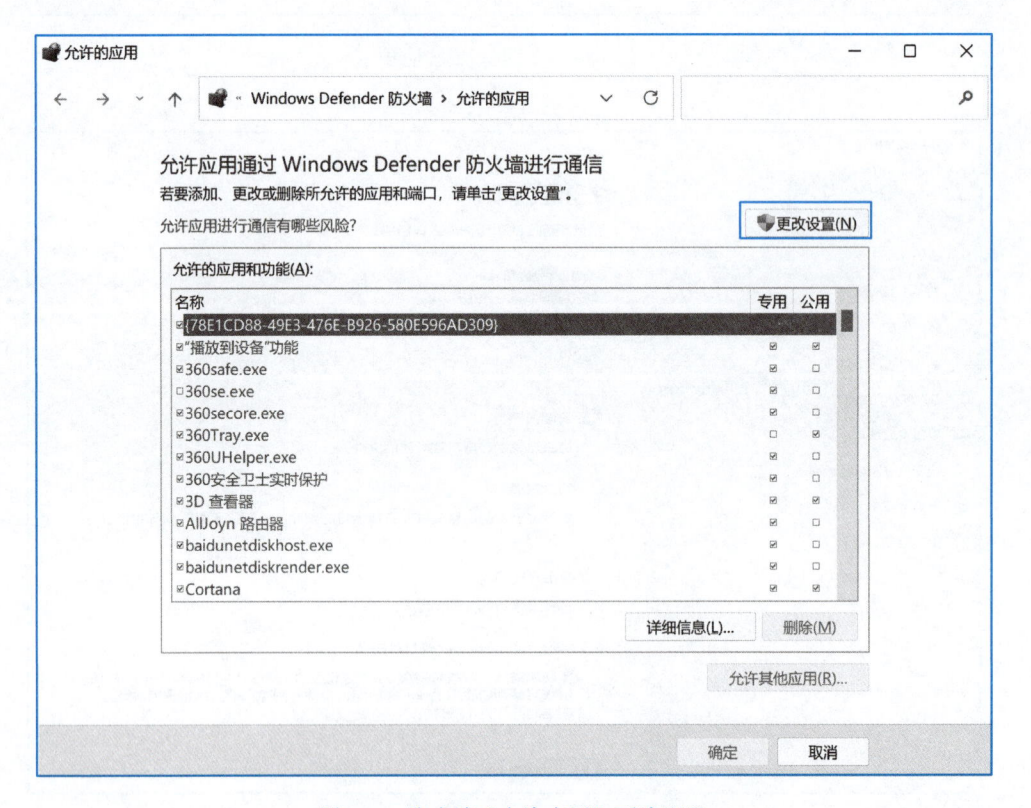

图 6-4　防火墙"允许应用"更改配置

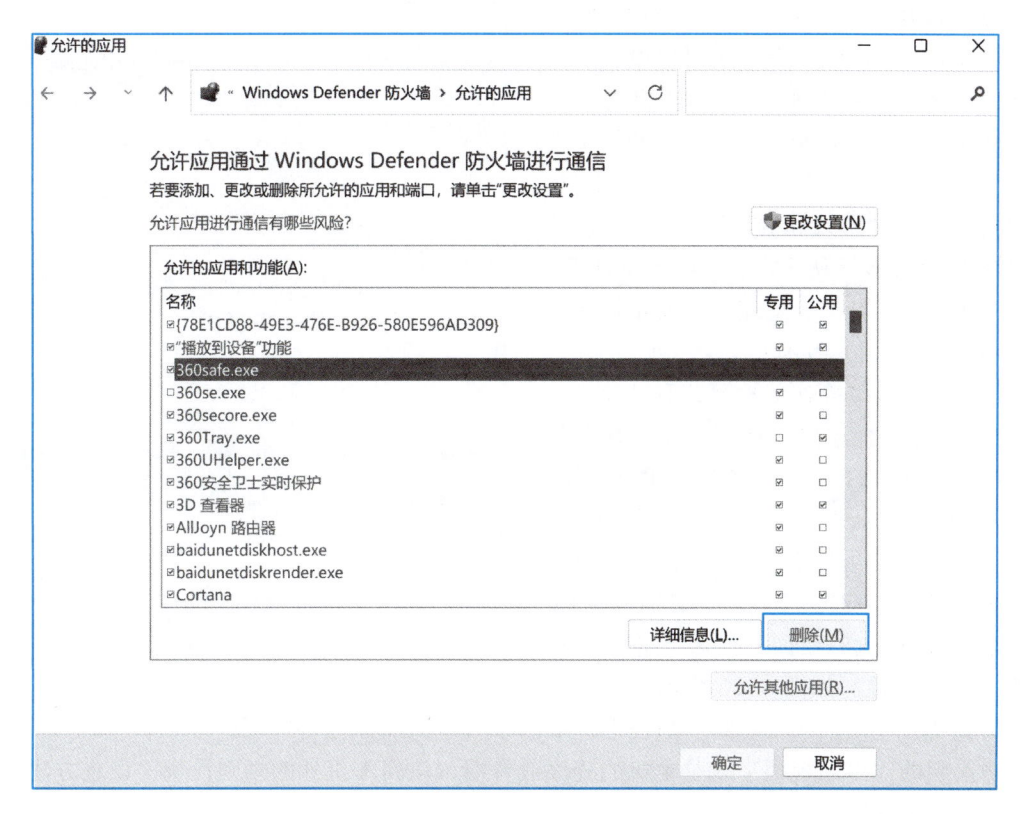

图 6-5　配置应用网络

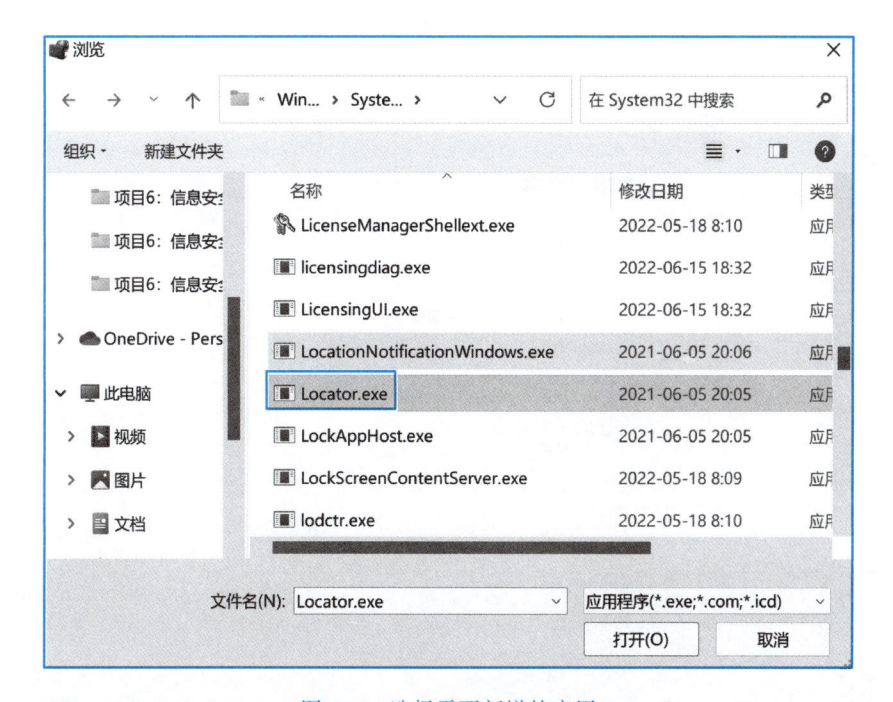

图 6-6　选择需要新增的应用

（2）防火墙"入站规则"和"出站规则"

防火墙的"高级设置"中可以设置"入站规则"和"出站规则"。"入站规则"就是本机外的程序或者端口访问本机的规则设置。以设置远程桌面端口为例，首先设置"规则类型"，选择"协议和端口"，选中"端口"单选按钮，如图 6-8 所示。下一步选择"TCP"单选按钮，在"特定本地端口"文本框中输入"3389"，如图 6-9 所示。

下一步进入"操作"页面，有"允许连接""只允许安全连接"和"阻止连接"等单选按钮，这时选择"允许连接"单选按钮，如图 6-10 所示。下一步进入"配置文件"页面，选中"域""专用"和"公用"复选框，如图 6-11 所示。下一步进入"名称"页面，将规则命名为"远程桌面"，然后单击"完成"按钮，完成设置，如图 6-12 所示。如果端口添加成功，将在"入站规则"列表中显示，如图 6-13 所示。

防火墙的"出站规则"就是本机的程序或者端口访问本机外的规则设置，设置方法和步骤与"入站规则"相似。

图 6-7　选择新增应用网络类型

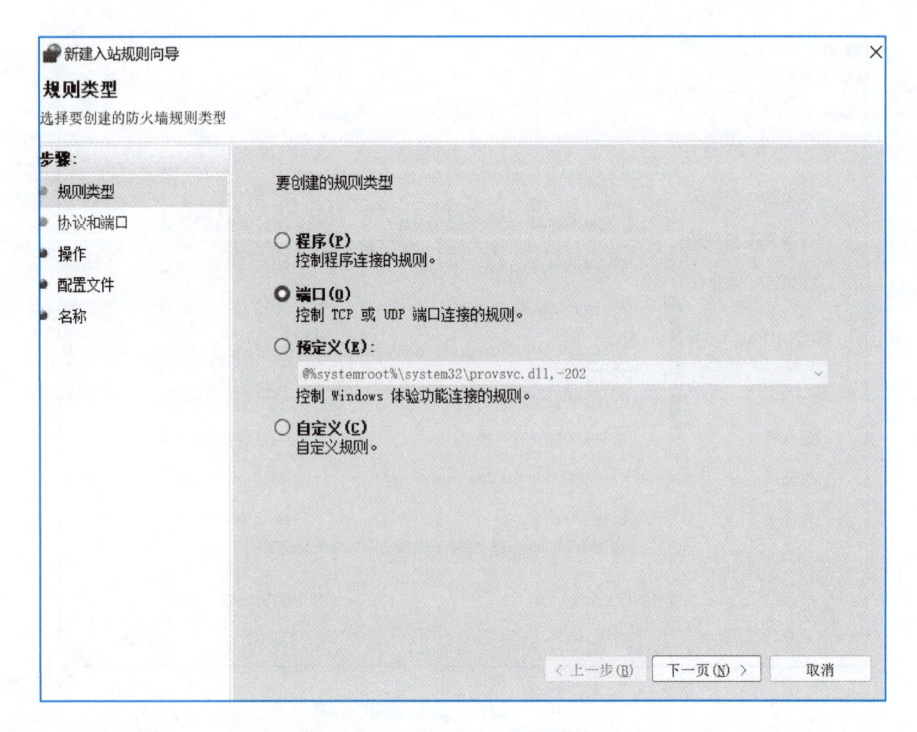

图 6-8　选择"端口"单选按钮

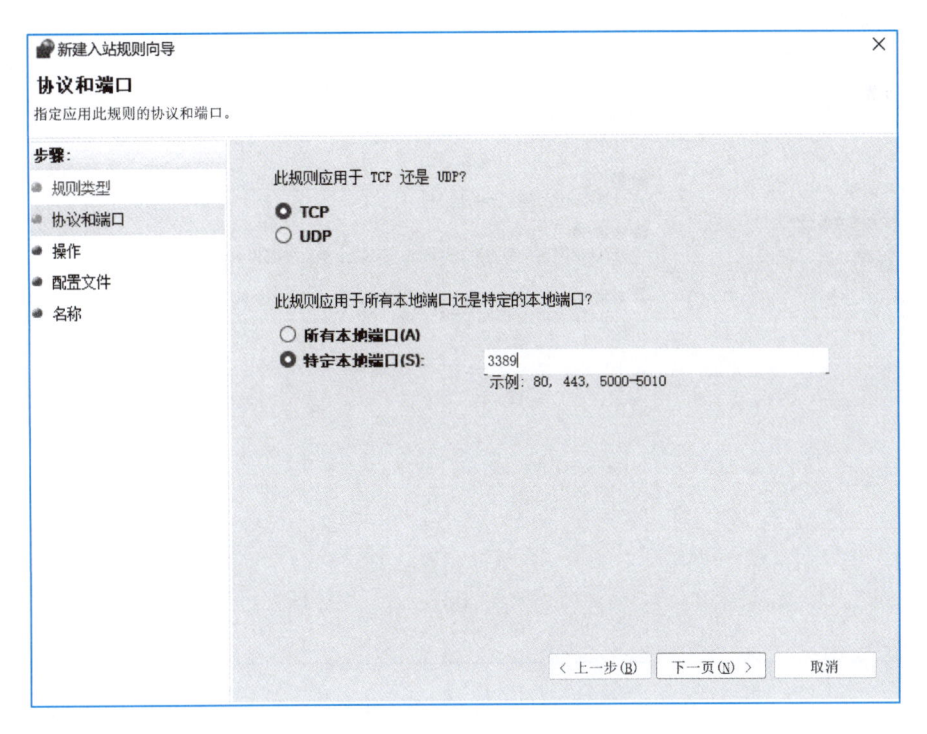

图 6-9 输入端口号"3389"

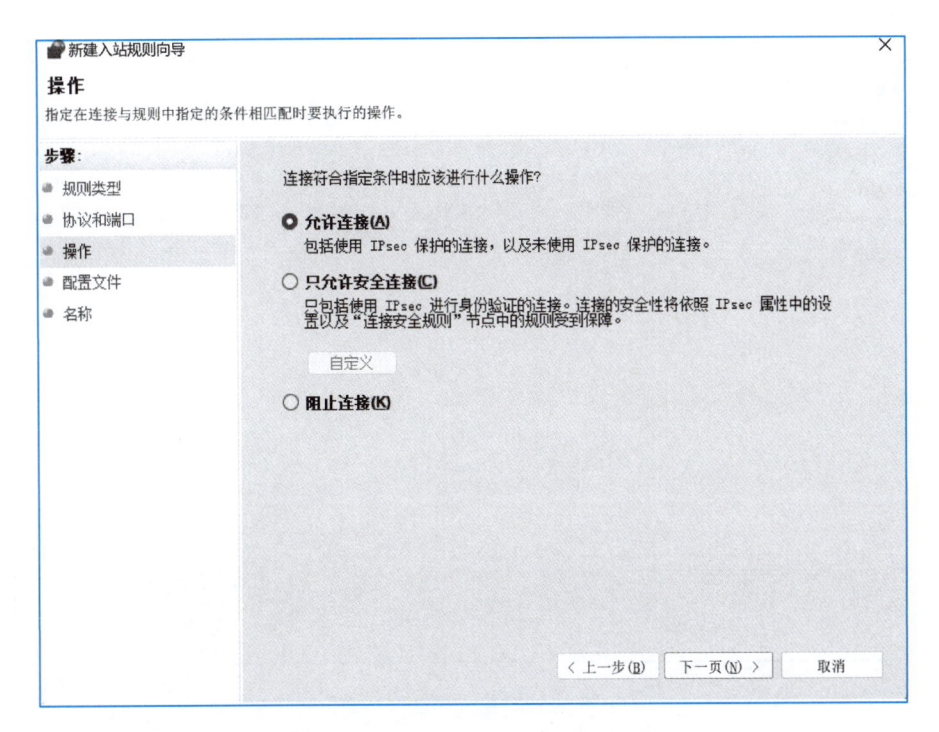

图 6-10 选择"允许连接"单选按钮

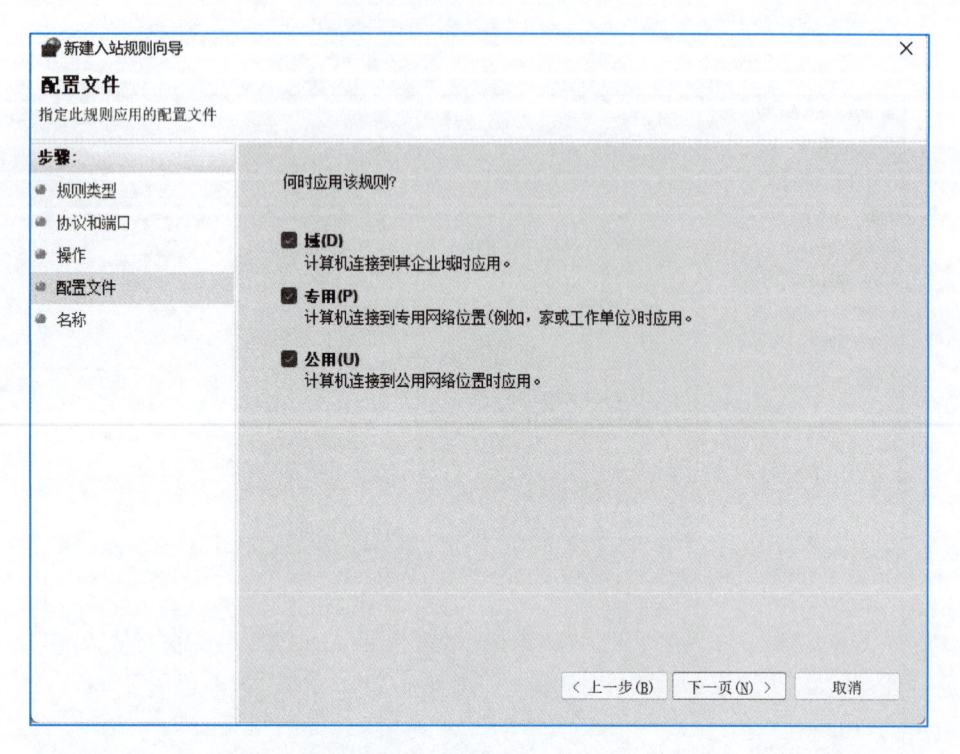

图 6-11　设置"配置文件"

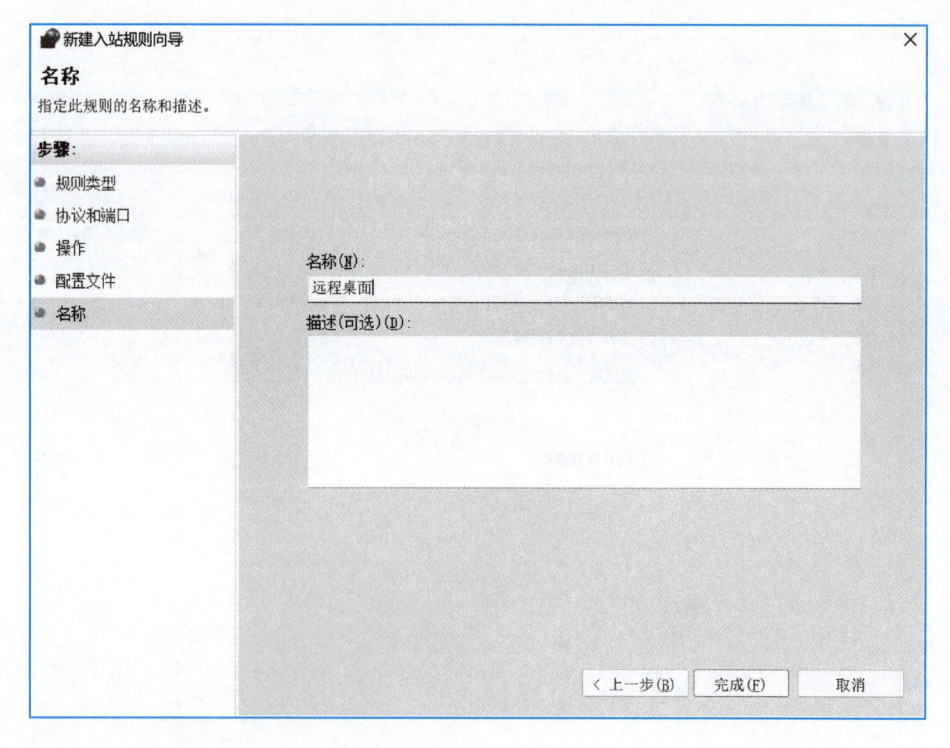

图 6-12　输入"远程桌面"

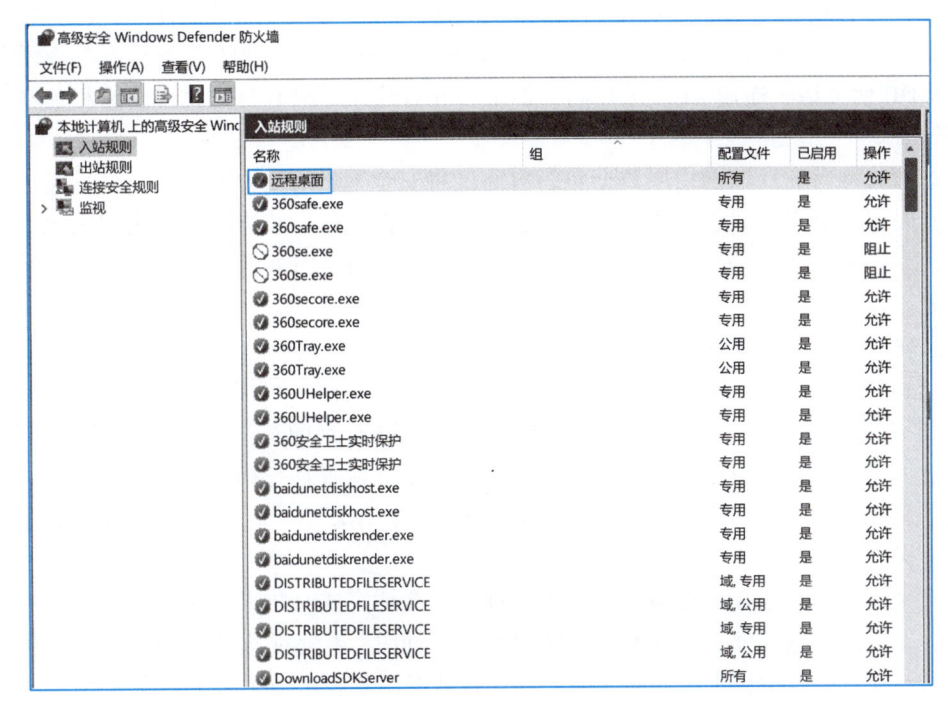

图 6-13　入站规则列表

【相关知识】

防火墙的发展史

（1）第一代防火墙

第一代防火墙诞生于 1989 年，在网络层采用了包过滤技术，仅能实现简单的访问控制。包过滤指检查网络层的数据包，然后根据安全策略进行转发或拒绝。其工作基本原理与路由器相似，通过配置访问控制列表（Access Control List，ACL）实现对数据包的过滤。

第一代防火墙具有设计简单、易于实现和价格便宜等优点。但其缺点也很明显，如果 ACL 复杂度和长度增加，其过滤性能将急剧下降；静态的 ACL 规则灵活度不够，难以适应动态的安全要求；包过滤无法对信息进行分析且不检查会话状态，无法识别假冒地址欺骗等。

（2）第二代防火墙

第二代防火墙是应用层防火墙，通过代理服务作用于应用层，也称为代理防火墙。其实质是将内部网络和外部网络用户之间直接进行的业务由代理接管。代理检查用户的请求，认证通过后，防火墙将代理用户与真正的服务器建立连接，转发用户请求，并将服务器真正返回的响应回送给客户。

代理防火墙能够完全控制网络信息的交换，控制会话过程，具有较高的安全性。但其缺点同样突出，软件实现处理速度受到限制，容易遭受拒绝服务攻击。每一种协议都需要开发应用层代理，给防火墙升级带来一定的困难。

（3）第三代防火墙

第三代防火墙基于状态分析技术，是包过滤技术的扩展，每个数据包不仅是独立单元，而且考虑前后报文的关联性，也被称为状态防火墙。其使用各种状态表来追踪激活的 TCP 会话和 UDP 伪会话，通过 ACL 来控制会话是否允许建立，只有与被允许会话相关联的数据包才被转发。

状态防火墙首先获取网络层数据包，再通过将安全策略所需要的状态信息从应用层提取出，并实时保存到动态状态表中。通过状态表及该数据包的后续连接请求进行决策。从外部网络向内看，状态防火墙更像一个代理系统；而由内部网络向外看，状态防火墙则像一个包过滤系统。

状态防火墙具有以下优点。

- 速度快。状态防火墙对数据包进行 ACL 检查的同时，可以将包连接状态记录下来，后续包则无须再通过 ACL 检查，只需根据状态表对新收到的报文进行连接记录检查即可。检查通过后，该连接状态记录将被刷新，从而避免重复检查具有相同连接状态的包。连接状态表里的记录可以随意排列，这点与记录固定排列的 ACL 不同，于是状态防火墙可进行快速搜索，提高了系统的传输效率。
- 安全性较高。连接状态清单是动态管理的，会话完成时防火墙上所创建的临时返回报文入口随即关闭，这保障了内部网络的实时安全。同时，状态防火墙采用实时连接状态监控技术，通过在状态表中识别诸如应答响应等连接状态因素，增强了系统的安全性。

【能力拓展】

学习第三方杀毒软件的配置，如国内免费杀毒软件《火绒安全》或《360 安全卫士》等。下面以火绒为例。

① 下载并安装火绒杀毒软件。访问火绒杀毒软件官网，下载并安装《火绒安全》杀毒软件个人版。

② 配置病毒防护、系统防护和网络防护。在高级防护中，可以配置自定义防护、IP 黑名单和 IP 协议控制。

项目小结

本项目围绕项目目标设置了"寻找身边的信息安全""体验 Windows 安全配置方法"两个任务。"寻找身边的信息安全"通过探寻社会生活中遇到的各种信息安全问题，提升信息安全意识，从而具备识别常见的网络欺诈行为的能力；"体验 Windows 安全配置方法"以 Windows 11 为例，通过其安全中心相关操作学习病毒威胁与防护、防火墙和网络保护的基本配置方法。

在本项目"能力拓展"环节中，"寻找身边的信息安全体系"能力提升训练将项目切换信息安全体系，旨在让读者了解完整的信息安全体系构成、网络安全设备的功能和部署方式、信息安全保障的一般思路；"第三方杀毒软件配置"能力提升训练旨在让读者能掌握第三方安全软件配置方法。

项目提升

一、选择题

1. 下面（　　）行为可能会导致计算机被安装木马程序。
   A. 上安全网站浏览资讯
   B. 发现邮箱中有一封陌生邮件，杀毒后下载邮件中的附件
   C. 下载资源时，优先考虑安全性较高的绿色网站
   D. 搜索下载可免费看全部集数热播电视剧的播放器

2. 以下不属于个人信息范畴的是（　　）。
   A. 个人身份证件　　B. 电话号码　　C. 个人书籍　　D. 家庭住址

3. 国家（　　）负责统筹协调网络安全工作和相关监督管理工作。
   A. 公安部门　　　　　　　　　　B. 网信部门
   C. 工业和信息化部门　　　　　　D. 通信管理部门

4. 关于注销 App 的机制，不正确的是（　　）。
   A. 注销渠道开放且可以使用，有较为明显的注销入口
   B. 账号注销机制应当有简洁易懂的说明
   C. 核验把关环节要适度、合理，操作应便捷
   D. 找不到注销入口，联系客服注销不给予回复

5. 以下关于个人信息保护的做法不正确的是（　　）。
   A. 在社交网站类软件上发布火车票、飞机票、护照、照片、日程、行踪等
   B. 在图书馆、打印店等公共场合，或是使用他人手机登录账号，不要选择自动保存密码，操作完毕记得退出账号。
   C. 从常用应用商店下载 App，不从陌生或不知名应用商店、网站页面下载 App
   D. 填写调查问卷、扫二维码注册尽可能不使用真实个人信息

6. 为了避免个人信息泄露，以下做法正确的是（　　）。
   A. 撕毁快递箱上的面单　　　　　　B. 把快递箱子放进可回收垃圾中
   C. 把快递面单撕下来再放进干垃圾分类中　　D. 以上做法都正确

7. App 在申请可收集个人信息的权限时，以下说法正确的是（　　）。
   A. 应同步告知收集使用的目的　　　　B. 直接使用就好
   C. 默认用户同意　　　　　　　　　　D. 在隐秘或不易发现位置提示用户

8. 身份证件号码、个人生物识别信息、通信记录和内容、健康生理信息等属于（　　）。
   A. 个人敏感信息　　B. 公共信息　　C. 个人信息　　D. 以上都对

9. 在网上进行用户注册，设置用户密码时应当（　　）。
   A. 涉及财产、支付类账户应采用高强度密码
   B. 设置 123456 等简单好记的数字、字母为密码
   C. 所有账号都是一种密码，方便使用
   D. 使用自己或父母生日作为密码

10. 关于个人生物特征识别信息，以下合理的处理方式是（　　）。
  A．在隐私政策文本中告知收集目的　　B．向合作伙伴共享个人生物识别信息
  C．公开披露个人生物识别信息　　　　D．仅保留个人生物识别信息的摘要信息

二、判断题

1．《网络安全法》规定，网络运营者收集、使用个人信息，应当遵循合法、正当、必要的原则。（　　）

2．凡是涉及收集个人信息的企业都应该制定隐私政策。（　　）

3．制定 App 隐私政策时处理个人信息的规则不需要公开。（　　）

4．任何 App 或个人需要获取他人个人信息，应当依法取得同意并确保信息安全。（　　）

5．涉及财产和重要个人账号，为了防止忘记密码，可以使用"记住密码"的登录模式。（　　）

6．安装安全软件，定期进行病毒木马查杀，清除系统缓存，并及时更新安全软件。（　　）

7．换手机号时，有必要注销旧手机号注册的各种账号（重点是微信、支付宝、网银等账号）并及时绑定新手机号。（　　）

8．在使用手机时，没必要打开手机的"密码保护""指纹解锁"等功能。（　　）

9．如果有朋友、家人通过短信、QQ、微信找你借钱或充值等，可以直接转账给朋友、家人。（　　）

10．在图书馆、打印店等公共场合，或是使用他人手机登录账号，不要选择自动保存密码，操作完毕记得退出账号。（　　）

项目 7

项目管理

— 有效计划——让项目建设过程可控高效 —

项目概述

当前，项目管理已经用在许多行业中，从信息系统到建筑、健康保健、财务服务、教育与培训都在应用项目管理。随着应用范围的扩大，现在领导项目的人有着各种各样的背景，并在项目管理实际工作中带入他们的各种经验，项目管理的能力已成为一种广受欢迎的技能，在按时按预算完成项目和业务开发的竞争中发挥着极其重要的作用。项目管理是指在有限的资源约束下，项目管理者运用系统理论、观点和方法，对项目涉及的全部工作进行有效管理，即从项目的投资决策开始到项目结束的全过程进行计划、组织、指挥、协调、控制和评价，以实现项目的目标。项目管理作为一种通用技术已应用于各行各业，获得了广泛的认可。本项目包含项目管理基本知识和项目管理工具应用等内容。

项目目标

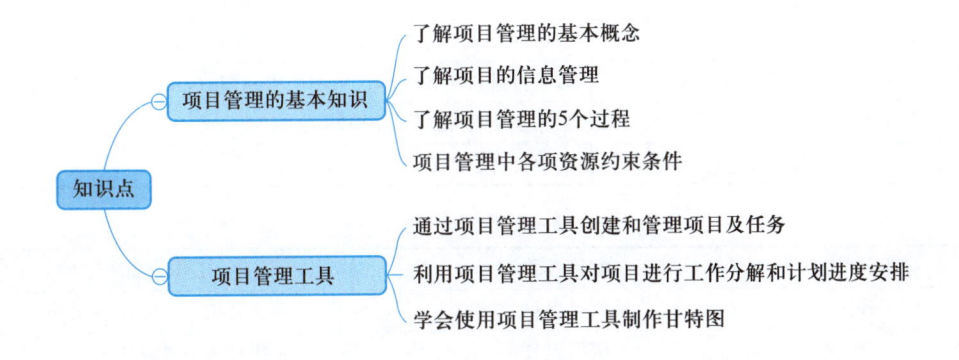

知识点
- 项目管理的基本知识
  - 了解项目管理的基本概念
  - 了解项目的信息管理
  - 了解项目管理的5个过程
  - 项目管理中各项资源约束条件
- 项目管理工具
  - 通过项目管理工具创建和管理项目及任务
  - 利用项目管理工具对项目进行工作分解和计划进度安排
  - 学会使用项目管理工具制作甘特图

微课 7-1
什么是项目管理？

任务 7-1 寻找身边的项目管理

【学习目标】

- 理解项目管理的概念。
- 了解项目管理的 5 个主要过程。
- 了解项目管理的 3 个约束条件。
- 学会对项目管理所需完成的工作进行分解。

【任务导入】

生活中，大到登月计划，小到装修或旅行都可以看成项目。提起旅游，有不少人都心怀期待，世界那么大，我想去看看，从日出到日落，从异域风景到各地美食，周游世界是一个能够从脚边走起的梦想。然而多数人迟迟没有启程，主要有 3 个因素：时间、预算、品质。每一次自由行前，人们都要做一份详细的攻略：去哪里玩、玩什么、怎么玩、玩多久，这决定了旅游的品质。然而，毕竟要同时考虑时间、预算、品质这 3 个因素，让人难以决策。运用项目管理知识，制作一份优质、高效的旅行计划，就是一个完整的项目管理。

旅行中，每天的时间安排需要精细一些，把三餐时间、住宿地点、观光点、交通方式和交通路线确定好，这就像是项目管理中的工作分解，将一个大的项目分解为若干小任务，即 WBS 方法。又如我国的探月"嫦娥工程"，该项目于 2004 年正式开展，分为三大阶段："无人月球探测""载人登月""建立月球基地"。每一阶段分为若干期，如在"无人月球探测"阶段细分为"绕""落""回"3 期，每期又包含探测器卫星系统、运载火箭系统、发射场系统、测控与回收系统、地面应用系统五大系统，每个系统又分为若干分系统、任务和分任务。航天工作者将这些工作落实到人，并充分预估了资源，实现了项目的有效管理和控制，截至 2020 年 11 月，已完成嫦娥一号、嫦娥二号、嫦娥三号、嫦娥四号、嫦娥五号的发射。

下面一起来探寻身边的项目管理，对工作进行分解，并完成其时间安排。具体操作见表 7-1~表 7-3。

表 7-1 探索身边的项目管理任务卡

任务步骤	完成要求
步骤 1：探索身边的项目管理案例	通过网络调研、实践体验等方式探索身边的项目管理示例
步骤 2：了解项目需要完成的工作	对项目进行工作分解，采用从粗到细的思路，列出工作任务清单
步骤 3：填写任务分解表格	根据需要完成的工作填写表 7-2
步骤 4：对工作分解的任务进行时间安排	根据任务的时间安排填写表 7-3

表 7-2 任务分解表格示例

应用领域	项目名称	工作分解
"工作"	（项目名称）	一级任务：二级任务……
"生活"	（项目名称）	一级任务：二级任务……
"学习"	（项目名称）	一级任务：二级任务……

表 7-3 任务时间安排表格示例

任务名称	持续天数	开始时间	结束时间
任务 1			
任务 2			
任务 n			

【任务实施】

步骤 1：探索身边的项目管理案例。

通过网络调研、实践体验、亲身经历等方式分别选出工作、生活、学习 3 个方面项目管理示例各一个，这里以工作中的一个软件开发项目为例。

步骤 2：了解项目需要完成的工作。

根据调研的项目，对需要完成的项目进行工作分解。对软件开发项目需完成的工作进行梳理，得到软件开发需要完成的工作有需求分析、总体设计、详细设计、代码实现、软件测试、软件交付，每一级任务又可分为若干子任务。

步骤 3：填写任务分解表格。

按要求填写相关内容，见表 7-4。

表 7-4 软件开发项目任务分解

应用领域	项目名称	工作分解
"工作"	软件开发项目	① 需求分析：计划编制、需求开发、测试计划编制。 ② 总体设计：策略确定、开发标准确定、架构设计。 ③ 详细设计：接口设计、模块设计。 ④ 代码实现：编码、代码复核、单元测试。 ⑤ 软件测试：集成测试、系统测试、测试总结、手册编写。 ⑥ 软件交付：验收测试、产品发布、用户培训
⋮		

步骤 4：对工作分解的任务进行时间安排。

根据分解的任务时间安排情况，一级任务加粗表示，见表 7-5。

表 7-5 软件开发项目的任务安排时间表

任务名称	持续天数	开始时间	结束时间
需求分析	6	9月1日	9月6日
计划编制	3	9月1日	9月3日
需求开发	2	9月4日	9月5日
测试计划编制	1	9月6日	9月6日
总体设计	8	9月7日	9月14日
策略确定	3	9月7日	9月9日
开发标准确定	2	9月10日	9月11日

续表

任务名称	持续天数	开始时间	结束时间
架构设计	3	9月12日	9月14日
详细设计	5	9月15日	9月19日
接口设计	2	9月15日	9月16日
模块设计	3	9月17日	9月19日
代码实现	15	9月20日	10月4日
编码	11	9月20日	9月30日
代码复核	2	10月1日	10月2日
单元测试	2	10月3日	10月4日
软件测试	8	10月5日	10月12日
集成测试	2	10月5日	10月6日
系统测试	2	10月7日	10月8日
测试总结	2	10月9日	10月10日
手册编写	2	10月11日	10月12日
软件交付	4	10月13日	10月16日
验收测试	2	10月13日	10月14日
产品发布	1	10月15日	10月15日
用户培训	1	10月16日	10月16日

【相关知识】

1. 项目管理的概念

项目管理是指项目管理者在有限的资源约束下，运用系统理论、观点和方法，对项目涉及的全部工作进行有效管理，即从项目的投资决策开始到项目结束的全过程进行计划、组织、指挥、协调、控制和评价，以实现项目目标。

按照传统的做法，当企业设定了一个项目后，参与这个项目的至少有好几个部门，而不同部门在运作项目过程中不可避免地会产生摩擦，须进行协调，而这无疑会增加项目的成本，进而影响项目的实施。

项目管理的做法则不同，不同职能部门的成员因为某一个项目而组成团队，项目经理是项目团队的领导者，他所肩负的责任就是领导团队准时、优质地完成全部工作，在不超出预算的情况下实现项目目标。项目的管理者不仅仅是项目的执行者，而且参与项目的需求确定、项目选择、计划直至收尾的全过程，并在时间、成本、质量等各个方面对项目进行全方位的管理，因此项目管理可以帮助企业处理需要跨领域解决的复杂问题，并实现更高的运营效率。

2. 项目信息管理

项目信息管理主要包括信息获取、信息整理、信息分析3个方面。信息获取要求项目经理能够获取实时、真实、透明的项目信息；信息整理要求项目经理在获取项目信息之后，对其进行整理，剔除无用、不真实的信息，保留真实、有效的信息；信息分析要求项目经理有强大的数据统计和分析能力，既要知道哪些数据之间必须关联，还要能够从数据的对比中得出正确的结论，为决策提供依据。选择专业的项目管理工具，可以让项目信息管理更科学，如工作分解 WBS，制作甘特图的 Excel、Microsoft Project 等。

3. 项目管理的 5 个主要过程

项目管理分为 5 个过程：启动、计划、执行、控制与收尾，这贯穿于项目的整个生命周期。项目管理的工作过程如图 7-1 所示。

（1）项目的启动过程

项目的启动过程就是一个新的项目识别与开始的过程。一定要认识这样一个概念，即在重要项目上的微小成功，比在不重要的项目上获得巨大成功更具意义与价值。从这种意义上讲，项目的启动阶段显得尤其重要，这是决定是否投资，以及投资什么项目的关键阶段，此时的决策失误可能造成巨大的损失，重视项目启动过程，是保证项目成功的首要步骤。

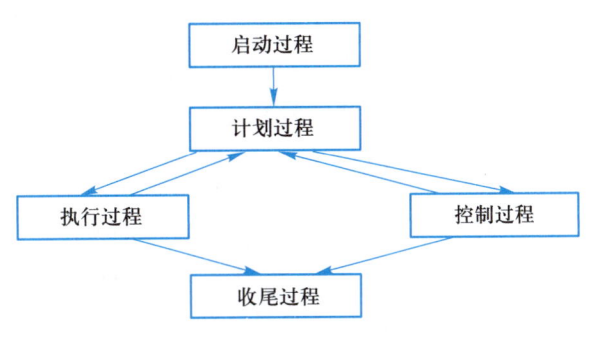

图 7-1 项目管理的工作过程图

（2）项目的计划过程

项目的计划过程是项目实施过程中非常重要的一个过程。通过对项目的范围、任务分解、资源分析等制订一个科学的计划，能使项目团队工作有序地开展，也因为有了计划，在实施过程中，才能有一个参照，并通过对计划的不断修订与完善，使后面的计划更符合实际，更能准确地指导项目工作。在项目的不同知识领域有不同的计划，应根据实际项目情况，编制不同的计划，其中项目计划、范围说明书、工作分解结构、活动清单、网络图、进度计划、资源计划、成本估计、质量计划、风险计划、沟通计划、采购计划等，是项目计划过程常见的输出，应重点掌握与运用。

（3）项目的执行过程

项目的执行，一般指项目的主体内容执行过程，还包括项目的前期工作，因此不仅要在具体执行过程中注意范围变更、记录项目信息、鼓励项目组成员努力完成项目，还要强调实施的重点内容，如正式验收项目范围等。

（4）项目的控制过程

项目管理的控制过程，是保证项目朝目标方向前进的重要过程，要及时发现偏差并采取纠正措施，使项目进展朝向目标方向。控制可以使实际进展符合计划，也可以修改计划使之更切合现状。修改计划的前提是项目符合期望的目标。控制的重点有这么几个方面：范围变更、质量标准、状态报告及风险应对。处理好这 4 个方面的控制，项目的控制任务大体上就能完成。

（5）项目的收尾过程

一个项目通过一个正式而有效的收尾过程，不仅是对当前项目产生完整文档，对项目干系人的交代，更是开展以后项目工作的重要财富。不少人经历过很多项目，但更多重视项目的开始与过程，忽视了项目收尾工作，因此项目管理水平一直未能得到提高。项目收尾包括对最终产品进行验收、形成项目档案、总结经验教训等。项目收尾的形式，可以根据项目的大小自由决定，可以通过召开发布会、表彰会、公布绩效评估等形式来进行。形式是根据情况而定，但一定要明确，并能达到效果。如果能对项目进行收尾审计，则是再好不过的了。

4. 项目管理干系人

项目管理干系人包括项目当事人（其行为能影响项目的计划与实施），以及其利益受该项目影响（受益或受损）的个人和组织，也可以把他们称为项目的利害关系者。项目干系人包括项目经理、项目组成员、项目投资人、客户、用户、高层管理人员、反对项目的人等。

5. 项目管理的 3 个约束条件

任何项目都会在范围、时间及成本 3 方面受到约束，这就是项目管理的三约束，如图 7-2 所示。项目管理，就是以科学的方法和工具，在范围、时间、成本三者之间找到一个合适的平衡点，以便项目所有干系人都尽可能满意。项目是一次性的，旨在产生独特的产品或服务，但不能孤立地看待和运行项目。这要求项目经理要用系统的观念来对待项目，认清项目在更大的环境中所处的位置，这样在考虑项目范围、时间及成本时，就会有更为适当的协调原则。

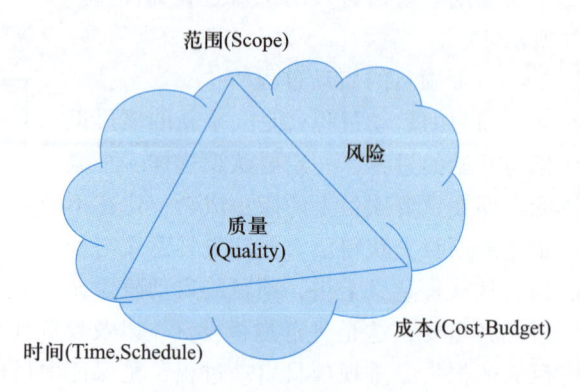

图 7-2 项目管理的三约束

（1）项目的范围约束

项目的范围就是规定项目的任务是什么。作为项目经理，首先必须清楚项目的商业利润核心，明确把握项目发起人期望通过项目获得什么样的产品或服务。对于项目的范围约束，容易忽视项目的商业目标，而偏向技术目标，导致项目最终结果与项目干系人期望值之间的差异。

因为项目的范围可能会随着项目的进展而发生变化，从而与时间和成本等约束条件产生冲突，因此面对项目的范围约束，主要是根据项目的商业利润核心做好项目范围的变更管理。既要避免无原则地变更项目的范围，又要根据时间与成本的约束，在取得项目干系人的一致同意的情况下，合理地按程序变更项目的范围。

（2）项目的时间约束

项目的时间约束就是规定项目需要多长时间完成，项目的进度应该怎样安排，项目的活动在时间上的要求，以及各活动在时间安排上的先后顺序。当进度与计划之间发生差异时，如何重新调整项目的活动用时，以保证项目按期完成，或者通过调整项目的总体完成工期，以保证活动的时间与质量。

在考虑时间约束时，一方面要研究项目范围的变化对项目时间的影响，另一方面要研究项目历时的变化对项目成本产生的影响。并及时跟踪项目的进展情况，通过对实际项目进展情况的分析，提供给项目干系人一个准确的报告。

（3）项目的成本约束

项目的成本约束就是规定完成项目需要花费多少资金。对项目成本的计量，一般用花费多少资金来衡量，但也可以根据项目的特点，采用特定的计量单位来表示。关键是通过成本核算，能让项目干系人了解在当前成本约束下，所能完成的项目范围及时间要求。当项目的范围与时间发生变化时,会产生多大的成本变化,以决定是否变更项目的范围,改变项目的进度,或者扩大项目的投资。

由于项目是独特的,每个项目都具有很多不确定性的因素,项目资源使用之间存在竞争,除了极小的项目,项目很难最终完全按照预期的范围、时间和成本三大约束条件完成。因为项目干系人总是期望用最低的成本、最短的时间,来完成最大的项目范围。这 3 个期望之间是互相矛盾、互相制约的。项目范围的扩大,会导致项目工期的延长或需要增加加班资源,进一步导致项目成本的增加。同样,项目成本的减少,也会导致项目范围受到限制。

【能力拓展】

假设你现在有一笔 50 万元的资金,经过初步分析你决定开设一家奶茶店,为了开设奶茶店你需要进行许多方面的工作,那么请按照 WBS 原理将开设奶茶店过程中所有可能涉及的工作进行分解。

任务 7-2　体验项目管理工具的应用

微课 7-2
制作一个甘特图

【学习目标】

- 学会使用树结构图构造工作分解结构。
- 了解甘特图的特点。
- 学会使用项目管理工具 Excel 和 Microsoft Project 制作简单的甘特图。

【任务导入】

为了保证任务 7-1 中的软件开发项目顺利执行,试设计其树结构 WBS 图,并根据表 7-5 中每一项任务的时间安排,使用 Excel 和 Microsoft Project 设计该项目的甘特图。任务卡见表 7-6。

表 7-6　体验项目管理工具的应用任务卡

任务步骤	完成要求
步骤 1:对任务 7-1 的项目管理案例构造树结构 WBS 图	根据完成的表 7-4,设计树结构 WBS 图
步骤 2:对任务 7-1 的项目管理案例使用 Excel 设计甘特图	根据完成的表 7-5,使用 Excel 构造甘特图
步骤 3:对任务 7-1 的项目管理案例使用 Microsoft Project 设计甘特图	根据完成的表 7-5,使用 Microsoft Project 设计甘特图

【任务实施】

步骤 1:对任务 7-1 的项目管理案例构造树结构 WBS 图。

① 通过对软件开发项目的工作分解,建立 WBS 第 0 层,即以整个项目作为分解的基础,如图 7-3 所示。

② 建立项目的可交付成果,即 WBS 第 1 层,如图 7-4 所示。

软件开发项目

图 7-3　软件开发项目 WBS 第 0 层

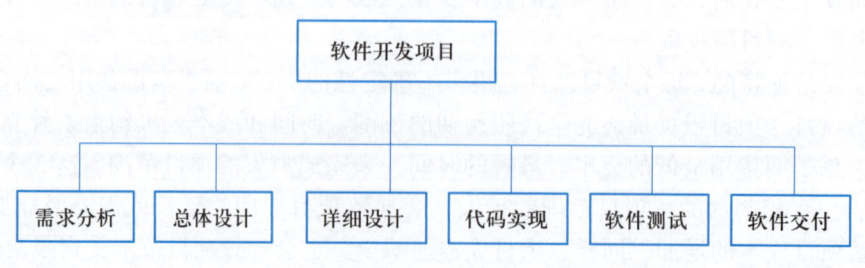

图 7-4 软件开发项目 WBS 第 1 层

③ 对可交付成果进行分解,得到细分的可交付子成果,这个过程可以循环下去,直到得到适当的颗粒度为止。最终的树结构 WBS 图如图 7-5 所示。

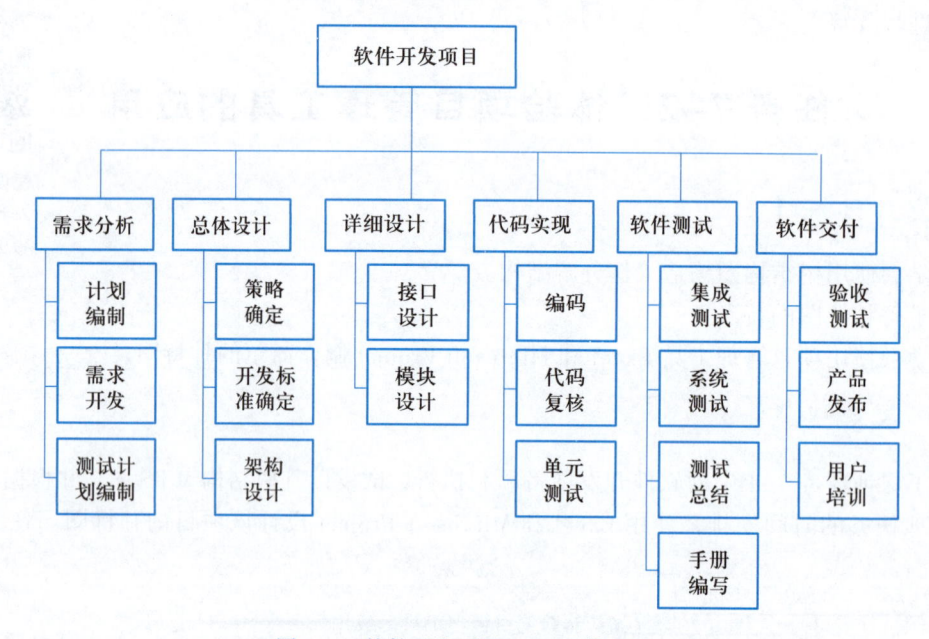

图 7-5 软件开发项目 WBS 图第 2 层

步骤 2:对任务 7-1 的项目管理案例使用 Excel 设计甘特图。

① 打开 Excel 表格,根据表 7-4 中时间安排,选择"任务名称"与"开始时间"两列,在"插入"选项卡中选择"条形图"→"二维条形图"选项,如图 7-6 所示。

② 生成初始图,如图 7-7 所示。

③ 修改图表,添加"持续天数"列。右击蓝色条状图,在弹出的快捷菜单中选择"选择数据"命令,在图例项(系列)中选择"添加"命令,弹出"编辑数据系列"对话框,在"系列名称"文本框中输入"持续天数",单击"系列值"按钮,选择持续天数值,如图 7-8 所示。

④ 生成初始甘特图,如图 7-9 所示。

⑤ 修改初始甘特图,隐藏蓝色条形图。右击蓝色条形图,在弹出的快捷菜单中选择"形状填充"命令,将"形状填充"设置为"无",设置主要坐标轴格式,如图 7-10 所示。

⑥ 设置坐标轴格式,清除图例,得到用 Excel 制作的最终甘特图,如图 7-11 所示。

图7-6 插入二维条形图

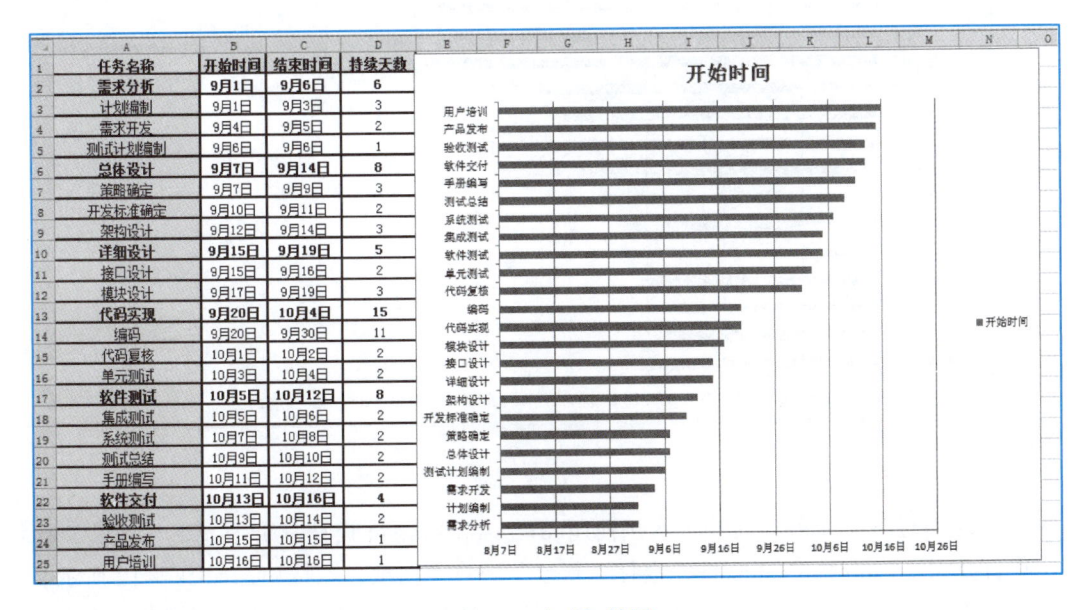

图7-7 生成初始图

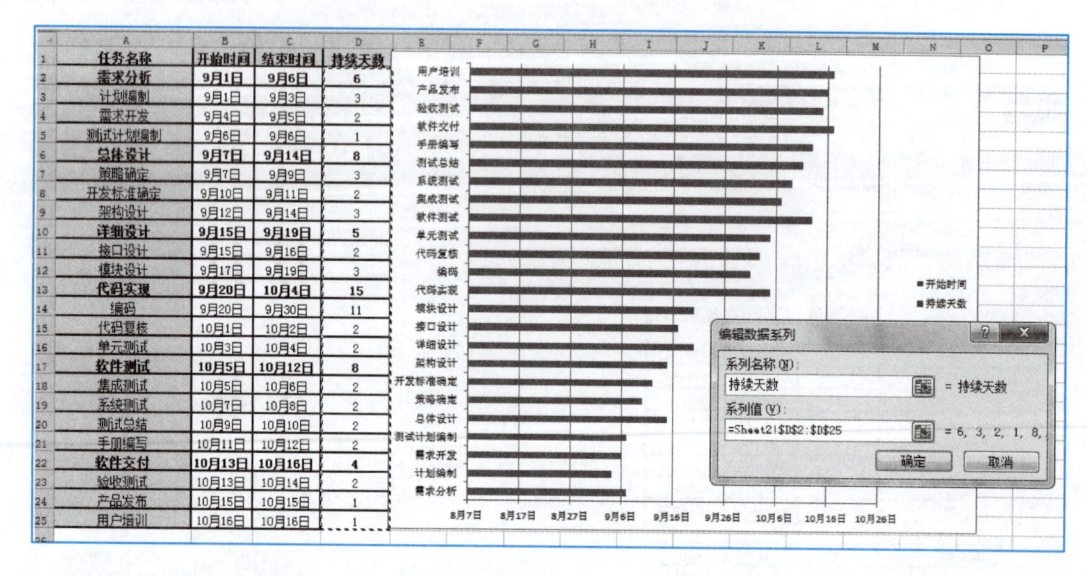

图 7-8　修改图表

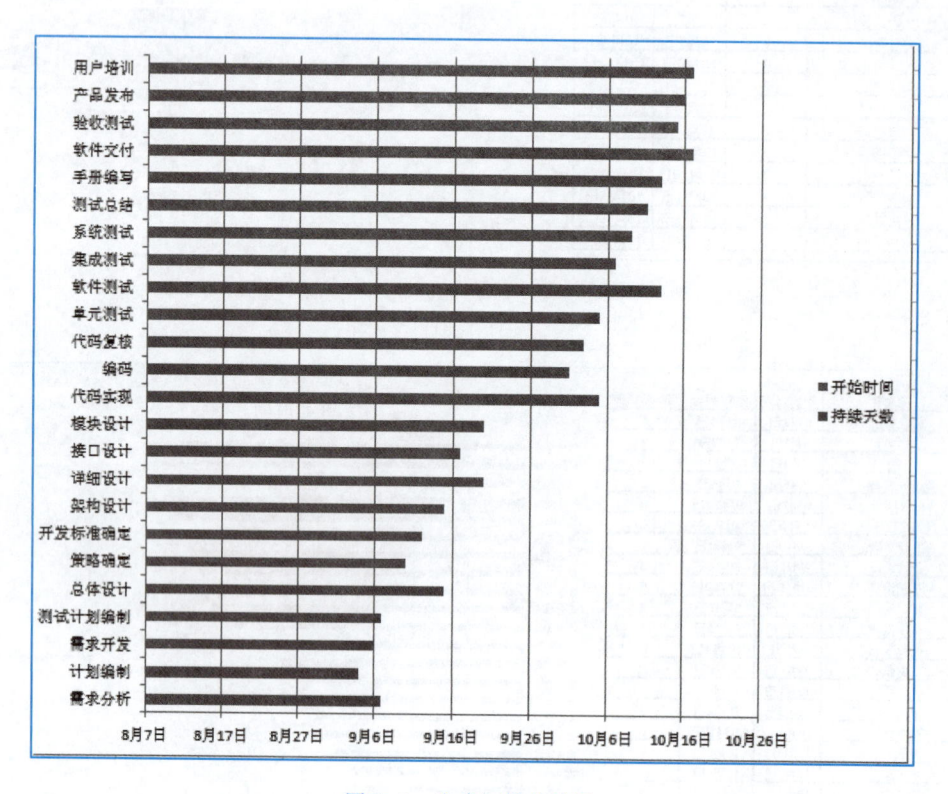

图 7-9　生成初始甘特图

步骤 3：对任务 7-1 的项目管理案例使用 Microsoft Project 设计甘特图。

① 打开 Microsoft Project 软件，选择"新建"→"空白项目"选项，如图 7-12 所示。

② 把 Excel 数据的任务名称、开始时间、完成时间复制粘贴到 Project 软件对应的列中，Project 软件会自动生成工期，粘贴后右侧区域就显示甘特图的进度表，如图 7-13 所示。

③ 选择子任务，单击"任务"工具栏上的向右箭头图标，即可降级子任务，如图 7-14 所示。

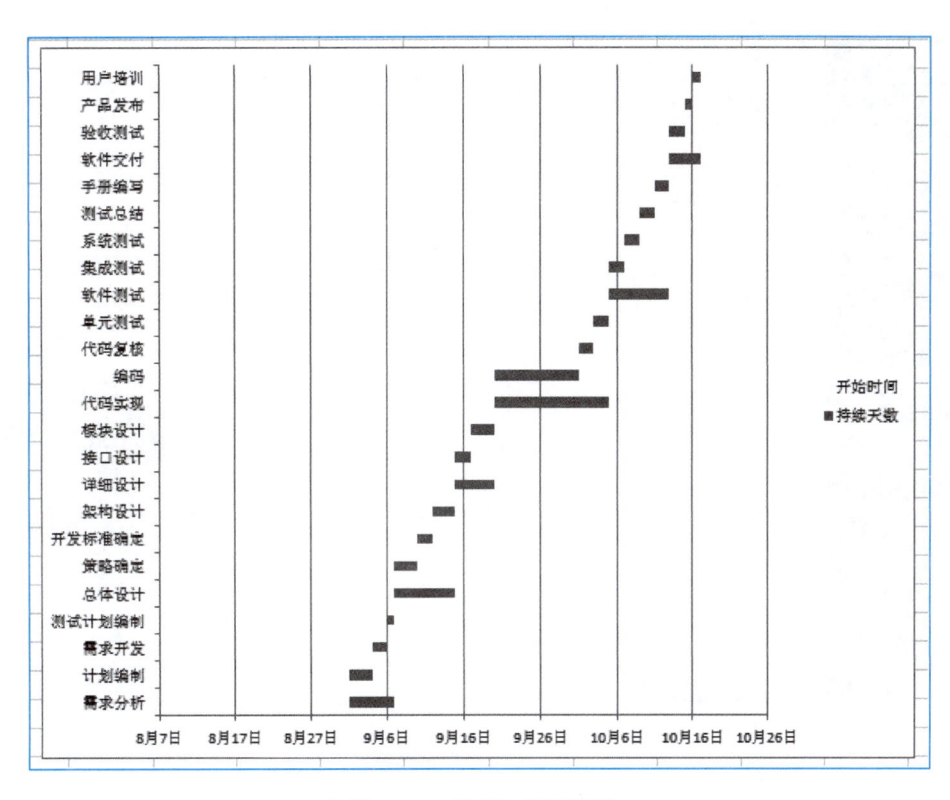

图 7-10 修改初始甘特图

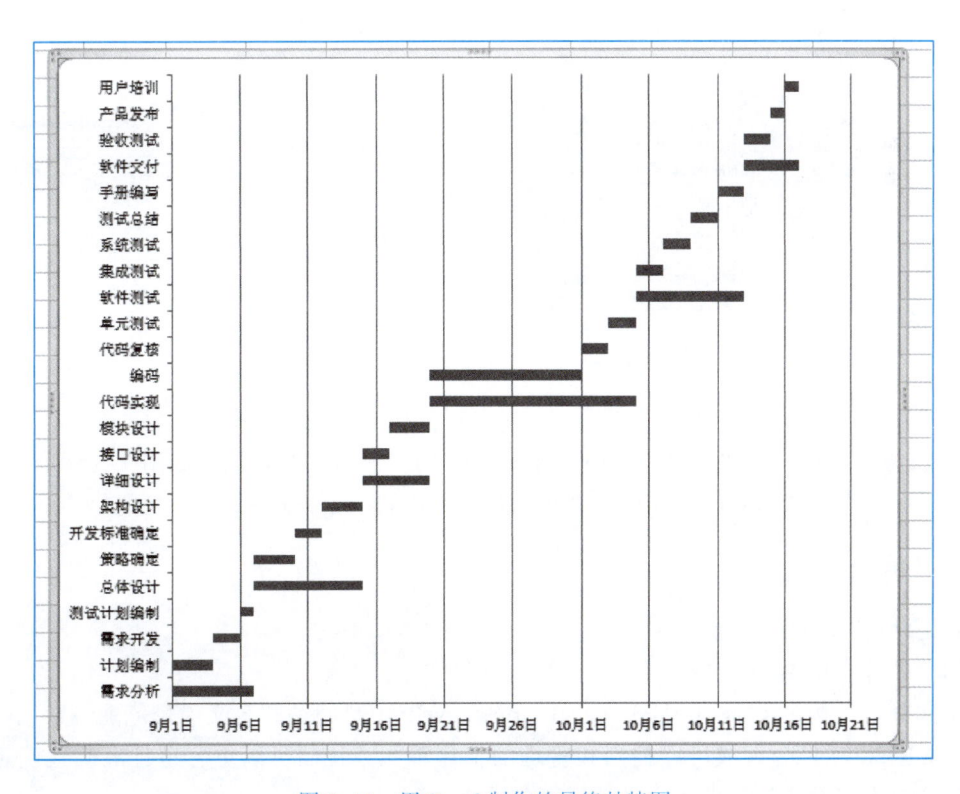

图 7-11 用 Excel 制作的最终甘特图

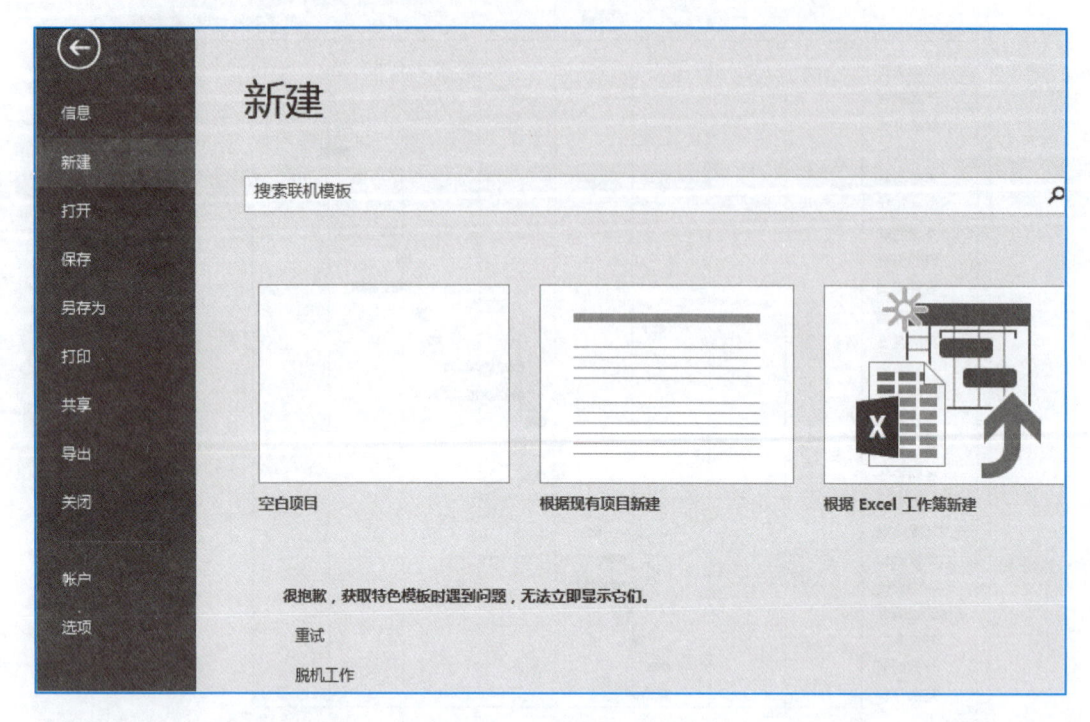

图 7-12　新建空白项目

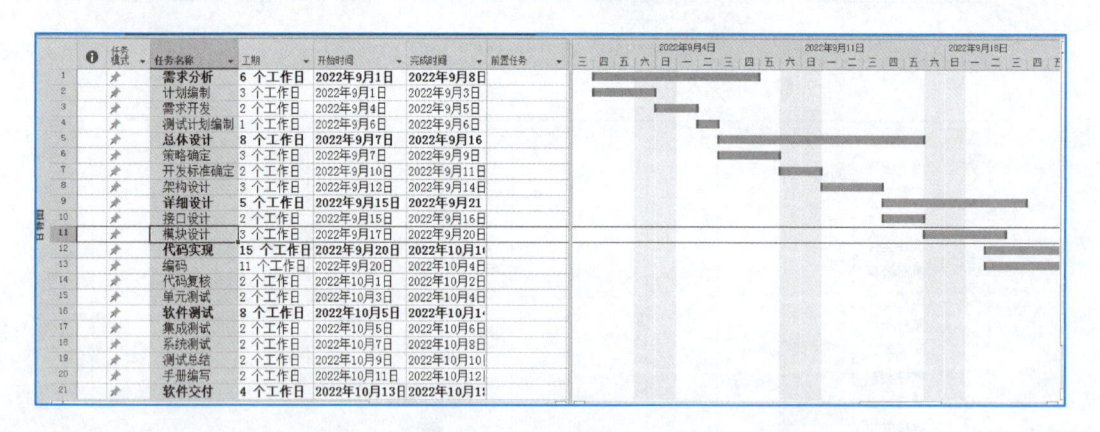

图 7-13　Project 生成的甘特图

④ 选择"文件"→"导出"选项，即可导出 PDF 格式的甘特图，如图 7-15 所示。如果数据量大，就会生成多张图，用图像处理软件合并编辑一下即可。

【相关知识】

1. 项目工作分解

（1）工作分解结构

工作分解结构（Work Breakdown Structure，WBS）是归纳和定义项目范围最常用的一种方法。WBS 将项目分解成可以控制和管理的工作单元，从而可以更容易且准确地确定它们的速度、成本以及质量要求，它是项目管理的重要工具。

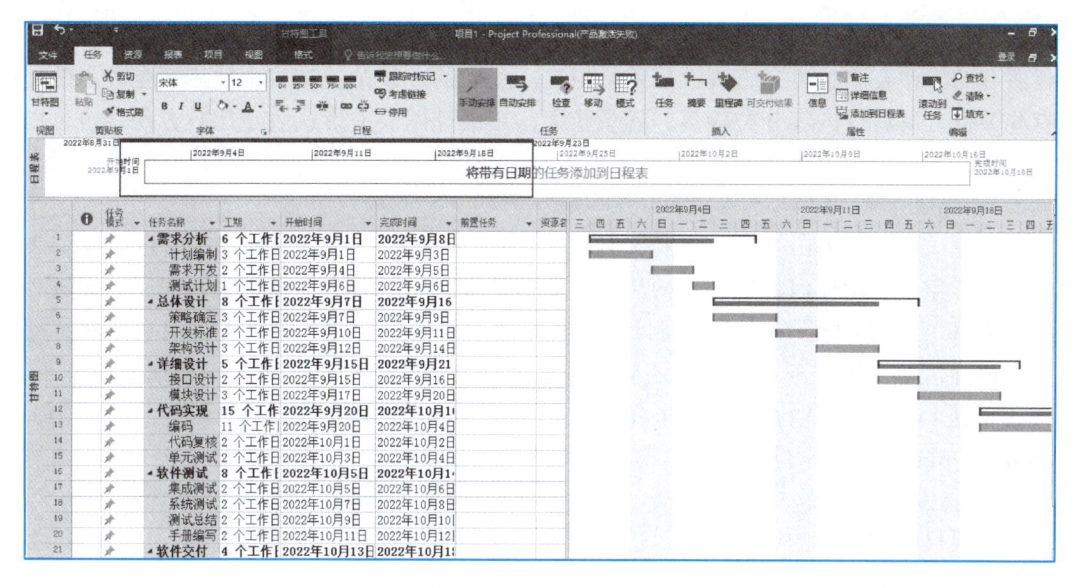

图 7-14 降级子任务

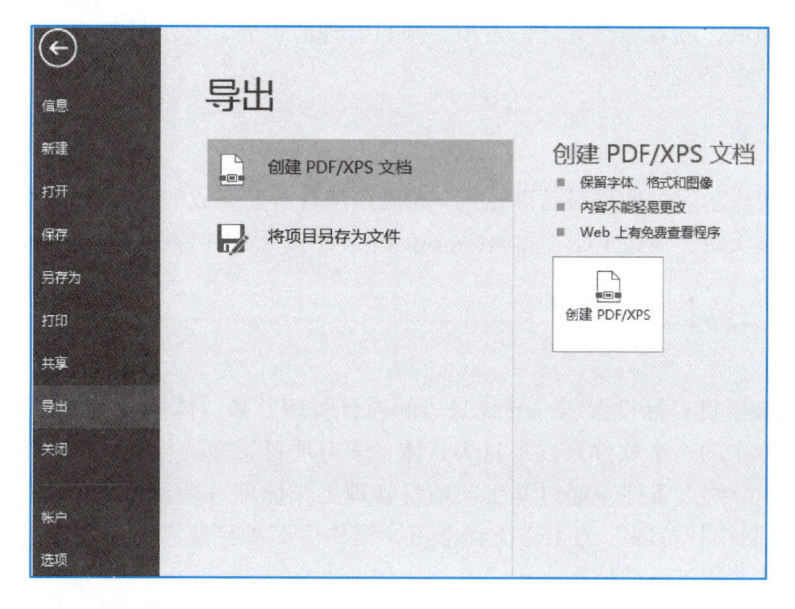

图 7-15 Project 导出甘特图

（2）WBS 的主要目的

WBS 是一个描述思路的规划和设计工具，它帮助项目经理和项目团队确定和有效地管理项目的工作。WBS 是一个清晰地表示各项目工作之间相互联系的结构设计工具。它展现了项目全貌，详细说明为完成项目所必须完成的各项工作。WBS 定义了里程碑事件，可以向高级管理层和客户报告项目完成情况，可以用作项目状况的报告工具。

（3）工作分解结构的表述方法

WBS 可以用树结构图或者列表图表示。树结构图的 WBS 层次清晰，非常直观，结构性很强，但并不容易修改，对于大的、复杂的项目也很难表示出项目的全景。由于其直观性，一般在一些小的、适中的项目中应用较多。表格形式，类似于分级的图书目录，能够反映出项目所有的工作要素，可是直观性较差。但在一些大的、复杂的项目中使用还是较多的，因为有些项目分解后，内容分类较多，容量较大，用缩进图表的形式表示比较方便，也可以装订为手册。

2. 甘特图介绍

甘特图（Gantt Chart）是由亨利·甘特于 1910 年开发，以图示的方式通过活动列表和时间刻度形象地表示任何特定项目的活动顺序与持续时间。其中，横轴表示时间，纵轴表示活动（项目），线条表示在整个期间计划和实际的活动完成情况。管理者可以通过甘特图非常便利地弄清每一项任务（项目）还剩下哪些工作要做，也可以评估工作是提前还是滞后，抑或正常进行。制作甘特图的软件有 Excel、Microsoft Project、GanttProject、VARCHART XGantt、jQuery.Gantt 等。

3. 甘特图适用领域

随着项目管理理念的进步，项目进度管理和控制的技术和工具不断发展，甘特图技术也为广大项目管理者所接受和理解，推动了工程项目进度管理和控制水平不断进步，有效地缩短工期、节约成本，促进项目进度管理和控制的科学化、规范化和现代化。甘特图不仅被应用于生产管理领域，随着生产管理的发展、项目管理的扩展，它已经被应用到各个领域，如建筑、IT 软件、制造业等。

【能力拓展】

调查日常工作学习中的项目管理示例，完成该项目需要完成的各项工作名称、开始时间、完成时间、持续天数，通过 Excel 和 Microsoft Project 设计其甘特图。

项目小结

本项目围绕项目目标设置了"寻找身边的项目管理"和"体验项目管理工具的应用"2 个任务，以工作中的一个软件开发项目为载体，学习项目管理的相关知识，掌握项目管理的 5 个过程组和 3 个约束条件，通过基于"项目管理工作梳理→项目工作分解→Excel 制作甘特图→Project 制作甘特图"的工作流程学习，操作由简单到复杂，循序渐进，掌握项目分解工具和甘特图制作工具的使用。

在"能力拓展"环节中，设计了开设奶茶店的工作分解和学习工作中的项目制作甘特图 2 个能力提升训练，提高读者在实践中应用项目管理的能力。

项目提升

一、选择题

1. （   ）工具为确定必须安排进度的工作奠定了基础。
   A. 工作分解结构　　B. 预算　　　　C. 主进度计划　　D. 甘特图
2. 项目进度管理经常使用的方法是（   ）。

A. 关键路径方法　　B. 甘特图　　　　C. 控制图　　　　D. 组织结构图
3. WBS 是指（　　）。
　　A. 工作分解结构　　B. 组织分解结构　　C. 资源分解结构　　D. 项目分解结构
4. 下列属于项目的实例是（　　）。
　　A. 举办一场婚礼　　　　　　　　　　　B. 开发一个新的计算机软件系统
　　C. 提供金融服务　　　　　　　　　　　D. 管理一个公司
5. 在项目管理众多的工具和技术中，WBS 是最有效和最重要的，因为（　　）。
　　A. WBS 确定了项目的范围
　　B. WBS 确定了项目的目标
　　C. WBS 是工期估计、成本估算、资源需求识别的基础
　　D. WBS 是客户需要的结果
6. 项目的约束条件有（　　）。
　　A. 范围　　　　　　B. 时间　　　　　　C. 成本　　　　　　D. 人员
7. 一个项目的生命周期分成（　　）。
　　A. 概念过程　　　　B. 开发过程　　　　C. 实施过程　　　　D. 收尾过程
8. 项目干系人可能包括（　　）。
　　A. 项目经理　　　　B. 客户　　　　　　C. 供货商　　　　　D. 项目发起人
9. 日常运营与项目的区别主要在于（　　）。
　　A. 管理方法　　　　B. 责任人　　　　　C. 组织机构　　　　D. 管理过程
10. 对项目可交付成果负主要责任的是（　　）。
　　A. 项目经理　　　　　　　　　　　　　B. 质量经理
　　C. 高级管理层　　　　　　　　　　　　D. 项目团队成员中的某个人

二、判断题

1. 项目是由临时性的组织来完成的。　　　　　　　　　　　　　　　　　　（　　）
2. 项目的选择包括评估各种需求和机会，评估必须是有形和定量的。　　　　（　　）
3. 日常运作总是在很短的时间内完成，而项目必须要跨越数年。　　　　　　（　　）
4. 每一个项目阶段的结束必须以某种可交付成果为标志。　　　　　　　　　（　　）
5. 项目在开始时，它的风险和不确定性最高。　　　　　　　　　　　　　　（　　）
6. 在项目启动和收尾两个阶段中，人力资源的投入一般都比较少。　　　　　（　　）
7. 项目必须完成的整个时间段被定义为从预计开始时间到要求完工时间。　　（　　）
8. 项目都是按照最初制订的集成计划实施完成的。　　　　　　　　　　　　（　　）
9. 风险是可预测、可识别、可分析、可跟踪和可管理的。　　　　　　　　　（　　）
10. 组装一台计算机属于项目。　　　　　　　　　　　　　　　　　　　　　（　　）

项目 8

机器人流程自动化

— 流程复现——让业务操作流程自动化 —

项目概述

人类社会进入 21 世纪的第一个十年之后，全球大多数企业都面临着两个严峻的挑战：一是人力成本的不断飙升带来企业经营成本的不断增加；二是业务的快速发展导致企业内部流程纷繁复杂，工作效率的提升跟不上业务的发展速度。如何通过有效的技术手段降低企业的人力成本，以及不断提升业务流程的自动化程度和员工的工作效率，已成为全球企业家们迫切需要思考并尽快解决的重大课题。在这一大环境和背景下，机器人流程自动化便应运而生。机器人流程自动化是以软件机器人和人工智能为基础，通过模仿用户手动操作的过程，让软件机器人自动执行大量重复的、基于规则的任务，将手动操作自动化的技术。本项目包含机器人流程自动化基础知识、技术框架和功能、工具应用、软件机器人的创建和实施等内容。

项目目标

知识点
- 基本概念 —— 了解机器人流程自动化的基本概念
- 发展历程 —— 了解机器人流程自动化的发展历程
- 技术框架 —— 了解机器人流程自动化的技术框架
- 主流工具 —— 熟悉机器人流程自动化的主流工具
- 部署条件 —— 了解机器人流程自动化的部署条件
- 发展趋势 —— 了解机器人流程自动化的发展趋势
- 任务实施 —— 掌握简单的软件机器人的创建方法，实施自动化任务微课 8-1 什么是 RPA？

任务 8-1　寻找身边的 RPA 应用

【学习目标】
- 了解机器人流程自动化的基本概念、功能及特点。
- 了解机器人流程自动化的发展历程。
- 熟悉机器人流程自动化的技术框架和主流工具。

【任务导入】

当下，机器人流程自动化（Robotic Process Automation，RPA）的热潮方兴未艾。采用机器人流程自动化的一大原因就是节约成本。在指定流程中，经过训练的机器人可以模仿人类行为，提供与人类相同的功能，不用休息、度假或者请病假，也不会抱怨加班或者要求解释绩效考评的结果，其维护费用通常低于聘请员工的花费。此外，机器人可以执行重复性任务，从而使人能够从事更有价值的工作。

小李是一名公司员工，这是一个普通的工作日。急促的闹铃响起，他睁开惺忪的睡眼，迅速洗漱，随手抓起桌上的早餐直奔地下车库。到达办公室后，打开计算机。这时，他的 BPM 管理后台发来一条消息，通知：RPA 机器人已经将本月的国税和增值税全部自动申报完毕，等待查验后确认。今天是报税的最后期限，小李悠闲地享用着自己的早餐，看着机器人自动申报的结果，满意的确认。自从有了一位"机器人"同事，每月报税最后期限不再需要加班熬夜，省出来的时间可以做更深入的思考，更好地分析、总结工作。以上场景，正在成为常态。

什么是 RPA？生活中有哪些 RPA 应用？请按照表 8-1，开展探寻与体验。

表 8-1　探索身边的 RPA 应用任务卡

任务步骤	完成要求
步骤 1：探索 RPA 某一领域应用	选定检索工具，拟定检索词、构建检索式、选择检索途径，检索 RPA 在某一领域的应用
步骤 2：分析 RPA 典型应用价值	选取 3~5 个典型应用，列表说明其应用价值
步骤 3：体验 RPA 典型应用功能	选取其中的一个典型应用，体验其功能，并记录体验过程

【任务实施】

步骤 1：探索 RPA 某一领域的应用。

这里以 RPA 机器人在财务领域的应用为例，选定检索工具为百度搜索引擎，检索词为"RPA 机器人、财务、应用"，检索式为"RPA 机器人 * 财务 * 应用"，检索途径为指定网站或域名检索，须用搜索指令 site。检索效果图如图 8-1 所示。

步骤 2：分析 RPA 典型应用价值。

RPA 正在为企业财务带来新的数字化转型浪潮。伴随一些大公司对财务机器人不遗余力

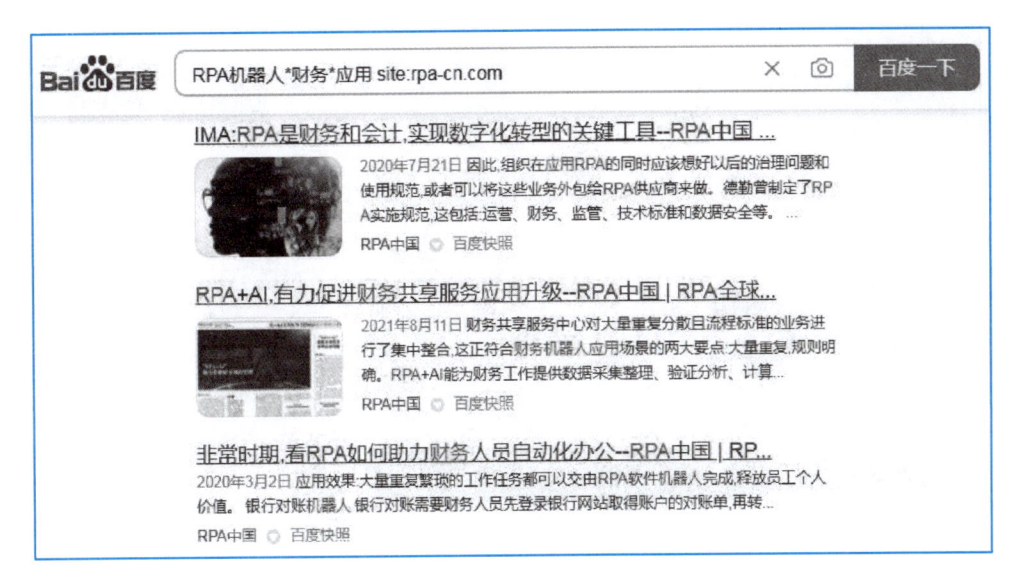

图 8-1 RPA 在财务领域的应用

地推广，RPA 风潮早已在财务、金融领域刮起。在财务领域，RPA 主要的典型应用及应用价值见表 8-2。

表 8-2 RPA 应用场景的价值分析

序号	典型应用	主要功能	应用价值
1	银企对账机器人	分别下载各个银行或第三方支付平台流水单、对账单后整理成统一格式再进行对账	① 效率大幅提升。 ② RPA 流程无须人工参与，大幅提升了工作效率，释放了宝贵的人力成本。 ③ RPA 避免了大部分人工操作风险，并能明显降低错误率
2	发票验真机器人	用 OCR 识别发票信息并存入 Excel 中，登录增值税发票查验平台查验，并将结果存入 Excel 中	① 通过机器人，快速有效地完成发票查验，避免人工疏漏，大幅提升工作效率。 ② 人工单笔耗时 5 分钟，RPA 单笔耗时 0.5 分钟，效率提升 10 倍
3	邮件自动化机器人	梳理邮件收取整个流程，将各个操作对象化，编入 RPA 流程	① 代替人工及时收发邮件，节约大量时间成本。 ② 通过机器人，快速有效地完成批量邮件收发处理，大幅提升工作效率。 ③ 效率提升 6 倍

步骤 3：体验 RPA 典型应用功能。

自主选择一个 RPA 机器人商城，利用垂直搜索法在机器人搜索对话框中搜索关键字"个税""税务""财务""办公"，找到"云代账个税自动申报 RPA 机器人"。播放视频体验产品功能，查看机器人详情，了解该机器人的应用场景和功能，如图 8-2 所示。

图 8-2　RPA 产品体验

【相关知识】

1. 机器人流程自动化概念

机器人流程自动化（RPA）是以软件机器人和人工智能为基础，通过模仿用户手动操作的过程，让软件机器人自动执行大量重复的、基于规则的任务，将手动操作自动化的技术。如在企业的业务流程中，纸质文件录入、证件票据验证、从电子邮件和文档中提取数据、跨系统数据迁移、企业 IT 应用自动操作等工作，可通过机器人流程自动化技术准确、快速地完成，减少人工错误、提高效率并大幅降低运营成本。RPA 可实现模拟人类工作、自动化选择和判断、文本或图片识别、逻辑运算、管理和监督以及汇报执行信息，具有非侵入式、轻 IT、周期短、可扩展 API 的特点，如图 8-3 所示。

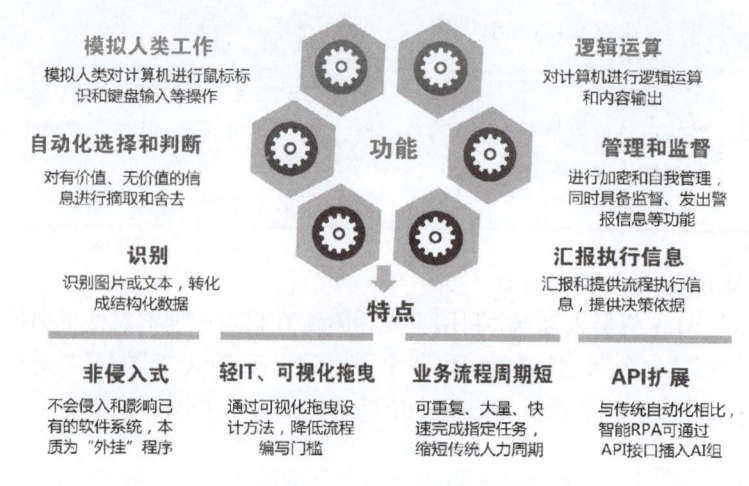

图 8-3　RPA 功能特点

2. 机器人流程自动化发展历程

自 2001 年开始，类似 RPA 的软件已经开始在全球出现，如国内的按键精灵，可以视为 RPA 软件的初始形态。2012 年国外有公司提出了 RPA 的概念，2017 年开始，RPA 技术在海外开始爆发。2018 年，中国 RPA 行业高速发展，截至目前，中国已经诞生多家 RPA 创业公司，如图 8-4 所示。

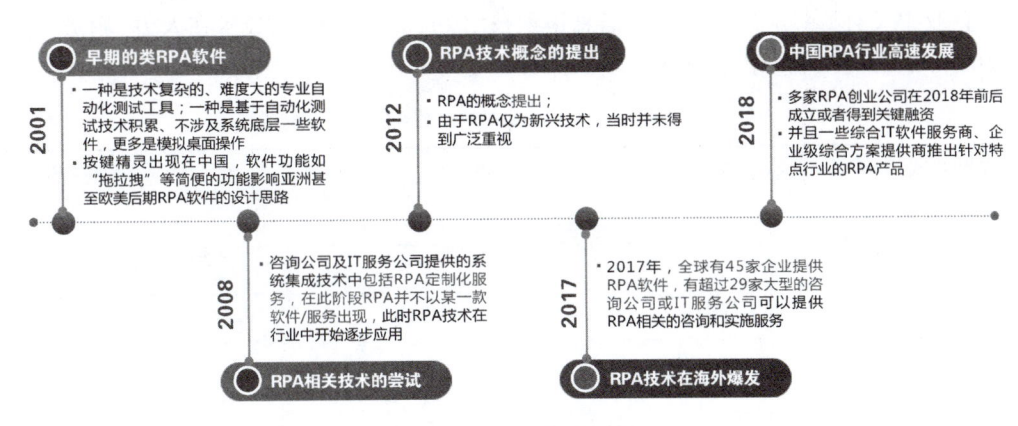

图 8-4 RPA 发展历程

3. 国内外机器人流程自动化主流工具及技术框架

从整体上看，RPA 在全球炙手可热，RPA 在国外应用很早，国外这一领域的代表性公司 PRISM、AUTOMATION ANYWHERE 和 UIPATH 都成立于 2000—2005 年间。国内 RPA 创业公司，基本在 2017 年后出现。各厂商底层技术路径虽有差异，但最后都形成了现代 RPA 三件套的低代码软件开发工具包，即设计平台、控制平台、机器人，如图 8-5 所示。设计平台主要完成在可视化界面的流程编辑工作，是 RPA 的规划者；机器人是在设计器完成流程设置后负责执行操作，根据应用场景可以分为无人值守和有人值守两种；控制平台相当于领导者，负责智慧管理多个机器人的运行，保证整个软件的分工合理并进行风险监控。

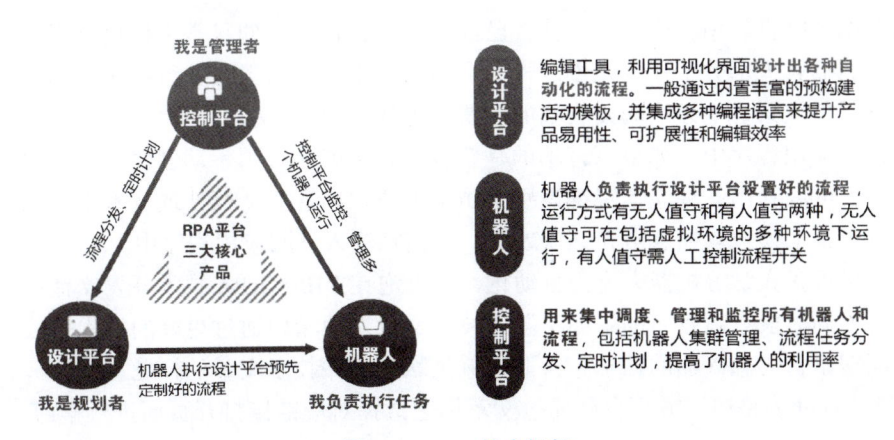

图 8-5 RPA 技术框架

【能力拓展】

RPA 已经在多个领域实现应用场景的落地，帮助人力、财务、客服、IT 等业务部门处理大量重复性日常工作，如材料自动填报、审核、报表信息处理、票据处理等。随着智能化程度的提升，机器人的应用场景也越来越广泛，未来有望将大量的日常业务工作自动化。那 RPA 在企业中又有哪些应用呢？通过信息检索技术，查阅分析 RPA 技术在人力、财务、客服、IT 等领域开展的应用，分析整理应用场景内容，填写表 8-3。

表 8-3　RPA 在企业中的应用

应用领域	内容核对	数据采集	信息录入	票据处理
人力				
财务				
客服				
IT				
⋮				

任务 8-2　体验 RPA 工具应用

微课 8-2　创建一个 RPA 机器人

【学习目标】

- 了解机器人流程自动化在社会生活中的应用。
- 了解机器人流程自动化的部署条件。
- 了解机器人流程自动化的发展趋势。

【任务导入】

在当今的数字世界中，许多人工任务已经自动化，但人们的日常工作仍有很大一部分需要人工处理，而且大部分工作都是重复性的。想象一下，一名数据文员负责处理通过电子邮件或传真发送的发票，他必须阅读收到的发票（可能是 PDF 文档或传真图像），然后将订单手动输入订购应用程序中。如果下订单的是新客户，可能还必须手动创建客户账户。如果有 RPA，机器人可以利用各种光学字符识别（OCR）技术和智能文档处理技术来读取发票，然后在计算机屏幕上模拟鼠标点击和键盘敲击，将信息输入订购应用程序中。

李同学最近正在学习机器人流程自动化，每天泡在 UiBot RPA 技术开发交流社区论坛浏览不同作者不同时段更新发布的不同主题的技术文章。他希望通过更好的技术手段，在论坛的不同页面搜索自己感兴趣的帖子，获取交流论坛中相关技术文章的标题、链接、作者等信息，并写入 Excel 表格中，方便自己通过文章标题选择对应链接打开页面进行学习。

如何让 RPA 机器人代替人工完成重复、烦琐、耗时的日常工作？帮助人类解放双手，去从事更有价值的工作。本任务将通过 OCR 文字识别、AI 智能对话等 RPA 项目体验，去触摸 RPA 机器人的"眼睛""嘴巴""手脚"，掌握如何借助 RPA 开发平台去搭建一个简易的

RPA 机器人。本任务的任务卡见表 8-4。

表 8-4 体验 RPA 工具应用任务卡

任务步骤	完成要求
步骤 1：看机器人"识别"	选择一个人工智能开放平台，体验 OCR 文字识别技术，完成后截图保存体验结果，作为完成任务的依据
步骤 2：与机器人"聊天"	选择一个人工智能开放平台，体验智能对话技术，完成后截图保存体验结果，作为完成任务的依据
步骤 3：认识 RPA "伙伴"	选择一个人工智能开放平台及相应的 RPA 工具，搭建一个简易的 RPA 机器人

【任务实施】

步骤 1：看机器人"识别"。

① 选择一个 RPA 开放平台，了解其使用流程。

自主选择一个 RPA 开放平台，注册后登录开放平台，下载安装机器人商城客户端应用程序，如图 8-6 所示。

图 8-6 RPA 机器人体验中心

② 任选 OCR 文字识别项目进行体验，截图保存体验结果。借助 AI 的 OCR 这双"慧眼"，RPA 可利用 AI 的自主学习和认知能力，识别更加复杂的非结构化数据，将其转化为计算机可以理解的结构化数据，更好地在各个业务系统间进行结构化数据和非结构化数据的有效收集整合，如识别发票、识别身份证、识别火车票等。截图如图 8-7 所示。

步骤 2：与机器人"聊天"。

自主选择一个 RPA 开放平台，完成 3 个智能对话项目体验任务，每个任务完成后截图保存识别结果，作为该部分练习考评依据。

图 8-7 OCR 文字识别应用

① 选择一个智能对话机器人开放平台，了解智能对话功能。自主选择一个智能对话机器人平台，注册后登录智能对话机器人平台，找到智能对话体验项目，截图如图 8-8 所示。

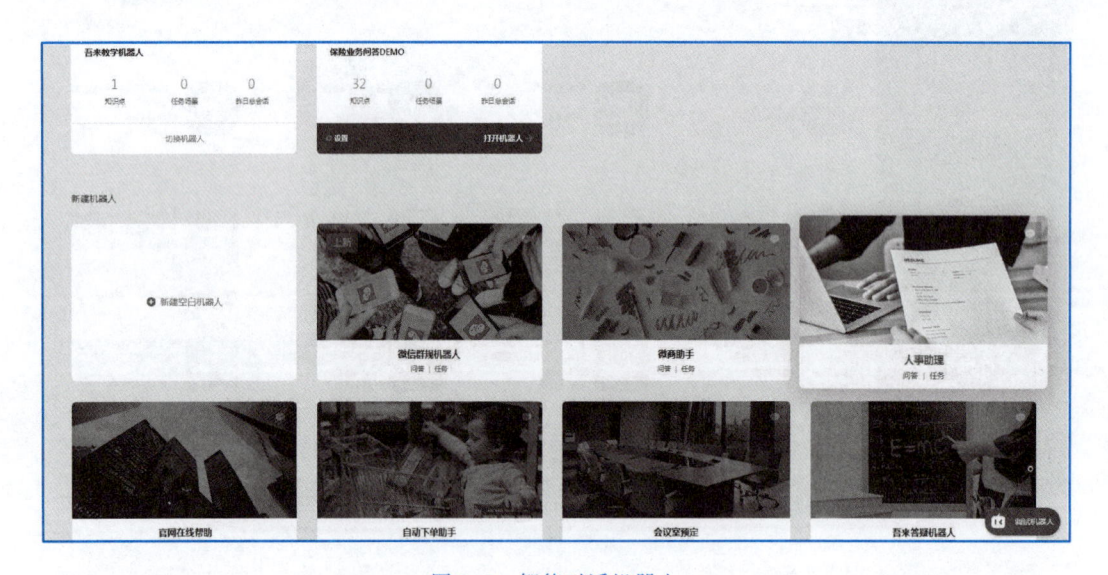

图 8-8 智能对话机器人

② 任选智能对话项目体验，截图保存体验结果。选择保险业务问答模板快速创建一个智能对话机器人，根据知识库设定的知识点和任务场景自动对保险业务问题进行应答，截图如图 8-9 所示。

步骤 3：认识 RPA "伙伴"。

① 了解 RPA 开放平台。近几年,在企业数字化转型的浪潮下,RPA 代替人工将大量重复、有规律的计算机操作自动化，以非侵入式部署，打通不同系统之间的数据孤岛，通过 AI 技

图 8-9 保险业务问答机器人

术赋能解决更多复杂场景应用问题，降低企业人工失误率、提高工作效率，成为企业数字化转型过程中的有力助手。

不同公司提供的智能自动化平台，以智能化的软件自动代替人工操作，以低代码的方式，搭建出作为机器人双手的 RPA 流程，或是训练出能够自动识别和分析文档，能够和人进行多轮对话的智能大脑，提高业务效率，进而加速企业数字化转型。

② 注册 RPA 体验账户。自主选择一个 RPA 企业智能自动化平台，注册后登录智能自动化平台，了解其智能自动化平台产品服务内容，并下载体验，如图 8-10 所示。

图 8-10 RPA 智能自动化平台

③ 查看 RPA 用户指引。单击"服务与支持"超链接，进入"产品文档中心"页面，可以查看平台功能说明，了解该平台每一个技术领域详细的使用流程与步骤，如图 8-11 所示。

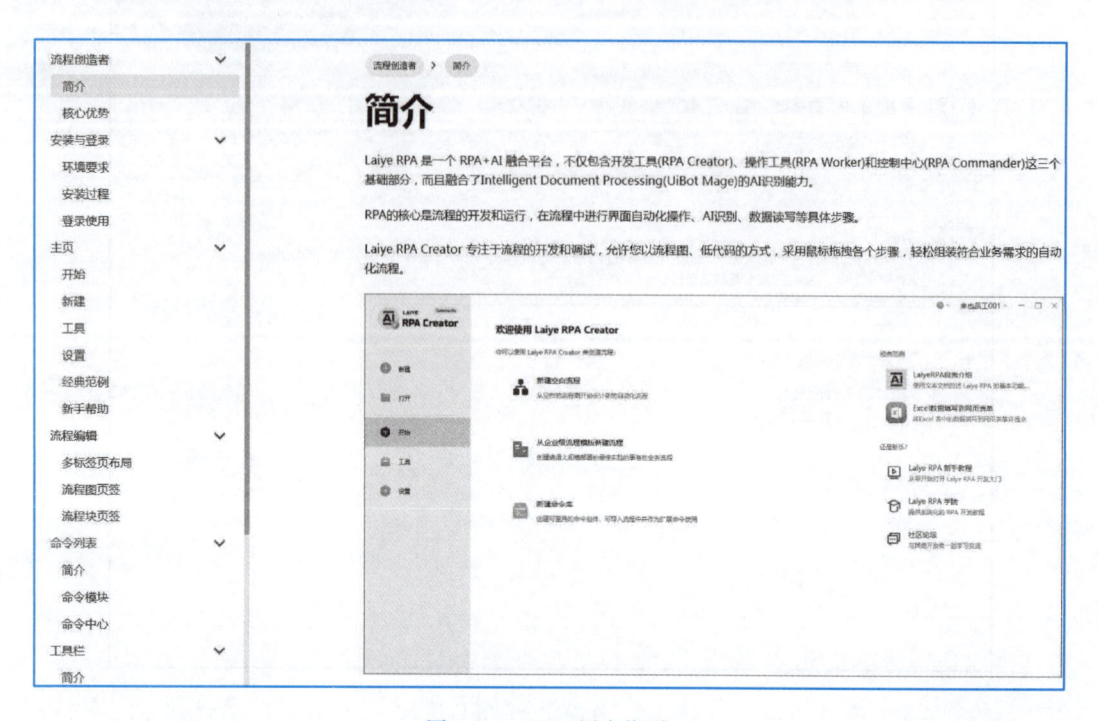

图 8-11　RPA 用户指引

④ 完成一个 RPA 机器人创建。该平台提供"新手教程"指引，引导用户零基础开始，一步一步完成一个软件机器人的创建。可以通过打开应用程序首页找到"新手指引"，如图 8-12 所示。

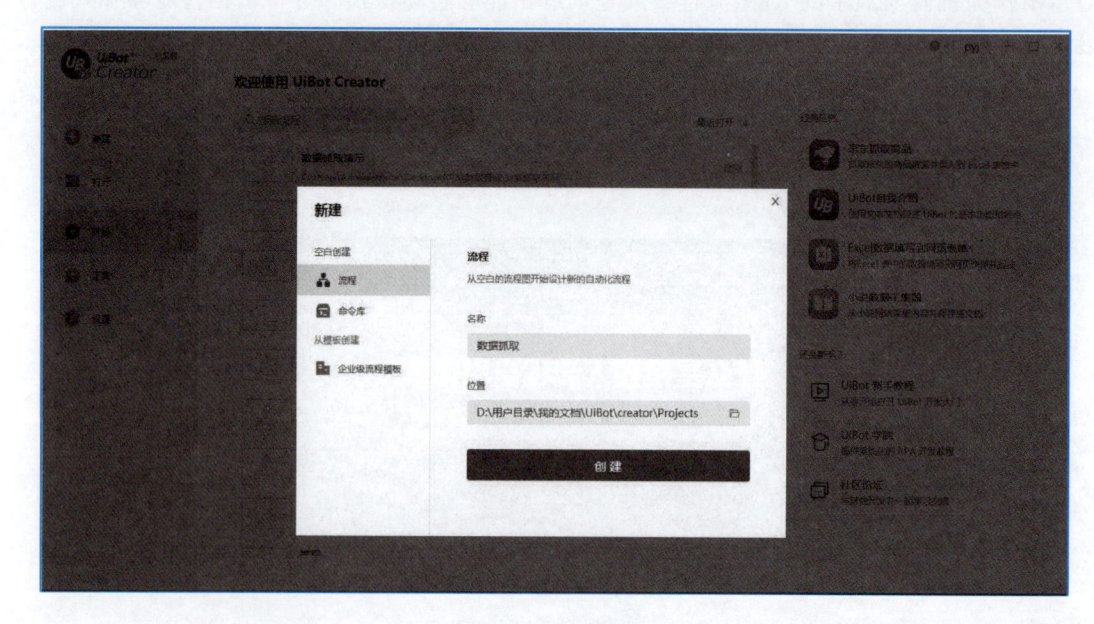

图 8-12　新手教程

通过观看新手教程视频，阅读开发者指南，创建一个属于自己的 RPA 机器人。以浏览器数据自动抓取为例，创建一个属于自己的 RPA 机器人。单击首页"新建"按钮创建数据抓取流程，如图 8-13 所示。

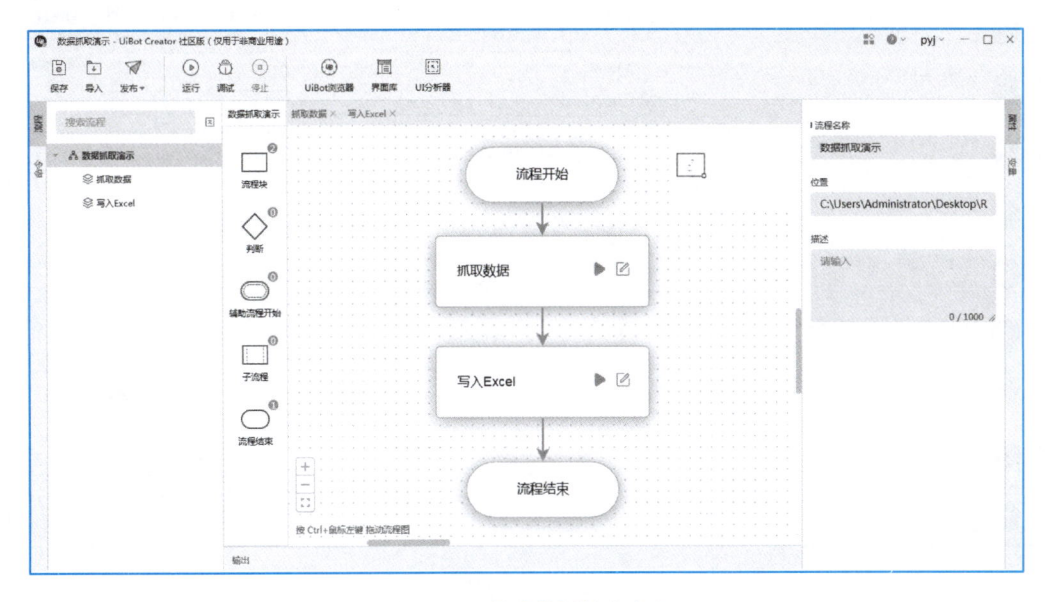

图 8-13 创建数据抓取流程

在图 8-13 中单击"抓取数据"流程块右侧"纸和笔编辑"按钮，切换到"可视化视图"配置命令与属性，在"软件自动化"菜单中双击"启动新的浏览器"打开指定网页，在"鼠标键盘"菜单中分别双击"鼠标点击目标""在目标元素中输入""在目标元素中输入密码"设置账号密码实现自动登录，单击编辑器工具栏的"数据抓取"按钮，打开数据抓取工具，在浏览器中选择要抓取的界面元素（如文本、链接），如图 8-14、图 8-15 所示。

图 8-14 抓取数据流程块编辑

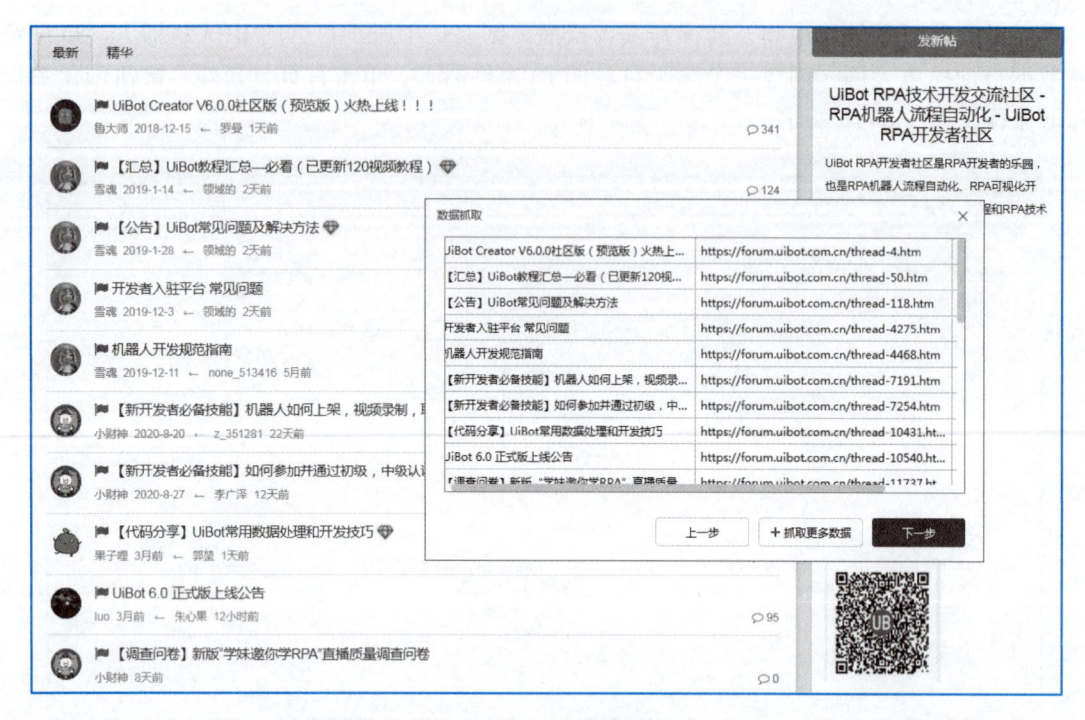

图 8-15　数据抓取

在图 8-13 中单击"写入 Excel"流程块右侧"纸和笔编辑"按钮，切换到"可视化视图"配置命令与属性，设置流程块间变量传输、在"软件自动化"菜单中双击"打开 Excel 工作簿"，依次从 A2 单元格开始将抓取的文章标题、链接地址、作者姓名写入"数据抓取"文件中，如图 8-16 所示。

⑤ 完成 RPA 机器人的运行与验证。单击编辑器工具栏中的"运行"按钮，自动打开浏览器，

图 8-16　写入 Excel 流程块编辑

登录网站进行数据抓取，并将数据写入 Excel 文件，实现流程自动化，如图 8-17 所示。

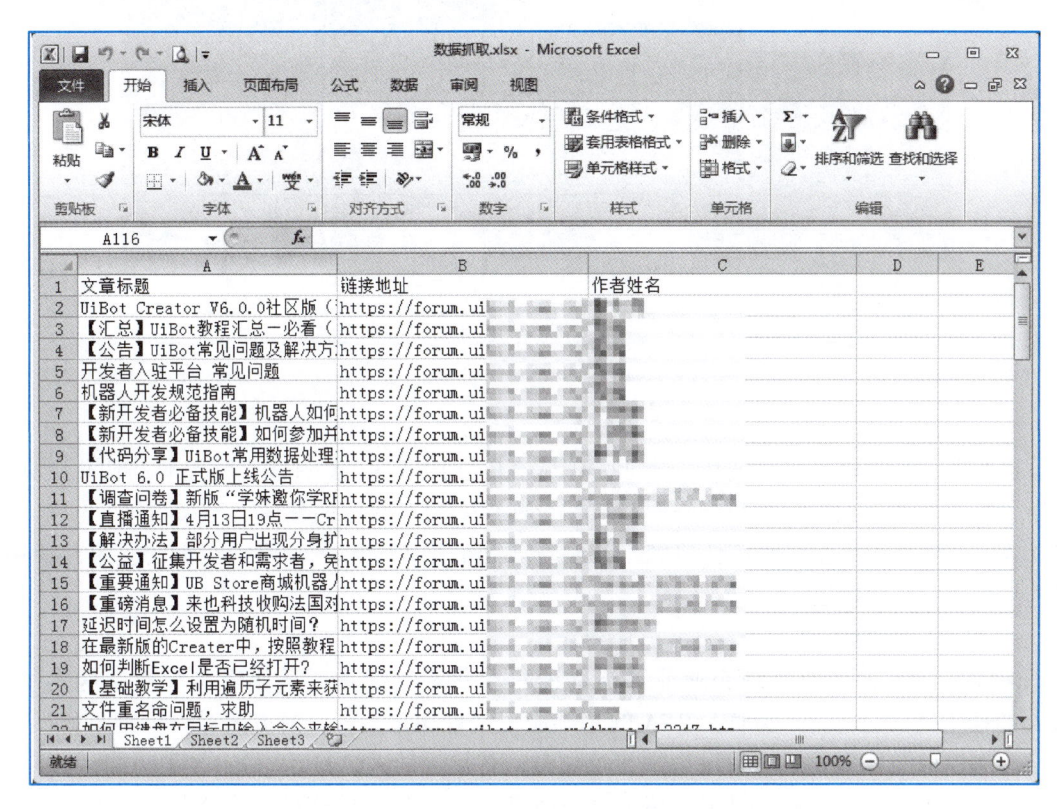

图 8-17　RPA 机器人运行结果

【相关知识】

1. 机器人流程自动化业务场景部署条件

从理论上来讲，RPA 技术将来会适用于大部分成熟行业的业务流程，由于当前阶段的 RPA 技术应用总体尚处于场景探索、需求挖掘和产品匹配的早期应用阶段，从目前的技术实践经验来看，RPA 适用的应用场景需要同时具备两个特征，如图 8-18 所示。一是规则明确：从可行性的角度，由于 RPA 本身基本不具备认知判断能力，RPA 执行的业务流程需要基于明确且相对固定的规则，并不需要在流程中做出复杂判断。二是大量重复：从必要性的角度看，只有大量重复性的业务流程，才使得部署 RPA 成为必要的投入，能产生足够高的业务价值产出。RPA 在应用场景上具有很强的跨场景属性，只要符合上述特征的场景，都可以应用 RPA。

图 8-18　RPA 部署条件

2. 机器人流程自动化发展趋势

在机器人流程自动化技术探索与演进的过程中，整个机器人流程自动化行业逐步形成了较为清晰的技术路线与发展节点，经过多年的发展与迭代，机器人流程自动化行业将其进化过程划分为 RPA 1.0~RPA 4.0 这 4 个阶段，如图 8-19 所示。从过去 RPA 1.0 对现有结构

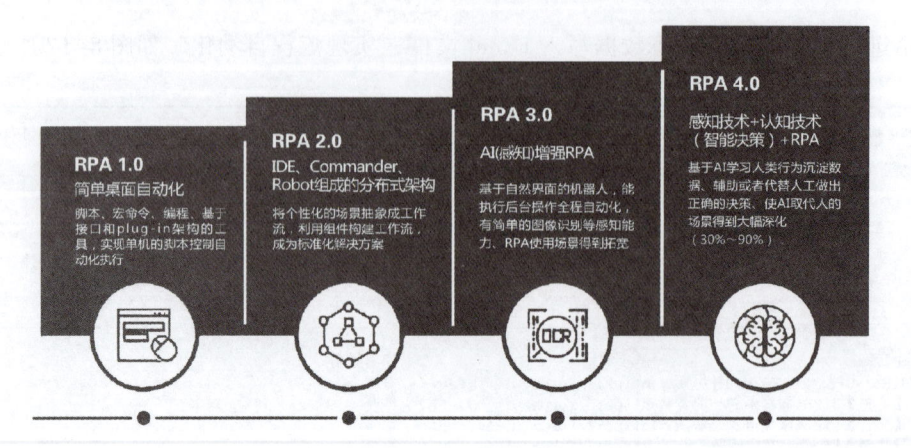

图 8-19　RPA 发展阶段

化数据的简单自动化提取和迁移；到现在 RPA 2.0 与 RPA 3.0 富有深度性地对结构化数据的建模分析与非结构化数据的智能提取，从而全面地实现对数据的整体发掘和利用；再到未来 RPA 4.0 通过建立行业间的信任机制，打破行业间数据流通瓶颈，实现数据的规模化应用，促进整个行业共同发展。

3. 机器人流程自动化典型技术与应用场景

RPA 的核心价值是实现企业业务流程的自动化和智能化，从而降本增效，这建立在 RPA 的技术能力之上。一方面，RPA 的基础能力是自动化，可以模拟人对鼠标键盘的操作，执行数据提取与处理、系统登录与操作等任务，替代人的"执行"。另一方面，RPA 软件平台在融合 OCR、NLP 等 AI 技术后，还可以处理图片、文字等非结构化数据，替代人的"认知"甚至"决策"，完成复杂任务的闭环。随着 RPA 技术的不断发展与实践探索，RPA 应用场景越来越广泛，典型场景包括财务管理、人力资源管理、供应链与采购、客服、IT 运维等，还包括各垂直行业中具备规则明确、大量重复特性特点的业务场景。

（1）财务机器人

传统的金融行业业务工作中，存在大量基于计算机的重复单调的操作性任务，耗费大量劳动力，且效率低。长期重复的手工工作难免导致差错的存在，从而产生不准确的数据和报告。以银行对账为例，每个月月初，某客户的财务人员要完成与 60 家银行的对账，通过大量手工劳动后，出具余额调节表。在应用 RPA 技术后，这一切都交由机器人完成，对账时间从 5 小时缩减为 5 分钟，不仅能节省大量的工时，而且对账质量有保障，所有操作有据可查，如图 8-20 所示。

（2）人力机器人

与金融业务类似，人力资源管理业务也是占用大量劳动力且高度重复的工作，因此也尤其适合应用 RPA 技术。以招聘为例，人事部门需要在不同招聘网站发布拟定好的招聘要求，登录不同招聘系统收集和筛选符合要求的简历。该项工作需要在不同招聘系统间来回切换，人工阅读大量简历样本，初步筛选后发送用人部门审阅，待其反馈意向后，人事部门再用邮件、电话或即时消息等方式与候选人预约面试时间。整个流程环节较多，但流程固定、单一，占用了招聘人员大量工作时间。利用 RPA 技术可以对以上的招聘流程实现自动化，提高人才招聘效率与应聘人员满意度，使人事部门员工聚焦于更有价值的工作内容，如图 8-21 所示。

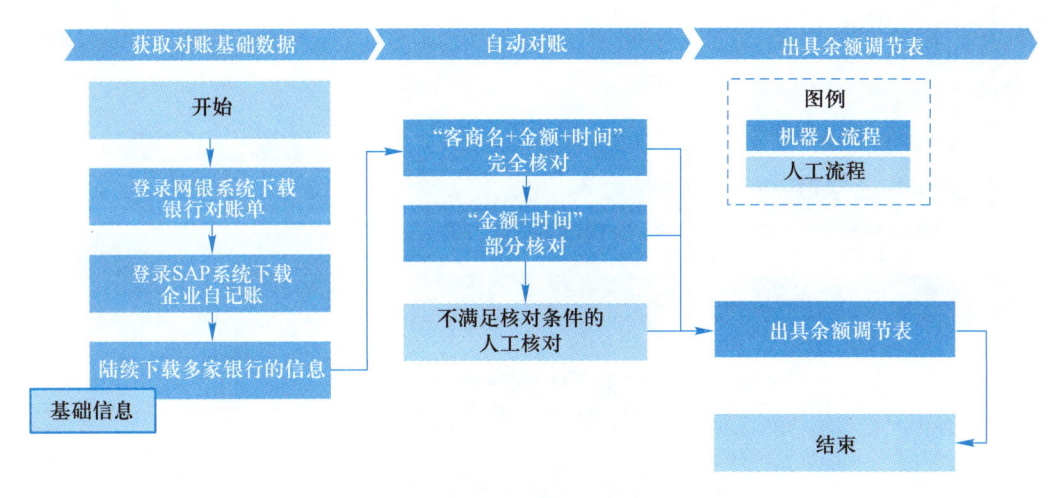

图 8-20 财务机器人

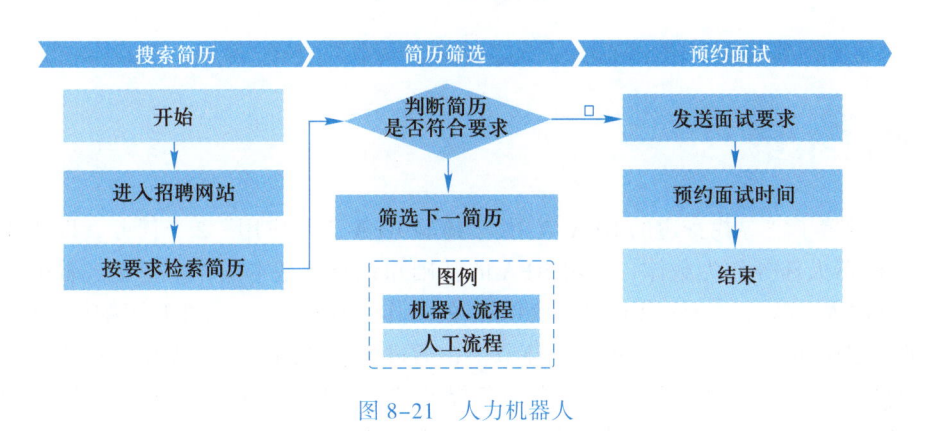

图 8-21 人力机器人

（3）物流机器人

物流行业属于劳动密集型行业，聚集了大量劳动力资源，很多业务都需要手工处理。某物流公司每日有 6 000 多份物流订单需要处理，需要 3 个全职人员每天 16 小时轮岗值守来处理。如此大的业务量，一旦没有及时处理，就会导致丢单。有机器人自动值守后，原来的 3 人仅留 1 人来抽查审核机器人的处理质量和效率即可，其他 2 人可从事订单分析与优化等具有更高附加值的工作，如图 8-22 所示。

【能力拓展】

李同学是一名大一新生，为了提高自己的英语水平，报考了全国大学英语四级考试，临近考试，为了查漏补缺，检验自己的备考情况，一有时间她便到图书馆找历年考试试题练习。某一天，李同学无意中从就读计算机专业的师兄那里听说可以通过 RPA 软件制作一个机器人，自动在网上批量获取四级试题名称及下载链接，便请师兄替她开发一个。假如你是她的师兄，请帮她创建一个 RPA 软件机器人，自动在网上爬取四级试题名称及下载链接。

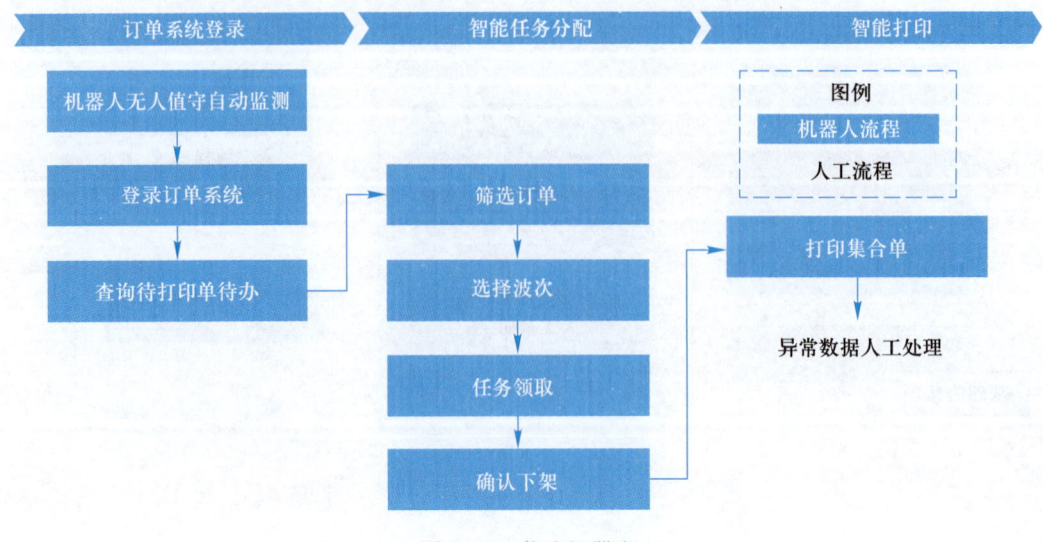

图 8-22 物流机器人

📄 项目小结

本项目设置了"寻找身边的 RPA 应用""体验 RPA 工具应用"2 个任务，以搭建一个简易的 RPA 机器人任务作为载体，学习 RPA 的基础知识及其基本操作，基于"看机器人'识别'→与机器人'聊天'→认识 RPA'伙伴'"的工作流程推进学习，在知识结构上由浅入深、由易到难，层层递进。在"能力拓展"环节中，通过熟悉"RPA 在企业中的应用"和"创建一个属于自己的 RPA 机器人"作为 2 个任务提升训练将项目切换到不同的应用场景，旨在提高读者的自学能力及对不同场景的应用能力。希望通过本项目的学习，帮助读者掌握 RPA 工具的使用方法，融会贯通，举一反三，学会运用机器人流程自动化技术解决日常生活中的实际问题，提高工作效率。

📥 项目提升

一、选择题

1. RPA 是（　　）。
   A. 机器人流程自动化　　　　　　　　B. 机械自动化
   C. 机器人自动化　　　　　　　　　　D. 机器自动办公
2. RPA 特点和优势是（　　）。
   A. 执行重复度高、标准化、规则明确的任务
   B. 全年 365 天，7×24 小时，不知疲倦工作
   C. 非侵入业务系统，安全可靠，效率和准确率高
   D. 跨多个系统应用操作
   E. 在用户界面运行，以外挂形式部署

F. 以上都是

3. 关于 RPA 技术的特点，描述错误的是（　　）。
   A. 处理高度可重复任务　　　　　　B. 善于处理业务规则不明确的流程
   C. 以外挂形式进行部署　　　　　　D. 模拟手工操作及交互

4. 运用 RPA 工具相对于传统软件开发来讲，具有（　　）优势。
   A. 开发成本较高，周期长
   B. 成本相对较低，周期短，可编辑、灵活设置流程
   C. 差不多效益

5. RPA 可以把传统劳动力转化为（　　）。
   A. 决策劳动力
   B. 计算机劳动力
   C. 数字化劳动力，为企业实现数字化转型的至臻之选

6. 下列对 RPA 的表述中，正确的是（　　）。
   A. RPA 是计算机编码软件
   B. RPA 是能走路，能说话的自动机器人
   C. RPA 是以物质形式存在的机器加工设备
   D. RPA 可以替代人类执行有规则且重复性的任务的程序

7. RPA 适用的场景有（　　）
   A. 规则明确、逻辑清晰、流程标准
   B. 频率高、每天发生多次、业务量大
   C. 跨多个业务系统和平台的工作场景
   D. 任何工作流程都可以通过 RPA 实现自动化

8. RPA 在日常工作中充当的角色和作用是（　　）。
   A. 重复性、枯燥、低价值任务交给 RPA 智能机器人处理
   B. 可以完全取代人类工作
   C. 释放员工，更多精力思考更高层次的问题和创新思路

9. RPA 流程机器人的使用场景有（　　）。
   A. 财务　　　　　　B. IT 运维　　　　　　C. 采购
   D. 人力资源　　　　E. 客户服务

10. RPA 的基本特征是（　　）。
    A. 计算机动作模拟　　　　　　B. 低代码操作
    C. 跨系统连接　　　　　　　　D. 硬件机器人

二、判断题

1. RPA 的英文全名是 Robotic Process Automation（机器人流程自动化）。　　（　　）
2. 只要输入源是非结构化数据，都不可以应用 RPA。　　（　　）
3. RPA 适合解决流程规划频繁变动的业务。　　（　　）
4. RPA 是零代码操作的。　　（　　）
5. 所有的工作流程都可以转化为 RPA 流程。　　（　　）

6. RPA 是计算机程序，不是语音与图形识别实体机器人。（   ）
7. RPA 适用于那些具有明确业务规则、重复执行且业务量较大的、相对稳定的业务流程。
（   ）
8. 在 RPA 中可以使用 OCR 或 NLP 技术来进行非标准数据的获取。（   ）
9. RPA 是实现自动化的技术合集，通过模拟人类使用计算机的行为，实现了跨应用系统的操作集成。（   ）
10. 按照部署模式不同，RPA 可分为桌面部署、服务器部署或云端部署 3 种类型。
（   ）

项目 9

程序设计基础

— 机器语言——设计一个信息应用程序 —

项目概述

应用程序（Application，App），也叫应用软件，是指为完成某项或多项特定工作的计算机程序，可以和用户进行交互，具有可视化的用户界面。人们每天都在接触和使用App，通过学习类App进行自主学习、通过社交类App进行通信分享、通过生活类App来满足日常生活需要，这些App极大地提升了学习工作和日常生活的效率，也已经成为人们学习、工作、娱乐所必不可少的工具。本主题主要包含程序设计基础知识、Python安装与编程工具、Python基础知识、Python应用程序开发。

项目目标

知识点
- 程序设计基础知识
  - 理解程序设计的基本概念、发展历程和未来趋势
  - 掌握典型程序设计的基本思路与流程
  - 了解主流程序设计语言的特点和适用场景
- Python安装与编程工具 — 掌握一种主流编程工具的安装、环境配置和基本使用方法
- Python基础知识 — 掌握一种主流程序设计语言的基本语法、流程控制、数据类型、异常处理等知识
- Python应用程序开发 — 能完成简单程序的编写和调测任务，为相关领域应用开发提供支持

任务 9-1　寻找身边的应用程序

微课 9-1
什么是程序设计？

【学习目标】

- 理解程序设计的基本概念。
- 了解程序设计的发展历程和未来趋势。
- 掌握典型程序设计的基本思路与流程。
- 了解主流程序设计语言的特点和适用场景。

【任务导入】

李同学是会计专业大一新生，同时也是一名摄影爱好者，上大学后家长为其配备了笔记本计算机与智能手机，但是在选择图片处理 App 时，经常被弄得眼花缭乱。

按照表 9-1 的指示，来探寻与体验身边的图片处理 App。

表 9-1　探寻身边的应用程序任务卡

任务步骤	完成要求
步骤 1：探寻图片处理的 App	选定 App 下载垂直搜索引擎，检索图片处理的 App
步骤 2：分析常用图片处理 App 的功能及特点	选取 3~5 个典型图片处理 App，用列表形式说明其功能及特点
步骤 3：体验图片处理 App 的功能	选取其中一个 App，体验其功能，并记录体验过程

【任务实施】

步骤 1：探寻图片处理的 App。

常用 App 主要分为 PC 端（macOS 与 Windows）与移动端（iOS 与安卓）两种类型，由于 macOS 与 iOS 两类操作系统有专门的软件下载平台，这里不再赘述。下面以垂直搜索引擎"腾讯软件中心"为例，探寻 Windows 操作系统中的图形图像 App。

启动浏览器，百度搜索"腾讯软件中心"并打开页面，通过目录找到"图片"类别，进入图片 App 列表，也可以通过搜索框搜索目标 App，如图 9-1 所示。

步骤 2：分析常用图片处理 App 的功能及特点。

图片处理，通常是对图片进行调色、抠图、合成、明暗修改、彩度和色度的修改、添加特殊效果、编辑、修复等。常用图片处理 App 的功能及特点见表 9-2。

步骤 3：体验图片处理 App 的功能。

以美图秀秀 App 为例，点击图片美化按钮，并选择图片，调整图片亮度并进行美化，如图 9-2 所示。

图 9-1 图片 App 检索结果

表 9-2 常用图片处理 App 的功能及特点

App 名称	应用领域	主要功能及特点
Photoshop	图片加工、网页设计	主要处理以像素构成的数字图像。使用其众多的编修与绘图工具，可以有效地进行图片编辑工作，在图像、图形、文字、视频、出版等各方面都有应用
CorelDRAW	平面广告、宣传海报的设计	主要应用于矢量绘图和排版的平面设计软件，广泛应用于海报、彩页、手册、产品包装、标志的设计与制作
Illustrator	绘画、插画设计	主要应用于出版、多媒体和在线图像的工业标准矢量插画软件，广泛应用于印刷出版、海报与书籍排版、专业插画、多媒体图像处理和互联网页面的制作
美图秀秀	图片修图与特效、人像美容	主要有图片特效、美容、拼图、场景、边框、饰品等功能，适合新手操作，学习时间短，易上手，且成本极低

【相关知识】

1. 程序设计的基本概念

程序设计是设计和构建可执行的程序以完成特定计算结果的过程，是软件构造活动的重要组成部分，一般包含分析、设计、编码、调试、测试等阶段。熟悉和掌握程序设计的基础知识，是在现代信息社会中生存和发展的基本技能之一。

2. 程序设计的发展历程

人与人之间交流，需要通过语言或手势、肢体语言、文字等才能实现。同样设计的程序要使计算机能够识别，领会设计者的思想，也需要创造一种计算机和人都能识别的语言，也就是计算机语言。而这类语言，随着计算机技术的发展，也经历了几个阶段，可以说程序设计的发展本质上就是计算机语言的发展。

① 机器语言。机器语言是二进制机器代码编成的代码序列，在计算机技术发展的初期，一般计算机指令采用二进制数，用不同的"0""1"组合成各种编码指令。这种能够被计算机直接识别的二进制代码指令称为机器指令，机器指令的集合就是计算机的机器语言。

图9-2 使用美图秀秀美化图片

② 汇编语言。人们为了克服机器语言难读、难编、难记和易出错的缺点，开始考虑使用一些与代码指令实际含义相近的英文缩写词、字母和数字等符号来取代指令代码。例如，采用 ADD 表示"加法操作"的机器代码,原有的机器指令 0101011 可以改写为"ADD A,B"，于是就产生了汇编语言。然而计算机能读懂的只有机器指令，要能让机器读懂汇编语言，还是需要一个能够将汇编指令转换成机器指令的翻译程序，这样的程序被称为编译器。编译器的产生也为后面更接近人类语言的高级语言能够被机器识别铺平了道路。

③ 高级语言。汇编语言依赖硬件体系，且助记符量大难记，程序可读性差，人们又发明了更易于编写可读的高级语言。高级语言的语法和结构更类似于人们的自然语言，主要为英文，且不再依赖于硬件，具有可移植性。人们经过一段时间学习之后都能熟练运用其进行编程。

现阶段高级语言是编程者的首要选择，其更接近"人"，更容易展现"人"的思想，便于与其他编程者交流。高级语言相对于汇编语言而言，并不是特指某一种具体的语言，而是包括了很多编程语言，如流行的 Python、Java、C、C++、C#、Delphi 等，但这些语言的语法、命令格式都各不相同。

3. 典型程序设计的基本思路与流程

程序设计的实质就是对给定的问题求解，程序设计的一般步骤是：问题分析—算法设计—编写程序—编译程序—运行与调试。在平时的程序编写过程中，无论程序大小，按照一般步骤实施，有利于培养编程者的基本素养，提高编程效率，规范化操作。

① 问题分析。对于目标问题要进行认真地分析，研究所给定的条件，深入了解问题的特点，分析最后应达到的目标，特别是要考虑入口和出口。逐步明确解决问题的步骤，确定解决问题的方法，也就是算法。

② 算法设计，即设计出解题的方法和具体步骤。对于算法的设计，一般需要考虑算法的逻辑结构尽可能简单，减少算法执行时间，在可能的条件下使所需的计算量最小。在对算法描述时，可采用多种方式，如自然语言、伪代码或流程图等。

③ 编写程序。当确定解决问题的步骤后，就可以开始编写程序，将算法翻译成计算机程序设计语言。在编程环境中，通过编辑功能来直接编写程序，这时生成的程序为源文件。在编写程序时，要把整个程序看成一个整体，先全局再局部，自上而下，一层一层分解处理。

④ 编译程序。编写好程序后，下一步一般是应用该语言的编译程序对程序进行编译，生成由二进制代码表示的目标程序，然后进一步生成可执行程序。在编译过程中，如果存在语法错误，编译程序会指出该语法错误的位置，而不生成二进制代码。

⑤ 运行与调试程序。当程序通过语法检查，编译生成相应的可执行文件后，就可以在编程环境或操作系统中运行程序。运行可执行程序后，就可以得到运行结果。无论结果如何，运行程序结束后都要对结果进行分析，看它是否合理，是否是人们所期望的结果。若不合理则要对程序进行调试，发现和排除程序中的故障。调试最主要的工作就是找出程序中错误的地方。

在实践中，特别是团队协作编程中，或者一些大的程序项目中，往往还需一个步骤，就是编写程序文档。如同正式的产品应当提供产品说明书一样，这类项目在程序设计过程中，程序员往往还需要提供相应的程序说明书，也就是编写程序文档。这一内容，常包括程序名称、程序功能、运行环境、程序的装入和启动、需要输入的数据以及使用注意事项等。

4. 主流程序设计语言特点及适用场景

根据 TIOBE 排行榜 2022 年 3 月排行，Python 在程序设计语言中位列第一，约占比 14.26%，紧随其后的是 C 语言、Java、C++、C# 等。流行度排行前 10 的语言及占比如图 9-3 所示。

Mar 2022	Mar 2021	Change	Programming Language	Ratings	Change
1	3	^	Python	14.26%	+3.95%
2	1	v	C	13.06%	-2.27%
3	2	v	Java	11.19%	+0.74%
4	4		C++	8.66%	+2.14%
5	5		C#	5.92%	+0.95%
6	6		Visual Basic	5.77%	+0.91%
7	7		JavaScript	2.09%	-0.03%
8	8		PHP	1.92%	-0.15%
9	9		Assembly language	1.90%	-0.07%
10	10		SQL	1.85%	-0.02%

图 9-3 语言流行度排行

① Python 昵称为"胶水"，能够把用其他语言制作的各种模块很轻松地联结在一起，用来做数据分析，同时也是 Web 开发的主流语言，在人工智能方面应用广泛。

② C 语言是一门通用计算机编程语言，主要用于嵌入式开发、操作系统开发、文字处理程序开发等。

③ Java 是一种跨平台的、面向对象的、分布式、多线程的程序设计语言，是默认的软件行业的应用程序开发语言，在金融、电子商务、科学应用等领域应用广泛。

④ C++ 是 C 语言的继承，很多游戏或者互联网公司的后台服务器程序都是基于 C++ 开发的，在科学计算领域，近年来 C++ 凭借先进的数值计算库、泛型编程等优势也应用颇多。

⑤ C# 是 C 和 C++ 衍生出来的面向对象的编程语言，主要用于客户端应用程序、Web 应用。

【能力拓展】

通过垂直搜索引擎"腾讯软件中心"，查阅分析"下载"类 App 的功能及特点，填写表 9-3。

表 9-3　下载类 App 的功能及特点

App 名称	应用领域	主要功能及特点

微课 9-2　开发一个应用程序

任务 9-2　体验 Python 程序开发过程

【学习目标】

- 掌握 Python 的安装、环境配置和基本使用方法。
- 掌握 Python 语言的基本语法、流程控制、数据类型、异常处理等知识。
- 能完成简单程序的编写和调测任务，为相关领域应用开发提供支持。

【任务导入】

Python 是一种易于学习又功能强大的编程语言，由荷兰数学和计算机科学研究学会的吉多·范罗苏姆于 20 世纪 90 年代初设计，提供了高效的高级数据结构，还能简单有效地面向对象编程。Python 语法和动态类型，以及解释型语言的本质，使它成为多数平台上写脚本和快速开发应用的编程语言，随着版本的不断更新和新功能的添加，逐渐被用于独立的、大型项目的开发。最近十年，Python 在网络爬虫、数据分析、AI、机器学习、Web 开发、金融等领域都有广泛应用。

本任务要求用 Python 语言编程实现"加法计算器"，要求如下：输入第一个数值，如果不是数值就循环输入，一直到第一个是数值；然后输入第二个数值，不是数值就循环，一直到第二个也是数值；输出两个数值的和，如图 9-4 所示。

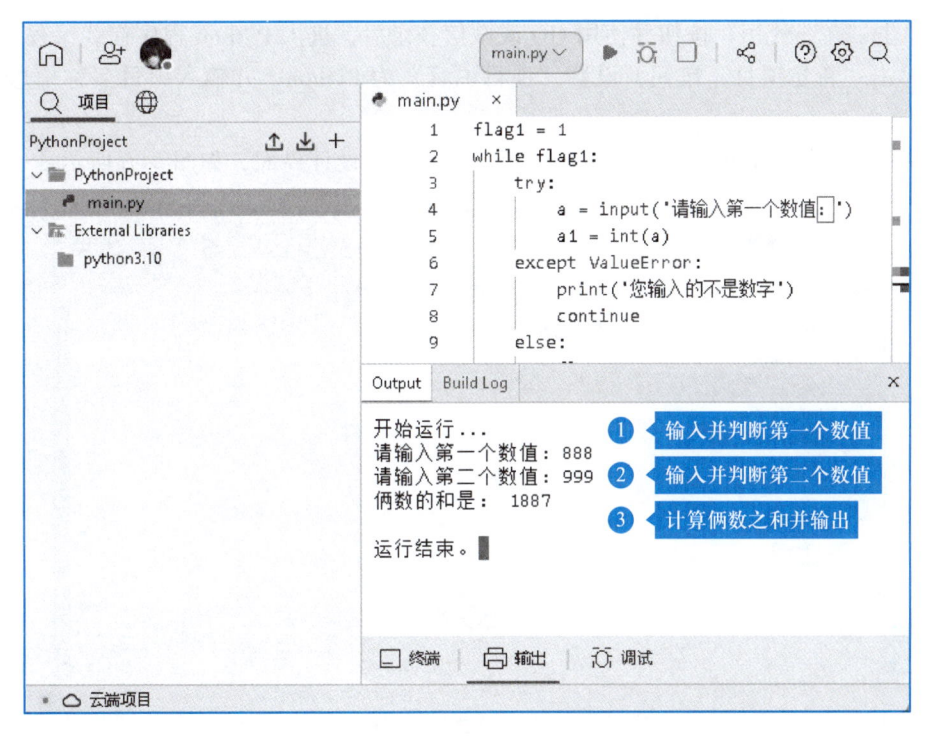

图 9-4　加法计算器

【任务实施】

步骤 1：打开在线编程环境并创建加法计算器项目。

① 启动浏览器，百度搜索"Lightly 在线编程"并打开，进入 Lightly 在线编程页面，如图 9-5 所示。

图 9-5　Lightly 在线编程网站

② 单击"在线使用"按钮并使用 QQ 或微信登录后，进入 Python 程序在线编程环境。

③ 单击"新建项目"按钮，设置"项目语言"为 Python，并输入项目名称信息，完成项目创建。

④ 在项目文件列表中，单击"main.py"，进入程序设计界面，如图 9-6 所示。

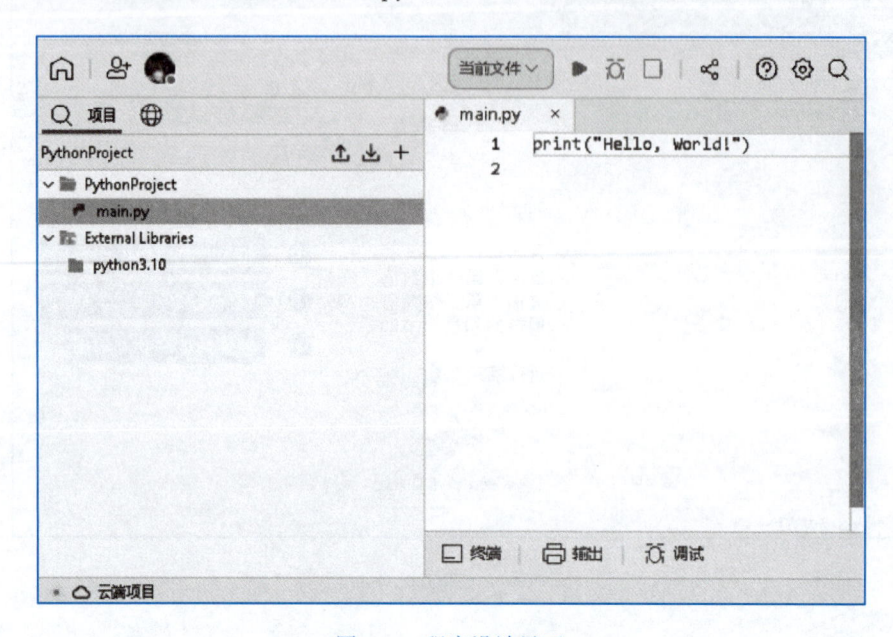

图 9-6　程序设计界面

步骤 2：编写 Python 加法计算器程序。

```
1    flagl = 1
2    while flagl：
3        try：
4            a = input（'请输入第一个数值：'）
5            al = int（a）
6        except ValueError：
7            print（'您输入的不是数字'）
8            continue
9        else：
10           flag2 = 1
11           while flag2：
12               try：
13                   b = input（'请输入第二个数值：'）
14                   b1 = int（b）
15               except ValueError：
16                   print（'您输入的不是数字'）
17                   continue
```

18	else:
19	print（'俩数的和是：'，a1+b1）
20	flag1 = 0
21	flag2 = 0

步骤 3：完成加法计算器程序调试与测试。

① 在编辑区域完成程序设计并单击"运行"按钮，如图 9-7 所示。

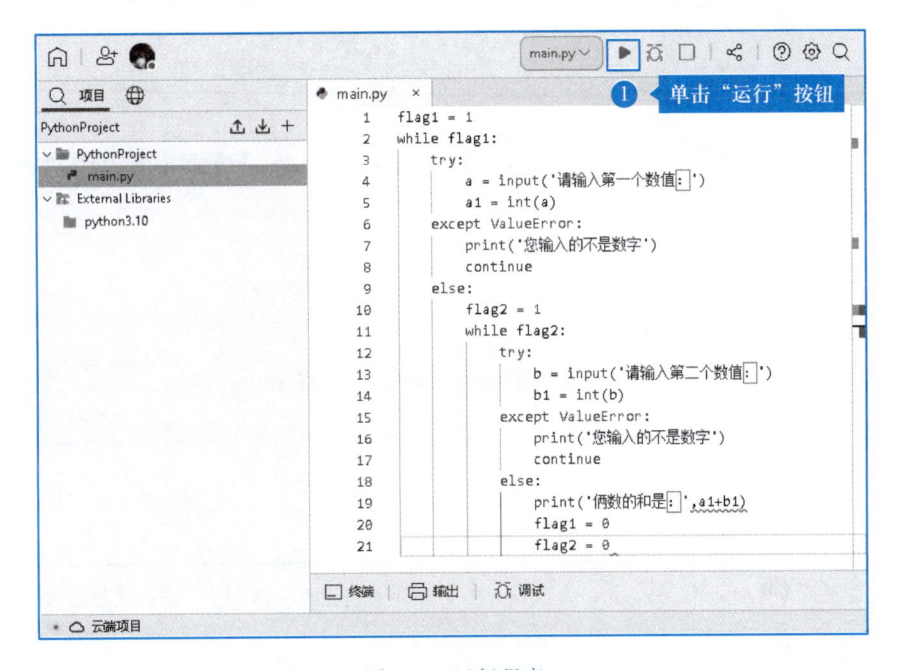

图 9-7　运行程序

② 在输出区域输入第一个数值，并按 Enter 键确认，如图 9-8 所示。
③ 在输出区域输入第二个数值，并按 Enter 键确认，如图 9-9 所示。
④ 完成运行。

【相关知识】

1. Python 安装与环境配置

工欲善其事，必先利其器。开始学习 Python 前需要安装并配置相应的程序开发环境，可以百度搜索"Python 官方网站"，打开下载页面下载并安装 Python 软件（建议下载软件时选择官方网站，这样比较权威，也更加安全）。

如果计算机操作系统为 64 位 Windows 操作系统，在官网下载 Python 3.8.6 可执行的 64 位安装版本（与操作系统版本对应），如图 9-10 所示。

在 Windows 操作系统中下载相应版本安装包后，双击安装包文件即可开始安装。选择安装方式时，在 Python 安装界面选中"Add Python 3.8 to PATH"复选框，然后单击"Customize installation"按钮，即可自动完成环境配置，如图 9-11 所示。

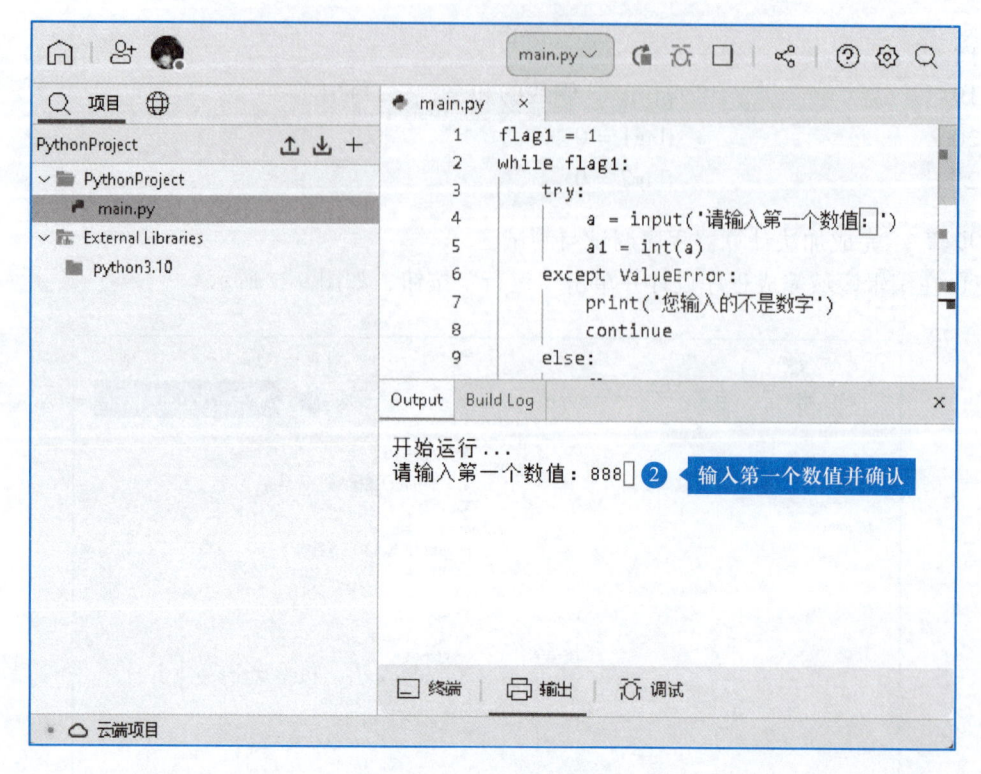

图 9-8 输入第一个数值

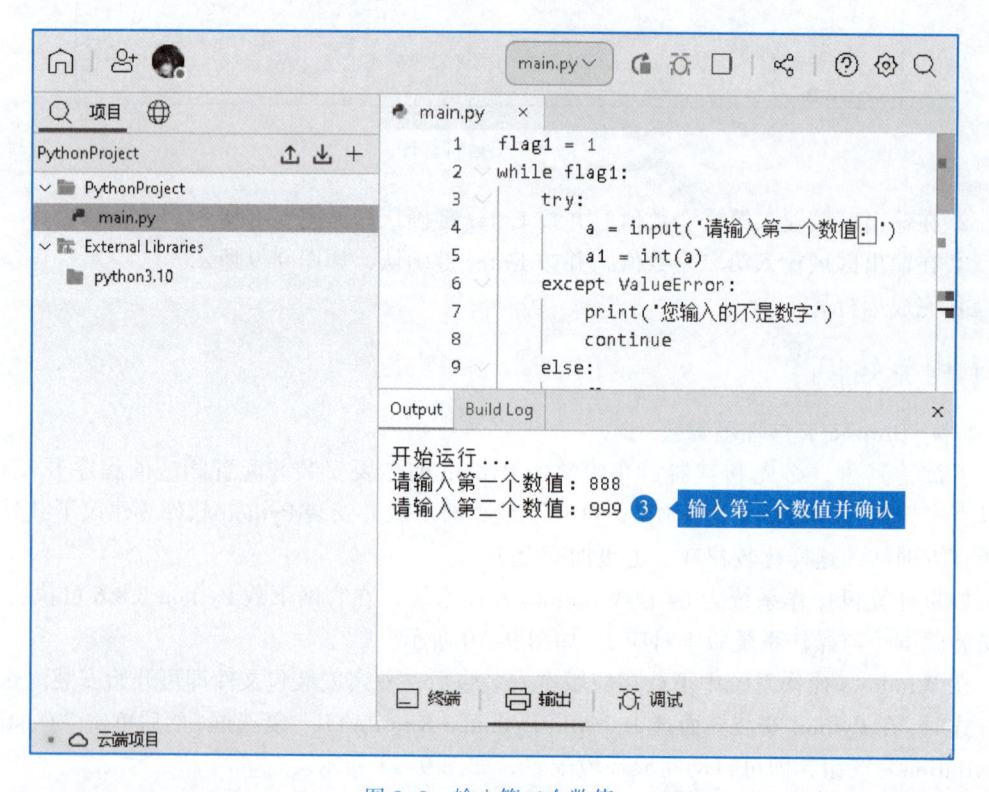

图 9-9 输入第二个数值

图 9-10　下载 Python 安装包

图 9-11　安装向导

2. Python 开发工具

Python 安装成功后，就可以正式开始 Python 之旅。对于 Python 入门、编写功能简单程序的初学者，Python 的开发工具主要有 Python 内置的集成开发环境 IDLE 与在线开发环境（云端 IDE）两种。

（1）Python 内置的集成开发环境 IDLE

在 Windows 系统中安装好 Python 后，可以在"开始"菜单中找到 IDEL，如图 9-12 所示，选择"IDLE（Python 3.8 64-bit）"选项，打开操作界面，如图 9-13 所示。

IDLE 下程序运行有交互式和文件式两种运行方式。

交互式一般用于调试少量代码，在提示符">>>"后面输入 Python 语句，按 Enter 键即

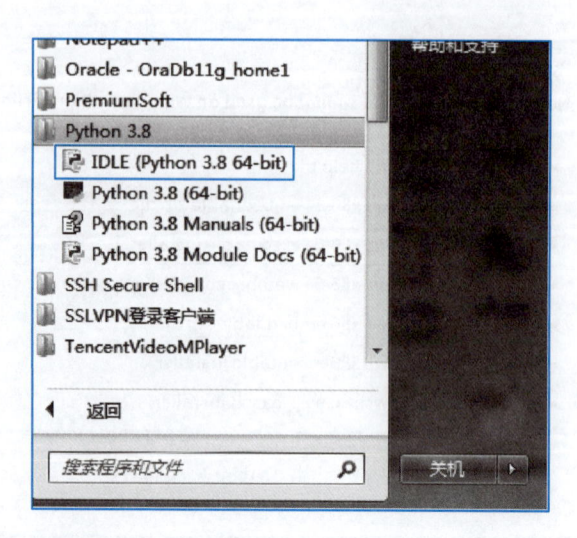

图 9-12　IDLE 工具

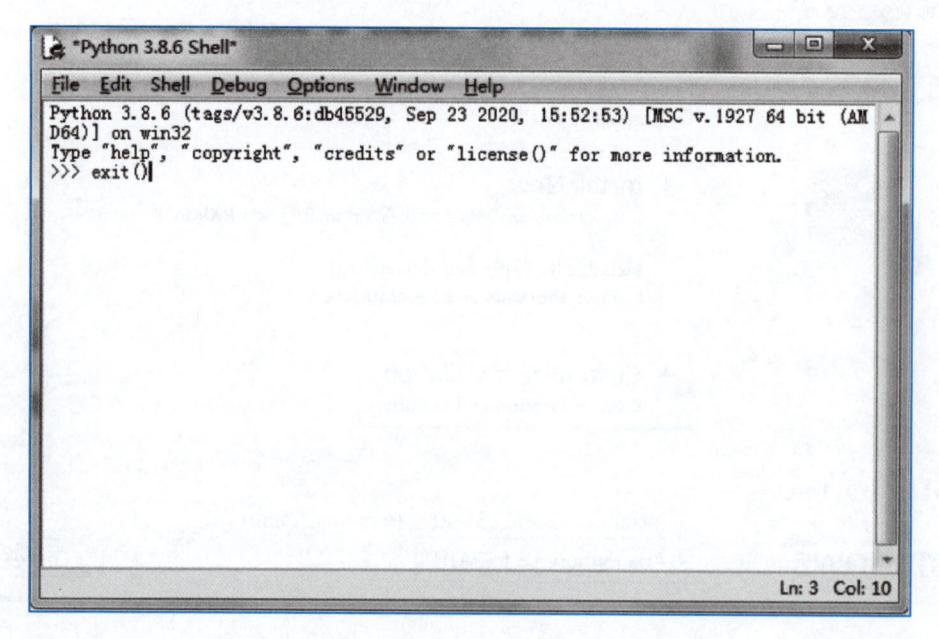

图 9-13　IDLE 操作界面

可运行。没有提示符">>>"的行表示运行结果，输入"exit（）"可以退出 IDLE 窗口。

文件式是 Python 中最常见的编程方式，文件式程序可以在 IDLE 窗口中编写和执行。打开 IDLE 窗口，选择"File"→"New File"菜单命令，打开 Python 源代码编辑器输入程序源代码，再选择"File"→"Save"菜单命令保存文件。在 Python 源代码编辑器中选择"Run"→"Run Module"菜单命令，在 IDLE Shell 窗口中输出程序。

（2）在线开发环境（云端 IDE）

在线开发环境（云端 IDE）支持在线编程、编译及运行项目等操作，无须额外下载客户端或插件，即可直接使用浏览器编写代码，运行项目工程文件。下面以 Lightly 为例介绍在线开发环境。

① 启动浏览器，百度搜索"Lightly 在线编程"，进入 Lightly 在线编程网页，单击"在线使用"按钮并使用 QQ 或微信登录后，进入 Python 程序在线编程环境，如图 9-14 所示。

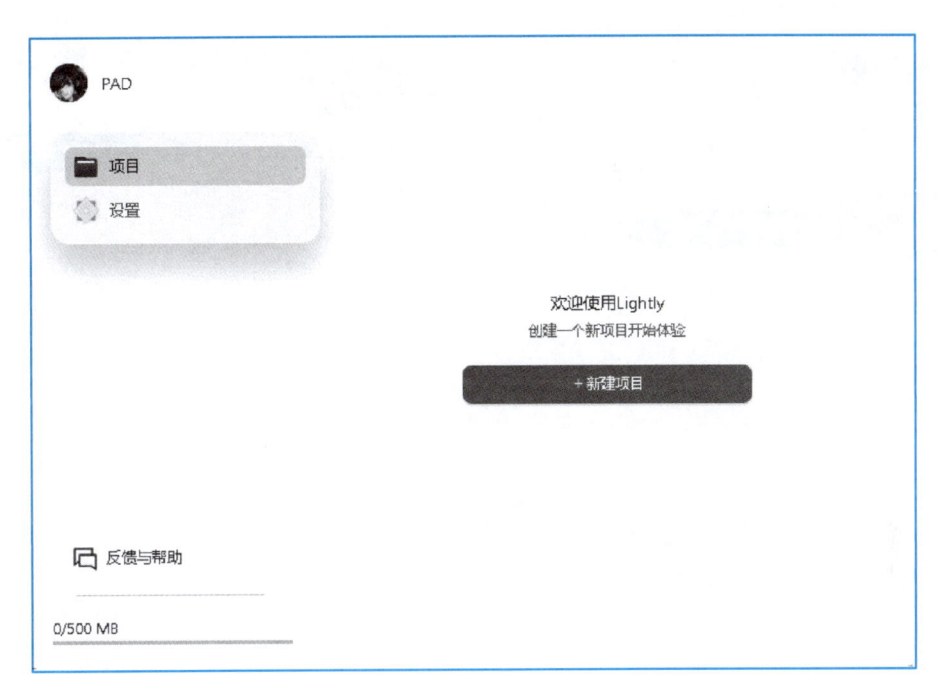

图 9-14　Lightly 开发环境

② 单击"新建项目"按钮，在弹出的对话框中选择 Python 语言，输入项目名称信息，如图 9-15 所示，单击"新建项目"按钮并输入项目信息后，完成项目创建。

图 9-15　Lightly 开发环境

③ 单击"main.py"进入程序设计界面，输入 Python 语句，单击"运行"按钮即可，如图 9-16 所示。

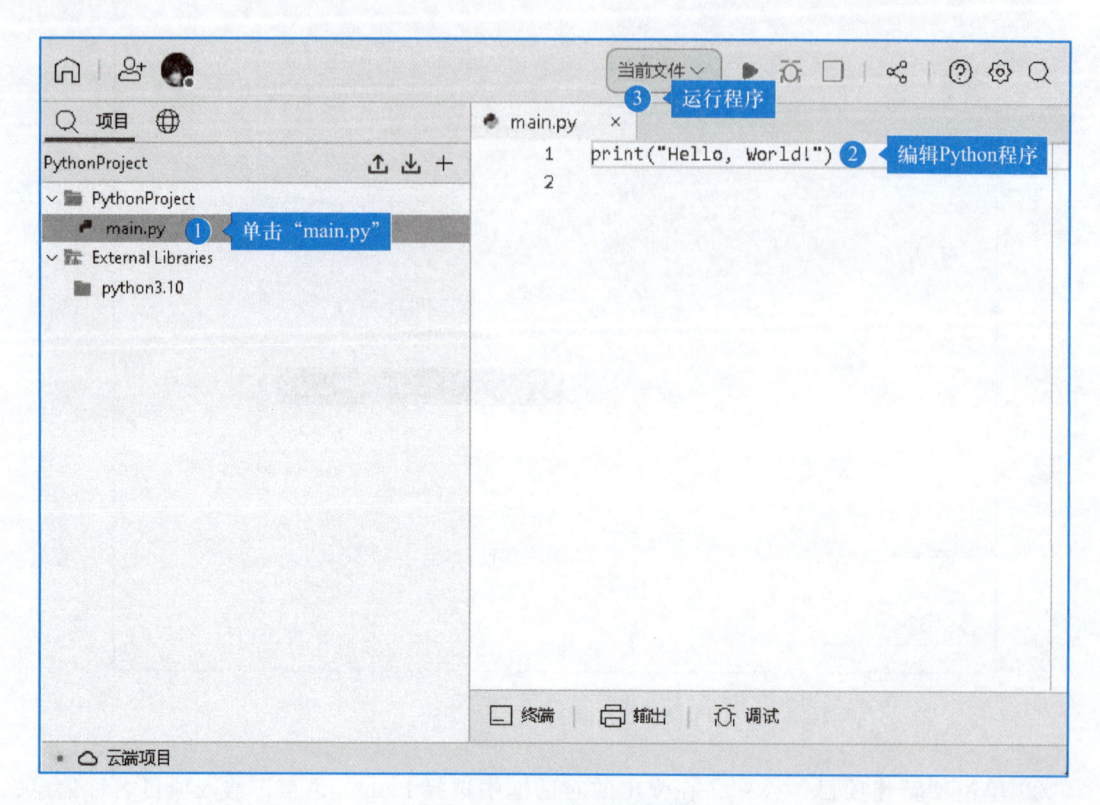

图 9-16　Lightly 运行程序

3. Python 编写规范

为了提高代码的可读性和可维护性，编写 Python 源程序时需要遵循一定的规范。

（1）标识符命名规则

① 文件名、变量名、函数名、类名、模块名等标识符由字母、数字和下画线组成，第一个字符必须是字母或者下画线。

② 标识符区分大小写字母。

③ 不能使用关键字。

（2）代码缩进

Python 使用代码块的缩进来体现代码之间的逻辑关系，通常以 4 个空格为基本缩进单位。同一个语句块或者程序段缩进量相同。

（3）注释

注释是程序中的说明性文字，不会被计算机执行，一般用于程序员对代码的说明。一个良好的程序需要有一定量的注释来增加程序的可读性。Python 语言使用以下两种方式对程序进行注释。

① 单行注释。使用"#"号表示行注释的开始。例如：

```
# 第 1 个单行注释
Print（"Hello，world!"）  # 第 2 个单行注释
```

② 多行注释。Python 使用文档字符串进行多行注释，即使用 3 个双引号（"""）或者 3 个单引号（'''）将内容括起来，文档字符串中的内容可以保留其原有样式。例如：

```
'''
这是多行注释，使用 3 个单引号
这是多行注释，使用 3 个单引号
'''
```

（4）代码折行处理

Python 中代码是逐行编写的，不限制每行代码的长度，但代码过长不利于阅读，可以使用反斜杠（\）符号将单行代码分割成多行表达。例如：

```
# 代码折行处理
print（"这行字符太长了，写不下，可以使用折行处理。\
这行字符太长了，写不下，可以使用折行处理。"）
```

运行结果如下。

　　这行字符太长了，写不下，可以使用折行处理。这行字符太长了，写不下，可以使用折行处理。

4. Python 基本语法

程序语言是人与计算机交流沟通的桥梁，学习 Python 的基本语法，掌握 Python 语言的编程规则是编写 Python 程序的前提。

（1）数据类型

Python 定义了数值与字符串 2 种基本数据类型。

① 数值类型。数值类型包括整数（int）、浮点数（float）、复数（complex）和布尔值（bool）共 4 种类型。其中，整数类型有 4 种进制表示，分别是十进制、二进制、八进制和十六进制；浮点数类型与数学中的实数概念一致，表示带有小数的数值；复数类型与数学中的复数概念一致；布尔值类型是一种特殊的数据类型，表示真（True）和假（False），分别映射到整数 1 和 0。

Python 的数值类型在使用时，不需要先声明，可以直接使用。例如：

```
x=5 #x 为整数类型
y=23 #y 为浮点数类型
z=2+3j #z 为复数类型
t= False #t 为布尔值类型
```

Python 提供了 7 个基本的数值运算操作符，见表 9-4。

表 9-4　数值运算操作符

操作符及运算	名称	描述	实例
+	加	表示两个对象相加	20+10 结果为 30
-	减	得到负数或者两个数之差	20-10 结果为 10
*	乘	两个数相乘	20*10 结果为 200
/	除	两个数的商，结果是浮点数	4/2 的结果为 2.0
%	取模	两个数的余数	5%3 结果为 2
**	幂	幂运算，如 X**Y 表示 X 的 Y 次幂	2**3 结果为 8
//	整除	返回商的整数部分（向下取整）	9//2 的结果为 4，-9//2 的结果为 -5

②字符串。Python 中的字符串是用单引号、双引号、3 个单引号或者 3 个双引号括起来的字符序列，属于不可变序列。3 个单引号或 3 个双引号括起来的字符串通常用在多行字符串中。

如果要在字符串中包含控制字符和特殊含义的字符，就需要使用转义字符。常用的转义字符见表 9-5。

表 9-5　转 义 字 符

转义字符	含义	转义字符	含义
\n	换行	\\	字符串中的"\"本身
\t	制表符	\"	字符串中的双引号本身
\r	回车	\ddd	3 位八进制数对应的 ASCII 码字符
\'	字符串中的单引号本身	\xhh	2 位十六进制数对应的 ASCII 码字符

（2）程序控制结构

Python 程序都是由 3 种基本结构组成，分别是顺序结构、分支结构和循环结构。

①顺序结构，是程序按照线性顺序依次执行的一种运行方式。

②分支结构，是程序根据条件判断结果而选择不同路径向前执行的一种运行方式，包含单分支、双分支和多分支。

分支结构中的判断条件可以使用任何能够产生 True 或 False 的表达式，最常见的方式是采用关系操作符和逻辑运算符。Python 中关系操作符见表 9-6。

表 9-6　关系操作符

操作符	名称	描述	实例
<	小于	X<Y；返回 X 是否小于 Y	7<3 结果为 False
<=	小于或等于	X<=Y；返回 X 是否小于或等于 Y	7<=3 结果为 False
>	大于	X>Y；返回 X 是否大于 Y	7>3 结果为 True
>=	大于或等于	X>=Y；返回 X 是否大于或等于 Y	7>=3 结果为 True
==	等于	X==Y；比较 X 与 Y 是否相等	7==3 结果为 False
!=	不等于	X!=Y；比较 X 与 Y 是否不相等	7!=3 结果为 True

Python 语言使用逻辑运算符 not、and 和 or 对条件进行逻辑运算和组合,见表 9-7。

表 9-7　逻辑运算符

运算符	名称	描述	实例
not	布尔"非"	not x;若 x 为 True,返回 False;若 x 为 False,返回 True	not 4<9 结果为 False
or	布尔"或"	X or Y;若 X 为非 0,返回 True;否则返回 Y 的布尔值	4>3 or 4<9 结果为 True
and	布尔"与"	X and Y;若 X 为 False,返回 False;否则返回 Y 的布尔值	4>3 and 4<9 结果为 True

Python 的单分支结构使用 if 关键字对条件进行判断,语法格式如下。

```
if< 条件 >:
   < 语句块 >
```

Python 的双分支结构使用 if...else 关键字对条件进行判断,语法格式如下。

```
if< 条件 >:
   < 语句块 1>
else:
   < 语句块 1>
```

Python 的多分支结构使用 if...elif...else 结构对多个条件进行判断,语法格式如下。

```
if< 条件 1>:
   < 语句块 1>
elif< 条件 2>:
   < 语句块 2>
...
else:
   < 语句块 n>
```

③ 循环结构,是指在程序中需要反复执行某个功能而设置的一种程序结构,由循环体中的条件判断继续执行某个功能还是退出循环。Python 的循环结构包括 for 语句和 while 语句。

for 语句的使用方式如下。

```
for < 循环变量 >in < 遍历结构 >:
< 循环体语句块 >
```

while 语句的使用方式如下。

```
while< 循环变量 >
< 循环体语句块 >
```

④ 异常处理。在 Python 中,程序在执行过程中产生的错误称为异常,如列表索引越界、打开不存在的文件、语法错误等。基本语法格式如下。

```
try:
    <语句块>
except<异常1>:
    <异常处理代码>
except <异常2，异常3，…，异常n>:
    <异常处理代码>
except:
    <捕获其余异常的处理代码>
else:
    <无异常时执行的代码>
finally:
    <不管是否有异常都要执行的代码>
```

语句块是执行程序的内容，当执行这个语句块发生异常时，程序就不再执行 try 中剩下的语句，而是根据捕获的异常类型选择相应的 except，执行其中处理异常的语句。如果没有发现异常，则执行 else 后面的语句。finally 后面的语句是不管是否有异常都要执行的。在实际过程中，except、else 和 finally 可以省略（case 出现时，except 必须出现）。

【能力拓展】

如何使用 Python 编程实现计算器功能，进行加减乘除四则运算？

项目小结

本项目设置了"寻找身边的应用程序""体验 Python 程序开发过程"2 个任务，"探寻身边的应用程序"通过探寻与分析图片处理类的应用程序，了解程序设计的基本概念、发展历程和未来趋势及典型程序设计的基本思路与流程；"体验 Python 程序开发过程"通过体验"加法计算器"项目的开发，了解 Python 的安装、环境配置与开发工具，熟悉 Python 语言的开发工具、编写规范与基本语法。

在"能力拓展"环节中，"寻找身边的应用程序"能力提升训练将项目切换到探寻"下载"类应用程序的场景，旨在让读者了解更多类型的应用程序；"加减乘除四则运算"计算器程序设计旨在让读者能在"加法计算器"项目开发的基础上，进一步加深对基本语法的理解与运用。

项目提升

一、选择题

1. 下面不属于程序语言发展历史的是（　　）。
    A. 机器语言　　　　B. 汇编语言　　　　C. 高级语言　　　　D. 低级语言

2. 计算机中信息处理和信息存储用（　　）
   A. 二进制代码　　　B. 十进制代码　　　C. 十六进制代码　　　D. ASCII 码
3. Python 程序的文件扩展名是（　　）。
   A. .python　　　B. .py　　　C. .pt　　　D. .pg
4. 当需要在字符串中使用特殊字符时，Python 使用（　　）作为转义字。
   A. \　　　B. /　　　C. #　　　D. %
5. 下面（　　）不是有效的变量名。
   A. _demo　　　B. banana　　　C. Numbr　　　D. my-score
6. 下列（　　）是"3 and 4"的运算结果。
   A. 0　　　B. 1　　　C. 3　　　D. 4
7. 在书写 Python 脚本时，需要进行必要编码声明，关于编码声明错误的是（　　）。
   A. 在首行声明有效　　　　　　　　B. 在第 2 行声明有效
   C. 在第 3 行声明有效　　　　　　　D. 只有在首行或第 2 行声明才有效
8. Python 的赋值功能很强大，当 a=11 时，运行 a+=11，a 的结果是（　　）。
   A. 11　　　B. 12　　　C. True　　　D. 22
9. 在 Python 实现多个条件判断需要用到（　　）语句与 if 语句组合。
   A. else　　　B. elif　　　C. pass　　　D. 以上均不正确
10. Python 不支持的数据类型有（　　）。
    A. char　　　B. int　　　C. float　　　D. bool

二、判断题

1. Python 是一种跨平台、开源、免费的高级动态编程语言。（　　）
2. 在 Python 中可以使用 if 作为变量名。（　　）
3. Python 使用缩进来体现代码之间的逻辑关系。（　　）
4. 异常处理结构是万能的，处理异常的代码不可能引发异常。（　　）
5. Python 中布尔类型只有 True 和 False 两个值。（　　）
6. 在 Python 语言中，一行代码表示一条语句，语句结束可以加分号，也可省略分号。（　　）
7. Python 代码的注释只有一种方式，那就是使用 # 符号。（　　）
8. Python 变量名必须以字母或下画线开头，并且区分字母大小写。（　　）
9. 加法运算符可以用来连接字符串并生成新字符串。（　　）
10. 已知 x = 3，那么赋值语句 x = 'abcedfg' 是无法正常执行的。（　　）

项目 10

大 数 据

— 大浪淘沙——在海量信息里挖掘金矿 —

项目概述

随着大数据在各行各业的渗透和发展，数字经济成为新的经济形态。作为数字经济的核心引擎，数据要素已经成为与土地、劳动力、资本和技术并列的五大生产要素之一。国家"十四五"规划明确提出，迎接数字时代，加快建设数字经济、数字社会、数字政府，以数字化转型整体驱动生产方式、生活方式和治理方式变革。2021年，国家出台有关规定，在政策层面明确了数据是新时代重要的生产要素，是国家基础性战略资源，同时提出以数据流引领技术流、物质流、资金流、人才流，打通生产、分配、流通、消费各环节，促进资源要素的优化配置。熟悉和掌握大数据相关技能，将会更有力地推动国家数字经济建设。本项目包含大数据基础知识、大数据系统架构、大数据分析算法、大数据应用及发展趋势等内容。

项目目标

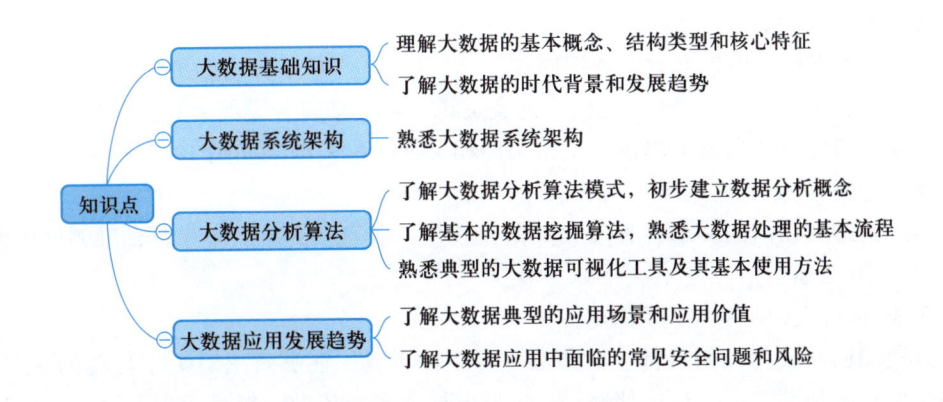

知识点		
	大数据基础知识	理解大数据的基本概念、结构类型和核心特征
		了解大数据的时代背景和发展趋势
	大数据系统架构	熟悉大数据系统架构
	大数据分析算法	了解大数据分析算法模式，初步建立数据分析概念
		了解基本的数据挖掘算法，熟悉大数据处理的基本流程
		熟悉典型的大数据可视化工具及其基本使用方法
	大数据应用发展趋势	了解大数据典型的应用场景和应用价值
		了解大数据应用中面临的常见安全问题和风险

微课 10-1 什么是大数据？

任务 10-1 寻找身边的大数据应用

【学习目标】
- 理解大数据的基本概念、结构类型和核心特征。
- 了解大数据的时代背景和发展趋势。
- 了解大数据典型的应用场景和应用价值。
- 了解大数据应用中面临的常见安全问题和风险。

【任务导入】

行程卡显示你去过哪些地方，智能音箱里飘出你喜欢的音乐，出行 App 自动推荐上班的路线，今日头条推荐感兴趣的内容，购物平台显示个人喜爱商品……精准营销、个性推荐、猜你喜欢……这些已经融入人们生活当中，背后都有大数据技术的支持。

随着人工智能、移动互联网和物联网的兴起，大数据越变越大，也带来无限想象力和商业应用价值。根据表 10-1 的任务卡，探寻与体验大数据的应用。

表 10-1 探索身边的大数据应用任务卡

任务步骤	完成要求
步骤 1：探索大数据行业领域应用	选定检索工具，拟定检索词、构建检索式、选择检索途径，检索大数据在行业领域中的应用
步骤 2：分析大数据典型应用价值	选取 3~5 个典型行业，列表说明该行业中典型应用场景，分析其应用价值
步骤 3：体验大数据行业应用功能	选取其中的一个典型应用，体验其功能，记录体验过程

【任务实施】

步骤 1：探索大数据行业领域应用

选定检索工具为百度搜索引擎，检索词为"教育、电商、交通、医疗、大数据应用、专业"，检索式为"教育+电商+交通+医疗 intitle：大数据应用－专业"，检索途径为内容检索和标题检索，检索出标题中包含"大数据应用"，但不包含"专业"，全文中包含"教育、电商、交通、医疗"，标题中排除"专业"是因为这类文章一般是学校开设的大数据应用专业的介绍，相关性不高，指定行业是为了提供检索结果的相关性。检索结果如图 10-1 所示。

步骤 2：分析大数据的典型应用价值

参照检索排名在前的文章，整理大数据在教育、电商、交通、医疗及金融领域中的典型应用，如表 10-2 所示。

步骤 3：体验大数据典型应用功能

手机地图已经成为人们日常生活中必不可少的工具，能够解决对陌生环境的一些痛点。实时路况信息，帮助避开出行拥堵路段；多种出行方案，帮助选择最优出行路线，而这背后

图 10-1 探索大数据行业领域应用

表 10-2 大数据应用价值分析

序号	典型应用	主要功能	应用价值
1	电商	预测流行趋势，消费趋势、地域消费特点、客户消费习惯、各种消费行为的相关度、消费热点、影响消费的重要因素等。	为用户推送用户感兴趣的产品，从而刺激消费；了解客户的消费喜好和趋势，进行商品的精准营销，降低营销成本
2	教育	通过大数据学习分析能够为每个学生设立个性化的课程，推送个性化的学习资料。通过大数据的分析来优化教育机制，做出更科学的决策。	促进学生进行自主个性化学习，帮助教师改善教学方法，提高教学质量，帮助学校管理者进行科学决策，提高学校治理水平
3	金融	依据客户消费和现金流提供信用评级或融资支持，利用客户社交行为记录实施信用卡反欺诈；利用金融行业全局数据了解业务运营薄弱点，加快内部数据处理速度；利用大数据设计满足客户需求的金融产品	优化与改善客户服务流程，提高客户满意度，进行风险管控，提高工作效率。
4	交通	对车流量等海量数据的收集、估算、预测道路一定时间内的车流量情况，给用户提供便利，合理进行道路规划；利用大数据来实现即时信号灯调度，提高已有线路通行能力。	有助于交通部门提高对道路交通的把控能力，防止和缓解交通拥堵，提供更加人性化的服务
5	医疗	收集不同病例和治疗方案，以及病人的基本特征，建立针对疾病特点的数据库，帮助医生进行疾病诊断。	辅助医生进行临床决策，规范诊疗路径，提高医生的工作效率

的支持是交通大数据。下面以某在线地图为例，体验大数据在交通领域的典型应用。

（1）体验公交地铁导航功能

进入在线地图 App，定位自己位置之后，在搜索栏中搜索目的地，然后选择公交地铁的出行方式出行，平台根据出行时间的长短进行排序，并且也会考虑出行费用，然后进行一个推荐序列供用户选择，告知距离自己所在站点的公交车有几辆在路上、预计还有几分钟到达本站，点击选中的路线之后会跳转到详细路线里面，此时会出现用户到目的地的路线规划及实时路况信息，以及到站台的步行路线导航，如图10-2所示。

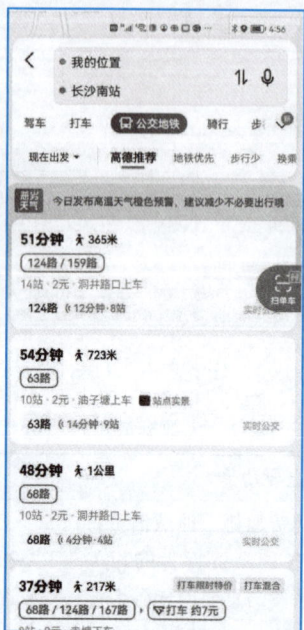

图10-2 在线地图公交地铁导航

在线地图实时公交、实时路况及为用户提供换乘少、步行短、最节省时间的线路选择，是大数据和机器学习能力在产品当中的智能体现。

（2）体验在线交通大数据

在百度搜索引擎中输入关键字，如"高德大数据"，找到高德大数据官网，进入高德交通大数据首页，显示日均浮动车位置数据后，会自动跳动高德大数据显示主页面，显示中国主要城市的交通状态，通过各菜单导航，还可以查看城市交通CT、城市详情、交通生活圈、拥堵榜、交通预测、交通报告、交通安全等大数据分析。

【相关知识】

1. 大数据的概念和特征

大数据指的是不能使用常规工具在合理时间范围内完成处理和分析，并为决策者提供辅助的信息。言外之意是说数据的量级大，常规工具处理速度慢，满足不了时间的要求，根本也是满足不了业务的需求。

大数据有5个特征，用5个V开头的英文单词可以概括。

Volumn：数据量大，包括采集、存储和计算的。

Variety：数据种类和来源多样化，可分为结构化数据、半结构化数据和非结构化数据。

Value：价值，数据价值密度低，数据量越大，有价值的数据占比越低，需要更加强大的挖掘算法来寻找价值。

Velocity：数据增长速度快，处理速度也快，时效性要求越来越高。
Veracity：数据的质量。

2. 数据发展的时代背景

随着信息技术和人类生活交汇融合，全球数据呈现爆发式增长、海量聚集的特点，对社会经济发展和人民生活产生重要影响。信息基础设施持续完善，网络带宽的持续增加、存储设备性价比的不断提升为数据爆发式的增长提供了先决条件。互联网领域的公司最早重视数据资产的价值，最早从大数据中淘金，并且引领大数据的发展趋势。云计算为大数据的集中管理和分布式访问提供了必要的场所和分享的渠道，大数据是云计算的灵魂和必然的升级方向。物联网与移动终端持续不断地产生大量数据，数据类型丰富且内容鲜活，是大数据重要的来源。

3. 大数据的发展历程

大数据的发展历程总体上可以划分为3个重要阶段：萌芽期、成熟期和大规模应用期。

第一阶段：萌芽期，20世纪90年代至21世纪初，随着数据挖掘理论和数据库技术的逐步成熟，一批商业智能工具和知识管理技术开始被应用，如数据仓库、专家系统、知识管理系统等。

第二阶段：成熟期，本世纪前10年，随着Web2.0应用迅猛发展，非结构化数据大量产生，传统处理方法难以应对，带动了大数据技术的快速突破，大数据解决方案逐渐走向成熟，形成了并行计算与分布式系统两大核心技术，GFS和MapReduce技术受到欢迎，Hadoop平台开始大行其道。

第三阶段：大规模应用期，2010年以后，大数据应用渗透各行业，数据驱动决策，信息社会智能化程度大幅度提高。同时出现跨行业、跨领域的数据整合，甚至是全社会的数据整合，从各种各样的数据中找到对于社会治理、产业发展更有价值的应用。

【能力拓展】

事先构想一些自己喜欢的商品，然后去应用商店下载一个电商App，使用电商App把自己喜欢的物品加入购物车，观察两个变化，第一个变化是加购物车之前的商品浏览页面，观察某一品类的商品价格区间、商品数量等基本信息，第二个变化是加入购物车之后，App下方页面的推荐页面，评估推荐的商品与加购商品的关联性大小。

任务10-2　体验大数据可视化过程

微课10-2
可视化一个数据采集表

【学习目标】

- 了解大数据分析算法模式，初步建立数据分析概念。
- 熟悉大数据的架构，熟悉大数据处理的基本流程。
- 熟悉典型的大数据可视化工具及其基本使用方法。

【任务导入】

现在越来越多企业用可视化图表来展示体现数据，让数据更加直观，数据特点更加突出。

数据可视化是将大量的数据资料集中在一起，以生动直观、超强的视觉冲击力图像的形式表现出来，并运用数据分析技术及专业工具来发现隐藏在其中的规律。可视化流程的基本步骤是：确定目标分析→数据收集→数据处理→数据分析→结论建议。

本任务需要到某一招聘平台采集程序员岗位的薪资、学历、经验要求及招聘单位所在城市、规模等信息，对信息进行处理、分析，对数据进行可视化，从不同维度，直观显示招聘信息的特点，完成表 10-3 所示的任务卡。

表 10-3　体验数据可视化流程任务卡

任务步骤	完成要求
步骤 1：采集数据	根据需求，从业务数据库或互联网上获取数据，也可以通过发放问卷、电话访谈等形式直接收集数据
步骤 2：处理数据	对采集到的原始数据进行数据清洗和规范化。比如筛去一些不可信的字段，对空白的数据进行处理，去除可信度较低的问卷
步骤 3：分析数据	将数据联系薪资、学历、经验、招聘单位所在城市、规模等多个维度，用数据分析技术及专业工具进行数据可视化，发现隐藏在其中的规律

【任务实施】

步骤 1：采集数据

数据采集可以人工采集，也可以用采集工具进行采集，本文使用八爪鱼采集工具采集到某一招聘网站的招聘信息，如表 10-4 所示。

表 10-4　程序员岗位信息表

标题链接	pbom__jlnur	行业
高级 C# 程序员软件工程师［成都·青羊区］	15 000~20 000 经验 5~10 年 / 本科	IT 技术服务|咨询，贸易|进出口 / 不需要融资 / 少于 15 人
.NET 程序员［重庆·石桥铺］	8 000~13 000 经验 3~5 年 / 大专	软件服务|咨询 / 未融资 / 50~150 人
……	……	……

步骤 2：处理数据

这里借助在线数据分析平台——九数云对数据进行处理。

（1）导入数据表

进入九数云后，单击创建按钮，在数据导入区域，选择"Excel"表，将程序员岗位采集信息表导入到该平台上，如图 10-3 所示，导入后可以修改字段的类型、字段的名称。

（2）数据治理

由于每一列包含多项目，无法进行分析。需要从标题链接这一列提取岗位名称、城市信息；从 pbom__jlnur 列中提取薪资、经验要求、学历要求，从行业列中提取招聘单位类别、公司规模等信息。

下面通过创建分析表来完成数据治理。首先选择要治理的字段，这里选择了全部的字段。然后点击"新增字段"菜单，选择"公式"后，进入新增字段 - 公式主界面，图 10-4 所示。

项目 10　大数据

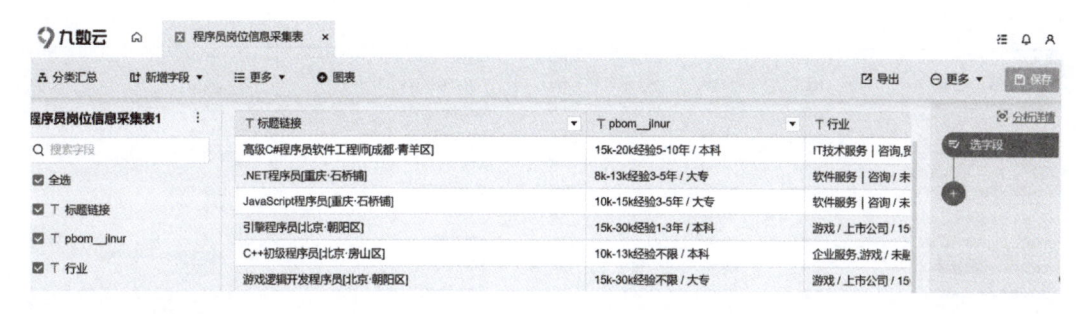

图 10-3　数据表导入后状态

图 10-4　增加岗位字段

按照同样的方式，选择相应的函数依次增加城市、薪金、经验、学历等字段，分析详情如图 10-5 所示。

接下来，经过字段拆行、累积值、行转列操作、字段重命名操作，如图 10-6 所示，最终得到了治理后的程序员岗位信息表，见表 10-5。

拓展篇

图 10-5　增加不同字段后分析详情

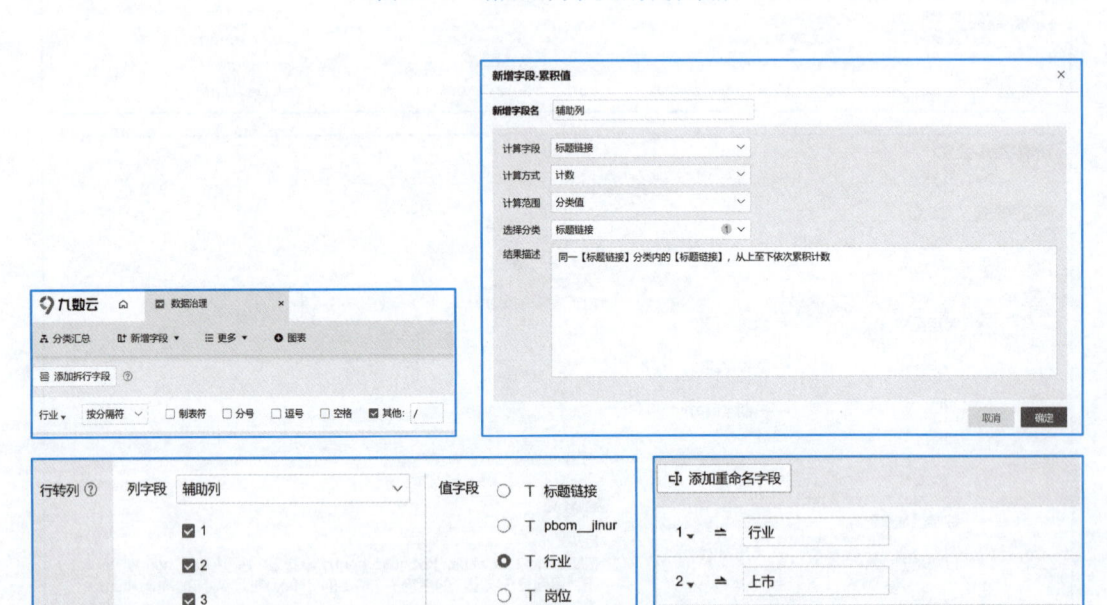

图 10-6　对行业字段执行拆行字段、累积值、行转列操作

表 10-5　处理后的程序员岗位信息表

岗位	城市	薪金	经验	学历	行业	上市	规模
高级 C# 程序员软件工程师	成都	15 000~20 000	5~10 年	本科	IT 技术服务|咨询，贸易|进出口	不需要融资	少于 15 人
.NET 程序员	重庆	8 000~13 000	3~5 年	大专	软件服务|咨询	未融资	50~150 人
……	……	……	……	……	……	……	……

步骤 3：分析数据

将处理后的程序员岗位信息表保存为程序员岗位信息处理表，选中该表，点击菜单中的"创建分析表"，平台创建多个图表，点击"换一换"，又会产生一组不同图表，选中其中的图表保存后，就创建了一个图表。可以创建出一张仪表盘，把所有图表放在一张仪表盘上展示，如图 10-7 所示。

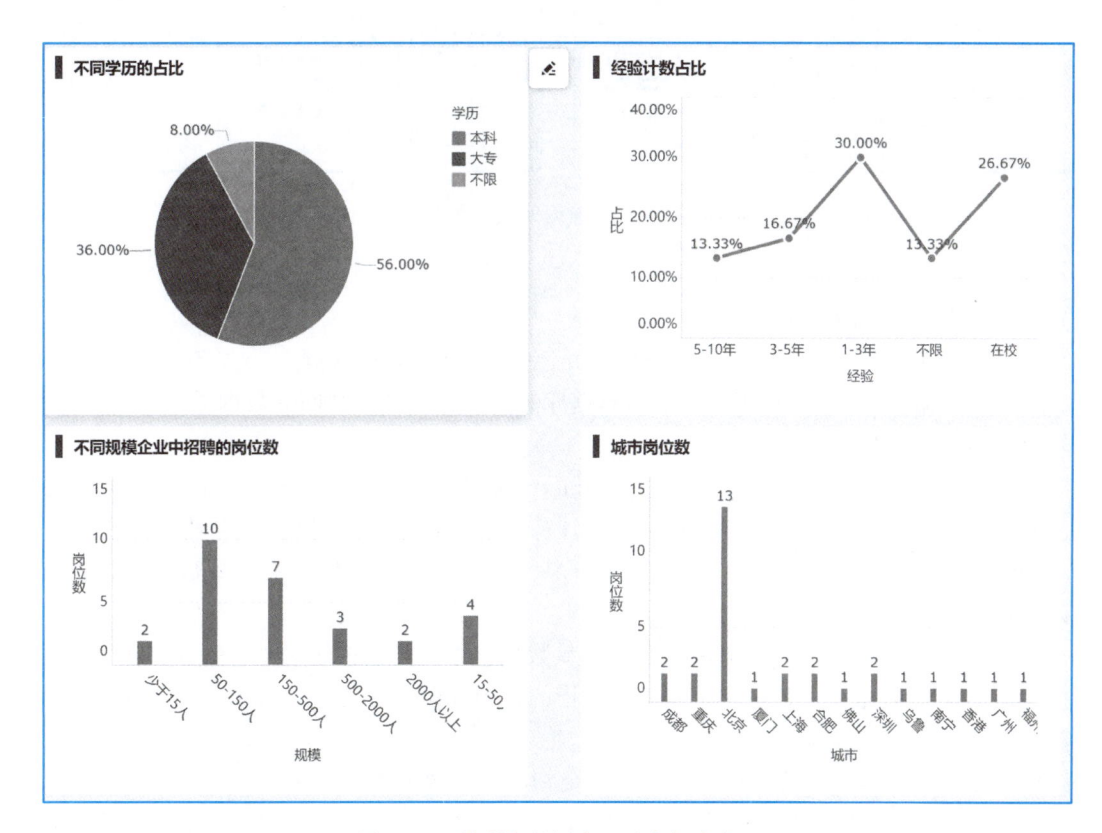

图 10-7　将所有的图表显示在仪表盘上

【相关知识】

1. 大数据的处理流程

数据处理的逻辑大致分为数据采集、数据治理、数据仓库、数据应用、数据可视化，如图 10-8 所示。

数据采集：从业务系统、网站日志、文本文件等多方数据源拉取数据。

数据治理：对数据源按照标准的统计口径和指标对数据进行抽取、清洗、转化、装载。

数据仓库：加工后的数据流入数据仓库，进行整合和存储，形成一个又一个数据集市。数据集市，指分类存储数据的集合，即按照不同部门或用户的需求存储数据。

数据应用：从数据仓库中抽取不同业务所需要的数据就形成了数据应用，按照业务需求，对数据进行分析建模、挖掘、运算，输出统一的数据分析平台。

数据可视化：将数据通过图表的方式表达，让用户能够快速准确地理解数据所要表达的信息，从而提高沟通效率。

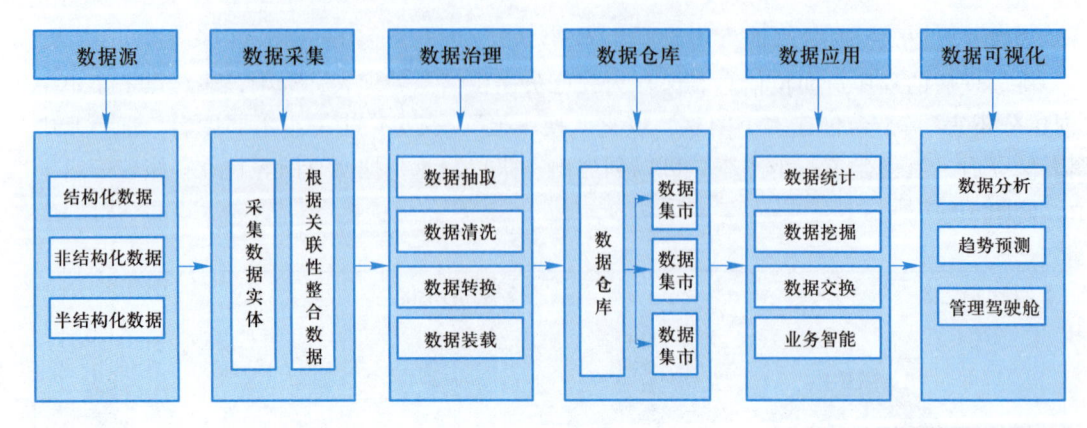

图 10-8　大数据处理基本流程

2. 大数据生态圈组件的作用

下面给出在行业中主流被应用的组件，并逐一对其作用进行解释。

Sqoop：数据接入工具，常用于关系型数据库和大数据存储系统间的数据导入和导出操作，比如 MySQL 和 HDFS。

Hadoop：集存储（HDFS）、计算（MapReduce）、资源调度（Yarn）为一体的离线计算工具。

Spark：实施计算工具，特点是基于内存计算，比 Hadoop 计算快。

HBase：面向列存储的非关系型数据库，特点是相对于行存储的关系型数据库，在特定查询场景下更加高效。

Hive：FaceBook 基于 SQL 语法开发的一款数据仓库工具，将简单普通的计算从 MR 任务直接使用 SQL 的方式来代替，这里 MR 任务指的是 MapReduce 任务，即使用 Hadoop 执行的任务。

Kylin：数据分析引擎的一种，提供亚秒级别的海量数据查询功能。

ClickHouse：用于在线分析处理查询的 MPP 架构的列式存储数据库，能够使用 SQL 查询实时生成分析数据报告。

Redis：一个高性能的 key-value 数据库。

3. 常用数据挖掘算法

数据挖掘算法是大数据常用的算法，了解并掌握几种常用的数据挖掘算法是非常必要的，同时数据挖掘算法也是学习机器学习的必经之路。数据挖掘算法通常可以分为分类分析和聚类两种。分类分析就是找到数据之间的依赖关系，并且进行预判输出离散类别；聚类通过反复的分区从而输出各个不同类型的数据，最终使得对象之间能彼此联系归于一类。

这里介绍 4 种数据挖掘算法。分为是决策树算法、SVM 算法、EM 算法、朴素贝叶斯算法。

决策树：决策树是一种机器学习算法，细致划分可以分为 ID3、C4.5、C5.0 三种。决策树算法应用非常广泛，被应用于公司战略决策管理、证券投资分析等多个方面。

SVM：支持向量机，在分类超平面的正负两边各找到一个离分类超平面最近的点（也就是支持向量），使得这两个点距离分类超平面的距离和最大。最终目的是在保证对训练数据分类正确的基础上，对噪声设置尽可能多的冗余空间，提高分类器的鲁棒性。

EM：Exception Maximization Algorithm，EM 是一种迭代算法，用于含有隐变量的概

率参数模型的最大似然估计或极大后验概率估计。EM算法的主要思想是通过两个步骤，Exception-Step 和 Maximization-Step，E-Step 主要通过观察数据和现有模型来估计参数，然后用估计的参数值来计算似然函数的期望值，M-Step 寻找似然函数最大化时对应的参数。

朴素贝叶斯：朴素贝叶斯分类是贝叶斯分类中最简单也是最常见的一种分类方法；贝叶斯分类是一类分类算法的总称，这类算法都以贝叶斯定理为基础。

【能力拓展】

大数据所存储的数据非常巨大，往往采用分布式的方式进行存储，而正是由于这种存储方式，存储的路径视图相对清晰，而数据量过大，导致数据保护相对简单，黑客较为轻易利用相关漏洞，实施不法操作，造成安全问题。

以分组调研与研讨的方式，借助网络信息工具，查询大数据应用中面临的常见安全问题和风险，完成表10-6所示的大数据应用中面临的常见安全问题和风险研讨报告。

表10-6 大数据应用中面临的常见安全问题和风险研讨报告

大数据应用中面临的常见安全问题和风险研讨报告			
一、基本信息			
课程名称		任课教师	
上课日期		上课地点	
二、小组成员			
三、报告内容			
（括号内文字为报告内容参考说明） 1. 大数据安全隐患： 2. 大数据安全挑战： 3. 大数据安全防护方法：			
四、参考资料			
（网络信息、文献、书籍等的详细信息）			

项目小结

本项目围绕项目目标设置了"寻找身边的大数据应用""体验大数据可视化过程"2个任务。"探寻身边的大数据"通过探寻大数据在行业领域中的应用，了解大数据基本概念、主要特征和时代背景；"体验大数据可视化过程"通过对采集到的程序员岗位的薪资、学历、经验要求及招聘单位所在城市、规模等信息进行处理、分析、可视化，让读者熟悉大数据可视化的基本流程和步骤，做中学、学中做，突出技能训练。

在本项目能力拓展环节中，"体验电商App选购前后变化"能力提升训练将项目切换到探索大数据不同的应用场景，举一反三，让读者了解大数据更多的典型应用的同时提升自学能力；"大数据应用中面临的常见安全问题和风险研讨报告"能力提升训练旨在让读者了解大数据应用中面临的常见安全问题和风险,以及大数据安全防护的基本方法,自觉遵守和维护相关法律法规。

项目提升

一、选择题

1. 规模巨大且复杂,用现有的数据处理工具难以获取、整理、管理以及处理的数据,这指的是（　　）。
   A. 富数据　　　　　B. 贫数据　　　　　C. 繁数据　　　　　D. 大数据
2. 以下哪个不是大数据的特征（　　）
   A. 价值密度低　　　B. 数据类型繁多　　C. 访问时间短　　　D. 处理速度快
3. 大数据的起源是（　　）。
   A. 金融　　　　　　B. 电信　　　　　　C. 互联网　　　　　D. 公共管理
4. 智能健康手环的应用开发,体现了（　　）的数据采集技术的应用。
   A. 统计报表　　　　B. 网络爬虫　　　　C. 传感器　　　　　D. API 接口
5. 大数据的最显著特征是（　　）。
   A. 数据规模大　　　　　　　　　　　　B. 数据类型多样
   C. 数据处理速度快　　　　　　　　　　D. 数据价值密度高
6. 大数据时代,数据使用的关键是（　　）。
   A. 数据收集　　　　B. 数据存储　　　　C. 数据分析　　　　D. 数据再利用
7. 大数据环境下的隐私担忧,主要表现为（　　）
   A. 个人信息的被识别与暴露　　　　　　B. 用户画像的生成
   C. 恶意广告的推送　　　　　　　　　　D. 病毒入侵
8. 数据仓库的最终目的是（　　）
   A. 开发数据仓库的应用分析　　　　　　B. 收集业务需求
   C. 建立数据仓库逻辑模型　　　　　　　D. 为用户和业务部门提供决策支持
9. 大数据的利用过程是（　　）
   A. 采集 – 挖掘 – 清洗 – 统计　　　　　B. 采集 – 统计 – 清洗 – 挖掘
   C. 采集 – 清洗 – 挖掘 – 统计　　　　　D. 采集 – 清洗 – 统计 – 挖掘
10. 对线下零售而言,做好大数据分析应用的前提是（　　）
    A. 增加统计种类　　B. 扩大营业面积　　C. 增加数据来源　　D. 开展优惠促销

二、判断题

1. 大数据是规模巨大且复杂,用常规的数据处理工具难以获取、整理、管理以及处理的数据。（　　）
2. 对于大数据而言,最基本、最重要的要求就是减少错误、保证质量。因此,大数据收集的信息量要尽量精确。（　　）
3. 关于大数据的内涵,大数据是一种思维方式和新的管理、治理途径。（　　）

4. Hadoop 的 HDFS 是一种分布式文件系统，适合高容错高量场景的数据存和管（　　）
5. Hadoop 和 Spark 都是大数据的分析技术。（　　）
6. 大数指安全的三要素包括：安全存储、安全传输和安全认证的使用者。（　　）
7. Sqoop 是关系型数据库与 Hadoop 之间的数据桥梁，这个桥梁的重要组件是 Sqoop 连接器。（　　）
8. 大数据成熟期形成了并行计算与分布式系统两大核心技术。（　　）
9. Hive 是建立在 Hadoop 之上的一个数据仓库。（　　）
10. 人们关心大数据，最终是关心大数据的应用，关心如何从业务和应用出发让大数据真正实现其蕴含的价值，从而为人们的生产生活带来有益的改变。（　　）

项目 11

人 工 智 能

— 机器学习——让信息系统学习人类智能 —

项目概述

　　机器能具备类似人类的智慧吗？能否模拟人脑生物机制，构建一套信息系统或智能机器，让其产生类似人脑的智力呢？棋类游戏被视为人类智力的试金石，围棋更是人类智力的一块高地。围棋需要计算的变化数量远远超过已经观测到的宇宙中原子的数量，如果让最智能的机器与顶级的人类棋手对弈，结果会如何呢？2016年举世瞩目的围棋人机大战，人类棋手败给人工智能围棋程序，人工智能由此走进大众视野。一般认为人工智能是研究、开发用于模拟、延伸和扩展人的智能的理论、方法、技术及应用系统的一门新的技术科学，本项目主要包含人工智能基础知识、人工智能关键技术、人工智能的应用等内容。

项目目标

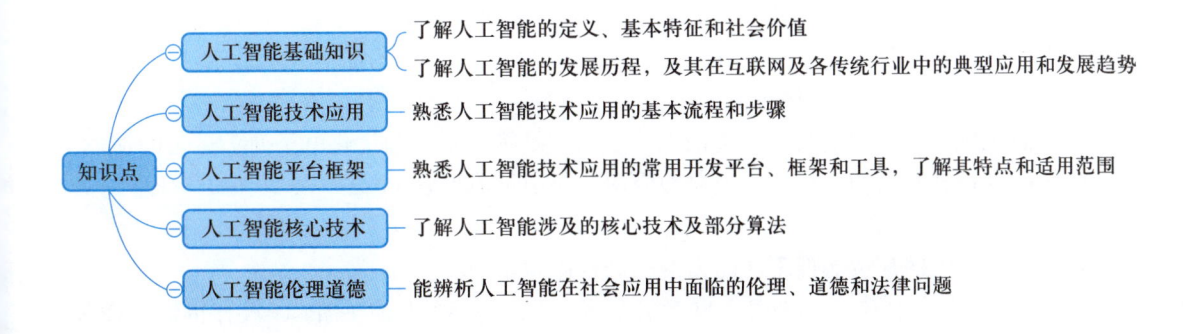

知识点		
	人工智能基础知识	了解人工智能的定义、基本特征和社会价值
		了解人工智能的发展历程，及其在互联网及各传统行业中的典型应用和发展趋势
	人工智能技术应用	熟悉人工智能技术应用的基本流程和步骤
	人工智能平台框架	熟悉人工智能技术应用的常用开发平台、框架和工具，了解其特点和适用范围
	人工智能核心技术	了解人工智能涉及的核心技术及部分算法
	人工智能伦理道德	能辨析人工智能在社会应用中面临的伦理、道德和法律问题

任务 11-1　寻找身边的人工智能应用

微课 11-1　什么是人工智能？

【学习目标】
- 了解人工智能在社会生活中的应用。
- 了解人工智能基本概念、主要特征和社会价值。
- 了解人工智能的发展历程、发展趋势。
- 熟悉人工智能典型技术与应用。

【任务导入】

早晨起床，智能手环可以查看人们的睡眠情况；早餐搭配，有基于个人健康管理的智慧餐饮方案；日常出行，有自动驾驶、智慧交通路线规划等技术服务；办公商旅，有自动办公系统、智能订票、人脸识别与身份验证……人们身边有很多模拟人类智能的信息系统或智能机器设备，这被称为人工智能的应用。

什么是人工智能，生活中有哪些人工智能应用？下面一起来探寻与体验，见表 11-1。

表 11-1　探索身边的人工智能应用任务卡

任务步骤	完成要求
步骤 1：探索人工智能在某一领域的应用	选定检索工具，拟定检索词、构建检索式、选择检索途径，检索人工智能在某一领域的应用
步骤 2：分析人工智能典型应用价值	选取 3~5 个典型应用，用列表形式说明其应用价值
步骤 3：体验人工智能典型应用功能	选取其中的一个典型应用，体验其功能，记录体验过程

【任务实施】

步骤 1：探索人工智能在某一领域的应用。

这里以人工智能在电商领域的应用为例，选定检索工具为百度搜索引擎，检索词为"人工智能、电商、电子商务、应用"，检索式为"人工智能*（电商+电子商务）*应用"，检索途径为标题检索，须用搜索指令 intitle，检索结果如图 11-1 所示。

步骤 2：分析人工智能应用价值。

在电商领域，人工智能技术已逐渐发展成为助推销量增长和优化电子商务运营的强大工具，参照检索排名在前的文章，整理典型应用及应用价值见表 11-2。

步骤 3：体验人工智能典型应用功能。

以电商网站中图片智能搜索功能为例，进行体验。

① 使用图片搜索网站，搜索"AI 教育机器人"，选择并保存一张 AI 教育机器人图片，如图 11-2 所示。

② 登录电商网站，通过图片搜索查找与图片同类型的商品。

以"京东商城"为例，在搜索栏单击蓝色圈内相机图标，上传"AI 教育机器人"图片，

图 11-1　人工智能在电商领域的应用

表 11-2　人工智能应用场景的价值分析

序号	典型应用	主要功能	应用价值
1	智能客服机器人	自动回复消费者问题，消费者可以通过文字、图片、语音与机器人进行交流	帮助客服解决重复咨询问题，有效降低人工成本、优化用户体验、提升服务质量
2	智能推荐引擎	实现海量数据集的深度学习，分析消费者的行为，预测哪些产品可能会吸引消费者，从而为他们推荐商品	帮助消费者快速找到所需要的产品，有效降低消费者的选择成本，为消费者提供个性化推荐与服务
3	图片智能搜索	消费者只需将商品图片上传到电商平台，人工智能能够理解商品的款式、规格、颜色、品牌及其他的特征，为消费者提供同类型商品的购买入口	建立商品从线下到线上的联系，缩短消费者搜索商品的时间，提高消费者的用户体验度
4	库存智能预测	分析影响产品库存数量与周转时间的主要因素，随着时间的推移不断学习从而变得更加智能，使得库存的预测更加准确	缩短补货时间，减少库存积压，有效避免客户的流失
5	商品动态定价	通过对行为数据、交易数据、竞争数据等多维数据的整合分析，找到不同场景下的最优定价和销售策略	动态定价准确地反映了市场需求和供应动态，提高产品的竞争力，提高相关性，利于从竞争中夺取市场份额

检索到多个与图片匹配的教育机器人商品，如图 11-3 所示。在现实应用中，可以通过相机拍照，上传实物照片，在电商网站中寻找同款商品。

【相关知识】

1. 人工智能概念

人工智能（Artificial Intelligence，AI）是研究、开发用于模拟、延伸和扩展人的智能的理论、方法、技术及应用系统的一门新的技术科学。当前，人工智能在某些特定领域领先人类，但在通用智能方面仍待发展与突破，人工智能处于快速发展阶段。

图 11-2　AI 教育机器人

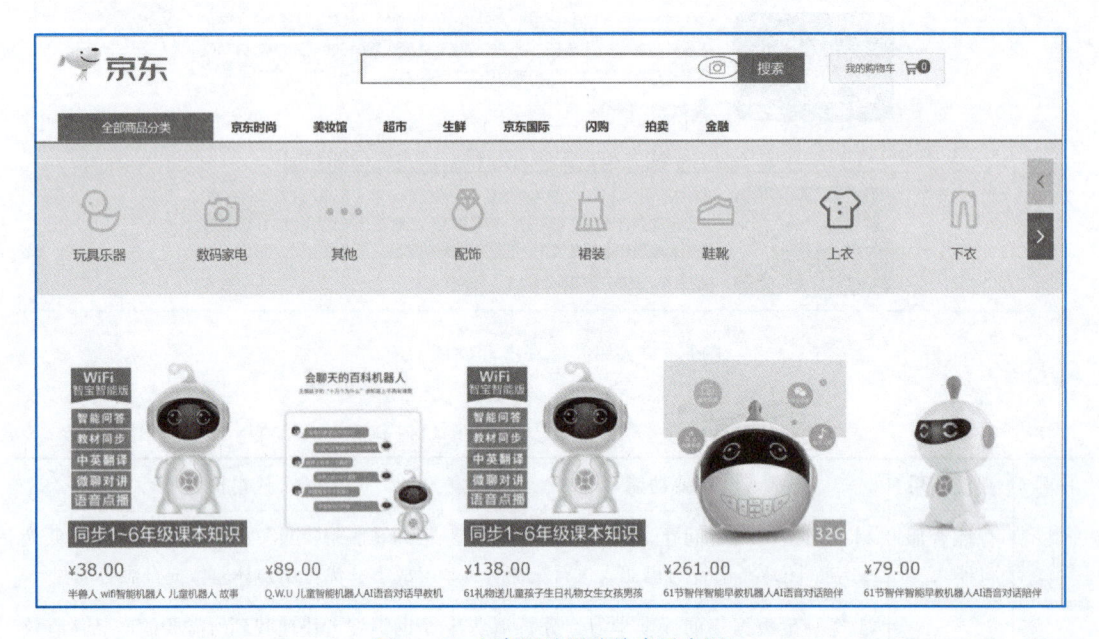

图 11-3　电商网站图片检索示意图

2. 人工智能发展历程和发展趋势

（1）人工智能发展历程

人工智能在 20 世纪五六十年代被正式提出，90 年代，国际象棋冠军卡斯帕罗夫与"深蓝"（Deep Blue）计算机决战，"深蓝"获胜，这是人工智能发展的一个重要里程碑。而在 2016 年，运用深度学习算法的人工智能战胜围棋世界冠军，再度引发 AI 热潮。人工智能发展历程如图 11-4 所示。

（2）人工智能发展趋势

展望未来，人工智能将给人类社会带来更多的惊喜和许多不可预测的变化，预计未来人工智能将呈现以下发展趋势。

- 人工智能技术将加速大数据、云计算、物联网的普及应用。
- 人工智能将有效推动中国经济转型和产业升级。
- 人工智能将成为人们工作和就业的必备技能。

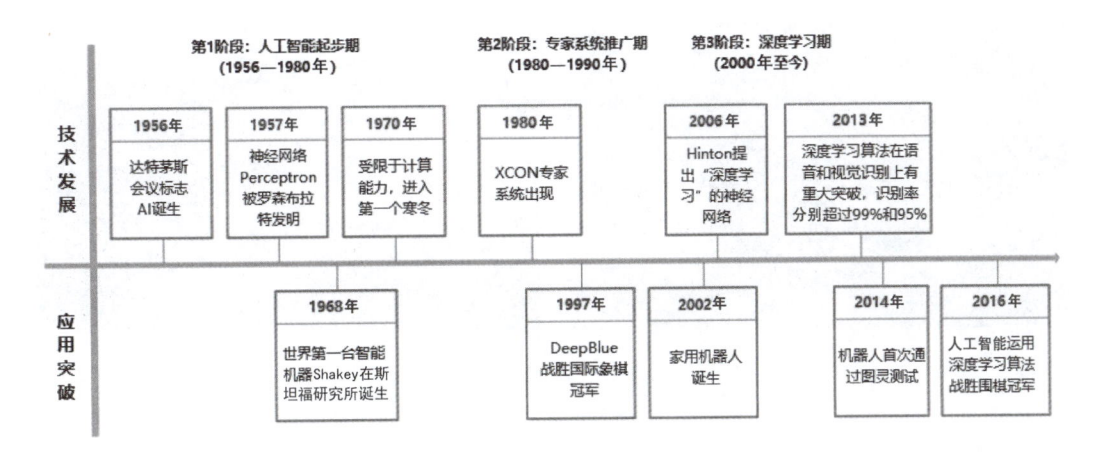

图 11-4 人工智能的发展历程

- 人工智能将取代人力成为必然的发展趋势。
- 脑机接口将引发技术风暴。

3. 人工智能典型技术应用

人工智能的应用情景非常广泛，从典型的技术领域来看，可以将人工智能与人类自然智能进行类比，将其大致分为智能视觉技术、智能语音技术、智能感知技术、自然语言处理技术等。

（1）智能视觉技术

智能视觉技术，与之相关的概念有计算机视觉、机器视觉、图像处理、模式识别等，主要研究如何让计算机或机器设备具备"看"的能力，是使用计算机及相关设备对生物视觉的一种模拟。例如，给定一组动物或植物图片，让机器自动识别动物或植物名称；进高铁站过闸机时的身份识别；自动驾驶的道路交通目标检测与识别；工业制造领域的机器人自动识别和分拣等，如图 11-5 所示。

图 11-5 智能视觉技术

（2）智能语音技术

智能语音技术，是让机器通过识别和理解过程，把语音信号转换为相应的文本或命令的技术。常见的微信语音自动转文字，或者把一段文字自动转成语音播放；微信摇一摇功能，播放音乐，让手机自动识别歌曲名；轨道交通领域通过安装特殊装置，借助声音的异常进行分析检修；工业制造领域通过对设备运行声音异常进行设备健康管理，预判设备坏损情况等，均为智能语音技术的应用，如图 11-6 所示。

图 11-6 智能语音技术

（3）智能感知技术

智能感知技术，可以通过传感器的应用，感知周围环境或者特殊物质，如气体感知、光线感知、温湿度感知、人体感知等，把模拟信号转换成数字信号，给中央处理器处理。具体有楼道中的感应灯，洗手间自动感应水龙头，门店自动感应门，智慧农场关于温度、湿度、风力的感应等，如图 11-7 所示。

图 11-7 智能感知技术

（4）自然语言处理技术

自然语言处理是指利用人类日常交流所使用的自然语言与机器进行交互通信的技术，这样的技术让人们可以用日常语言和计算机、机器、音箱、手机等进行对话。这要求计算机既能理解自然语言文本的意义，也能以自然语言文本来表达给定的意图、思想等。自动外呼的智能电话客服、智能音箱、聊天机器人等是典型的自然语言处理技术应用，如图 11-8 所示。

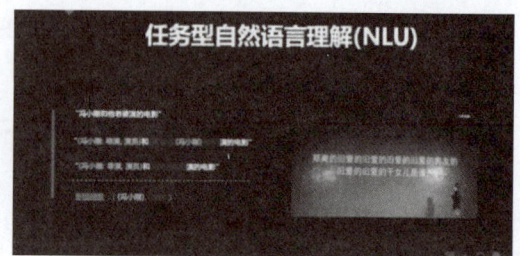

图 11-8 自然语言处理技术

【能力拓展】

通过信息检索技术，查阅分析人工智能在你所学专业的专业群领域的应用，如智能制造、智能农业、智能交通、智能医疗、智能教育、智能商务、智能能源、智能物流、智能金融、智能家居、智能政务、智慧城市、公共安全、智能环保、智能法庭、智能游戏等，每个领域选取 3 个典型应用，填写表 11-3。

表 11-3　人工智能技术在行业中的应用

应用领域	典型应用 1	典型应用 2	典型应用 3
智能制造			
智能农业			
智能交通			
智能医疗			
⋮			

任务 11-2　体验人工智能开放平台

微课 11-2
开发一个人工智能应用

【学习目标】

- 熟悉人工智能技术应用的常用开发平台、框架和工具，了解其特点和适用范围。
- 熟悉人工智能技术应用的基本流程和步骤。
- 了解人工智能涉及的核心技术及部分算法，能使用人工智能相关应用解决实际问题。
- 能辨析人工智能在社会应用中面临的伦理、道德和法律问题。

【任务导入】

如何让机器产生"智能"，能不能模拟人脑生物机制，构建一套信息系统或智能机器，让其产生类似人脑的智力，让机器像人一样去看、去听、去感知、去识别推理决策呢？

接下来，将通过智能视觉应用、语音与自然语言处理应用等人工智能项目体验，了解人工智能"看、听、说"的能力，以及借助人工智能开放平台，去搭建一个简易的人工智能应用程序，完成表 11-4 所示的任务卡。

表 11-4　体验人工智能开放平台任务卡

任务步骤	完成要求
步骤 1：走进人工智能"视界"	选择一个人工智能开放平台，体验智能视觉技术，完成后截图保存体验结果，作为完成任务的依据
步骤 2：聆听人工智能"声音"	选择一个人工智能开放平台，体验智能语音技术，完成后截图保存体验结果，作为完成任务的依据
步骤 3：认识人工智能"生态"	选择一个人工智能开放平台，搭建一个人工智能应用体验程序

【任务实施】

步骤 1：走进人工智能"视界"。

① 选择一个人工智能开放平台，进入能力体验中心。

以百度 AI 开放平台为例，在该平台的"开发与教学"菜单中选择"AI 能力体验中心"，进入 AI 能力体验中心，如图 11-9 所示。

图 11-9　AI 能力体验中心

② 任选视觉项目进行体验，截图保存体验结果。例如，植物识别可以根据拍摄照片，识别其中植物的名称，可识别超过 2 万种常见植物和近 8 000 种花卉，如图 11-10 所示。

步骤 2：聆听人工智能"声音"。

① 选择一个人工智能开发平台，了解智能语音功能。以科大讯飞 AI 平台为例，进入讯飞 AI 百宝箱，如图 11-11 所示。

② 任选语音项目体验，截图保存体验结果。选择在线配音制作项目，进入"在线配音制作"界面，可在线将文字转换为自然流畅的人声。在文本框中输入要配音的文字，选择不同场景，进行在线配音，如阅读场景提供风格稳重、字正腔圆的男女声主播，帮助传统新闻媒体快速完成有声内容建设，如图 11-12 所示。

步骤 3：认识人工智能"生态"。

① 注册人工智能开发平台账户。以百度 AI 开放平台为例，在该平台的"开发平台"菜单中，选择"EasyDL 零门槛 AI 开发平台"，进入该平台，如图 11-13 所示。

单击"立即使用"按钮，任选一个项目，首次使用会引导进入用户登录界面，可以单击"注册"按钮，进入用户注册界面，并完成账号注册。

② 查看人工智能"帮助文档"。打开"帮助文档"，可以查看平台功能说明，以及该平台每个技术领域的详细使用流程与步骤，如图 11-14 所示。

图 11-10　智能视觉识别应用

图 11-11　讯飞 AI 百宝箱

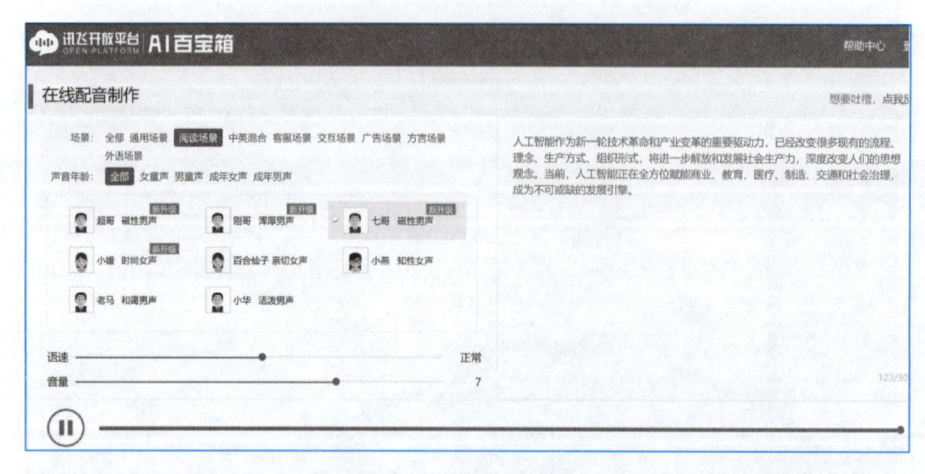

图 11-12　在线配音制作

图 11-13　EasyDL 零门槛 AI 开发平台

图 11-14　开发平台帮助文档

③ 完成一个应用模型创建。该平台提供"新手教程"指引，引导用户零基础开始，一步一步完成一个简易模型的创建，如图 11-15 所示。可以在"EasyDL"首页找到"新手教程"入口，通过"新手教程"，创建一个属于自己的模型。

图 11-15　创建模型

④ 完成模型的训练与验证。根据"新手教程"引导，完成模型的训练与发布，如图 11-16 所示。

图 11-16　模型的训练与发布

完成后的模型会自动生成二维码，通过手机微信或百度 App 可以扫描进行模型体验。

【相关知识】

1. 人工智能标准体系结构

2020 年我国有关部门印发了《国家新一代人工智能标准体系建设指南》，将人工智能标准体系结构分为八大部分。

① 基础共性标准：包括术语、参考架构、测试评估三大类，支撑标准体系结构中其他部分。

② 支撑技术与产品标准：对人工智能软硬件平台建设、算法模型开发、人工智能应用提供基础支撑。

③ 基础软硬件平台标准：主要围绕智能芯片、系统软件、开发框架等方面，为人工智能提供基础设施支撑。

④ 关键通用技术标准：主要围绕机器学习、知识图谱、类脑智能计算、量子智能计算、模式识别等方面，为人工智能应用提供通用技术支撑。

⑤ 关键领域技术标准：主要围绕自然语言处理、智能语音、计算机视觉、生物特征识别、虚拟现实/增强现实、人机交互等方面，为人工智能应用提供领域技术支撑。

⑥ 产品与服务标准：包括在人工智能技术领域中形成的智能化产品及新服务模式的相关标准。

⑦ 行业应用标准：位于人工智能标准体系结构的最顶层，面向行业具体需求，对其他部分标准进行细化，支撑各行业发展。

⑧ 安全/伦理标准：贯穿于人工智能标准体系结构的其他部分，为人工智能建立合规体系。

2. 人工智能三大要素

人工智能具有算力、算法、数据三大要素，其中基础层提供算力支持，通用技术平台解决算法问题，场景化应用挖掘数据价值，如图11-17所示。

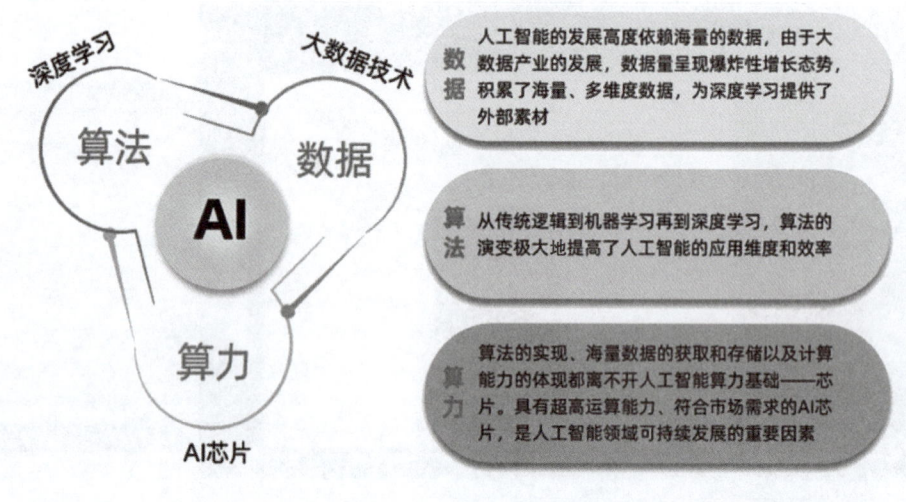

图11-17　人工智能三大要素

3. 人工智能的核心技术和算法

① 机器学习是人工智能的核心，是使计算机具有智能的根本途径。机器学习专注于算法，允许机器学习而不需要编程，并在暴露于新数据时进行更改，让计算机不依赖确定的编码指令，模拟或实现人类的学习行为，以获取新的知识或技能，重新组织已有的知识结构使之不断改善自身的性能。

② 深度学习是一种实现机器学习的神经网络方法。深度学习的概念源于人工神经网络的研究，含多个隐藏层的多层感知器就是一种深度学习结构。深度学习通过组合低层特征形成更加抽象的高层表示属性类别或特征，以发现数据的分布式特征表示。研究深度学习的动机在于建立模拟人脑进行分析学习的神经网络，它模仿人脑的机制来解释数据，如图像、声音和文本等。

③ 机器视觉是指用机器代替人眼来做测量和判断，自动采集并分析图像，以获取控制

或评估特定零件和特定活动所需的数据。机器视觉是一项综合技术，包括图像处理、机械工程技术、控制、电光源照明、光学成像、传感器、模拟与数字视频技术、计算机软硬件技术（包括图像增强和分析算法、图像卡、I/O 卡）等。

④ 自然语言处理（Natural Language Processing，NLP）是指利用人类交流所使用的自然语言与机器进行交互通信的技术。通过人为对自然语言的处理，使得计算机对其能够读取并理解。自然语言处理技术是人工智能最早的应用技术，该技术细分领域包括文本分类和聚类、信息检索和过滤、机器翻译等。文本分类和聚类按照关键字词做出统计，建造一个索引库，用于检索。信息检索和过滤是对网络关键词进行瞬时检查并运行处理，机器翻译是利用深度学习算法，进行语言翻译并提升正确性。

⑤ 知识图谱技术是指显示知识发展进程与结构关系的一系列各种不同的图形，用可视化技术描述知识资源及其载体，挖掘、分析、构建、绘制和显示知识及它们之间的相互联系。知识图谱技术是指知识图谱建立和应用的技术，是融合认知计算、知识表示与推理、信息检索与抽取、自然语言处理与语义 Web、数据挖掘与机器学习等方向的交叉研究。

⑥ 生物识别技术是通过人类生物特征进行身份认证的一种技术，主要包括语音、脸部、虹膜、视网膜、体形、个人习惯（包括敲击键盘的力度和频率、签字）等，与之相应的识别技术包括语音识别、人脸识别、虹膜识别等。生物识别技术比传统的身份鉴定方法更具安全、保密和方便性，具有不易遗忘、防伪性能好、不易伪造或被盗、随身"携带"和随时随地可用等优点。

4. 人工智能开放平台

人工智能技术逐渐成为数字时代的基础能力，推进 AI 普惠化的一个关键便是要降低 AI 应用的门槛。AI 开放平台内含数据智能标注、智能模型开发以及云原生应用部署等基础功能模块，通过订阅 API、AI SaaS 化等形态输出，大大降低了获取 AI 能力、开发 AI 应用的门槛。以 AI 开放平台为载体，释放通用型数据模型，已成为人工智能企业主要的发展方式之一。不少企业积极布局 AI 开放平台，以开放平台支撑 AI 产业生态发展。例如，百度、腾讯、阿里和科大讯飞等，均通过开放平台聚合技术、人才、产业资源，实现产业生态繁荣。

5. 人工智能面临的伦理、道德和法律问题

人工智能对人类工作、生活方式的改变可能影响现有的法律体系、道德标准以及伦理等，而人类做出改变的速度未必能跟得上人工智能的发展速度，这就会对社会现有的体制造成冲击，从而引发混乱。人工智能让人类越来越缺乏思考，而其自身则有可能越来越聪明，从而威胁到人类的生存。目前围绕人工智能伦理,已经有了明确的问题聚焦。算法歧视、数据隐私、安全与责任、机器人与人的关系以及科技贫困是当前 AI 伦理五大热点研究领域。

① 算法歧视。算法基于已有的数据对未来进行预测，算法模型和数据输入在很大程度上决定着预测结果。无法保证算法开发设计者自身的价值判断不会嵌入算法系统。

② 数据隐私。人工智能充分挖掘和利用数据的相关性，促进了大量数据的采集和流动。通过人工智能终端，后台服务器可以轻易读取个人的活动信息，公共区域高清摄像头随时捕捉行人、行车信息，人脸识别系统轻松抓取面部生物特征，个人、企业的数据隐私将面临越来越多的风险。深度伪造技术的应用，也导致滥用个人信息、制造虚假导向等问题的出现。

③ 安全与责任。自动驾驶汽车曾导致人员的伤亡、机器人也曾致人受伤，人工智能系统有较强的自主性，也存在受到网络黑客篡改数据的隐患。当出现相关的安全与责任问题时，

如何判断责权很重要。

④ 机器人与人的关系。人工智能与人类是服从和命令的关系还是友好互动、和谐共生，机器人是否应该获得"意识觉醒"，机器对人类是否会产生"反控制"，机器人与人的关系应该如何界定。

⑤ 科技贫困。人工智能应用将在越来越多的领域取代人工，人工智能对人力资源的取代，使人类劳动力将面临失业风险。人工智能作为一种高精尖的技术，具有一定的技术门槛，可能产生人工智能技术被少数实力雄厚的大企业垄断的情况，而造成财富格局的固定化、收入差距的扩大化。

【能力拓展】

人工智能未来会有多"智能"，人工智能为人类带来便利的同时，可能存在哪些负面的影响？人工智能会产生独立于人类的"情感"吗？未来人类与人工智能是怎样的关系？

以分组调研与研讨的方式，借助网络信息工具，查询人工智能技术的伦理、道德与法律文献资料，完成表 11-5 所示的报告。

表 11-5　人工智能伦理、道德与法律问题研讨报告

人工智能伦理、道德与法律问题研讨报告			
一、基本信息			
课程名称		任课教师	
上课日期		上课地点	
二、小组成员			
三、报告内容 （括号内文字为报告内容参考说明） 1. 人工智能应用伦理问题 （人工智能应用面临的伦理问题分析） 2. 人工智能应用道德问题 （人工智能应用面临的道德问题分析） 3. 人工智能应用法律问题 （人工智能应用面临的法律问题分析）			
四、参考资料 （网络信息、文献、书籍等的详细信息）			

项目小结

本项目设置了"寻找身边的人工智能应用""体验人工智能开放平台"2 个任务。"寻找身边的人工智能应用"通过探寻人工智能在社会生活中的应用，了解人工智能基本概念、主要特征和社会价值；"体验人工智能开放平台"通过智能视觉应用、语音与自然语言处理应用等人工智能项目体验，用人工智能开放平台搭建一个简易的人工智能应用程序，熟悉人工

智能技术应用的基本流程和步骤，做中学、学中做，突出技能训练。

在"能力拓展"环节中，"探索人工智能技术在行业中的应用"能力提升训练将项目切换到探索人工智能不同的应用场景，举一反三，让读者了解人工智能更多典型应用的同时提升自学能力；"人工智能伦理、道德与法律问题研讨"能力提升训练旨在让读者能辨析人工智能在社会应用中面临的伦理、道德与法律问题，让读者在思考、辨析、解决问题的过程中逐渐形成良好的信息社会责任意识。

项目提升

一、选择题

1. 人工智能属于（　　）。
   A. 人和动物的学习　　　　　　　　B. 人类的学习
   C. 知识和技能的学习　　　　　　　D. 机器学习
2. 人工智能的本质是（　　）。
   A. 取代人类智能　　　　　　　　　B. 电脑万能
   C. 人类智慧的倒退　　　　　　　　D. 对人类智能的模拟
3. 人工智能皇冠上的明珠是（　　）。
   A. 数据智能　　　B. 读写智能　　　C. 逻辑智能　　　D. 语言智能
4. 通过终端采集人类的语音或识别文本，并对其进行分析，最终使机器理解人类要表达的含义的技术是（　　）。
   A. 机器学习　　　B. 深度学习　　　C. 自然语言处理　　D. 语音识别
5. 人工神经网络发展的第一次高潮是（　　）。
   A. 1986 年启动"863 计划"
   B. 1977 年，吴文俊创立吴方法
   C. 1957 年，罗森布拉特提出感知机神经元关系
   D. 1985—1986 年提出误差反向传播算法
6. 人工智能在围棋方面的应用之一是通过（　　）获得"棋感"。
   A. 视觉感知　　　B. 扩大存储空间　　C. 听觉感知　　　D. 提高运算速度
7. 以下不属于人工智能对当前经济社会冲击最大的四个领域的是（　　）。
   A. 制造　　　　　B. 教育　　　　　C. 艺术　　　　　D. 金融
8. 2013 年，麻省理工学院的基础评论把（　　）列为第一大技术突破。
   A. 机器学习　　　B. 人工智能　　　C. 智能围棋　　　D. 深度学习
9. 人工智能的出现说明（　　）。
   A. 机器能像人一样思维　　　　　　B. 机器可以代替人的思维活动
   C. 机器可以全面超过人的思维活动　D. 机器可以模拟人类的部分思维活动
10. 被誉为国际"人工智能之父"的是（　　）。
    A. 图灵　　　　　B. 费根鲍姆　　　C. 傅京孙　　　　D. 尼尔逊

二、判断题

1. 当前，人工智能在某些特定领域领先人类。（   ）
2. 1942 年，人工智能诞生。（   ）
3. 人工智能大致分为智能视觉技术、智能语音技术、智能感知技术、自然语言处理技术。（   ）
4. 智能感知技术可以通过传感器的应用，感知周围环境或者特殊物质。（   ）
5. 人工智能技术体系中，基础软硬件平台标准对人工智能软硬件平台建设、算法模型开发、人工智能应用提供基础支撑。（   ）
6. 大数据时代的机器学习更强调"学习本身是手段"，机器学习成为一种支持和服务技术。（   ）
7. 语言学和声学方法进行语音识别处理应用得最早，获得大规模普及。（   ）
8. 计算机视觉通常面向工业制造领域。（   ）
9. 机器学习是深度学习的一种，而深度学习是实现人工智能的必经路径。（   ）
10. 算法歧视、数据隐私、安全与责任、机器人与人的关系以及科技贫困是当前 AI 伦理五大热点研究领域。（   ）

项目 12

云 计 算

— 按需分配——动态自动化配置计算资源 —

项目概述

信息计算支撑着信息系统正常运行,人们每天使用的电脑、手机,以及各类信息化、智慧化产品,都离不开信息计算服务的支持,就像水和电支撑着日常生活与社会生产一样,云计算就是这样一种类似"水"和"电"的信息计算服务。云计算的精髓是把有形的产品(网络设备、服务器、存储设备、各种软件等)转化为服务产品,并通过网络让人们远距离在线使用,使产品的所有权和使用权分离。云计算是一种利用互联网实现随时随地、按需、便捷地使用和共享计算设施、存储设备、应用程序等资源的计算模式,本主题包含云计算技术基础知识和模式、技术原理和架构、主流产品和应用等内容。

项目目标

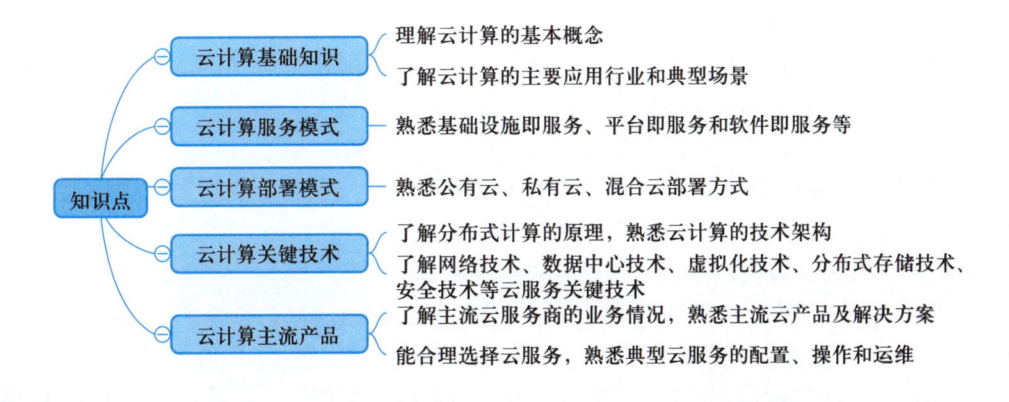

知识点：
- 云计算基础知识
  - 理解云计算的基本概念
  - 了解云计算的主要应用行业和典型场景
- 云计算服务模式
  - 熟悉基础设施即服务、平台即服务和软件即服务等
- 云计算部署模式
  - 熟悉公有云、私有云、混合云部署方式
- 云计算关键技术
  - 了解分布式计算的原理，熟悉云计算的技术架构
  - 了解网络技术、数据中心技术、虚拟化技术、分布式存储技术、安全技术等云服务关键技术
- 云计算主流产品
  - 了解主流云服务商的业务情况，熟悉主流云产品及解决方案
  - 能合理选择云服务，熟悉典型云服务的配置、操作和运维

任务 12-1 寻找身边的云计算应用

微课 12-1 什么是云计算？

【学习目标】
- 理解云计算的基本概念。
- 了解云计算的主要应用行业和典型场景。
- 熟悉云计算的服务交付模式，包括基础设施即服务、平台即服务和软件即服务等。
- 熟悉云计算的部署模式，包括公有云、私有云、混合云等。
- 了解主流云计算服务商的产品与服务体系。

【任务导入】

当你在使用搜索引擎的时候，是否考虑过搜索引擎的数据中心在哪里，是什么样子的吗？事实上，搜索引擎的数据中心规模是相当庞大的，而对于用户来说，搜索引擎的数据中心是无从感知的，是公共云的一种应用方式。全球主要科技巨头都在积极部署云计算业务，国内的阿里云、华为云、腾讯云等大型科技公司已经建立了非常完整、系统的云计算服务体系，云技术已经应用到社会生活各行各业。人们身边有哪些云计算应用呢？根据表 12-1 的任务卡，探寻与体验云计算的应用。

表 12-1 探索身边的云计算应用任务卡

任务步骤	完成要求
步骤 1：探索云计算在行业中应用	选定检索工具，拟定检索词、构建检索式、选择检索途径，检索云计算在行业中的应用。
步骤 2：分析云计算典型应用价值	选取 3~5 个典型的应用，列表形式说明其应用的价值。
步骤 3：了解云计算应用案例	选取其中的一个典型应用，体验其功能，记录体验过程

【任务实施】

步骤 1：探索云计算在行业中的应用

选定检索工具为百度搜索引擎，检索词为"云计算应用领域"，检索式为"intitle：云计算应用领域"，检索结果如图 12-1 所示。

步骤 2：分析云计算典型应用价值

参照检索排名在前的文章，整理云计算在金融、医疗、教育、制造领域中的典型应用，如表 12-2 所示。

步骤 3：了解云计算应用案例

① 登录云服务商教育云网站。以阿里云为例，登录阿里云官网，选择"云市场 - 行业云"，进入行业云网页，选择"用户案例"，选择"教育"行业，如图 12-2 所示。

② 选择教育云行业应用案例。以案例云教育行业应用案例"××教育"为例，点击"××教育"进入行业应用案例说明页，如图 12-3 所示。

图 12-1　云计算在行业中的应用

表 12-2　云计算典型应用价值分析

序号	典型应用	主要功能	应用价值
1	金融云	利用云计算的模型构成原理，将金融产品、信息、服务分散到庞大分支机构所构成的云网络当中	提高金融机构迅速发现并解决问题的能力，提升整体工作效率，改善流程，降低运营成本
2	医疗云	利用云计算来创建医疗健康服务云平台，实现了医疗资源的共享和医疗范围的扩大	有效地提高医疗保健的质量、控制成本和能够便捷访问的医疗保健服务
3	教育云	利用云计算创建教育服务平台，向广大的学校、教师、学生和家长提供虚拟化的软硬件计算资源、各种教学服务和教育教学资源	通过虚拟化技术提升 IT 硬件设备的利用率，建构了宽松可控的学习环境，使其能自主选择合适的学习手段和学习资源
4	制造云	利用云计算构成以用户为中心的、统一经营的智慧制造资源与能力的服务云，用户通过网络和终端就能随时按需获取制造资源与能力服务，进而智慧地完成制造全生命周期的各类活动	促使制造全系统及全生命周期活动中的人/组织、经营管理、技术/设备及信息流、物流、资金流、知识流、服务流集成优化

图 12-2　阿里云行业云主页

图 12-3　阿里云教育云信息

③ 登录案例应用官网，查看并体验教育云网站。以上面案例为例，进入该教育云案例网站，点击体验网站功能。如图 12-4 所示。

图 12-4　阿里云教育云应用案例

【相关知识】

1. 云计算定义和特点

云计算不是一种全新的网络技术，而是一种全新的网络应用概念，云计算的核心概念就是以互联网为中心，在网站上提供快速且安全的云计算服务与数据存储，让每一个使用互联网的人都可以使用网络上的庞大计算资源与数据中心。简单来说，云计算所提供软件、平台、基础计算资源等服务，让用户像使用水和电一样，不用去建水厂和电厂，只需要按需购买，用多少买多少，随时可以弹性增减。云计算的优势主要集中在利用各种技术来打破原有的空间时间壁垒，统一管理和使用资源信息，整合并优化之前松散和不完整的各种资源，并将这些整合后的资源通过各个终端送到每一位需要的人手中。

云计算的主要特征有：

（1）资源池化。资源以共享资源池的方式统一管理。利用虚拟化技术，将资源分享给不同用户，资源的放置、管理与分配策略对用户透明。

（2）泛在接入。用户可以利用各种终端设备（如 PC、笔记本计算机、智能手机等）随时随地通过互联网访问云计算服务。

（3）弹性伸缩。服务的规模可快速伸缩，以自动适应业务负载的动态变化，避免因为服务器性能过载或冗余而导致的服务质量下降或资源浪费。

（4）按需服务。以服务的形式为用户提供应用程序、数据存储、基础设施等资源，并可以根据用户需求，自动分配资源，而不需要系统管理员干预。

（5）计量付费。监控用户的资源使用量，用户根据资源的使用情况对服务付费。

2. 云计算服务模式

云计算所提供的资源，主要包括机房基础设施、计算机网络、存储机柜、服务器（或虚拟机）、操作系统、数据库、中间件（运行库）、应用软件等，根据服务模式通常分为基础设施即服务（IaaS）、平台即服务（PaaS）、软件即服务（SaaS），如图 12-5 所示。

（1）基础设施即服务 IaaS

假设 A 企业需要 100 台服务器，如果自己采购，需要自己建机房、部署计算机网络、采

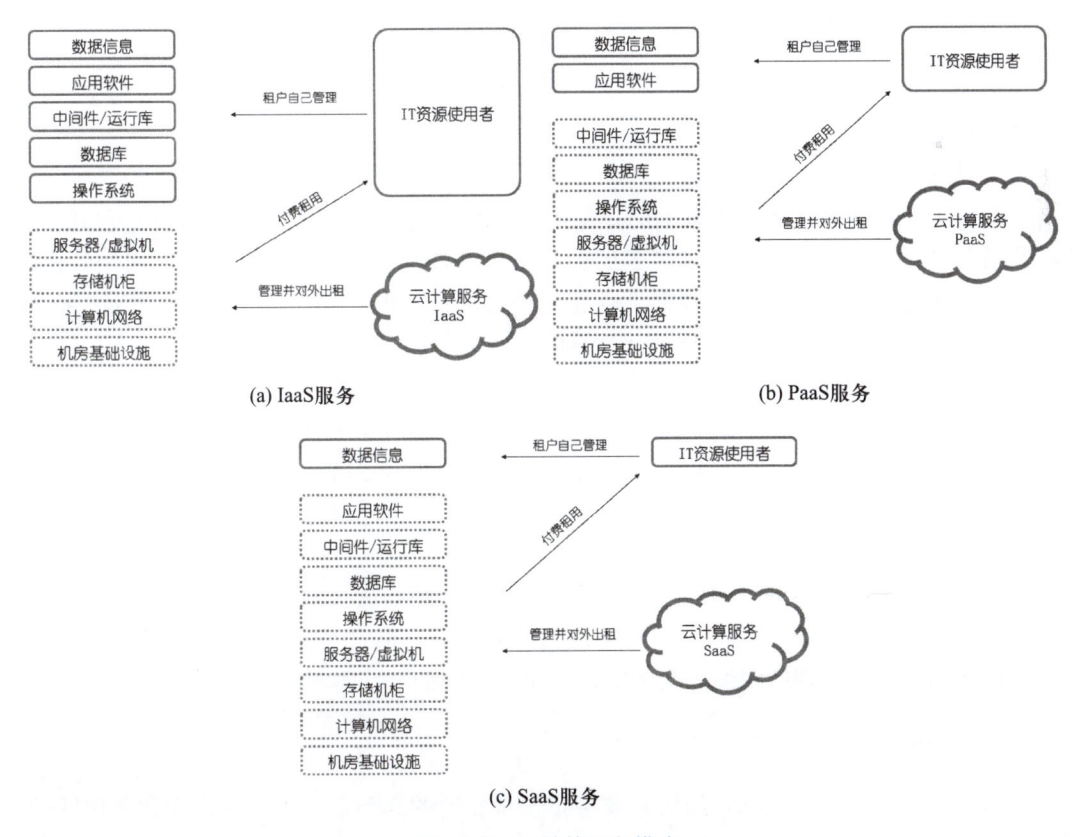

(a) IaaS 服务

(b) PaaS 服务

(c) SaaS 服务

图 12-5　云计算服务模式

购100台服务器，最低需要200万人民币；如果租用云计算服务，一年费用可能不到10万人民币。这种由云服务商完成IT基础设施建设，对外出租硬件服务器或者虚拟机的方式，称为IaaS（Infrastructure-as-a-Service）模式，即云计算服务商将IT基础设施作为服务对外提供租用的方式，如图12-5（a）所示。

（2）平台即服务PaaS

假设A企业租用了100台服务器，同时希望云计算服务提供商为其安装好操作系统、数据库系统，以及运行软件所需要的中间件、运行库等环境，云计算服务商把整套的平台环境划分小块（习惯称之为容器）对外出租，该类模式称为PaaS（Platform-as-a-Service）模式，即云计算服务商将软件开发或运行平台作为服务对外提供租用的方式，如图12-5（b）所示。

（3）软件即服务SaaS

假设A企业考虑采用PaaS服务模式，但核算了下自己组建团队开发应用系统的成本，大概需要100名工程师开发1年，需要投入200万人民币开发经费，对比市场上云计算服务商提供的同类应用软件，一年经费10万人民币，决定直接租用该应用软件。这种以软件为服务的模式称为SaaS（Software-as-a-Service）模式，即云计算服务商将应用软件作为服务对外提供租用的方式，如图12-5（c）所示。

3. 云计算部署模式

根据云计算服务的消费者来源划分，云计算服务根据部署方式通常分为私有云、社区云、公有云、混合云。

（1）私有云

云端资源只供一个单位使用，其他的人和机构都无权租赁并使用该资源。云端部署一般有两个可能，一是部署在单位内部（如机房），称为本地私有云；二是托管在别处（如阿里云端），称为托管私有云。

（2）社区云

云端资源只给两个或者两个以上的特定单位组织内的员工使用，其他的任何人和机构都无权租赁和使用云端计算资源。社区云的云端也有两种部署方法，即本地部署和托管部署。由于存在多个单位组织，所以本地部署存在三种情况：只部署在一个单位组织内部；部署在部分单位组织内部；部署在全部单位组织内部。

（3）公有云

云端资源面向社会大众开放，任何个人或单位组织都可租赁并使用该资源。公有云管理比私有云管理要复杂得多，尤其安全防范要求更高。阿里云、腾讯云、华为云等为公共云典型例子。

（4）混合云

由两个或两个以上不同类型的云资源（私有云、社区云、公共云）组成，其本身不是一种特定类型云，计算资源来自两个或两个以上的云。用户通常通过混合云管理层使用资源，形式上像使用同一个云端的资源，实际资源分布在不同的云。

【能力拓展】

数字化时代，全球企业都在经历向数字化转型发展的高潮期，云计算作为数字化转型发展的基石，是目前以及未来寻求业务连续性、成本效率和提高未来可扩展性企业的优先考虑。

通过信息检索技术，在检索中关键字加入 top，查找我国云计算实力派厂商，分析该企业的代表云产品，简要地介绍该产品，填写表 12-3。

表 12-3　云计算企业代表云产品

云计算企业名称	代表云产品	云产品介绍
企业 1		
企业 2		
企业 3		
企业 4		
企业 5		

任务 12-2　体验云服务产品

微课 12-2
创建一个云主机

【学习目标】

- 了解分布式计算的原理，熟悉云计算的技术架构。
- 了解云计算的关键技术。
- 了解主流云服务商的业务情况，熟悉主流云产品及解决方案。
- 能合理选择云服务，熟悉典型云服务的配置、操作和运维。

【任务导入】

前面初步介绍了云计算的应用价值与服务模式，那如何具体应用云计算产品与服务呢？下面将围绕云计算服务商产品与服务体系，更进一步了解云计算的原理、技术架构、关键技术，以及相关产品及解决方案的应用等。

请选择一个主流的云计算服务商，通过其用户文档或帮助说明，深入了解云计算服务的具体操作使用流程。结合具体的云计算操作使用流程，拓展学习云计算背后的技术原理、技术架构，以及云计算关键技术，见表 12-4。

表 12-4　体验云服务产品任务卡

任务步骤	完成要求
步骤 1：初识云计算厂商与服务	选择一个主流的云计算服务商，找到用户文档或新手帮助栏目，了解云服务商产品
步骤 2：了解云计算产品与价格	选择云服务器产品页面，了解云服务器产品类别、产品价格
步骤 3：认识云计算服务与运维	选择一个云服务商，注册一个云服务试用账号，了解云服务使用与运维

【任务实施】

步骤 1：初识云计算厂商与服务

网络查询云服务厂商信息，选择一个主流的云计算服务商，找到用户文档或新手帮助栏目，了解云服务商产品。以阿里云新手入门为例，登录阿里云官网，选择"支持与服务"，如图 12-6 所示点击"新手入门"。

图 12-6　阿里云服务支持

进入阿里云"新手入门"图文页面，查看并了解阿里云产品服务。如图 12-7 所示，点击查看各类产品服务文档与视频，了解阿里云产品服务使用说明。

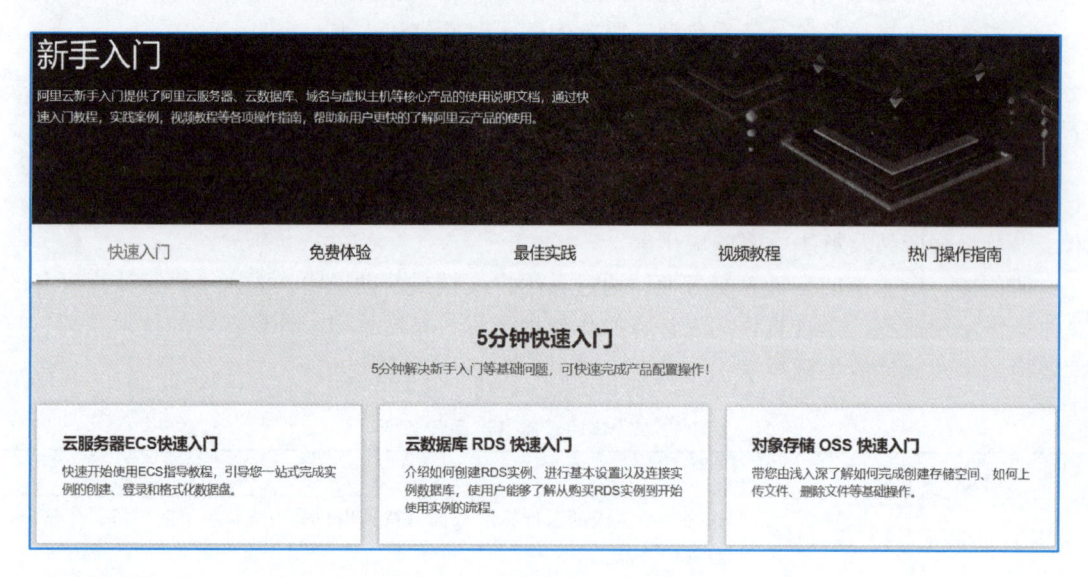

图 12-7　阿里云新手入门

步骤 2：了解云计算产品与价格

① 选择云服务器产品页面，了解云服务器产品类别、产品价格。以阿里云为例，登录阿里云官网，点击"产品"，如图 12-8 所示，可选择不同产品查看具体服务内容。

② 选择一个云服务产品，查看具体产品服务规格及价格。以阿里云为例，选择"阿里云 – 产品 – 云服务器 ECS"，如图 12-9 所示，进入"云服务器 ECS"产品页。

项目 12　云计算

图 12-8　阿里云产品类别

图 12-9　阿里云–云服务器产品页

③ 点击云服务产品价格，查看具体产品规格及价格。以阿里云为例，进入云服务器产品页，点击"产品价格或价格计算器"，如图 12-10 所示，可查看产品规格配置与价格。

步骤 3：认识云计算服务与运维

① 选择一个云服务商，注册一个云服务试用账号，进入产品主页，了解云产品使用流程。以阿里云为例，注册个人账号，登录后，在网站最上方选择"产品–云服务器–免费试用"，如图 12-11 阿里云–云服务器试用，进入产品试用页面（如仅了解，不试用具体产品，可不用实名认证）。

② 登录云服务商账号管理端，了解云服务管理运维。以阿里云为例，点击网站右上方"控制台"，点击"运维监控"，如图 12-12 所示。

图 12-10　阿里云 – 云服务器价格

图 12-11　阿里云 – 云服务器试用

③ 添加云服务器产品，如图 12-13 所示，查看具体产品监控运维情况。

【相关知识】

1. 云计算的技术框架

云计算架构共有 4 层，其中 3 层是横向的，分别是基础设施层、中间件层和应用层，分别对应着 IaaS、PaaS、SaaS 服务，还有一层是纵向的，称为管理层，如图 12-14 所示。

（1）基础设施层

基础设施层是为中间层或者用户提供其所需的计算和存储等资源，并通过虚拟化等技术将资源池化，以实现资源的按需分配和快速部署。

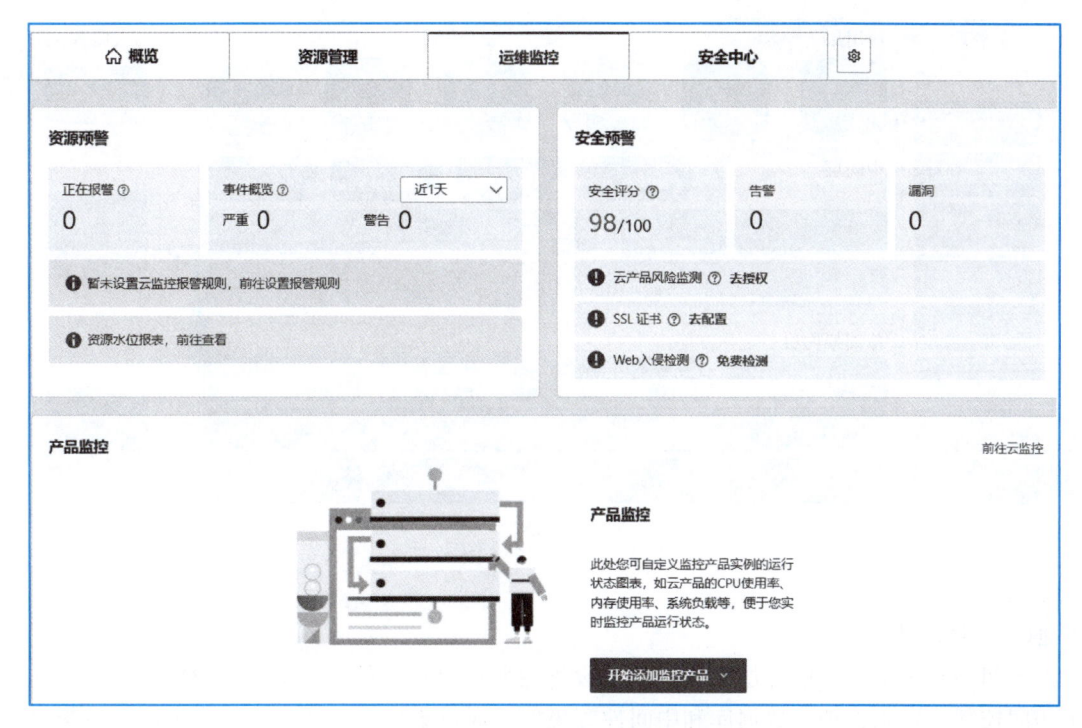

图 12-12　阿里云 – 控制台运维监控

图 12-13　阿里云 – 云服务器运维监控

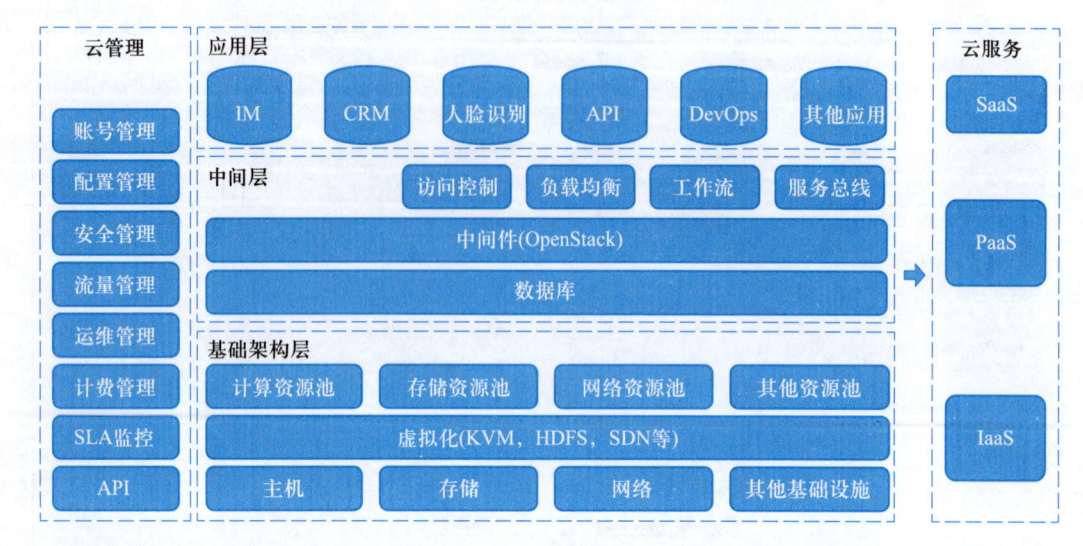

图 12-14　云计算技术框架

（2）中间层

中间层是承上启下的一层，它在基础设施层所提供资源的基础上为用户提供服务，包括了访问控制、资源管理、数据库和中间件等集群，通过集成 API 为客户提供定制开发接口。

（3）应用层

应用层是以友好的用户界面为用户提供所需的各项应用软件和服务，应用层直接面向客户需求，向企业客户提供 CRM、ERP、OA 等企业应用。

（4）管理层

管理层是为横向的三层服务的，给这三层提供账号管理、配置管理、安全管理、流量管理、运维管理、计费管理、SLA 监控等多种管理和维护等方面的技术。

2. 云计算的关键技术

云计算的 5 大关键技术是：云计算平台管理技术、分布式计算的编程模式、分布式海量数据存储、海量数据管理技术、虚拟化技术。

① 云计算平台管理技术：云计算系统的平台管理技术能够使大量的服务器协同工作，方便地进行业务部署和开通，快速发现和恢复系统故障。

② 分布式计算的编程模式：云计算采用了一种思想简洁的分布式并行编程模型 Map-Reduce，用于数据集的并行运算和并行任务的调度处理。

③ 分布式海量数据存储：云计算系统采用分布式存储的方式存储数据，用冗余存储的方式保证数据的可靠性。冗余的方式通过任务分解和集群，用低配机器替代超级计算机的性能来保证低成本，这种方式保证分布式数据的高可用、高可靠和经济性，即为同一份数据存储多个副本。

④ 海量数据管理技术：云计算需要处理和分析分布式的海量数据。因此，数据管理技术必须能够高效地管理大量数据。云计算系统中的数据管理技术主要有 BT（BigTable）数据管理技术和 Hadoop 团队开发的开源数据管理模块 HBase。

⑤ 虚拟化技术：将计算机的各种实体资源（CPU、内存、磁盘空间、网络适配器等）予

以抽象、转换后呈现出来并可供分割、组合为一个或多个电脑配置环境。虚拟化技术可以扩大硬件的容量，简化软件的重新配置过程。

【能力拓展】

服务模式通常分为软件即服务（SaaS）、平台即服务（PaaS）、基础设施即服务（IaaS）等，那我们通过网站所看到的云计算服务商提供的产品服务，哪些属于 SaaS，哪些属于 PaaS，哪些属于 IaaS 呢？

请选择 1 家云计算服务商，按如表 12-5 范例对产品进行分类。

表 12-5　云计算产品服务分类

×× 云产品服务分类		
IaaS	PaaS	SaaS
（请填写产品名称）	（请填写产品名称）	（请填写产品名称）
……	……	……

项目小结

本项目围绕项目目标，设置了"寻找身边的云计算应用""体验云服务产品"2 个任务。"寻找身边的云计算应用"通过检索云计算教育、医疗、金融、制造等行业云计算应用案例，了解云计算在各行业应用价值，在信息检索、分析、归纳、研讨过程中，学习了解云计算基本概念、服务模式，以及典型的技术部署方式。"体验云服务产品"通过登录云服务商官网，从认识云服务厂商产品服务内容、产品规格与定价，再到实际注册试用云计算产品服务，进入管理控制台查看运维监控情况，更直观了解云计算具体使用及运维。

在本项目能力拓展环节中，"分析云计算实力派厂商代表产品"，进一步了解我国云计算产业链的发展状况及云计算产品的研发情况。"云计算产品服务分类"要求以某个典型的云服务商产品为例，对服务产品进行 IaaS、PaaS、SaaS 分类，在对具体云服务商纷繁复杂的产品种类进行学习分类的过程中，更具体地了解云服务的技术架构与典型服务模式。

项目提升

一、选择题

1. 云计算的云是指（　　）。
   A. 虚拟环境　　　B. 局域网　　　C. 广域网　　　D. 互联网
2. 根据用户需求，自动分配数据存储、基础设施等资源，表现为云计算的（　　）特征。
   A. 资源池化　　　B. 弹性伸缩　　　C. 按需服务　　　D. 计量付费
3. 云计算服务商将软件开发或运行平台作为服务对外提供租用的方式为（　　）。
   A. IaaS　　　B. PaaS　　　C. SaaS　　　D. ZaaS

4. 云计算服务模型中的 IaaS 是指（　　）。
  A. Information as a Service　　　　B. Infrastructure as a Service
  C. Influence as a Service　　　　　D. Instruction as a Service

5. 云端资源面向社会大众开放，任何个人或单位组织都可租赁并使用该资源，该云计算部署模式为（　　）。
  A. 公有云（Public Cloud）　　　　B. 私有云（Private Cloud）
  C. 混合云（Hybrid Cloud）　　　　D. 社区云（Community Cloud）

6. 以友好的用户界面为用户提供所需的各项应用软件和服务，直接面向客户需求，为云计算的（　　）。
  A. 基础设施层　　B. 中间层　　C. 应用层　　D. 管理层

7. 公有云计算和私有云计算架构基础架构的基石是（　　）。
  A. 虚拟化和分布式　　　　　B. 分布式和虚拟化
  C. 并行和分布式　　　　　　D. 集中式和虚拟化

8. 不是云计算安全范围的是（　　）
  A. 施工安全　　B. 数据隔离问题　　C. 计算资源保护　　D. 虚拟化安全

9. 将计算机的各种实体资源（CPU、内存、磁盘空间、网络适配器等）予以抽象、转换后呈现出来并可供分割、组合为一个或多个电脑配置环境，为（　　）。
  A. 分布式计算的编程模式　　　B. 分布式海量数据存储
  C. 海量数据管理技术　　　　　D. 虚拟化技术

10. 将基础设施作为服务的云计算服务类型是（　　）。
  A. IaaS　　B. PaaS　　C. SaaS　　D. 以上都不是

二、判断题

1. 云计算是从网格计算演化而来的，能够随需应变地提供资源。（　　）
2. 云计算的消费者需要管理或控制云计算的基础设施，例如网络、操作系统、存储等。（　　）
3. 云计算是可伸缩的，网格计算不是可伸缩的。（　　）
4. 半虚拟化技术是指虚拟机模拟了完整的底层硬件，包括处理器、物理内存、时钟、外设等。（　　）
5. 云计算技术框架的基础设施层通过虚拟化等技术将资源池化，以实现资源的按需分配和快速部署。（　　）
6. PaaS 实质是将互联网的资源服务化为可编程接口。（　　）
7. 云计算系统采用分布式存储的方式存储数据。（　　）
8. 海量数据管理技术可以扩大硬件的容量，简化软件的重新配置过程。（　　）
9. 云计算技术框架的应用层对应着 PaaS 服务模式。（　　）
10. 云计算系统的平台管理技术能够使大量的服务器协同工作。（　　）

项目 13

现代通信技术

— 与光同行——让信息传输与光同速 —

项目概述

很久以前，还没有形成人类语言，原始人之间的沟通，基本靠手势发声；后来，有烽火狼烟、飞鸽传书、送信驿站等；1837 年，莫尔斯电码和有线电报被发明出来，人类获得一种全新的看不见、摸不着、听不到的信息传输方式；1896 年，意大利人马可尼实现了人类历史上首次无线电通信。随着无线通信技术的不断发展，人们的生活日新月异，如手机看直播、远程视频通话、电视电话会议……现代通信技术将通信技术与计算机技术、数字信号处理技术等新技术结合，采用最新的技术来不断优化通信的各种方式，让人与人的沟通变得更为便捷、有效。现代通信技术是大数据、云计算、人工智能、物联网、虚拟现实等信息技术发展的基础，以 5G 为代表的现代通信技术是中国新型基础设施建设的重要成果。本项目包含现代通信技术的基础知识、5G 通信的主要技术及现代通信技术的应用等内容。

项目目标

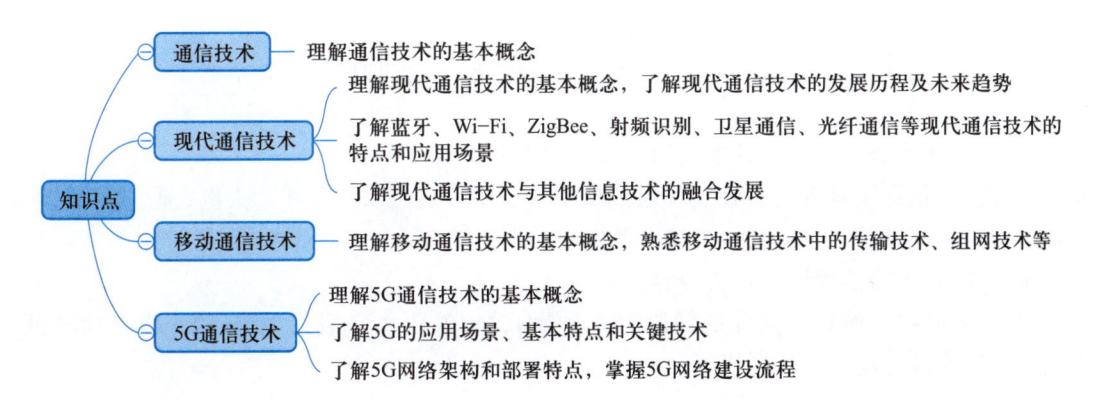

知识点
- 通信技术：理解通信技术的基本概念
- 现代通信技术：
  - 理解现代通信技术的基本概念，了解现代通信技术的发展历程及未来趋势
  - 了解蓝牙、Wi-Fi、ZigBee、射频识别、卫星通信、光纤通信等现代通信技术的特点和应用场景
  - 了解现代通信技术与其他信息技术的融合发展
- 移动通信技术：理解移动通信技术的基本概念，熟悉移动通信技术中的传输技术、组网技术等
- 5G通信技术：
  - 理解5G通信技术的基本概念
  - 了解5G的应用场景、基本特点和关键技术
  - 了解5G网络架构和部署特点，掌握5G网络建设流程

任务 13-1 寻找身边的现代通信技术

【学习目标】

- 理解通信技术、现代通信技术、移动通信技术等概念，掌握相关基础知识。
- 了解现代通信技术的发展历程。
- 熟悉移动通信技术中的传输技术、组网技术等。
- 了解 5G 技术概念、应用场景。
- 了解蓝牙、Wi-Fi、ZigBee、射频识别、卫星通信、光纤通信等现代通信技术的特点和应用场景。

【任务导入】

李同学早晨起床，手机 App 提醒他有两本书快到借阅期限了。洗漱完毕，他来到学校食堂吃早餐，通过校园一卡通（或者手机二维码）方便快捷地支付了早餐费用；接着，他来到图书馆，通过人脸识别进入图书馆，使用自动借还机归还了到期书籍，并在图书馆上网查询毕业实践相关资料；随后，他回到寝室，使用一卡通打开寝室的房门，带上无线耳机听音乐……现代社会中，人们身边有很多习以为常的事情，都离不开蓝牙、Wi-Fi、ZigBee、射频识别、卫星通信等现代通信技术。

什么是现代通信技术，生活中有哪些现代通信技术应用？下面一起来探寻与体验，见表 13-1。

表 13-1 寻找身边的现代通信技术任务卡

任务步骤	完成要求
步骤 1：查询现代通信技术的主要种类	通过网络信息工具选出 5 种以上现代通信技术（查询方式不限）
步骤 2：了解查询到的各种现代通信技术的主要特点	通过网络信息工具查询各种现代通信技术的主要特点
步骤 3：按表格范例填写相关内容	根据关键词填写表格

【任务实施】

步骤 1：查询现代通信技术的主要种类。

通过百度搜索"现代通信技术 * 种类"等关键词，查询现代通信技术的主要种类，如图 13-1 所示。

步骤 2：了解查询到的各种现代通信技术的主要特点。

通过网络信息工具查询各种现代通信技术的主要特点，以"蓝牙"为例，通过百度搜索"蓝牙 * 特点 * 应用"，了解其主要特点及应用。

步骤 3：按表格范例填写相关内容。

完成表 13-2。例如，蓝牙的频段为 2.4 GHz，传输距离一般为 10 m 内，设备功耗低，应用有手机文件传输、蓝牙耳机等。

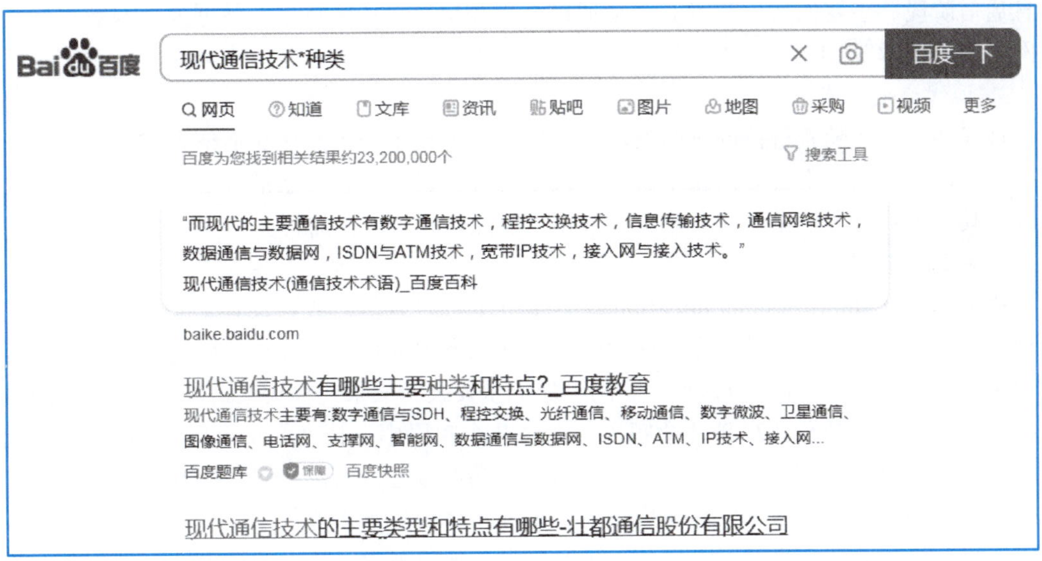

图 13-1　现代通信技术的主要种类查询

表 13-2　现代通信技术对比

技术名称	频段 /GHz	传输距离 /m	设备功耗	应用场景
蓝牙	2.4	≤10	低	免提通信
Wi-Fi				
ZigBee				
射频识别				
⋮				

【相关知识】

1. 通信技术的概念

简单而言，通信就是人与人、人与物、物与物的信息交换。一个完整的通信过程离不开信息、信源、信道、信宿 4 个要素。信源是产生各类信息的实体；信道是信息传递的通道，是将信号进行传输、存储和处理的媒介；信宿是信息的接收者，可以是人也可以是机器，如收音机、电视机等。

通信技术是指将信息从一个地点传送到另一个地点所采取的方法和措施。通信技术是电子技术极其重要的组成部分。按照历史发展的顺序，通信技术先后由人体传递信息通信到简易信号通信，再发展到有线通信和无线通信。

2. 通信发展历程

人类通信历史悠久，古人曾采用击鼓传信的方式，后又出现"烽火传信"，利用烟火传递信息。近现代的通信发展历史，大致可以分为两个阶段：第一阶段是电通信阶段；第二阶段是电子信息通信阶段。第一阶段的通信技术包括电话机、电报机、莫尔斯电报码等。1895年，马可尼和波波夫发明无线电设备，从而开创了无线电通信发展的道路。第二阶段是电子信息通信阶段，主要的通信技术有移动通信、程控交换、传输技术、数据通信与数据网、接入网与接入技术等。

3. 现代通信技术

现代通信技术随着科技的不断发展，采用最新的技术来不断优化通信方式，让信息交换变得更为便捷有效。现代通信技术将通信技术与计算机技术、数字信号处理技术等新技术相结合，其发展具有数字化、综合化、宽带化、智能化和个人化的特点。

4. 移动通信技术

移动通信（Mobile Communication）是移动体间的通信，或移动体与固定体间的通信，移动体可以是人，也可以是社会生活中各类移动状态中的物体。移动通信是开展无线通信的现代化技术，是电子计算机与移动互联网发展的重要技术成果。移动通信技术主要分为低频、中频、高频、甚高频和特高频几个频段，在这几个频段中，技术人员可以利用移动台技术、基站技术、移动交换技术，对移动通信网络内的终端设备进行连接，满足人们的移动通信需求。从模拟制式的移动通信系统、数字蜂窝通信系统、移动多媒体通信系统，到目前的高速移动通信系统，移动通信的速度不断提升，延时与误码现象减少，技术的稳定性与可靠性不断提升，为人们的生产生活提供了多种灵活的通信方式。移动通信的基本技术如图13-2所示。

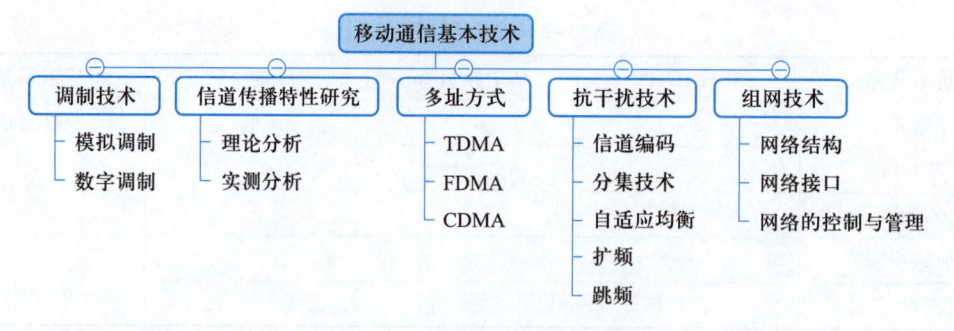

图13-2 移动通信的基本技术

移动通信技术经过第一代、第二代、第三代、第四代技术的发展，现已迈入第五代通信技术发展的时代，也就是常说的5G移动通信技术，如图13-3所示。

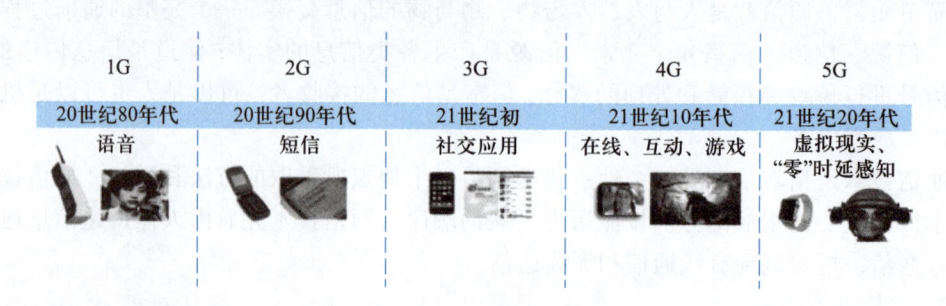

图13-3 移动通信发展历程

5. 5G技术发展与应用

移动通信的每一次代际跃迁与技术进步，都极大地促进了产业升级和经济社会发展。从1G到2G，实现模拟通信到数字通信的过渡，移动通信走进千家万户；从2G到3G，再到

4G，实现语音业务到数据业务的转变，信息传输速率成百倍提升，促进了移动互联网的发展与繁荣。4G 网络解决了人与人随时随地通信的问题，新服务、新业务、新模式不断涌现，4G 移动通信系统难以满足移动数据流量暴涨的需求，急需研发下一代移动通信（5G）系统。

5G 作为一种新型移动通信网络，不仅要解决人与人通信，为用户提供增强现实、虚拟现实、超高清（3D）视频等更加身临其境的极致业务体验，更要解决人与物、物与物的通信问题，以满足移动医疗、车联网、智能家居、工业控制、环境监测等物联网应用需求。

以工业制造领域为例，5G 技术已成为支撑制造业转型的关键技术，能将分布广泛、零散的人与机器设备连接起来，构建统一的互联网络。5G 能为工业互联网提供 10 Gbit/s 以上的峰值速率、毫秒级的传输时延、千亿级的连接能力及纳秒级的高同步精度，从而开启人机深度交互、万物广泛互联的工业互联网新时代，为制造业提质增效和产业转型升级注入新活力。

最终，5G 将渗透到经济社会的各行业、各领域，成为支撑经济社会数字化、网络化、智能化转型的关键新型基础设施。

【能力拓展】

5G 时代，人与人、人与物和物与物之间原有的互联互通界限将被打破，所有的人和物都将在一个有机的数字生态系统中，数据或者信息将通过最优化的方式进行传递。从全球视角来看，目前 5G 无论是在技术、标准、产业生态还是在网络部署等方面都取得了阶段性的成果，5G 落地的最后一环——应用场景正逐渐成为业界关注的焦点。通过网络信息工具查询 5G 技术的主要应用场景，完成 5G 技术主要应用场景表格，见表 13-3。

表 13-3　5G 技术主要应用场景

技术名称	增强移动宽带	海量机器通信	超高可靠低延时通信
教育	AR/VR 课程直播		
娱乐			
医疗			远程手术
安防		森林防火	
⋮			

任务 13-2　体验现代通信技术应用

微课 13-2 畅想一个 5G 应用场景

【学习目标】

- 了解 5G 的基本特点和关键技术。
- 了解 5G 网络架构和部署特点。
- 了解 5G 网络建设流程。

【任务导入】

通信技术的飞速发展给人们的生活带来了翻天覆地的变化，移动通信设备上的即时通信软件已成为人们交流的重要工具，特别是视频聊天，即使远在天涯也能实现近在咫尺的交流。同时，移动网络环境下的购物、学习、娱乐、支付等行为也已融入人们的日常生活。

本任务将通过配对蓝牙设备、接入移动通信网络、搭建 Wi-Fi 网络，去了解和体验在各种通信技术支撑下的应用给人们带来的便利，见表 13-4。

表 13-4 体验现代通信技术应用任务卡

任务步骤	完成要求
步骤 1：体验蓝牙 /4G/5G 网络传输速率	使用两部手机进行蓝牙配对，并传输文件，记录文件传输时长，计算传输速率。 将手机接入 4G/5G 移动网络，使用测试平台对网速进行测试，记录传输速率
步骤 2：体验无线投屏功能	使用无线投屏功能，将手机上播放的视频投屏到笔记本计算机 /LED 屏 /电视 / 投影仪设备上，完成后截图保存体验结果，作为完成任务的依据
步骤 3：体验射频识别技术	到图书馆借阅两本使用了 RFID 标签的书籍，完成后拍照保存体验结果，作为完成任务的依据
步骤 4：查询运营商 5G 覆盖点	提交本省域省会城市 5G 覆盖点截图

【任务实施】

步骤 1：体验蓝牙 /4G/5G 网络传输速率。

打开手机蓝牙设置，将两部手机进行蓝牙配对，在其中一部手机上选择一个 100 MB 左右的文件，使用蓝牙分享到另一部手机，如图 13-4 所示，记录文件传输的时长，计算传输速率。

使用手机连接 4G/5G 网络，以第三方网络测速平台"测速网"为例，登录该平台，单击"测速"按钮，完成网络测速，记录相关数据，如图 13-5 所示。

对比分析两种技术的测速数据。

步骤 2：体验无线投屏功能。

通过网络信息工具查询"无线投屏软件"，找到投屏设备对应版本并进行安装，如图 13-6 所示。

使用无线路由器或者手机热点功能搭建无线局域网，以手机热点为例，在手机设置中打开"个人热点"开关，如图 13-7 所示，将投屏设备接入手机 Wi-Fi 热点，运行投屏软件。

图 13-4 使用蓝牙传输文件

在手机视频播放软件中单击"投屏"按钮，如图 13-8 所示。

步骤 3：体验射频识别技术。

到图书馆查找两本自己感兴趣的书籍，通过自助借还设备借出图书。

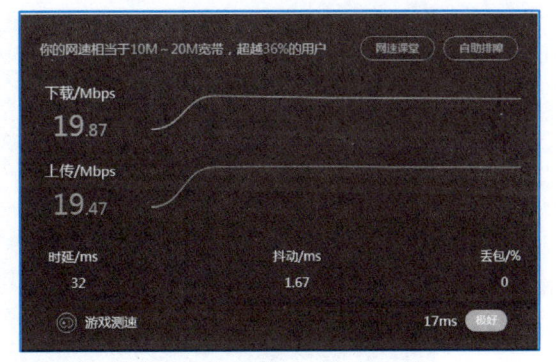

图 13-5　网速测试

图 13-6　投屏软件

步骤 4：查询运营商 5G 覆盖点。

通过网络信息工具，查询本省域省会城市中国移动 5G 网络覆盖区域，并完成覆盖区域地图截图。进入该网站"5G"频道，如图 13-9 所示。

【相关知识】

1. 5G 关键技术

5G 采用全新的服务化架构，支持灵活部署和差异化业务场景。5G 采用全服务化设计，模块化网络功能，支持按需调用，实现功能重构；采用服务化描述，易于实现能力开放，有利于引入 IT 开发实力，发挥网络潜力。5G 支持灵活部署，基于 NFV/SDN，实现硬件和软件解耦，实现控制和转发分离；采用通用数据中心的云化组网，网络功能部署灵活，资源调度高效；支持边缘计算，云计算平台下沉到网络边缘，支持基于应用的网关灵活选择和边缘分流。通过网络切片满足 5G 差异化需求。网络切片是指从一个网络中选取特定的特性和功能，定制出的一个逻辑上独立的网络，它使得运营商可以部署功能、特性服务各不相同的多个逻辑网络，分别为各自的目标用户服务。目前定义了 3 种网络切片类型，即增强移动宽带、低时延高可靠、大连接物联网。

5G 国际技术标准重点满足灵活多样的物联网需要。在 OFDMA 和 MIMO 基础技术方面，

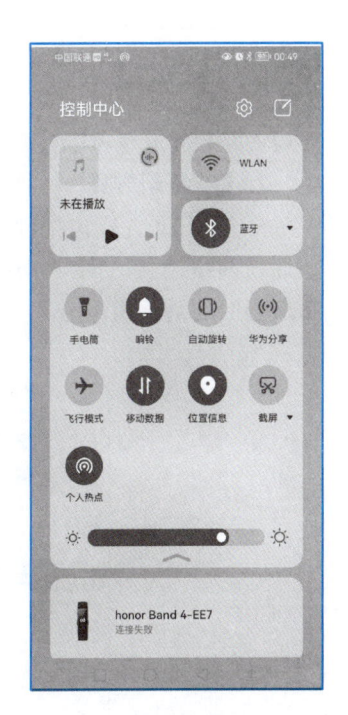

图 13-7　个人热点开关

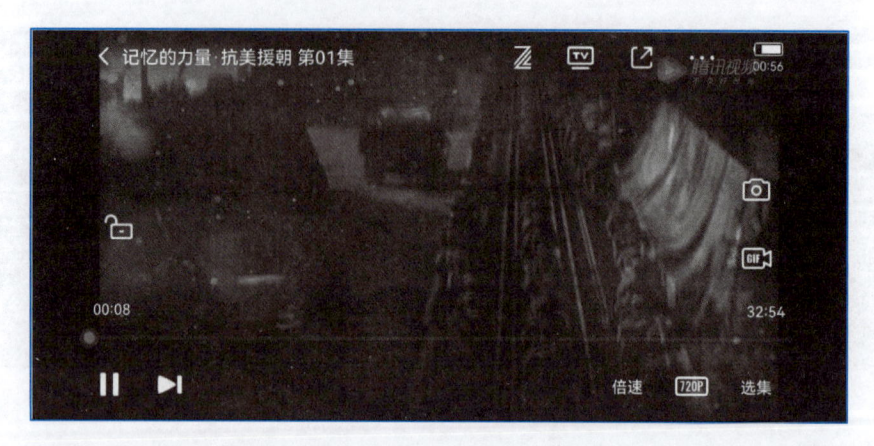

图 13-8　投屏

图 13-9　网速测试

5G 为支持三大应用场景，采用了灵活的全新系统设计。在频段方面，与 4G 支持中低频不同，考虑到中低频资源有限，5G 同时支持中低频和高频频段，其中中低频满足覆盖和容量需求，高频满足在热点区域提升容量的需求。5G 针对中低频和高频设计了统一的技术方案，并支持百兆的基础带宽。为了支持高速率传输和更优覆盖，5G 采用 LDPC、Polar 新型信道编码方案，性能更强的大规模天线技术等。为了支持低时延、高可靠，5G 采用短帧、快速反馈、多层 / 多站数据重传等技术。

2. 5G 组网方式

5G 的组网方式包括独立组网（SA）和非独立组网（NSA）两种，如图 13-10 所示。移动通信网络由接入网（基站）、承载网和核心网组成。独立组网与非独立组网方式是指基站和核心网的搭配组网方式。

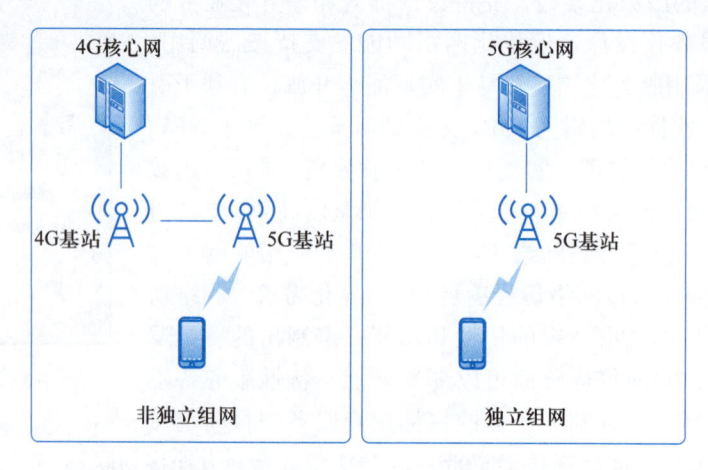

图 13-10　5G 组网方式

● 非独立组网（NSA）方式：是指使用现有的 4G 基础设施，进行 5G 网络的部署。基于 NSA 架构的 5G 载波仅承载用户数据，其控制信令仍通过 4G 网络传输，是目前 5G 的过渡形态。

● 独立组网（SA）方式：是指新建 5G 网络，包括新基站、回程链路以及核心网。用户数据、控制信令都通过 5G 网络传输，是 5G 的最终形态。

简单来说，NSA 和 SA 都是 5G。NSA 网络的优点是可以兼容使用现有的 4G 组网设备，并且成本较低；缺点是延迟较大，无法发挥 5G 网络的低时延特性。SA 网络的优点是能够发挥 5G 网络的全部新特性；缺点也很明显，它的设备需要全部换新，成本较高，前期投入资金非常大。

5G 基站的建设，和 2G、3G、4G 基站建设的本身没有太大的区别。在基站建设之前，要经历建设设计、站址勘测、设备采购。基站建设需要工程队进行基站设备安装、基站设备提供厂家的基站设备调测、基站设备工程优化等工作，基站建设到一定规模后，还需要进行簇优化、全网优化等后续的优化工作。5G 基站的建设还需要搭配一定的配套工作，如基站机房的建设、基站电源系统的扩容、基站铁塔部分的配套、传输资源的配套等。由于 5G 基站需要接入 4G 或者 5G 的核心网，还有相应的核心网工程需要进行配套。

3. 5G 技术特点

5G 网络相对于 4G 网络的提升，正在给社会带来深刻改变，除了人们易于感知的网络速度上有极大提高，在其他方面也有着新的迭代与进化。

● 高速率。由于 5G 的基站大幅提高了带宽，因此能够实现更快的传输速率。同时 5G 使用的频率远高于以往的通信技术，能够在相同时间内传送更多信息。其具体表现在比 4G 快 10 倍的下载速率，峰值可达 1 Gbit/s（4G 为 100 Mbit/s）。

● 低延时。相对于 4G，5G 技术可以将通信延时降低到 1 ms 左右，因此许多需要低延时的行业将会从 5G 技术中获益，如自动驾驶等相关行业，采用 5G 网络后能提高自动驾驶的反应速度。

● 泛在网。5G 能够达到泛在网的概念，实现无死角的覆盖网络，在任何时间、任何地点都能畅通无阻地通信，有效改善 4G 网络下的盲点，实现全面覆盖。

● 低功耗。5G 网络采用 eMTC 和 NB-IoT 技术，实现了低功耗的需求，能够降低物联网设备的功耗，使得物联网设备能够长时间不换电池，有利于大规模地部署物联网设备。

● 万物互联。与 4G 相比，5G 系统大幅提高了支持百亿甚至千亿数据级的海量传感器接入，能够很好地满足数据传输及业务连接需求，将人、流程、数据和事物结合在一起，连接更紧密。

● 重构安全。5G 通信在各种新技术的加持下，有更高的安全性，在未来的无人驾驶、智能健康等领域，能够有效抵挡黑客的攻击，保障各方面的安全。

【能力拓展】

通过网络信息工具及实际测试，将蓝牙、Wi-Fi、ZigBee、射频识别、卫星通信、光纤通信、移动通信等现代通信技术绘制到"数据率 – 传输距离"象限图内，如图 13-11 所示。

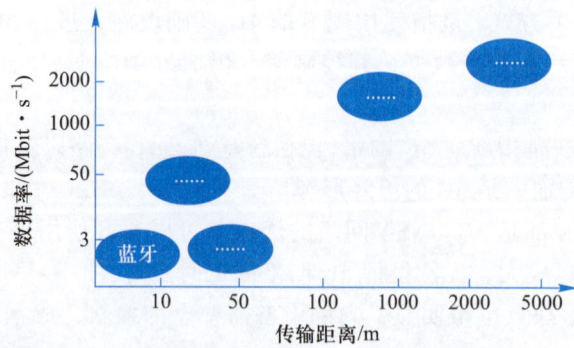

图 13-11 "数据率 – 传输距离"象限图

备注：
考虑坐标比例差距很大，坐标刻度不用按比例绘制；
通信技术包含蓝牙、Wi-Fi、ZigBee、射频识别、卫星通信、光纤通信等（图中仅绘制了民用蓝牙）。

项目小结

本项目设置了"寻找身边的现代通信技术""体验现代通信技术应用"两个任务。"寻找身边的现代通信技术"通过探寻现代通信技术的发展及其在社会生活中的应用，了解现代通信技术基本概念及发展趋势；"体验现代通信技术应用"通过配对蓝牙设备、接入移动通信网络、搭建 Wi-Fi 网络等通信技术环境，去了解和体验在各种通信技术支撑下的应用给人们带来的便利。

在"能力拓展"环节中，"探索 5G 应用场景"能力提升训练将项目切换到 5G 移动通信技术，旨在让读者了解当前最受关注的现代通信技术的典型应用；"绘制'数据率 – 传输距离'象限图"能力提升训练旨在让读者更加深入地理解各种现代通信技术间的差异，在不同的应用场景下做出更加合理的技术选择。

项目提升

一、选择题

1. 人类用电来传递信息最早是通过（　　）。
   A. 电话　　　　　　B. 电报　　　　　　C. 收音机　　　　　D. 电视
2. （　　）年，马可尼和波波夫发明无线电设备，从而开创了无线电通信发展的道路。
   A. 1835　　　　　　B. 1837　　　　　　C. 1876　　　　　　D. 1895
3. Wi-Fi 技术在（　　）领域或设置中没有用到。
   A. 无线鼠标　　　　B. 远程监控　　　　C. 智能手机　　　　D. 智能家居
4. 无线局域网、蓝牙等无线网络均可工作在（　　）。
   A. 2.5 GHz　　　　 B. 2.4 GHz　　　　 C. 5 GHz　　　　　D. 24 GHz
5. （　　）是 4G 移动通信的主要技术类型之一。

A. LTE　　　　　B. GSM　　　　　C. GPRS　　　　　D. FDMA

6. 下列中（　　）不属于 3GPP 对 5G 定义的三大场景。

　　A. Embb　　　　B. Mmtc　　　　C. URLLC　　　　D. SDN

7. 下列对蓝牙技术的描述中，不正确的是（　　）。

　　A. 工作频率为 2.4 GHz　　　　　　B. 传输距离一般不超过 10 m

　　C. 功耗低　　　　　　　　　　　　D. 传输速率达到 1 Gbit/s

8. 使用现有的 4G 基础设施，进行 5G 网络的部署，其控制信令仍通过 4G 网络传输，是（　　）组网方式。

　　A. 独立　　　　B. 非独立　　　　C. 混合　　　　D. 非混合

9. 下列关于光纤通信的说法中，不正确的是（　　）。

　　A. 光导纤维是很细的玻璃丝，通常数条光纤一起敷上保护层，制成光缆

　　B. 光在光导纤维中传输损耗小，可长距离传输

　　C. 光纤通信容量极大，不怕雷击，不受电磁干扰，通信质量高，保密性好

　　D. 激光在光纤中被不断反射，曲折前进，所以能量损失较大

10. 以下有关 5G 的说法中，正确的是（　　）。

　　A. 上传速率达到 20 Mbit/s

　　B. 以 100 Mbit/s 的速率下载

　　C. 中国 5G 技术处于世界领先水平

　　D. 中国政府已于 2018 年 10 月发布 5G 标准

二、判断题

1. 同一信源可以供给多个信宿。　　　　　　　　　　　　　　　　　　　　（　　）

2. 移动通信是指通信双方都在移动之中，进行信息传输和交换，包括移动体和移动体之间的通信。　　　　　　　　　　　　　　　　　　　　　　　　　　　　（　　）

3. 使用 ZigBee 技术的设备功耗高。　　　　　　　　　　　　　　　　　　（　　）

4. 移动通信按多址方式不同可分为频分多址、时分多址和码分多址。　　　（　　）

5. 多模光纤比单模光纤更适合远距离传输。　　　　　　　　　　　　　　（　　）

6. 全球最通用的两种 5G 组网模式是 SA 和 NSA。　　　　　　　　　　　（　　）

7. 不易受陆地灾害的影响是卫星通信的特点之一。　　　　　　　　　　　（　　）

8. Wi-Fi 6 将允许与多达 8 个设备通信，最高速率可达 9.6 Gbit/s。　　　（　　）

9. 5G 网络通过对实际网络的资源和功能进行划分，形成了不同的网络切片。（　　）

10. 公交卡、二代身份证、食堂餐卡属于有源射频识别技术。　　　　　　（　　）

项目 14

物 联 网

― 万物有灵——让万物感知彼此信息 ―

项目概述

如果冰箱连上网络，人们就可以随时随地查看冰箱里有什么食物；如果门锁连上网络，就可以用手机开门；如果穿戴装备连上网络，就可以获得穿戴者的血压、心跳。现在无论走到哪里，都会遇到连上网络的东西：街道上行驶的汽车、家中的智能家居、办公地点的智能传感器，以及身上佩戴的健身跟踪器……人们身边有很多物体连接上网络的智能应用，都被称之为物联网应用。本项目包含物联网基础知识、物联网体系结构和关键技术、物联网系统应用等内容。

项目目标

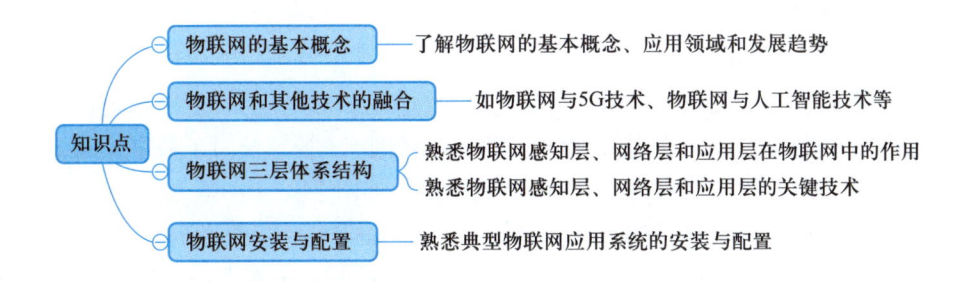

知识点
- 物联网的基本概念 —— 了解物联网的基本概念、应用领域和发展趋势
- 物联网和其他技术的融合 —— 如物联网与5G技术、物联网与人工智能技术等
- 物联网三层体系结构 —— 熟悉物联网感知层、网络层和应用层在物联网中的作用；熟悉物联网感知层、网络层和应用层的关键技术
- 物联网安装与配置 —— 熟悉典型物联网应用系统的安装与配置

任务 14-1　寻找身边的物联网应用

【学习目标】

- 熟悉物联网的概念与特点
- 了解物联网的应用领域和发展趋势
- 了解物联网的主要技术

【任务导入】

物联网是互联网的延伸和拓展，是连接日常物品和互联网的系统，它正在迅速改变人们执行日常任务的方式。物联网的力量已经超越了计算机和智能手机。人们身边的每个"智能"设备都在致力于通过数字干预来解决现实世界中的问题。这项技术在过去几年中获得了巨大的发展势头，现在几乎所有的物理设备都可以转换成物联网设备，在家居、零售、安防、物流、交通、能源、医疗、教育、农业等领域已经得到广泛应用。如今，物联网的影响几乎在每个领域都有体现。

那么，究竟什么是物联网，工作和生活中有哪些物联网应用？下面一起来探寻与体验，见表 14-1。

表 14-1　探索身边的物联网应用任务卡

任务步骤	完成要求
步骤1：探索物联网在某一领域的应用	选定检索工具，拟定检索词，构建检索式，选择检索途径，检索物联网在某一领域的应用
步骤2：分析物联网的应用价值	选取 3~5 个典型应用，用列表形式说明其应用价值
步骤3：体验物联网典型应用功能	选取其中 1~3 个典型应用，体验其功能，并记录体验过程

【任务实施】

步骤 1：探索物联网在某一领域的应用。

这里以物联网在智慧校园建设中的应用为例，选定检索工具为"百度"，选定检索词为"物联网、智慧校园、数字校园、应用"，检索式为"物联网 *（智慧校园＋数字校园）* 应用"，检索途径为标题检索，须用搜索指令 intitle，检索结果如图 14-1 所示。

步骤 2：分析物联网的应用价值。

在智慧校园领域，物联网已经是目前不可缺少的一部分，学校大部分信息化应用都已经使用物联网技术。主要的典型应用及应用价值见表 14-2。

步骤 3：体验物联网典型应用功能。

下面以物联网在智慧校园的部分智慧应用为例。

① 体验智慧门禁管理系统。门禁管理系统是控制和管理人员进出，并准确记录和统计管理数据的数字化出入控制系统，识别方式有刷卡、扫码、刷脸。刷卡时，读卡器会读取校

图 14-1 物联网在智慧校园建设中的应用

表 14-2 物联网应用场景的价值分析

序号	典型应用	主要功能	应用价值
1	智慧门禁管理系统	通过刷卡、扫码、刷脸等方式控制和管理人员进出，准确记录和统计管理数据的数字化出入控制系统	准确控制校内、校外人员出入，保障校园安全
2	智慧餐饮	通过POS机实现学校食堂的餐饮收费管理，通过刷卡、扫码、刷脸支付，准确记录刷卡数据并进行消费分析	取消现金交易，保障资金安全，避免支付排队，提高工作效率及用户体验
3	智慧图书馆	通过图书馆内自助借还设备及RFID技术实现图书借还及图书、书架、管理者、借还者的综合识别	快速查找及定位图书位置，准确记录借还历史，简化借还书流程以及节省读者借还书时间
4	智能照明控制	通过智能设备进行照明及能源控制，记录能源消耗情况	最大程度减少能源浪费，同时保障用电安全

园卡身份信息与门禁控制器授权信息进行对比控制开门。扫码时，App 会把获取到的开门信息（主要是个人识别标识和学校标识）通过加密通道转送到云端的 TSM 平台，由 TSM 平台对这些数据结合一卡通的参数信息进行加密转换（TOTP 算法），算成一个 24 位的字符串返回给手机 App，手机 App 会把这个 24 位的字符串转换显示为有效时长为 1 分钟的动态标准二维码。一卡通门禁和通道如图 14-2 所示。

图 14-2　一卡通门禁和通道

② 体验餐饮收费功能。学校食堂的 POS 机是物联网设备，连接着校园内的物联网，物联网又连接着后面的业务系统。取餐时需要在 POS 机上刷卡、扫码、刷脸，POS 机的扫码头会根据系统提前赋予的能力，根据扫描到用户二维码码值来判定是否是系统可以处理的码值，如果不是就提示非法码；如果校验通过，就会将账户钱包信息和要付款的金额通过物联网上传到校园一卡通系统；一卡通系统由身份识别模块对码值进行解密，获取到用户的唯一身份识别标识，然后系统就可以根据身份标识对应的具体账户进行消费付款业务；一卡通系统完成扣款和记账处理后，再通过物联网把处理结果和余额信息推送到 POS 机，客户就可以看到付款结果。如图 14-3 所示。

图 14-3　一卡通餐饮收费

③ 体验校园一卡通借阅图书功能。去图书馆借书时，馆内的图书自助借还设备是物联网设备。自助借还系统是通过 RFID 技术，实现对图书、书架、管理者和借还者的综合识别，让读者在图书馆内借还书操作可以像在 ATM 上存取款一样简单方便，简化借还书流程以及

节省读者借还书时间。自助借还机具备借书、还书、查询以及续借等功能，可支持单本借还和多本借还，简单易懂的人机交互界面，让读者借还书流程更加方便快捷。RFID 门禁设备可对粘有标签的图书进行扫描、识别，与借还系统实时连接，用于对出库图书的实时监测，提升图书馆的网络安防水平。如图 14-4 所示。

图 14-4 一卡通图书自助借还

【相关知识】

1. 物联网概念与特点

物联网（Internet of Things，IoT）指物物相连的互联网，是把人们看得见、摸得着，甚至看不见摸不着的，任何存在的东西，都连上互联网。一旦某个"东西"连上了互联网，就成为物联网的一部分。从网络结构上看，物联网就是通过 Internet 将众多信息传感设备应用系统连接起来并在广域网范围内对物品身份进行识别的分布式系统。门锁、电视、空调、电灯都可以是物联网的一部分，如图 14-5 所示。

物联网具有以下三大特点。

• 全面感知：利用 RFID、传感器、二维码等随时随地获取物体的信息。

• 可靠传递：通过无线网络与互联网融合，将物体的信息实时准确地传递给用户。

图 14-5 连到互联网上的物品（Things）

• 智能处理：利用云计算、数据挖掘及模糊识别等人工智能技术，对海量的数据和信息进行分析和处理，对物体实施智能化的控制。

2. 中国物联网发展历程

2009 年，我国提出"感知中国"口号，标志着我国物联网行业化发展的元年。此后，物联网被列入国家战略性新兴产业，国家层面先后发布多个专项基金、规划、标准，推进物联网产业发展。经过十几年的推动，支持物联网发展的传感器技术、平台技术逐渐成熟，应用物联网的成本迅速下降，各个行业出现了物联网商业化落地的动力，行业发展逐渐从 G 端主导转向 B 端主导。当前，平台型科技巨头已经初步完成在物联网领域的业务布局，针对场景的物联网应用进入概念验证阶段。在 5G 等其他新型基础设施建设的浪潮推动和中国产业降本提效需求的双重驱动下，物联网产业在未来仍将高速增长。如图 14-6 所示。

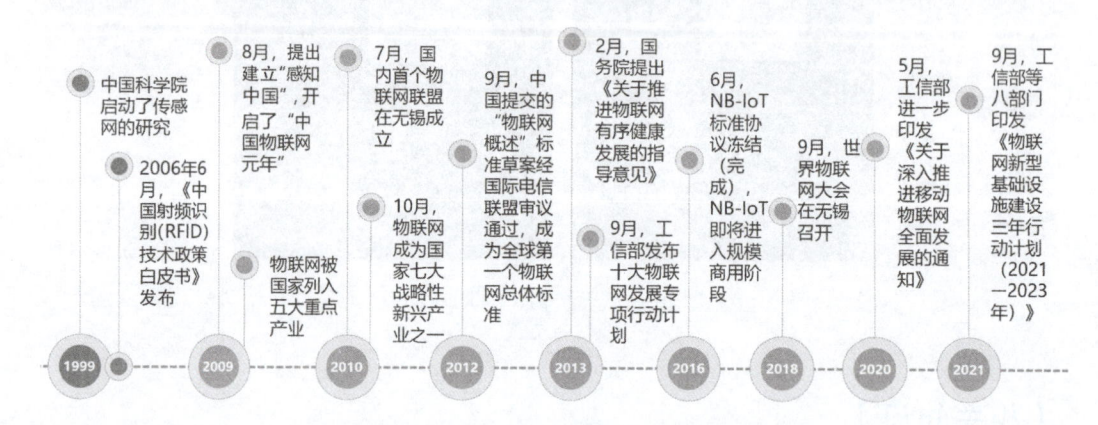

图 14-6　中国物联网产业发展历程

3. 物联网的主要技术

物联网不是对现有技术的颠覆性革命，而是通过对现有技术的综合运用，实现全新的通信模式转变。同时，通过这样的融合也必定会对现有技术提出改进和提升的要求，以及催生出一些新技术。物联网关键技术包含以下几点。

（1）感知技术

感知技术也可以称为信息采集技术，它是实现物联网的基础。目前，信息采集主要采用电子标签和传感器等方式完成。在感知技术中，电子标签用于对采集的信息进行标准化标识，数据采集和设备控制通过射频识别读写器、二维码识读器等实现。

（2）网络通信技术

在物联网的机器到机器、人到机器和机器到人的信息传输中，有多种通信技术可供选择，主要分为有线（如 DSL、PON 等）和无线（如 CDMA、GPRS、IEEE 802.11a/b/g WLAN 等）两大类，这些技术均已相对成熟。在物联网的实现中，格外重要的是无线传感网技术。

（3）数据融合与智能技术

物联网由大量传感网节点构成，在信息感知的过程中，采用各个节点单独传输数据到汇聚节点的方法是不可行的。因为网络存在大量冗余信息，会浪费大量的通信带宽和宝贵的能量资源，此外，还会降低信息的收集效率，影响信息采集的及时性，所以需要采用数据融合与智能技术进行处理。

所谓数据融合，是指将多种数据或信息进行处理，组合出高效且符合用户需求的数据的过程。海量信息智能分析与控制是指依托先进的软件工程技术，对物联网的各种信息进行海量存储与快速处理，并将处理结果实时反馈给物联网的各种"控制"部件。

智能技术是为了有效地达到某种预期的目的，利用知识分析后所采用的各种方法和手段。通过在物体中植入智能系统，可以使物体具备一定的智能性，能够主动或被动地实现与用户的沟通，这也是物联网的关键技术之一。

（4）纳米技术

纳米技术是研究尺寸在 0.1~100 nm 的物质组成体系的运动规律和相互作用以及可能实际应用的技术。目前，纳米技术在物联网技术中的应用主要体现在 RFID 设备、感应器设备的微小化设计、加工材料和微纳米加工技术上。

【能力拓展】

目前物联网已经发展到一个非常强大的阶段，在各行各业都有应用，也帮助各行业快速成长。表 14-3 列出了物联网在 8 个行业中的典型应用场景，请选择应用场景进行体验，总结体验过程，理解物联网的工作过程。

表 14-3　物联网在实际中的应用

应用领域	应用 1	应用 2	应用 3	应用 4
智能家居	智能门锁	智能安防	智能家电	智能窗帘
智能零售	自动售货机	无人便利店	资产跟踪	智能导购
智慧物流	仓库储存	运输监测	智能快递	过程追溯
智能交通	共享单车	智慧停车	充电桩	高速无感收费
智能安防	门禁系统	视频监控	报警系统	烟感探测
智慧能源	智能水表	智能电表	智能燃气表	智慧路灯
智慧医疗	健康监护	远程护理	实时会诊	设备管理
智慧农业	环境监测	设备控制	食品安全溯源	视频监控

任务 14-2　体验物联网应用工作过程

微课 14-2
开发一个物联网应用

【学习目标】

- 了解物联网的工作过程。
- 熟悉物联网感知层、网络层和应用层的三层体系结构。
- 熟悉典型物联网应用系统的安装与配置。

【任务导入】

请扫"场所码""好的，请通过"……细心的你或许已经注意到进入很多公共场所时都需要扫一扫专属"场所码"才能通行。"场所码"是为重点场所生成的一个专有二维码，市民只需用微信"扫一扫"，系统后台将自动核验进入场所人员的身份、行程码、健康码，同

时标识场所名称、位置等进行自动化登记以此实现人员流动复杂场所的精准防控。与传统的花名册登记相比，扫描登记不需要接触公用纸笔，登记数据会安全稳定地储存在云服务器中，管理人员可以随时查询来访人员的登记信息。本任务中，按照表 14-4 所示任务卡，用二维码网站云平台制作一个二维码访客登记系统，如图 14-7 所示，用于体验物联网的工作原理。

表 14-4　制作二维码访客登记系统任务卡

任务步骤	完成要求
步骤 1：注册为二维码云平台用户	进入二维码云平台，成为注册用户
步骤 2：制作来访信息登记表单	完成表单设计，收集访客的姓名、手机和事由
步骤 3：生成和美化二维码活码	完成二维码生成和美化
步骤 4：生成访客登记台账	完成访客信息管理

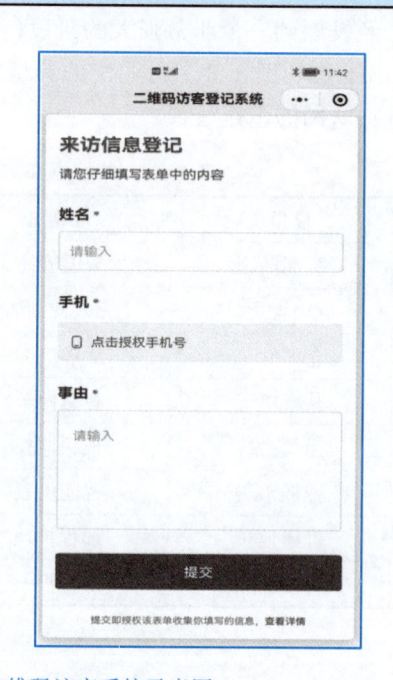

图 14-7　二维码访客系统示意图

【任务实施】

步骤 1：注册为二维码云平台用户。

本任务以草料二维码云平台为例。进入网站首页，单击"注册"按钮，弹出注册窗口，如图 14-8 所示，注册为网站的用户。

步骤 2：制作来访信息登记表单。

① 找到创建表界面入口。在二维码云平台首页，定位在"表单"选项卡，进入创建表单入口界面，如图 14-9 所示。

也可在进入后台后，在左侧"二维码"管理菜单中，单击"活码"按钮，在"新建"下拉列表中选择"空白建码"选项，将标题改为"二维码访客登记系统"，生成二维码后，单击"+表单"按钮关联步骤制作的来访信息登记表单。

图 14-8　二维码云平台注册界面

图 14-9　创建表单入口界面

② 设计来访信息登记表单。单击"创建表单"按钮，进入表单模板库界面，选择"从空白新建"命令，进入表单设计界面，如图 14-10 所示。设置表单标题为"访客登记"，提示信息为拖曳单行文本组件、手机组件、多行文本框组件到表单界面上，分别用来收集访客的姓名、手机和事由，可以设置每个组件的属性，3 个组件的值都不能为空（选中"必填"复选框）。

③ 设置表单显示样式。在左侧"二维码"管理菜单中，单击"活码"按钮，可看到已制作好的表单列表，单击列表中"二维码访客登记系统"后的"编辑"按钮，进入编辑界面，将鼠标指针悬停在表单上，弹出"设置"按钮，进入"操作面板"界面，将表单的显示样式设置为"展开样式"，如图 14-11 所示。

步骤 3：生成和美化二维码活码。

在编辑界面的二维码面板中，如图 14-12 所示，单击"二维码美化"按钮，进入二维码

图 14-10　设计来访信息登记表单

图 14-11　将表单设置为"展开样式"

样式设置界面，如图 14-13 所示，添加文字和边框，完成美化。下载二维码，打印后张贴在信息登记处。

步骤 4：生成访客登记台账。

每人登记的内容将形成一条数据，在左侧"数据管理"→"动态数据汇总"菜单中，可以将指定表单的数据导出为 Excel 文件，也可以下载 PDF 报告，生成访客登记台账，如图 14-14 所示。

项目 14　物联网　277

图 14-12　二维码编辑面板

图 14-13　二维码样式设置界面

图 14-14　数据导出界面

【相关知识】

1. 物联网工作过程

一个完整的物联网解决方案集成了4个不同的组件：传感器/设备、连接、数据处理和用户界面。首先，传感器或设备从环境中收集数据。然后，传感器/设备可以通过多种方式连接到云端，包括蜂窝网络、卫星、Wi-Fi、蓝牙、低功耗广域网（LPWAN），或者直接通过以太网连接到互联网。数据到达云端，软件就会对其进行某种处理，在必要情况下，可以使用"人工智能"根据学习内容作出判断，将结果反馈给终端或人做出"动作"，如发送警报或者在不需要用户的情况下自动调整传感器/设备，如图14-15所示。访客登记系统将采集登记信息的表单地址生成二维码，微信"扫一扫"调用手机相机获取二维码信息后，申请打开云端服务器的登记表单界面，并将其返回手机界面，访客在界面上填写信息，通过网络将信息提交给云端服务器。

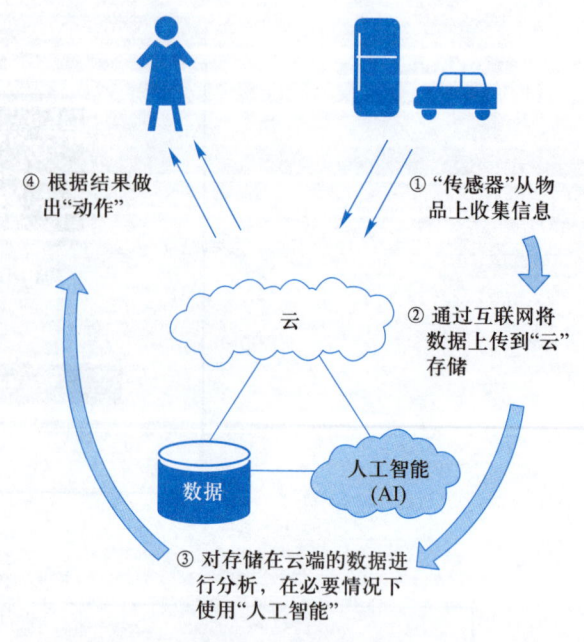

图 14-15　物联网的工作过程

扫码登记是物联网的一种应用，通过手机和二维码标签作为物联网的设备载体，收集来访用户信息，不仅包括用户填写的表单信息，还包括表单填写时间，在获得用户授权后，还可以获取用户的位置信息。如果扫码人数很多，就可以形成有效的数据沉淀，为数据分析提供数据基础，这正是物联网的核心价值所在。二维码工作原理如下：二维码实际上是一个网站链接URL，通过手机App扫码后，打开该链接，即完成了物联网的第一步链接。用户通过填写表单，完成信息上传，即完成了设备物联数据交互过程。

2. 物联网的体系结构

物联网体系结构可分为3层：感知层、网络层和应用层，如图14-16所示。

- 感知层：由各种传感器以及传感器网关构成，包括各类环境传感器、二维码标签、RFID标签和读写器、摄像头、GPS等感知终端。感知层的作用相当于人的眼、耳、鼻和皮肤等感知器官，它是物联网识别物体、采集信息的来源，其主要功能是识别物体、采集信息。
- 网络层：由各种私有网络、互联网、有线和无线通信网、网络管理系统和云计算平台等组成，相当于人的神经中枢和大脑，负责传递和处理感知层获取的信息。
- 应用层：物联网和用户（包括人、组织和其他系统）的接口，它与行业需求结合，实现物联网的智能应用。

【能力拓展】

用草料二维码云平台分别制作一项资产的二维码的活码和静态码，微信扫描两种码即可获得这项资产的基本信息，资产信息包括资产名称、资产编号、规格型号、启用日期、存放地点、保管人、账面数量、资产照片等，如图14-17所示。二维码制作完成后，尝试在后台

项目 14　物联网

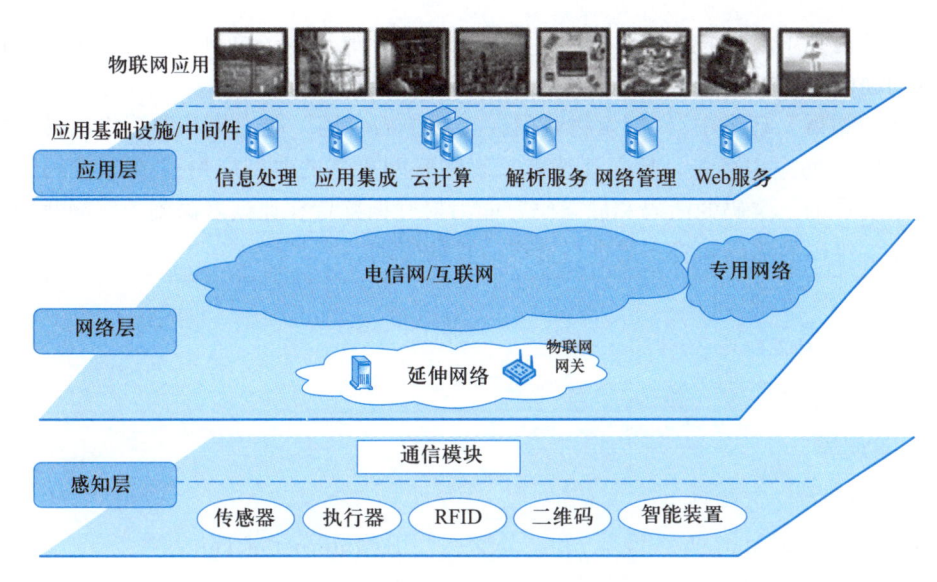

图 14-16　物联网体系结构示意图

图 14-17　资产二维码示意图

改变资产信息，重新扫描已制作好的两种二维码，查看资产的信息是否随之改变，并对查看结果进行分析。

📄 项目小结

　　本项目设置了"寻找身边的物联网应用""体验物联网应用工作过程"2 个任务。"寻找身边的物联网应用"通过探寻物联网在智慧校园建设中的的应用，了解物联网基本概念、发展历程、主要特征和社会价值；"体验物联网应用工作过程"通过感知技术、网络通信技术、数据融合与智能技术对物联网项目体验，用物联网的开放平台（草料二维码云平台）搭建一个简易的物联网应用，熟悉物联网技术应用的基本流程和步骤。

在"能力拓展"环节中，"探索物联网在实际中的应用"能力提升训练将项目切换到探索的物联网其他的应用场景，旨在让读者了解物联网更多的典型应用；"在二维码云平台分别制作一项资产的二维码的活码和静态码"能力提升训练旨在让读者深刻了解物联网的实际应用，制作二维码的活码和静态码进行资产信息的管理。

项目提升

一、选择题

1. 物联网的英文名称是（　　）。
   A. Internet of Matters   B. Internet of Things
   C. Internet of Therys   D. Internet of Clouds
2. 二维码目前不能表示的数据类型是（　　）。
   A. 文字   B. 数字   C. 二进制   D. 视频
3. 目前无线传感器网络没有广泛应用的领域有（　　）。
   A. 人员定位   B. 智能交通   C. 智能家居   D. 书法绘画
4. 射频识别系统中真正的数据载体是（　　）。
   A. 读写器   B. 电子标签   C. 天线   D. 中间件
5. 第3次信息技术革命指的是（　　）。
   A. 互联网   B. 物联网   C. 智慧地球   D. 感知中国
6. 三层结构类型的物联网不包括（　　）。
   A. 感知层   B. 网络层   C. 应用层   D. 会话层
7. RFID硬件部分不包括（　　）。
   A. 读写器   B. 天线   C. 二维码   D. 电子标签
8. （　　）是负责对物联网收集到的信息进行处理、管理、决策的后台计算处理平台。
   A. 感知层   B. 网络层   C. 云计算平台   D. 物理层
9. 下面不是物联网主要特征的是（　　）。
   A. 全面感知   B. 功能强大   C. 智能处理   D. 可靠传送
10. 云计算的关键技术是（　　）。
    A. 虚拟化   B. 服务计算   C. 效用计算   D. 可靠性计算

二、判断题

1. "物联网"是指通过装置在物体上的各种信息传感设备，如RFID装置、红外感应器、全球定位系统、激光扫描器等，赋予物体智能，并通过接口与互联网相连形成一个物品与物品相连的巨大的分布式协同网络。（　　）
2. 传感器不是感知延伸层获取数据的一种设备。（　　）
3. RFID是一种接触式的自动识别技术，它通过射频信号自动识别目标对象并获取相关

数据。( )

4. 二维码是用某种特定的几何图形按一定规律在平面（二维方向上）分布的黑白相间的图形记录数据符号信息，通过图像输入设备或光电扫描设备自动识读以实现信息自动处理。( )

5. 蓝牙是一种支持设备短距离通信（一般 10 m 内）的无线电技术，能在包括移动电话、PDA、无线耳机、笔记本计算机等众多设备之间进行无线信息交换。( )

6. 传感器网是由各种传感器和传感器节点组成的网络。( )

7. 云计算不是物联网的一个组成部分。( )

8. 传感器技术和射频技术共同构成了物联网的核心技术 ( )

9. 物联网在智慧医疗方面的应用中以无线传感器网络为主，主要以红外传感器为基础。( )

项目 15

数 字 媒 体

— 气象万千——以信息幻化万千气象 —

项目概述

从视频技术的发展、音频技术的发展、喇叭到声卡，再到目前丰富的数字媒体应用，数字媒体正影响人们生活的方方面面。数字媒体是指以机器可读格式编码的任何媒体，可以在数字电子设备上创建、查看、分发、修改、收听和保存数字媒体。数字可以定义为用一系列数字表示的任何数据，媒体是指广播或传达信息的方法。数字媒体也可以指通过屏幕向人们广播的任何信息，这包括通过 Internet 传输以在 Internet 上查看的文本、音频、视频和图形。理解数字媒体的概念，掌握数字媒体技术是现代信息传播的通用技能之一。本项目包含数字媒体基础知识、数字文本、数字图像、数字声音、数字视频、HTML5 应用制作和发布等内容。

项目目标

知识点
- 数字媒体：了解数字媒体应用场景，熟悉数字媒体技术概念和发展趋势
- 数字文本：掌握文本准备、编辑、处理、存储和传输的技术处理过程
- 数字图像：掌握数字图像去噪、增强、复制、分割、提取特征、压缩、存储的技术处理过程
- 数字声音：掌握声音录制、剪辑与发布的技术处理过程
- 数字视频：掌握视频制作、剪辑与发布的技术处理过程
- HTML5：掌握HTML5应用的制作和发布技术处理过程

微课 15-1
什么是数字媒体？

任务 15-1　寻找身边的数字媒体

【学习目标】

- 了解数字媒体在社会生活中的应用
- 了解数字媒体基本概念、主要特征和社会价值
- 了解数字媒体发展历程、发展趋势

【任务导入】

当前，数字媒体就在人们身边，应用的领域非常广泛，包括图像采集、图像处理、图像转换、设计、放映等。数字媒体在银屏上的呈现缤纷多样、色彩斑斓，形成强大的视觉冲击力，具有明显的审美性。从大街小巷的各个门头商业招牌，到餐饮、娱乐、休闲、购物场所中五颜六色的彩色屏幕，再到各种生活必需品的包装和广告设计，都离不开数字媒体。

什么是数字媒体，生活中有哪些数字媒体应用？下面一起来探寻和体验，见表 15-1。

表 15-1　探索身边的数字媒体任务卡

任务步骤	完成要求
步骤 1：探索数字媒体技术及应用	选定检索工具，拟定检索词，构建检索式，选择检索途径，检索数字媒体技术及呈现方式
步骤 2：分析数字媒体典型应用价值	选取 3~5 个典型应用并进行价值分析
步骤 3：体验数字媒体的典型应用	选取一个数字媒体的典型应用，体验呈现方式，展示效果，记录体验过程

【任务实施】

步骤 1：探索数字媒体技术及应用。

查询数字媒体技术及数字媒体的应用，选定检索工具为"中国知网"，选定检索词为"数字媒体、技术、艺术、应用"，检索式为"数字媒体＊（技术＋艺术）＊应用"，检索途径为标题检索，须用搜索指令 intitle，检索结果如图 15-1 所示。

步骤 2：分析数字媒体典型应用价值。

以数字媒体在广告传媒及电影电视行业的应用场景为例，进行查询探索，包含但不限于以下场景，分析其应用价值，见表 15-2。

步骤 3：体验数字媒体的典型应用。

以数字媒体在户外 3D 广告的应用为例。

① 登录百度图片检索网站，搜索"户外 3D 广告"，选择并保存一张户外 3D 广告图片，如图 15-2 所示。

② 通过浏览器登录抖音，搜索"户外 3D 广告"，寻找与"户外 3D 广告"范例相似的内容，体验数字媒体在广告传媒领域的表现形式，记录体验过程，保存广告图片，如图 15-3 所示。

图 15-1　数字媒体技术及数字媒体的应用

表 15-2　数字媒体应用场景的价值分析

序号	典型应用	主要功能	应用价值
1	数字报刊	将传统的报纸、刊物数字化，让公众通过计算机、手机都可以阅读	降低报纸、刊物的印刷成本，拓宽传播渠道，让报刊的表现形式更加符合现代的阅读方式
2	户外 LED 平面广告	利用 LED 屏发布电子的平面广告，让广告的设计、色彩更加真实，广告切换实现电子化，节约成本	节省传统户外广告的印刷成本，提高户外广告的表现力，同时节约大量的空间成本
3	3D 广告	采用裸眼 3D 广告，让广告的表现形式更加生动，吸引眼球	增加广告的曝光程度，更加吸引消费者眼球，让广告的价值发挥到最大
4	影音合成	将拍摄的视频与后期的背景音乐、配音进行合成处理	有效提高电影电视的拍摄及后期音效的质量，同时节约拍摄成本
5	电影特效	为电影视频增加后期特效，制作一些实际生活中无法拍摄的场景	让电影拍摄和制作的可能性更大，脱离现实场景，降低电影拍摄和制作难度

图 15-2　户外 3D 广告

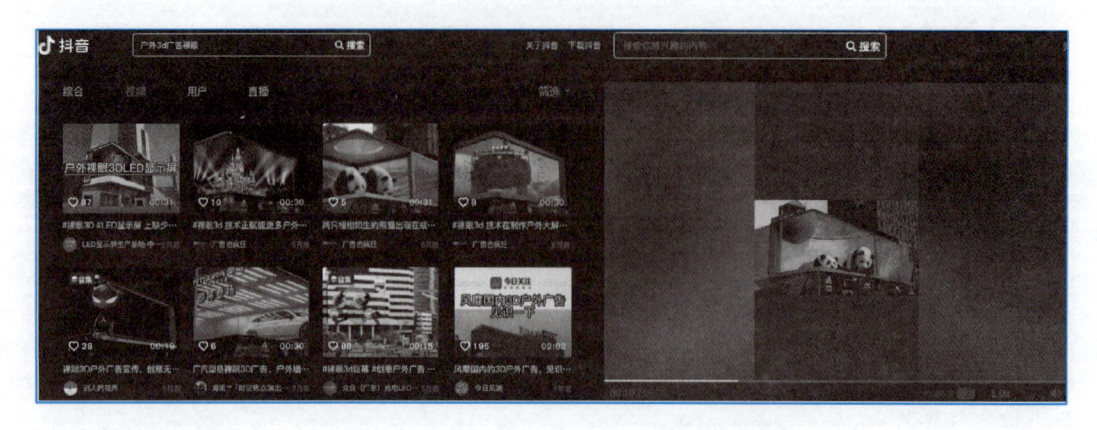

图15-3 广告检索示意图

【相关知识】

1. 数字媒体概念与特点

数字媒体是指以二进制数的形式记录、处理、传播、获取信息的载体,包括数字化的文字、图形、图像、声音、视频影像和动画等感觉媒体,以及表示这些感觉媒体的表示媒体(编码)等,通称为逻辑媒体,还包括存储、传输、显示逻辑媒体的实物媒体。

过去人们熟知的媒体几乎都是以模拟的方式进行存储和传播的,而数字媒体却是以比特的形式,通过计算机进行存储、处理和传播,并具有交互性能的多媒体。因此,具有计算机参与处理并具有"人机交互特点"的媒体可称之为数字媒体。

数字媒体技术具有以下4个特点。

- 语言数字化:以计算机设备、数字软件及编程语言代替传统的工具和材料,操作方式由手工转变为计算机操作或者运算,不同门类的艺术语言进行数字化转换。
- 表现多样化:传统技术及艺术与数字技术相结合,带来表现形式的多样化,实景与虚拟相结合带来全新的视觉体验。
- 制作高效化:由传统工具转换为数字化工具,对任何内容可以进行无数次的修改和重复,为高效化制作奠定基础。
- 传播大众化:依靠现阶段普及的电视、计算机、网络及各种电子设备进行传播,依靠数字媒体制作工具快速制作大量视觉文化产品,传播途径更加广泛。

2. 数字媒体的发展趋势

数字媒体的发展不再局限于互联网和IT行业,而将成为全产业未来发展的驱动力。数字媒体的发展通过影响消费者行为深刻地影响着各个领域的发展,消费业、制造业等都受到来自数字媒体的强烈冲击,预计未来数字媒体的发展有以下趋势。

- 数字媒体的产品服务及创新技术融入市场推广体系,最大化数字媒体的营销效果,改变各行业的营销体系。
- 数字媒体融入工业生产及企业管理,改变工业生产管理的模式。
- 多源媒体集成技术将继续渗透到数字媒体行业,改变人们的生活方式,现实、沉浸、互动和个性化将成为数字媒体产业发展的必然。
- 数字媒体技术将影响未来媒体的内容形态,影像、声音、虚拟现实将成为未来媒体内容的主要形态。

3. 数字媒体典型技术

数字媒体的应用场景非常广泛，从典型的技术领域来看，可以将数字媒体与印刷媒体（如印刷书籍、报纸和杂志）以及其他传统或模拟媒体（如摄影胶片、录音带或录像带）形成对比，将其大致分为数字图像、数字视频、视频游戏、网页和网站、社交媒体、数字数据和数据库，如 MP3 的数字音频、电子文档和电子书等。数字媒体对社会和文化具有重大、广泛和复杂的影响。

（1）数字文本处理技术

文字是一种书面语言，由一系列称为字符的书写符号构成。文字信息在计算机中使用文本来表示。文本是基于特定字符集成的、具有上下文相关性的一个字符流，每个字符均使用二进制编码表示。文本是计算机中最常见的一种数字媒体，其在计算机中的处理过程包括文本准备、文本编辑、文本处理、文本存储与传输、文本展现等。根据应用场景的不同，各个处理环节的内容和要求可能有很大的差别。

（2）数字图像处理技术

计算机中的数字图像按其生成方法可以分成图像和图形两大类。图像是从现实世界中通过扫描仪、数码相机等设备获取的，也称为取样图像、点阵图像或位图图像。图形是使用计算机制作或合成的，也称为矢量图形。合理地运用数字图像处理技术能够对原始图像进行取样和编码，并对图像各个环节数据进行高效处理与压缩，同时能够存放在计算机的某个程序中。图像处理针对性较强，能够根据实际要求处理出符合应用要求的图像效果。

（3）数字音频处理技术

声音是传递信息的一种重要媒体，也是计算机信息处理的主要对象之一，它在多媒体技术中起着重要的作用。计算机处理、存储和传输声音的前提是必须将声音信息数字化。数字声音是一种连续媒体，数据量大，对存储和传输的要求比较高。数字音频处理技术是对原始音频进行取样、编码、转换，并将其合理融合，同时运用声学参数编码技术进行转换，分析人的听觉特性，完善数字音频的效果，其包含了语音的合成、识别及音量的增加与减少等。

（4）数字视频处理技术

数字视频是一组连续画面的信息集合，与加载的同步音频共同呈现动态视觉效果和听觉效果，与动画无本质区别，只是表现内容和使用场合不同。数字视频处理技术通过对视频的采集、剪辑、叠加、视频声音同步、视频特效等方式，实现最终需要的视频图像。

（5）数字媒体信息的获取及输出技术

数字媒体信息的获取，主要是根据声音或图像获取相关信息，并运用计算机软件对获取的信息进行处理和输出。其主要作用是丰富数字媒体的内容，设计人性化的交互界面，主要涉及的技术包括硬复制、声音系统、视频系统以及虚拟现实等。

4. 数字媒体典型应用场景

（1）在广告传媒领域中的应用

随着网络技术发展，广告以及网络电视已经深深融入人们的生活。数字媒体的运用改变了传统静态的生活信息呈现方式，信息开始以动态形式呈现在人们面前。相较于传统的平面信息传播方式，数字媒体冲击力更强，人们能够更加灵敏地感受时代的气息和科技的进步。此外，数字媒体的运用，也大大提升了广告的实用性。一部分商家和广告运营商看准了数字媒体技术能够给广告传播带来巨大的实效性，提高企业的经济利益，因此，充分运用数字媒体技术设计更加新颖的动态广告，利用 3D 立体影像推广产品，有效改善推广和营销的效果，如图 15-4 所示。

图 15-4　广告传媒领域中的应用

（2）在电影电视制作中的应用

数字媒体技术的运用明显降低了影视制作环节的成本费用。在影视制作过程中运用多媒体技术，能够显著提高电影电视的制作效率和质量，同时也可以有效解决电影电视拍摄中难以取景拍摄的问题。使用数字媒体技术进行仿真模拟，还原拍摄场景，增强了电影电视拍摄的艺术感，也降低了电影电视制作的成本。与此同时，在电影电视的发行中使用数字媒体技术，让影视作品的发布实现全球同步，既降低了影视公司的发行成本，也让影视作品的经济收益与社会影响力大大提高，加速各国文化的交流传播。此外，数字媒体技术的运用也让大部分影视作品得以永久保存，给人类文明的传承提供了有效的技术支撑。并且在影视的播放环节中，数字媒体技术所构建的数字化终端系统，让画面更加清晰，给人们带来更好的视觉享受，如图 15-5 所示。

图 15-5　电影电视制作中的应用

（3）在教育教学中的应用

随着我国的教育改革不断深化，全社会更加重视学生的素质教育，多媒体辅助教学方式的使用已经十分广泛，在我国各个地区的课堂教学中都可以看见数字媒体的身影。数字媒体技术可以在一定程度上刺激学生的听觉和视觉，提高学生的学习注意力，给学生呈现更加符合生活实际的教学情境，提高学生的学习效率。同时，数字媒体技术也为教学提供了内容丰富的教学资源，让教师的教学不再单调枯燥，增加了许多的趣味性，让课堂教学的互动增多，课堂氛围活跃，学生能够更加自主地进行学习。例如，在实际教学过程中，教师首先通过数字媒体制作的教学课件带领学生预习教学内容，设计教学情境，让课堂教学变得更加高效。还可以让学生使用数字媒体完成课堂作业，引导学生进行深入地探究学习，开阔学生的视野，加强教学的系统性，如图 15-6 所示。

图 15-6　教育教学中的应用

（4）在电子商务中的应用

网络的普及，电子商务的繁荣发展，网络购物的出现让人们的购物更加便利。而电子商务的繁荣发展，离不开数字媒体技术的支持。数字媒体技术在网络购物方面的运用，使商家能够更加准确地了解用户实际需求，以此为用户更加精准地提供所需商品，同时数字媒体技术的运用，也提高了电商销售推广的实效性。此外，网上银行以及移动支付方式的便利优势，也实现了电子商务基础上的一站式购物。数字媒体的运用降低了电商的营销成本，满足了人们的购物需求，促进了电子商务的繁荣发展，如图 15-7 所示。

图 15-7　电子商务中的应用

【能力拓展】

数字媒体在广告传媒、电影电视、教育教学、电子商务等领域有着非常广泛的应用，如目前随处可见的广告视频、电影电视的制作及特效、多媒体辅助教学、各种网上购物等。下面请按照要求填写数字媒体多领域应用场景的具体应用，见表 15-3。

表 15-3　数字媒体多领域应用场景

应用领域	应用 1	应用 2	应用 3	应用 4
广告媒体				
电影电视				
教育教学				
电子商务				

任务 15-2　体验数字媒体的制作

【学习目标】

- 能使用 Photoshop 制作符合要求的图形图像素材。
- 掌握音频编辑软件 GoldWave 的操作技巧。
- 掌握数字视频编辑处理的操作流程。

【任务导入】

当今，数字媒体时刻围绕在人们身边，如广告、网络电视、数字音频、数字视频、数字电影、虚拟现实、网站推广、微博、微信等无处不在，但你是否思考过这些媒体内容是如何被数字化的呢？接下来看看小李同学是如何通过图像处理、音频录制和视频编辑完成数字媒体制作的，见表 15-4。

表 15-4　设计与制作数字媒体任务卡

任务步骤	完成要求
步骤 1：用图像素材制作数字媒体	通过 Photoshop 软件对图像进行处理，制作符合数字媒体要求的图像
步骤 2：用声音素材制作数字媒体	利用 GoldWave 进行声音解说的录制，并对声音进行处理，制作符合数字媒体要求的音频
步骤 3：用视频素材制作数字媒体	通过"快剪辑"进行视频素材的准备、视频素材的处理、音频和音效的植入，制作符合数字媒体要求的视频

【任务实施】

步骤 1：用图像素材制作数字媒体。

① 启动 Photoshop，双击 Photoshop 编辑区，在弹出的对话框中选择素材图像。

② 用钢笔工具抠出嘴唇的形状，转成选区，然后在图层面板新建"纯色调整图层"，在属性中设置羽化值为 2.4（双击"纯色调整图层"蒙版打开属性）。

③ 双击纯色图层空白处，进入图层样式，在高级混合中，将填充不透明度调整为 0。

④ 在图层样式的左侧选项中选择"颜色叠加"，设置混合模式为柔光，选择想要的色彩，如红色。

⑤ 在图层样式的左侧选项中选择"内阴影"，设置模式选择叠加，调整参数：不透明度 75%、角度 -78、距离 6、阴影 5、大小 182。

⑥ 新建色阶调整层（RGB 值：19, 1.17, 255），调整唇色深度，如图 15-8 所示。

步骤 2：用声音素材制作数字媒体。

① 打开 GoldWave，新建一个空白文档，单击"新建"按钮，弹出如图 15-9 所示的窗口。由于要录制一段 3 分钟左右的解说词，所以这里将初始文件长度设置为 5 分钟。初始文件长度稍微设长点是比较好的做法，因为多余的部分可以通过声音的编辑工作处理。声道数和采样速率可以使用默认的 2 声道及 44 100 Hz，如图 15-9 所示。

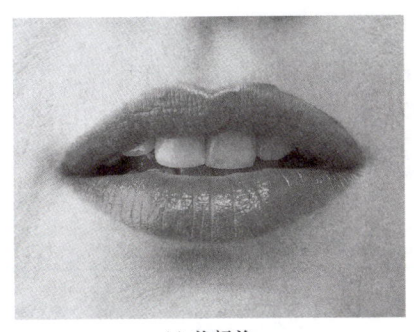

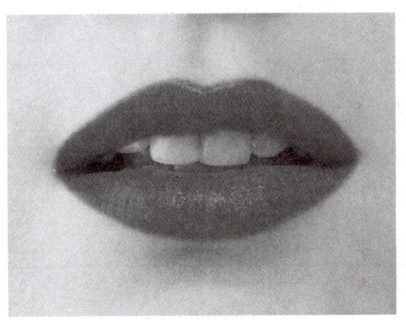

(a) 美颜前　　　　　　　　　　　(b) 美颜后

图 15-8　"照片美化"效果图

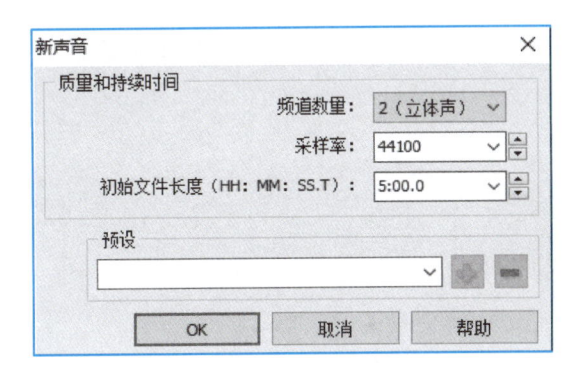

图 15-9　"新声音"属性设置

② 此时只要将耳麦的话筒线插入计算机声卡上的话筒输入插孔，即可用耳麦的话筒进行录音。

③ 单击控制器面板上的录音按钮（即红色圆点按钮），GoldWave 即可进行录音。这时只要对准耳麦话筒朗诵出所需要录制的解说词，GoldWave 将通过控制器面板上的信号窗口显示当前的音频电平信号强度，以方便朗诵者调整声音的大小。同时，GoldWave 主窗口将通过声音波形显示已经录制的声音，如图 15-10 所示。

解说词朗诵完毕后，单击控制器面板上的"停止录音"按钮（即红色方块按钮）结束录音。然后，单击控制器面板上的"播放声音"按钮（即绿色三角形按钮）回放刚才录制的声音，

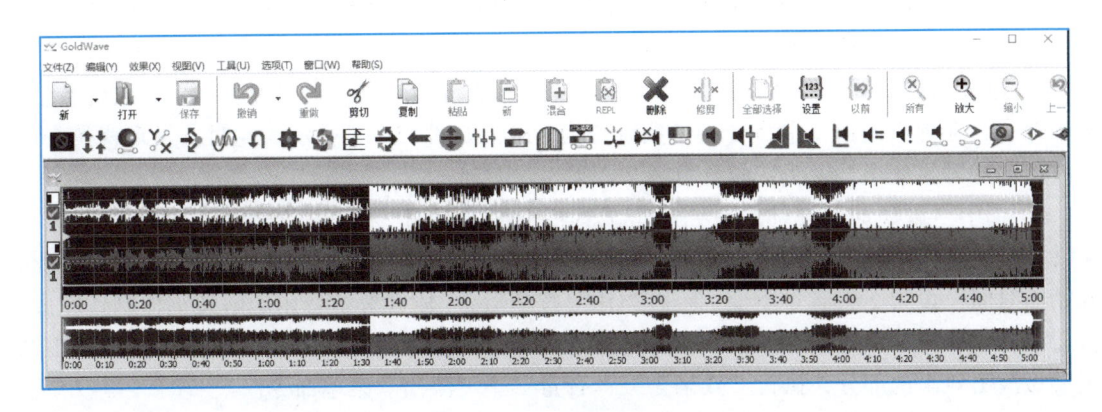

图 15-10　录制后声音波形

检查是否符合要求。

如果录制的声音不符合使用要求，重复前面的步骤重新录制，直到满意为止。一旦对录制的声音满意，就可以将其保存为一个音频文件以供后续编辑使用。单击工具栏上的"保存"按钮，在弹出的窗口中选择存储位置并为文件命名，保存类型和属性用默认设置即可，也可以根据需要进行设置，如图 15-11 所示。

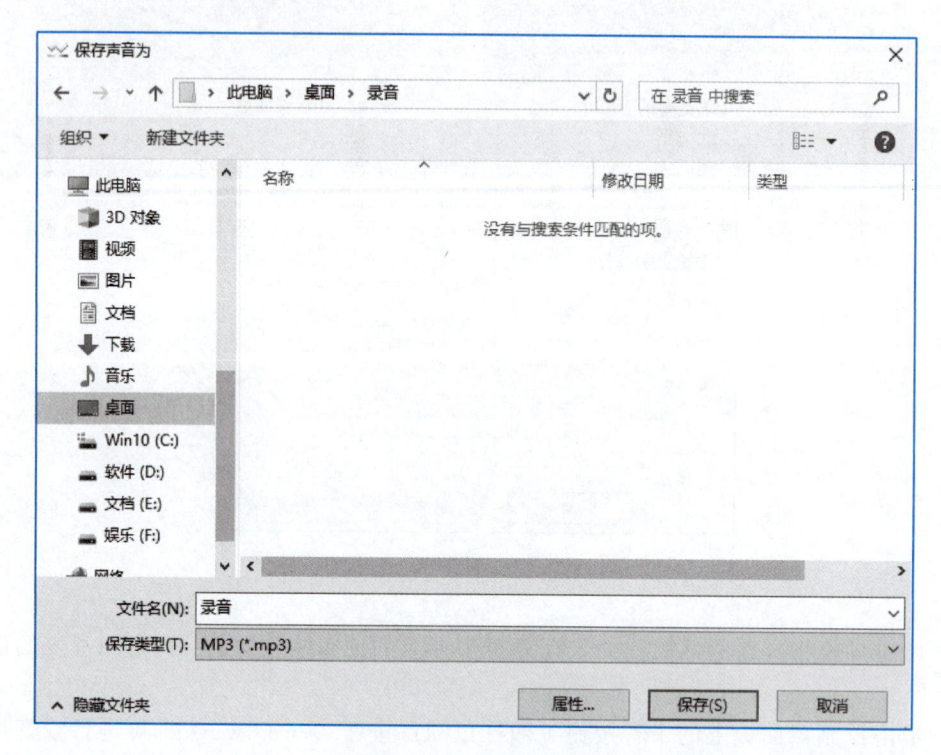

图 15-11　文件的保存

接下来为这段解说词加入一段背景音乐，并在开始和结束位置分别加上淡入和淡出的效果，这也是经常用到的一种效果。

④ 单击工具栏上的"打开"按钮，将一个背景音乐文件加载到 GoldWave 中。

⑤ 由于两段声音的长度不匹配，先分别对两段声音进行剪辑。执行工具栏上的"删除"操作，将多余部分删掉，如图 15-12 所示。

⑥ 通过回放试听，发现背景音乐的音量较大，执行"效果"→"音量"→"改变音量"菜单命令，在弹出的窗口中将音量参数调整为 -10，如图 15-13 所示。此时，发现背景音乐的波形幅度明显变小，说明它的音量减小了。

⑦ 选中"解说词"文件面板，单击工具栏上的"复制"按钮，然后再选中背景音乐的文件面板，单击工具栏上的"混合"按钮，弹出如图 15-14 所示的"混合"面板。将"混合开始的时间"设为 2 s，音量不变，单击"OK"按钮后，一段含背景音乐的解说词便制作完成。接着制作淡出效果（声音播放即将结束时音量逐渐变小）。按住鼠标左键并拖曳，框选出结尾要做淡出效果的部分，执行"效果"→"音量"→"淡出"菜单命令。

⑧ 在弹出的对话框中，单击"确定"按钮，淡出效果就制作完成。淡入效果的制作与

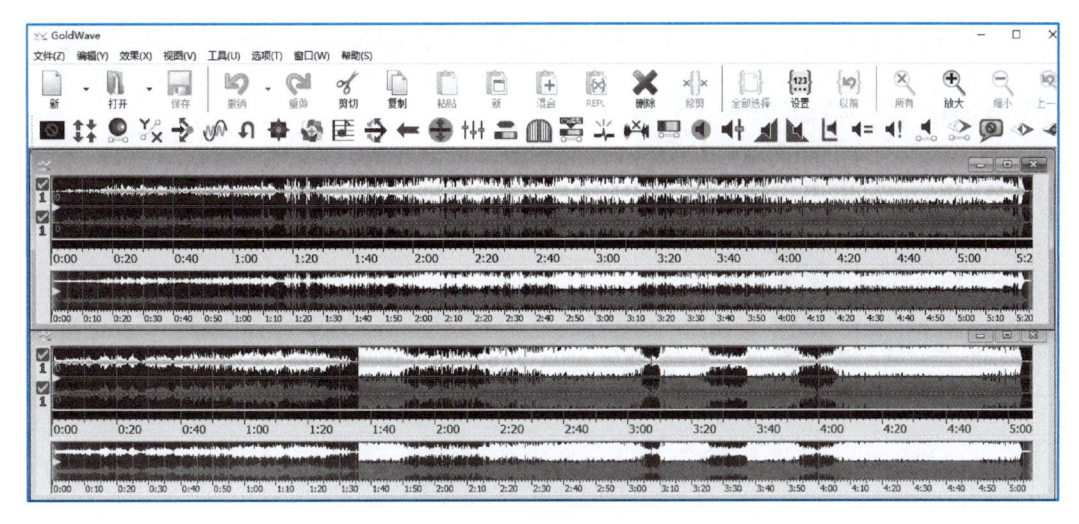

图 15-12　删除多余部分背景音乐

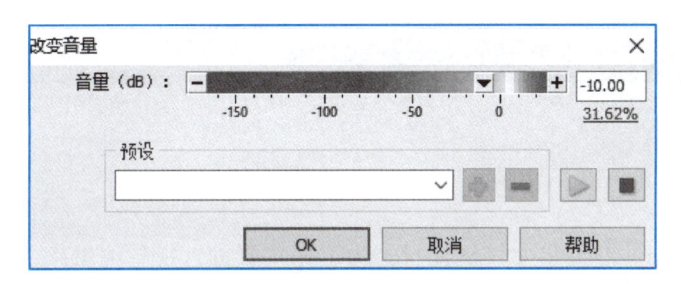

图 15-13　音量调整

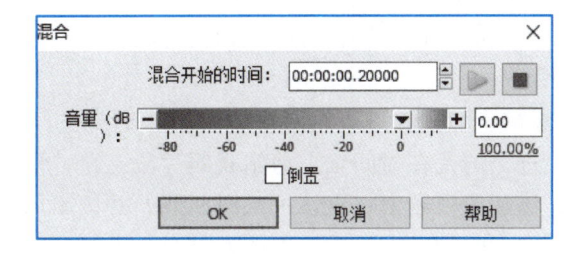

图 15-14　混音设置

之类似。至此，就完成了一段含背景音乐的解说词的录制和编辑工作，并为其添加了一些简单的效果。

步骤 3：用视频素材制作数字媒体。

① 准备素材。将视频素材导入"快剪辑"中使用。如果用手机拍摄的视频画面需要旋转，可以先单击"快剪辑"欢迎页右上角的"视频旋转"按钮，添加视频后可以选择顺时针 90°、逆时针 90° 和 180° 旋转。

② 新建视频项目文件。启动"快剪辑"后，单击"新建视频"按钮，显示如图 15-15 所示的选择工作模式界面。

单击"专业模式"按钮，进入"快剪辑"初始编辑界面，界面分预览窗口、素材区和时

图 15-15　选择工作模式界面

间线区 3 部分。

　　视频编辑往往会涉及大量多媒体素材，为了便于管理，视频编辑软件通常会采用项目管理的方式。项目文件中会记录素材文件所在位置、文件名等信息，以及最后一次保存的视频文件的各种信息等。"快剪辑"的项目文件扩展名为 .qme。单击"新建项目"按钮可以新建一个空白项目文件，单击"我的项目"按钮可以编辑已有项目文件或者重新导出、发布视频文件。

　　③ 在新项目文件中添加素材。在进行视频剪辑之前，通常已经根据设想进行了视频拍摄或者素材选择，随之要进行的是在时间轴上剪辑视频片段。在"快剪辑"素材区可以添加和管理各种来源的素材，添加后视频素材默认进入时间线，并按添加顺序排列。可以通过拖曳将已添加的图像素材添加到时间线上，被拖曳的素材会插入至红色滑块位置。当鼠标指针移动到素材区中的素材上时，素材右上角会出现"+"和"删除"按钮。单击"+"按钮，在当前时间线最后位置新增一个素材副本；单击"删除"按钮则直接删除该素材。图 15-16 所示为"快剪辑"专业模式下添加了素材后的编辑界面。

　　④ 编辑处理。

　　a. 视频剪辑的基本编辑。在视频编辑软件主界面的预览窗口中，可以播放、暂停、显示播放时长/总时长、全屏播放视频；在时间线区域中，可以对选定的素材进行改变时长、分割、移动、删除、调速等；对于有音频的视频，可以设置静音，也可以将音频与视频分离，以便分别进行编辑。

　　b. 添加音乐和音效。"快剪辑"目前支持 WAV、MP3、AAC、WMA 等主流音频格式。视频、音乐和音效轨道左侧均有音量调节的小喇叭图标，单击后即可调整音轨音量。

　　如果需要将原视频静音，可以将原视频音量调整为零，也可以选中原视频后单击时间轴

图 15-16　视频编辑界面

上方的"分离音轨"按钮,将原视频素材的视频、音频信息分离后置于各自的视频、音频轨道上,再删除分离出来的音频。

"快剪辑"自带很多音效,有环境、动物、武器、人类、室内、交通、自然、科幻、卡通、机械等类别,每个分类还有很多不同的音效,也可以在视频上添加自己制作的音效。

c. 添加字幕特效。"快剪辑"提供了多种字幕,如可编辑字体的字幕、多行字幕、滚动字幕、竖排字幕等。当需要在视频画面上添加字幕时,可以单击"添加字幕"选项卡,选择一种字幕模板,在"字幕设置"对话框中的文字编辑区内输入需要的文字,还可以设置字幕的出现时间和持续时间。

d. 添加转场特效。当需要在两段视频之间添加转场效果时,可以单击"添加转场"选项卡,有溶解、向上(下、左、右)擦除、交融和向上(下、左、右)推入等特效可选择。单击一种转场特效右上角的加号或者将其拖曳到时间线上两段视频的连接处,即可添加转场效果,还可以根据需要调节转场时间的长短。

e. 添加抠图特效。如果需要从视频画面中选取部分内容显示,可以使用"快剪辑"中提供的抠图特效。单击"添加抠图"选项卡,有武器、科幻、交通、人物、动物、恶搞和其他分类,每个分类都有多种抠图特效可以选择。单击右上角的加号,下载并添加到时间线上,在抠图设置对话框中,可以设置抠图的位置、效果样式(抠图精度、抠图强度)以及抠图特效的出现时间和持续时间。"快剪辑"中的抠图特效,是一种背景透明的动画,可以很方便地嵌入视频中,也可以添加本地的绿幕素材或背景颜色差别较大的素材进行抠图。

f. 添加滤镜特效。单击"添加滤镜"选项卡,有电影、胶片、风景、人物和美食 5 类滤镜,每一类都有多种特效。单击右上角的加号,或者将其拖曳到时间轴上的视频剪辑或图像素材上,将添加滤镜效果。在滤镜设置对话框中,可以进行滤镜强度的设置。

⑤ 保存和导出。视频剪辑完成后，通过导出方式保存为可以直接播放的视频文件格式。在"快剪辑"中，导出前可以为视频添加特效片头和水印，输入视频信息和编辑视频封面，设置导出画面的大小和保存的文件格式。"快剪辑"默认导出的视频文件格式为 MP4，默认的尺寸为 720P（"快剪辑"支持 480 P、720 P、1 080 P 和保留原素材长宽比等多种方案），默认码率为 1.5 Mbit/s，默认视频帧率为 25 f/s，默认音频参数为 44.1 kHz、128 Kbit/s。

在"快剪辑"中，单击"保存导出"按钮后，进入导出设置界面，如图 15–17 所示。左侧为导出的文件设置，目前"快剪辑"支持导出视频、GIF、音频。右侧的"特效片头"选项卡，可以根据需要添加片头；"加水印"选项卡，可以选择是否加水印。可以用自己的 Logo 图片，建议图片尺寸在 500×500 像素以内，也可以添加文字水印。视频文件导出到本地后，同时会自动生成一个 PNG 格式的图片文件，用作视频文件的封面。

图 15–17　导出设置界面

导出完成后，打开视频文件所在文件夹查看其中的内容，双击该视频文件可以用默认播放器播放视频。

【相关知识】

1. 常用图像软件

常用的图形图像处理软件有 Photoshop、CorelDRAW、Illustrator、AutoCAD、3ds Max 等，手机上也有不少图像处理 App，可以方便地进行简单的图像处理。Photoshop 是一款图形图像处理软件，广泛应用于影像后期处理、平面设计、数字相片修饰、Web 图形制作、多媒体产品设计制作等领域，是同类软件中当之无愧的杰作。Photoshop 主要处理位图图像，但其路径造型功能也非常强大，几乎可以与 CorelDRAW 等矢量绘图软件相媲美。与其他同类软件相比，Photoshop 在图像处理方面具有明显的优势，是多媒体作品制作人员的首选工具之一。

2. 数字图像的文件格式

在实际应用中，为了适应不同的需要，图形或图像可以用多种不同的格式进行存储。例如，Windows 的画图程序所创建的图像可以用 BMP 格式存储，从网上下载的图像多为 GIF 和 JPG 格式，另外还有诸如 TIF、WMF、PNG 等其他格式。不同格式的图像文件具有不同的存储特性，不同格式的图像文件之间也可以通过一些工具软件相互转换。这里介绍一些比较常用的图形、图像文件格式。

（1）BMP 格式

BMP（Bitmap，位图）是一种与硬件设备无关的图像文件格式，使用非常广泛。BMP 文件采用位映射存储格式，有压缩和非压缩两种形式。通常情况下 BMP 文件所占用的空间比较大，因此只是在单机上比较流行。由于 BMP 文件格式是 Windows 采用的图形文件格式，在 Windows 环境中运行的图形图像软件都支持 BMP 格式的文件。

（2）GIF 格式

GIF（Graphics Interchange Format）的原义是"图像互换格式"，开发于 1987 年。GIF 文件的数据是一种基于字典编码压缩算法的连续色调的无损压缩格式。其压缩率一般在 50% 左右，目前几乎所有的相关软件都支持 GIF 格式图像文件。由于 GIF 格式文件的数据采用可变长度等压缩算法，所以 GIF 格式图像的颜色深度存在 1~8 位多种不同的形式，即 GIF 格式图像最多支持 256 种色彩。

（3）JPEG 格式

JPEG（Joint Photographic Experts Group，联合图像专家组）文件扩展名为 .jpg 或 .jpeg，是常用的一种有损压缩的图像文件格式。JPEG 格式采用有损压缩方式去除图像中的冗余数据，在获得极高数据压缩率的同时保证了较高的图像质量。由于 JPEG 格式的文件容量较小，下载速度快，画质也能够满足人们的要求，所以成为网络主流图像格式之一。

（4）PSD 格式

PSD（Photoshop Document）是 Photoshop 软件的源文件格式，文件扩展名为 ".psd"，可存储图层、蒙版、路径、通道、色彩模型等几乎所有的图像信息，是一种不压缩的原始文件格式。PSD 格式文件的容量很大，但由于可以保留多种图像编辑信息，所以将未编辑完成的图像或想进一步修改的图像存储为 PSD 格式，无疑是一种最佳的选择。

（5）PNG 格式

PNG（Portable Network Graphics，可移植性网络图像）是目前网上常见的图像文件格式。PNG 格式能够提供长度比 GIF 格式小 30% 的无损压缩图像文件，同时还支持 24 位和 48 位真彩色，支持透明背景和交错技术。由于 PNG 格式比较新颖，所以目前还有一些相关软件不支持这种格式的文件，但 Photoshop 和 Fireworks 软件可以处理 PNG 格式图像，也可以将图像存储为 PNG 格式。

3. 常用视频编辑软件

视频编辑软件种类繁多，Windows Movie Maker、《爱美刻》《爱剪辑》《快剪辑》《会声会影》、Vegas 等工具，比较适合零基础、没有任何视频制作经验的人使用。Adobe Premiere、Adobe After Effects、Ulead Video Studio 等工具则适合比较专业的人员使用。

【能力拓展】

数字媒体素材的采集和处理完成后,怎么把这些素材变成一个数字媒体并呈现给观众呢?首先就是使用数字媒体集成软件将这些素材按照事先设计好的框架集成为完整的数字媒体产品。可以使用电子杂志软件等快速集成数字媒体产品,也可以使用记事本、Dreamweaver 等软件开发网络版数字媒体产品。其次,开发数字媒体产品的最后一个环节就是对其进行发布,只有经过该环节后,才是真正的数字媒体产品。目前发布数字媒体产品的途径很多,如网站、微博、微信公众号、抖音、快手、微视频等。下面请按照要求完成 HTML5 数字媒体集成研讨报告,并填写表 15-5。

表 15-5 HTML5 数字媒体集成研讨报告

HTML5 数字媒体集成研讨报告			
一、基本信息			
课程名称		任课教师	
上课日期		上课地点	
二、小组成员			
三、报告内容			
(括号内文字为报告内容参考说明)			
1. 目前用于制作网页的软件工具			
(列举 1~3 个可用于制作网页的工具软件,初步了解其编写 HTML 的方法)			
2. 了解网页发布的过程及必须的条件			
(怎样注册域名和空间,了解网页发布的条件)			
3. 数字媒体网页的发布			
(可以通过哪些平台发布数字媒体)			
四、参考资料			
(网络信息、文献、书籍等的详细信息)			

项目小结

本项目设置了"寻找身边的数字媒体""体验数字媒体的制作"2 个任务,以了解数字媒体的概念与发展现状、数字媒体艺术的发展历程、数字媒体的典型技术与应用场景为基础任务,以数字媒体的设计与制作为重要手段,学习数字媒体的基础知识、发展历程、重要技术、应用场景及数字媒体的制作方法。理论概念先行,操作实践辅助的方式帮助读者掌握数字媒体的制作与应用。

在"能力拓展"环节,"探索数字媒体在更多领域的应用场景"能力提升训练将项目切换到广告传媒、电影电视、教育教学、电子商务领域的场景，旨在让读者了解数字媒体在更多领域的典型应用；"HTML5 数字媒体集成"能力提升训练以 HTML5 网页数字媒体集成为重要技术拓展，帮助读者了解 HTML5 应用制作和发布过程，为后续制作与应用数字媒体打好基础。

项目提升

一、选择题

1. 以下不属于数字媒体类型的是（　　）。
   A. 静止媒体　　　B. 动态媒体　　　C. 连续媒体　　　D. 合成媒体
2. 以下不属于数字文本文件格式的是（　　）。
   A. TXT　　　　　B. DOCX　　　　C. RTF　　　　　D. MP4
3. 图像必须是（　　）模式，才可以转换为位图模式。
   A. RGB　　　　　B. 灰度　　　　　C. 多通道　　　　D. 索引颜色
4. 下列中可以选择连续相似颜色区域的是（　　）。
   A. 矩形选择工具　B. 椭圆选择工具　C. 魔术棒工具　　D. 磁性套索工具
5. 以下文件类型中，（　　）不是计算机中使用的声音文件格式。
   A. WAV　　　　　B. MP3　　　　　C. TIF　　　　　D. MID
6. 以下软件中，不能用来获取视频中的声音的是（　　）。
   A. 格式工厂　　　B. HyperSnap　　C. Adobe Audition　D. Adobe Premiere
7. 使用（　　）设备可以获得数字视频。
   A. 手机　　　　　B. DV 机　　　　C. 3D 摄像机　　　D. 以上都可以
8. 使用（　　）工具软件可以对数字视频进行编辑制作。
   A. Windows Movie Maker　　　　　B. Adobe Premiere
   C.《快剪辑》　　　　　　　　　　D. 以上都可以
9. 用于播放 HTML5 视频文件的正确 HTML5 元素是（　　）。
   A. <movie>　　　B. <media>　　　C. <video>　　　D. <player>
10. 超链接在新窗口打开的属性及属性值是（　　）。
    A. target="_blank"　　　　　　　B. target="_self"
    C. target="_top"　　　　　　　　D. target="_parent"

二、判断题

1. 自然媒体是数字媒体类型的一种。（　　）
2. VR 主要由模拟环境、感知、自然技能和传感设备等方面组成。（　　）
3. 将一幅图片放大到一定倍数后出现马赛克现象，则该图片为矢量图类别。（　　）
4. 图像分辨率越高，图像越清晰。（　　）
5. 数字媒体中使用的数字声音有数字音频和 MIDI 音乐两种类型。（　　）
6. 使用 Flash 工具可以播放 MPEG 格式的文件。（　　）

7. 李同学录制的微视频可以用 Photoshop 给这个视频加上片头、片尾。（   ）
8. 网络视频网站播放的影片基本都是 MPG 格式。（   ）
9. <table> 标签用来定义 HTML 表格。（   ）
10. CSS 只允许应用纯色作为背景。（   ）

项目 16

虚拟现实

— 庄周梦蝶——幻境中的信息交互 —

项目概述

不到二十年的时间，曾经在科幻电影中展现的虚拟现实技术和产品居然真的实现了。例如，凭借 VR 头盔，站在小黑屋里，也能上天入地，遨游宇宙；通过对数字进行编码、传输、释放，通过虚拟现实装置就能让观众感受到电影场景中的真实气味，如大海潮湿的味道、烤面包的香气、战场上的硝烟味……虚拟现实技术正在高速发展，并将深刻影响人类的生活和生产方式。虚拟现实（Virtual Reality，VR）通俗来讲，就是通过各种技术在计算机中创造一个虚拟世界，用户可以沉浸其中，用视觉、听觉等来感知虚拟世界，与虚拟世界中的场景、物品甚至是虚拟人物进行交互。VR 本质上是建立在计算机图形学、人机接口技术、传感技术和人工智能等学科基础上的综合性极强的高新信息技术，在军事、医学、设计、艺术、娱乐等多个领域均得到了广泛应用，被认为是 21 世纪大有发展前途的科学技术领域。本项目主要包含虚拟现实基础知识、关键技术及应用开发等内容。

项目目标

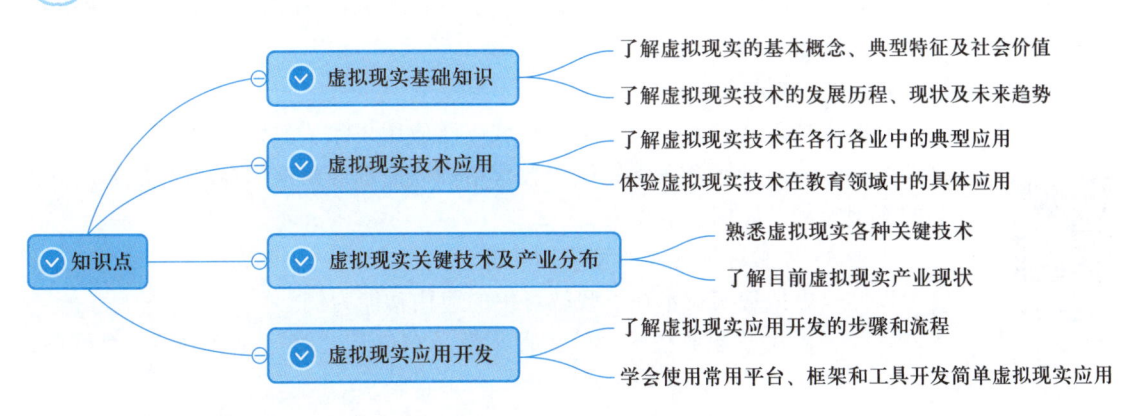

知识点
- 虚拟现实基础知识
  - 了解虚拟现实的基本概念、典型特征及社会价值
  - 了解虚拟现实技术的发展历程、现状及未来趋势
- 虚拟现实技术应用
  - 了解虚拟现实技术在各行各业中的典型应用
  - 体验虚拟现实技术在教育领域中的具体应用
- 虚拟现实关键技术及产业分布
  - 熟悉虚拟现实各种关键技术
  - 了解目前虚拟现实产业现状
- 虚拟现实应用开发
  - 了解虚拟现实应用开发的步骤和流程
  - 学会使用常用平台、框架和工具开发简单虚拟现实应用

微课 16-1 什么是虚拟现实？

任务 16-1　寻找身边的虚拟现实应用

【学习目标】

- 了解虚拟现实在社会生活中的应用。
- 了解虚拟现实基本概念、主要特征和社会价值。
- 了解虚拟现实的发展演变、未来趋势。
- 了解虚拟现实关键技术。

【任务导入】

随着虚拟现实产业链的逐渐成熟，虚拟现实应用场景日益丰富。例如，虚拟旅游可以让人们足不出户，就能在三维立体的虚拟环境中遍览遥在万里之外、形象逼真、细致生动的风光美景；虚拟现实游戏因能够给予玩家全方位且趋于真实的临场感、交互性和沉浸感而变得大行其道；2022 年上海瑞金医院实现国内首台 5G+VR 腹腔镜手术直播，预示着虚拟现实技术全面进入医学示教领域；虚拟现实技术助力"春晚"，打造"沉浸式"舞台，充分展现了 VR 在娱乐领域的创新活力……

什么是虚拟现实，生活中还有哪些虚拟现实应用？下面一起来探寻与体验，见表 16-1。

表 16-1　寻找身边的虚拟现实应用任务卡

任务步骤	完成要求
步骤 1：探索虚拟现实在某一领域的应用	选定检索工具，拟定检索词，构建检索式，选择检索途径，检索虚拟现实在某一领域的应用
步骤 2：分析虚拟现实典型应用价值	选取 3~5 个典型应用，用列表形式说明其应用价值
步骤 3：体验虚拟现实典型应用功能	选取其中一个典型应用，体验其功能，并记录体验过程

【任务实施】

步骤 1：探索虚拟现实在某一领域的应用。

这里以虚拟现实在教育培训领域的应用为例，选定检索工具为百度搜索引擎，检索词为"虚拟现实、教育、培训、应用"，检索式为"虚拟现实 *（教育+培训）* 应用"，检索途径为标题检索，须用搜索指令 intitle，检索效果如图 16-1 所示。

步骤 2：分析虚拟现实应用的价值。

目前虚拟现实技术在教育培训领域广泛应用，除了教育行业本身，军事仿真训练、医学培训等众多跨领域的教育培训方面也开始应用虚拟现实技术。主要的典型应用及应用价值见表 16-2。

步骤 3：体验虚拟现实典型应用功能。

以体验虚拟现实技术在思政教育中的应用功能为例。

登录长沙民政职业技术学院"青年毛泽东成长之路"红色专题教育网站，

红色专题教育网站

图 16-1　虚拟现实在教育培训领域的应用

表 16-2　虚拟现实应用场景的价值分析

序号	典型应用	主要功能	应用价值
1	医学培训	医学专业学生可通过虚拟现实设备在虚拟世界中完整模拟各种高难度手术的试验	不仅能够节约资源，还可以通过重复性操作积累大量医学经验，大幅减少真实临床实践环节的失误
2	军事仿真训练	通过虚拟现实技术训练系统可将武器、目标、环境等各种真实作战因素结合，开展军事演习和仿真训练	大幅降低训练成本，有效提高训练质量，甚至可以灵活定制训练场景，积累丰富的作战经验
3	中小学教育	将虚拟现实技术与日常教学结合，可将抽象概念具象化，为学生打造仿真、可交互、沉浸式的学习环境	一方面有效解决各地教育资源不平衡的现实问题，另一方面通过沉浸式、体验式学习，有效提升中小学生的学习专注度和知识接受程度
4	党建	通过虚拟现实技术构建和展示各种党建红色教育资源，有效增强学习者的体验感	打破时间、空间的限制，可以让学习者穿越回各重大历史事件中切身体验战争的残酷以及革命前辈的坚毅品格

单击"体验"按钮，穿越式学习和体验青年毛泽东在湖南"少年立志""长沙求学""五四洗礼""探索新路"4 个阶段的革命实践。

① 少年立志：通过表现韶山冲、毛泽东故居、南岸私塾（如图 16-2 所示）、东山学堂 4 个主场景，展现毛泽东童年时期成长的生活环境和学习环境，了解毛泽东从小就同情老百姓、有斗争精神。

② 长沙求学：通过表现湖南省立第一师范学校、橘子洲、岳麓山、岳麓书院等 4 个主场景，展现青年毛泽东参加革命军、一师求学、猴子石缴械等历史虚拟还原，了解一代伟人

图 16-2　南岸私塾

毛泽东救国救民思想发展的过程与脉络。

③ 五四洗礼：通过表现新民学会成立、《湘江评论》创刊、湖南学生联合会成立、驱张运动的进行、工人夜校的开设、中国共产党第一次全国代表大会的举行、湖南自修大学的成立、长沙泥木工人罢工等历史事件，展现毛泽东是如何一步步走向思想上的成熟，成为一个坚定的马克思主义者。

④ 探索新路：利用虚拟现实技术再现安源夜校的开办、沈家大屋会议、里仁学校动员大会等事件，展现毛泽东深入工人群体组织工人运动的过程，以及开辟新民主主义革命道路的历史过程。图 16-3 所示为毛泽东深入工人家庭。

图 16-3　毛泽东深入工人家庭

【相关知识】

1. 虚拟现实概念与特点

虚拟现实是一种综合利用计算机系统和各种显示及控制等接口设备，在计算机上生成的可交互的三维环境中提供沉浸感的技术。用户可以通过显示设备、数据手套或手柄等人机交互设备在计算机生成的虚拟世界中感受真实的色彩、声音、气味、触觉、反馈作用力等。除了上述狭义的虚拟现实之外，广义上的虚拟现实还包括增强现实（Augmented Reality，AR）和混合现实（Mixed Reality，MR），三者合称"泛虚拟现实"，其核心是以计算机技术为基础，通过将虚拟信息构建、叠加，再融合于现实环境或虚拟空间，从而形成交互式场景的综合计算平台。而 VR、AR、MR 这 3 个细分领域的差异主要体现在虚拟信息和真实世界的交互上，虚拟现实技术实现虚拟空间独立于真实世界之外，增强现实技术将虚拟空间叠加在真实世界之上，混合现实技术将虚拟空间与真实世界融为一体。

虚拟现实主要有如下 3 个核心特性。

- 多感知性（Multi-Sensory）：指除了一般计算机技术所具有的视觉感知之外，还有听觉感知、力觉感知、触觉感知、运动感知，甚至包括味觉感知、嗅觉感知等。理想的虚拟现实技术应该具有一切人所具有的感知功能。
- 浸没感（Immersion）：又称临场感，指用户感到作为主角存在于模拟环境中的真实程度。理想的模拟环境应该使用户难以分辨真假，使用户全身心地投入计算机创建的三维虚拟环境中，该环境中的一切看上去都是真的。
- 交互性（Interactivity）：指用户对模拟环境内物体的可操作程度和从环境得到反馈的自然程度（包括实时性）。例如，用户可以用手去直接抓取模拟环境中虚拟的物体，这时手有握着东西的感觉，并可以感觉物体的重量，视野中被抓的物体也能随着手的移动而移动。

2. 虚拟现实发展演变和未来展望

（1）虚拟现实概念的提出与演变

虚拟现实最初出现于 17 世纪末的艺术品中，如战争场景和更多不同主题的全景绘画，可以填满人们的视野。这些艺术家有时在 360° 环境中完成，这样他们就可以完全沉浸在画面中。后来一些小说中畅想了关于虚拟现实设备的功能，它们能够让用户通过设备模拟五感感知世界，让人沉浸在虚拟世界中。这些科幻作品中对未来虚拟现实设备的想象，构建了虚拟现实技术的基础概念。

随着科学技术的不断发展，电子显示技术的成熟，虚拟现实技术具备了基本实现条件，开始有了初步的虚拟现实设备出现。1968 年，史上第一台真正意义上的虚拟现实设备诞生，让虚拟现实技术真正地运用于实际当中。然而虚拟现实技术发展并不是一帆风顺，在之后十年中，虚拟现实技术依然默默无闻。一直到 20 世纪 80 年代，游戏公司将虚拟现实技术运用到游戏行业，开发了虚拟现实游戏机等，虚拟现实才进入大众的视野，得到快速发展。但是限于硬件设备不成熟等各方面的原因，虚拟现实技术再次沉寂。随着科技的进步、时代的发展，直到 2014、2015 年新一代成熟沉浸式头显设备的推出，结束了虚拟现实默默无闻的状态，虚拟现实技术得到了飞速发展，在 2016 年得到了大众的广泛认可，因此也称 2016 年为 VR 元年。

（2）虚拟现实技术的未来展望

虚拟现实作为融合计算机、传感器、人工智能等于一体的新兴技术和产业，正处于发展窗口期。世界各国高度重视发展虚拟现实，欧美及东亚一些发达国家分别从规划引领、技术研发、运用示范等领域，采取政策倾斜、资金补助等方式大力支持产业化发展。我国充分利用在新一代信息技术特别是互联网、大数据、云计算等数字经济领域优势，加快布局发展虚拟现实。虚拟现实迅速成为继多媒体、计算机网络之后最具应用前景的一项技术。

2021 年 3 月公布的国家"十四五"规划纲要中，虚拟现实和增强现实、人工智能被一并纳入数字经济重点产业，成为建设数字中国的重要支撑，可以预见，未来虚拟现实、增强现实技术在教育、影视、游戏、军工、政务、金融、医疗等领域将大有可为。

3. 虚拟现实系统的核心技术

虚拟现实不是空中楼阁，需要依靠相关的技术支撑才能得以实现。构建一个合格标准的虚拟现实系统所涉及的核心技术主要包含虚物实化、实物虚化、人机交互3个方面，涉及动态环境建模技术、虚拟物体生成技术、实时3D图形生成技术、传感器技术及显示技术等十大关键技术，见表16-3。

表16-3 虚拟现实系统十大关键技术

序号	技术名称	内涵阐述
1	动态环境建模技术	使用动态环境建模技术可以获取实际环境的三维数据，并利用获得的三维数据建立相应的虚拟环境模型。一般有形状外观几何造型建模（包含人工和数字化自动建模）和物理特性建模（包含分形技术和粒子系统）
2	虚拟物体生成技术	虚拟物体生成技术是将建模好的虚拟世界呈现给用户的过程，包括视觉、听觉甚至触觉等多感官的综合呈现，主要包含视觉绘制技术、真实感绘制技术、声音渲染和力触觉渲染等技术
3	显示技术	显示技术是为了能使虚拟物体在人眼中形成立体的显示效果，一般采用分色技术、分光技术、分时技术、光栅技术实现，各种技术的不同主要在于如何使得两只眼睛在看到同一画面时接收到不同的图像
4	实时3D图形生成技术	三维图形生成技术的关键是如何实现实时生成，为了达到实时的目的，在不降低图形的质量和复杂度的前提下，要保证图形的刷新频率不低于15帧/秒，最好高于30帧/秒
5	传感器技术	传感器技术除了用于人机交互穿戴设备（立体头盔显示器、数据手套、数据衣等），还广泛用于正确感知现实环境中的各种视觉、听觉、触觉、力觉等传感设备中（加速器、陀螺仪、磁力计）
6	交互技术	交互技术是实现用户与虚拟现实应用系统之间交流与反馈的关键，目前有基于传统硬件设备（如键盘、鼠标、手柄等）交互、手势或语音交互（如HTC Vive头盔、Oculus头盔、微软HoloLens眼镜以及苹果Siri等）、其他交互技术（如标志、数据手套、定位笔等）
7	跟踪注册技术	跟踪注册技术主要为了让图像准确叠加到真实环境中，实现虚拟信息与真实环境无缝结合，目前主要有基于硬件跟踪设备的注册技术、基于视觉跟踪的注册技术、基于混合跟踪的注册技术
8	合并技术	合并技术的目标是将虚拟信息与输入的现实场景无缝结合，有效增强AR使用者的现实体验，除了考虑虚拟物体的定位，还需要合并处理虚拟事物与真实事物之间的遮挡关系，两者达到几何一致、模型真实、光照一致和色调一致
9	系统开发工具	第1种是利用C或C++高级语言，采用OpenGL或者DirectX支持的图形库进行编程（工作量极大，效率较低，但灵活性强）。第2种是利用现有成熟、专业的虚拟现实引擎 如Unity3D、虚幻引擎、VIRGlass、VRP、Quest3D、Patchwork3D、DVS3D、EON Reality、CoCos3D手机游戏引擎、Virtools、Cult3D、Converse3D等（效率高、非开放性、扩展性欠缺）。第3种是利用专业的虚拟现实编程开发库或开发包进行二次开发，如Multigen Vega、Prime OpenGVS、VTree、X3D、Java3D等（性能介于前两者之间）
10	系统集成技术	由于VR系统中包括大量的感知信息和模型，因此系统集成技术起着至关重要的作用，集成技术包括信息的同步技术、模型的标定技术、数据转换技术、数据管理模型、识别与合成技术等

【能力拓展】

通过信息检索技术，查阅分析虚拟现实技术在医疗、教育、汽车、游戏、旅游等领域的应用，分析整理应用场景内容，填写表16-4。

表16-4　虚拟现实技术在不同领域的应用

应用领域	应用场景内容
医疗	
教育	
汽车	
⋮	

任务16-2　体验虚拟现实应用开发

微课16-2　开发一个VR应用

【学习目标】

- 了解虚拟现实应用开发的基本流程和步骤。
- 了解常用的虚拟现实应用开发平台、框架和工具，了解其特点和适用范围。
- 能用Cardboard VR开发第一个虚拟现实应用。
- 能辨析虚拟现实在社会应用中面临的伦理、道德与法律问题。

【任务导入】

虚拟现实的发展，以"完成在场"体验为方向的。尽管目前在VR头戴式显示设备、CPU/GPU、追踪系统和软件等方面取得了长足进展，但由于当前的VR市场缺乏丰富的内容导致大众体验感受不够理想。据专业调查数据显示，用户对VR产品最为看重的，还是在其内容的丰富度上，受访用户对该项的选择占比高达47.4%，紧随其后的佩戴舒适度占21.9%，操作精确占14.8%，屏幕分辨率占8.1%，外形美观等其他因素合计占比为7.8%。本任务将通过了解虚拟现实应用开发的基本流程和步骤，认识虚拟现实应用开发常用的平台、框架和工具，最后利用Cardboard VR、Unity3D及手机等工具开发一个简单的虚拟现实应用，见表16-5。

表16-5　体验虚拟现实应用开发任务卡

任务步骤	完成要求
步骤1：了解虚拟现实应用开发的基本流程和步骤	根据虚拟现实应用开发的基本流程和步骤描述，绘制虚拟现实应用开发流程图
步骤2：认识虚拟现实应用开发平台、框架和工具	根据虚拟现实应用开发常用的平台、框架和工具列表填写其对应功能特点并下载安装试用
步骤3：开发第一个虚拟现实应用	利用Unity3D、Cardboard VR、手机等工具和设备开发一个简单的虚拟现实应用

【任务实施】

步骤1：了解虚拟现实应用开发的基本流程和步骤。

虚拟现实应用开发具体指通过虚拟现实硬件构成的虚拟现实系统展示给用户的内容设计与开发的全过程。一般来说，首先必须通过广泛深入调研，分析待开发的虚拟现实内容各个模块的功能。因为开发过程中涉及的具体虚拟场景的模型和纹理贴图都来源于真实场景，所以应事先通过摄像技术采集材质纹理贴图和真实场景的平面模型，并利用 Photoshop、Maya 或者 3ds Max 来处理纹理和构建真实场景的三维模型，然后将三维模型导入 Unity3D、UE4 等虚拟现实开发引擎，在虚拟现实开发引擎中通过音效、图形界面、插图、灯光等设置渲染，编写交互代码，最后发布。请根据上述描述绘制虚拟现实应用开发流程图。

步骤2：认识虚拟现实应用开发常用平台、框架和工具。

虚拟现实应用开发常用的平台、框架和工具主要集中服务于建模和交互两大领域，表16-6列举了目前虚拟现实应用开发过程中流行的平台、框架和工具，请利用搜索引擎查阅相关资料，填写其对应的功能特点，同时利用课后时间下载软件平台并了解其操作界面及功能菜单。

表16-6 虚拟现实应用开发常用平台、框架和工具列表

序号	类别	名称	功能特点
1	手工建模	3ds Max	
2		XSI	
3		Maya	
4		Blender	
5		Cinema 4D	
6		Mudbox	
7		ZBrush	
8	静态建模	三维激光扫描	
9		相机（矩阵）	
10	全景拍摄	地面拍摄器材	
11		航拍器材	
12	虚拟现实开发引擎	Unity 3D	
13		Unreal Engine	
14		CryEngine2	
15		Source Engine	
16		Cocos 3D	
17		OGEngine	
18		无限 VR 引擎	

步骤3：开发第一个虚拟现实应用。

下面主要使用 Cardboard XR Plugin for Unity 创建一个简单的虚拟现实应用。使用 Cardboard SDK 将智能手机（Android 或 iOS）变成 VR 平台。智能手机可以立体渲染显示 3D 场景，跟踪头部运动并做出反应。配置运行 HelloCardboard，这是一个演示 Cardboard SDK 核心功能的游戏。在游戏中，用户可以环顾虚拟世界寻找和收集物品，如图 16-4 所示。

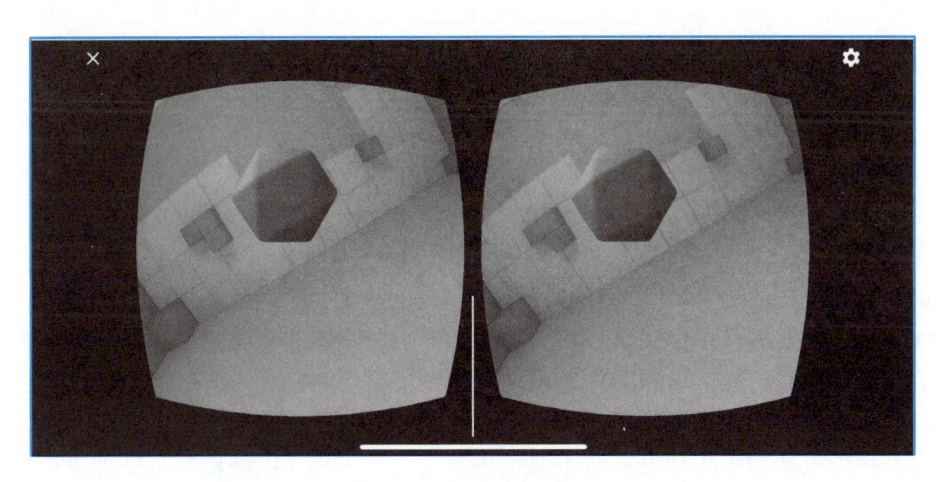

图 16-4　程序运行效果

【相关知识】

1. 虚拟现实技术流程和框架

虚拟现实技术实现过程是以用户角度展开，从发起虚拟现实服务请求开始，到完成沉浸式互动，并将虚拟环境在用户面前展现成功为结束。整个虚拟现实技术的实现流程如图 16-5 所示。

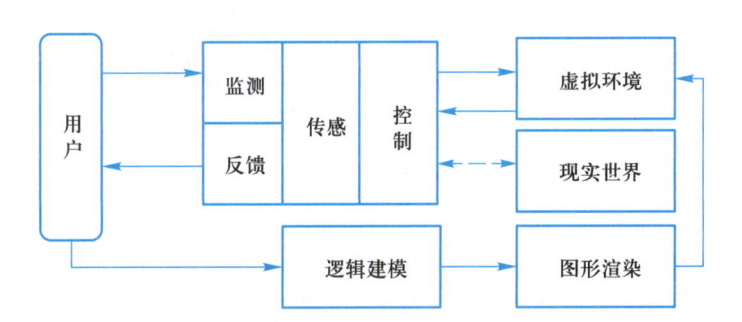

图 16-5　虚拟现实技术实现流程

虚拟现实技术实现是以现有的机器计算、图形渲染能力为基础，当前虚拟现实产业爆发也是基于消费级芯片，尤其是 GPU 处理能力成倍提升的背景；借助 OLED、LCD 等屏幕技术发展，并辅助光学立体成像技术和算法，实现三维立体化输出；依靠激光定位技术、人体追踪等技术，实现现实世界和虚拟世界的互动交互。虚拟现实整体技术框架如图 16-6 所示。

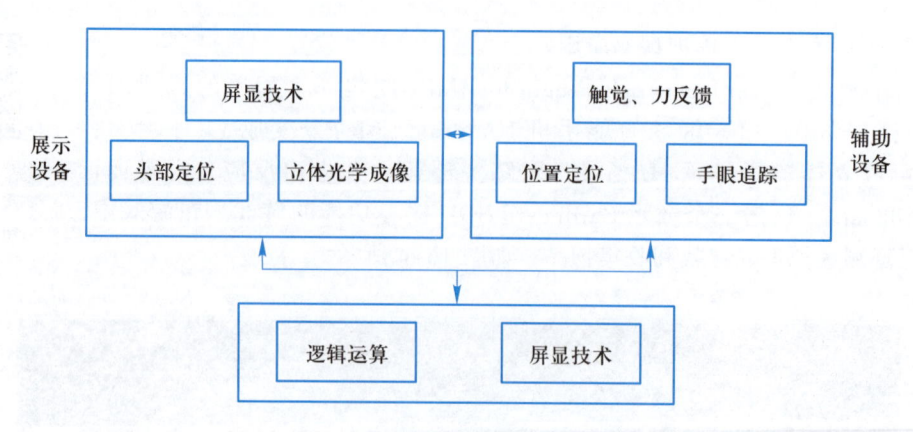

图 16-6　虚拟现实整体技术框架

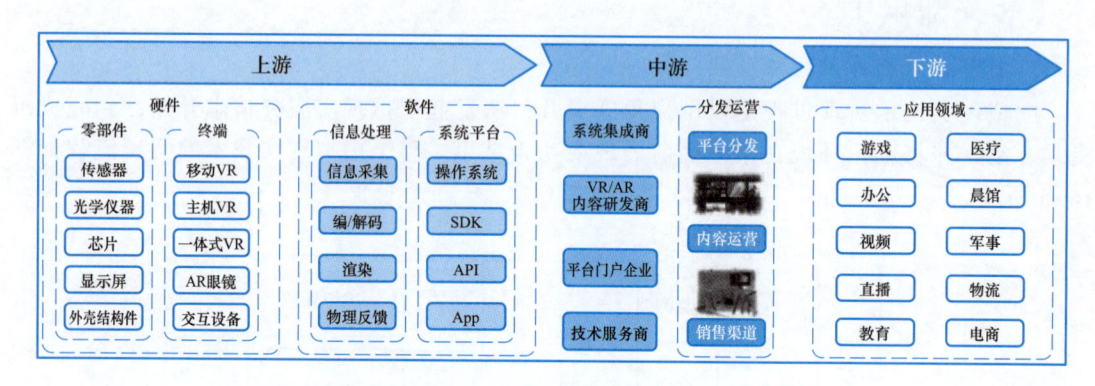

2. 虚拟现实行业产业链

虚拟现实行业产业链上游零部件包括了芯片、传感器、光学元器件、显示屏以及其他外壳结构件，其中，处理器、存储器、光学显示器合计占比超过 80%。而随着资本和人才竞相涌入相关技术型企业，光学显示器件等技术恰逢发展良机。Fast-LCD+ 菲涅尔透镜已得到行业广泛认可，相关软件开发也趋于成熟。产业链的中游包括系统集成商、内容开发商、内容发布平台、技术支持商等。从产业链下游销售来看，一方面 VR 出货量明显加速增长，另一方面应用生态逐渐完善，二者相辅相成促进行业进入正向循环。未来 C 端和 B 端将会有更多应用场景出现，带动虚拟现实产业链迎来爆发性增长。虚拟现实行业产业链如图 16-7 所示。

图 16-7　虚拟现实行业产业链

3. 虚拟现实技术面临的伦理、道德和法律问题

虚拟现实技术作为一项新兴的人机交互技术，极大地改变了人们的感官体验，因此在娱乐、教育、商业、军事和医疗等多个领域具有广阔的应用前景。然而，虚拟现实技术在应用过程中不可避免地会衍生出一系列伦理、道德和法律风险，值得关注和警惕。

（1）VR 游戏可能会导致玩家产生暴力倾向

目前很多 VR 游戏中具有暴力、血腥的元素，当这种暴力场面通过 VR 设备直观呈现给玩家时，无疑会对玩家的心理和精神造成一定的伤害。据一项关于 VR 游戏对玩家性格和暴力倾向影响的调查显示，测试者在观看 VR 暴力游戏后攻击性和暴力倾向明显增加。而主动

参与到 VR 暴力游戏中的测试者其攻击性和暴力倾向的增加更加显著。

（2）VR 技术可能会使人与人之间变得更加冷漠

当 VR 技术全面普及之后，人们只需要穿戴一个 VR 眼镜或头盔等简单设备，即可"身临其境"地进行购物、旅游和游戏，甚至足不出户就可以"亲身体验"教育和办公等，不需要任何交流也可以无障碍地生活。这种逼近真实的沉浸式体验，容易导致用户沉迷于 VR 技术所创建的虚拟世界，花费越来越多的时间在 VR 设备上，无暇和他人面对面沟通，从而导致人与人之间的关系变得更加冷漠。

（3）VR 技术可能会引发精神控制类犯罪

当 VR 技术强烈地刺激用户的视听感官，可能会使用户产生精神幻觉，分不清虚拟世界和真实世界的区别，容易受到精神和行为的控制，因此具有潜在的精神控制犯罪风险。随着 VR 技术的快速发展，VR 设备为用户提供的感官效果可能会更加真实，如果犯罪分子在 VR 应用中植入病毒，诱导用户产生犯罪分子安排的"虚假记忆"，甚至改变了用户原本的"真实记忆"，就可以实现对用户的精神和行为控制，侵害他们的人身和财产安全，甚至使他们做出威胁社会稳定和安全的犯罪行为。

【能力拓展】

作为一个崭新的技术领域，VR 相关的技术正在突飞猛进，许多人认为还需要 10~15 年 VR 技术就可以真正大规模推广使用。然而，与技术的高速进步相比，相关的法律至今仍未健全完善。因此，在法律和伦理、道德层面，围绕着 VR 有许多的争议。

以分组调研与研讨的方式，借助网络信息工具，查询虚拟现实技术的伦理、道德与法律文献资料，完成虚拟现实伦理与道德问题研讨报告，见表 16-7。

表 16-7　虚拟现实伦理、道德与法律问题研讨报告

一、基本信息			
课程名称		任课教师	
上课日期		上课地点	
二、小组成员			
三、报告内容			
（括号内文字为报告内容参考说明） 　1. 虚拟现实应用伦理问题 （虚拟现实应用面临的伦理问题分析） 　2. 虚拟现实应用道德问题 （虚拟现实应用面临的道德问题分析） 　3. 虚拟现实应用法律问题 （虚拟现实应用面临的法律问题分析）			
四、参考资料			
（网络信息、文献、书籍等的详细信息）			

📄 项目小结

本项目设置了"寻找身边的虚拟现实应用""体验虚拟现实应用开发"两个任务。"寻找身边的虚拟现实应用"通过探寻虚拟现实在社会生活中的应用，了解虚拟现实基本概念、主要特征和社会价值；"体验虚拟现实应用开发"通过了解虚拟现实应用开发基本流程和步骤、常用的开发平台、框架和工具，利用 Cardboard VR、Unity3D 及手机等工具开发一个简单的虚拟现实应用，进一步熟悉虚拟现实应用开发的基本流程和步骤。

在"能力拓展"环节中，"探索虚拟现实技术在行业领域的应用"能力提升训练将项目拓展到探索虚拟现实技术其他的应用场景，旨在让读者了解虚拟现实技术的更多典型应用；"虚拟现实伦理、道德与法律问题研讨"能力提升训练旨在让读者能辨析虚拟现实在社会应用中面临的伦理、道德与法律问题。

📥 项目提升

一、选择题

1. 被称为虚拟现实之父，也是计算机图形学之父的科学家是（　　）。
   A. 冯·诺依曼　　　B. 依凡·苏泽兰特　　C. 杨孟飞　　　　D. 王恩东

2. （　　）是运用先进的技术手段将虚拟物体的空间运动转换成物理设备的机械运行，使用户能够体验到真实的力度感和方向感，从而提供一个崭新的人机交互界面。该项技术最早应用于尖端医学和军事领域。
   A. 光学系统　　　　B. 力反馈　　　　　C. 跟踪系统　　　　D. 声音系统

3. （　　）是虚拟现实系统一项极为重要的关键技术，现已有多种方法与手段实现立体的显示。
   A. 行为建模技术　　B. 语音交互技术　　C. 立体显示技术　　D. 物理建模技术

4. 虚拟仿真技术的基本特征是（　　）。
   A. 沉浸　　　　　　B. 交互　　　　　　C. 构想　　　　　　D. 超越

5. 虚拟现实系统主要包含（　　）。
   A. 桌面式虚拟现实系统　　　　　　　B. 沉浸式虚拟现实系统
   C. 分布式虚拟现实系统　　　　　　　D. 增强式虚拟现实系统

6. Unity 的优点有（　　）。
   A. 跨平台　　　　　B. 易编辑　　　　　C. 多功能　　　　　D. 协同开发

7. 广义上的虚拟现实包括（　　）。
   A. VR　　　　　　　B. MR　　　　　　　C. AR　　　　　　　D. DR

8. 三维视觉建模可以细分为（　　）。
   A. 几何建模　　　　B. 物理建模　　　　C. 行为建模　　　　D. 语音建模

9. 一个典型的 VR 系统主要由（　　）等组成。
   A. 软件系统　　　　B. 硬件系统　　　　C. VR 输入设备　　　D. 输出设备

10. 通常建模软件有（　　）。
    A. 3ds Max　　　　B. Maya　　　　C. Blender　　　　D. Photoshop

二、判断题

1. 虚拟现实应用只能用 Unity 开发。　　　　　　　　　　　　　　　　（　　）
2. 虚拟现实的英文名称是 Argument Reality。　　　　　　　　　　　　（　　）
3. 2016 年被称为 VR 元年。　　　　　　　　　　　　　　　　　　　（　　）
4. Unity 支持游戏与仿真开发，既支持硬件开发，也支持软件开发。　　（　　）
5. Unity 是基于面向对象的语言进行开发的引擎。　　　　　　　　　　（　　）
6. 三维图形实时生成技术要保证图形的刷新频率不低于 15 帧/秒，最好高于 30 帧/秒。
   　　　　　　　　　　　　　　　　　　　　　　　　　　　　　　（　　）
7. 分形技术和粒子系统属于物理特性建模技术。　　　　　　　　　　（　　）
8. 虚拟现实与通常 CAD 系统所产生的模型以及传统的三维动画是一样的。（　　）
9. Photoshop 属于一种建模软件。　　　　　　　　　　　　　　　　　（　　）
10. Fast-LCD+ 菲涅尔透镜已得到行业广泛认可。　　　　　　　　　　（　　）

项目 17

区 块 链

— 加密共识——用分布式帐本重建信任关系 —

项目概述

人类社会的进步与发展，永远离不开技术的革新迭代：蒸汽机释放了社会的生产力，电力解决了人们的生活需求，互联网彻底改变了信息传递的方式，区块链将彻底改变价值传递的方式，重建人类的信任关系。"十四五"期间，中国全面进入数字经济时代，区块链技术作为数字经济时代的重要底层支撑技术之一，在推动数字产业化、健全完善数字经济治理体系、强化数字经济安全体系中发挥着重要作用，其安全性和功能支撑性在我国"数字产业化"和"产业数字化"建设过程中发挥重要的"基建"作用。区块链是分布式数据存储、点对点传输、共识机制、加密算法等计算机技术的新型应用模式，是一个分布式的共享账本和数据库，具有去中心化、不可篡改、全程留痕、可以追溯、集体维护、公开透明等特点，已被逐步应用于金融、供应链、公共服务、数字版权等领域。本主题包含区块链基础知识、区块链应用领域、区块链核心技术等内容。

项目目标

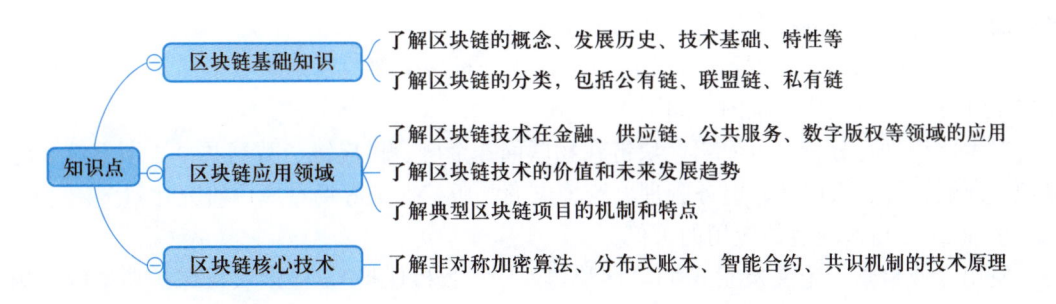

知识点
- 区块链基础知识
  - 了解区块链的概念、发展历史、技术基础、特性等
  - 了解区块链的分类，包括公有链、联盟链、私有链
- 区块链应用领域
  - 了解区块链技术在金融、供应链、公共服务、数字版权等领域的应用
  - 了解区块链技术的价值和未来发展趋势
  - 了解典型区块链项目的机制和特点
- 区块链核心技术
  - 了解非对称加密算法、分布式账本、智能合约、共识机制的技术原理

任务 17-1　寻找身边的区块链应用

微课 17-1　什么是区块链？

【学习目标】

- 了解区块链的概念、发展历史、技术基础、特性等。
- 了解区块链的分类，包括公有链、联盟链、私有链。
- 了解区块链技术在金融、供应链、公共服务、数字版权等领域的应用。
- 了解区块链技术的价值和未来发展趋势。

【任务导入】

2022年冬奥会在北京成功举行。此次冬奥会的一大亮点为"科技奥运"，区块链技术被应用于此次冬奥会多个环节，为冬奥会的食品安全保障、绿电供应、版权保护、政务服务提供了有力支撑，如基于区块链技术的食品安全溯源系统，实现了食品实物和数字身份相锚定，保障标签及溯源信息的不可伪造和篡改，确保了食品及原材料"从农田到餐桌"来源可查、去向可追。如今区块链的应用范围还覆盖了金融服务、征信、社会公益、电子政务、医疗健康等多个行业。完成下面的任务，一起来寻找身边的区块链应用，见表17-1。

表 17-1　探寻身边的区块链任务卡

任务步骤	完成要求
步骤1：探索区块链典型应用领域	选定检索工具，拟定检索词、构建检索式、选择检索途径，检索区块链的典型应用领域
步骤2：分析区块链的典型应用价值	选取3个典型应用领域，以列表形式说明每个典型应用领域中1个典型应用的功能和价值
步骤3：体验区块链的典型应用功能	选取其中的一个典型应用，体验其功能，记录体验过程

【任务实施】

步骤1：探索区块链典型应用领域

本任务选定中国知网检索和学术分析工具，检索词为"区块链"，检索式为"区块链"，检索途径为篇名检索，检索后结果如图17-1所示。检索出了13 350篇文章，被引用下载量最多的文章是《区块链技术发展现状与展望》。

在图17-1中，选择"导出与分析→可视化分析→全部检索结果分析"菜单，可得到区块链主题分布的可视化柱状图，如图17-2所示。

对主题词进行分析，可看出区块链在物联网、金融、供应链、数据共享、图书馆、隐私保护、商业银行、农产品、财务管理、跨境电商、版权保护等场景应用研究比较多。

步骤2：分析区块链的应用的价值

使用专业检索，定义检索式 TI='区块链' * '版权保护'，检索版权保护典型应用场景对应的研究，如图17-3所示。也可以多个场景一起检索，如 TI='区块链' * ('金融' + '供

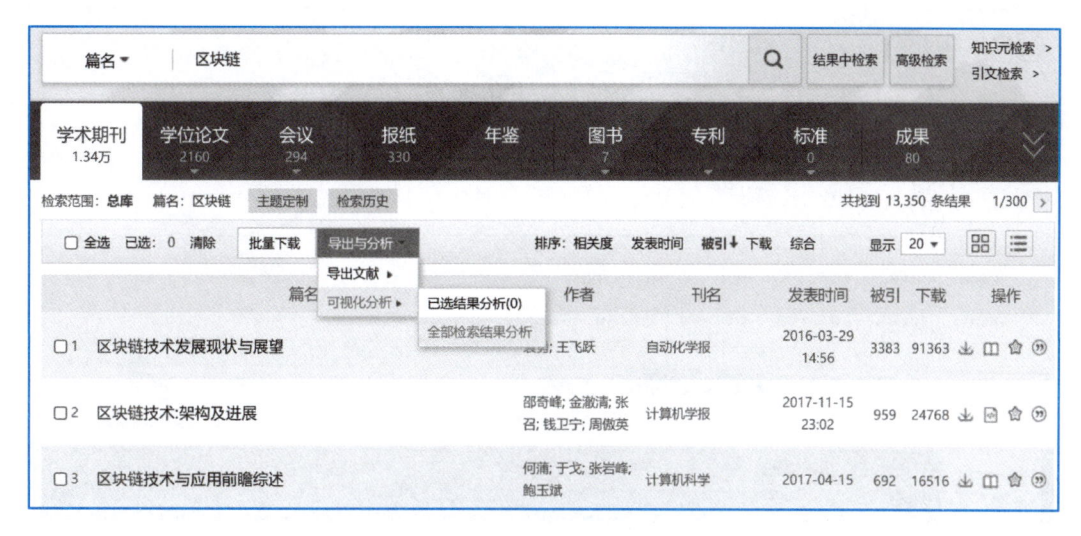

图 17-1 中国知网检索和学术分析

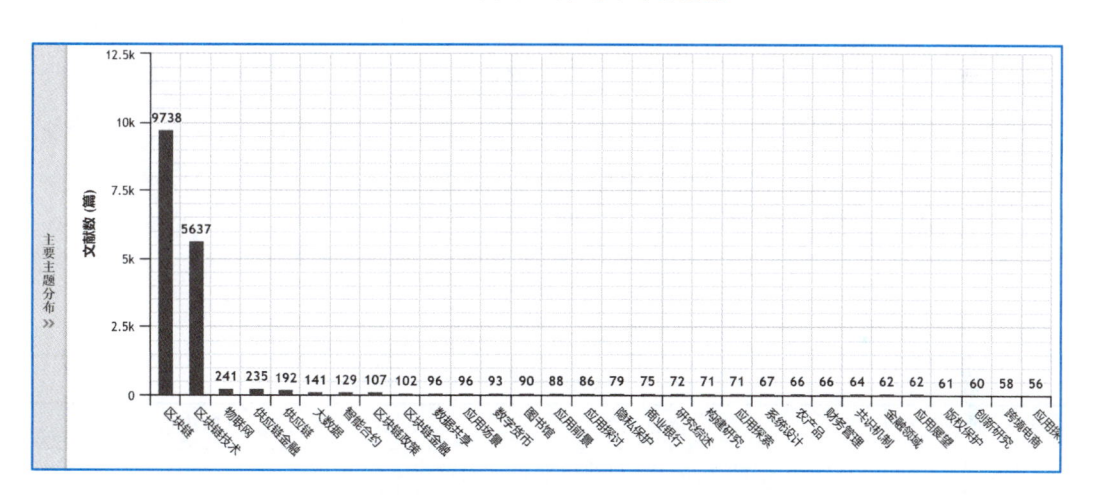

图 17-2 区块链主题分布可视化柱状图

应链'+'版权保护'),执行检索后可获得区块链在金融、供应链、版权保护3个典型应用场景对应的研究。

分析检索出的文章,整理区块链典型应用,如表17-2所示。

步骤3:体验区块链典型应用功能

以供应链领域的产品溯源为例,在智谷溯源平台进行体验。

(1)进入智谷溯源平台

扫码打开相应网址,进入区块链溯源平台体验页面,单击"食品溯源体验"按钮,进入请选择您的角色页面,如图17-4所示。

溯源平台介绍

(2)新建食品溯源信息

单击"农场"按钮,选择"直接登录",单击左上角"新建食品"按钮,创建一个新的食品溯源信息,要求输入的溯源码不能和已有的溯源码重复,并记住刚输入的溯源码,如图17-5所示。

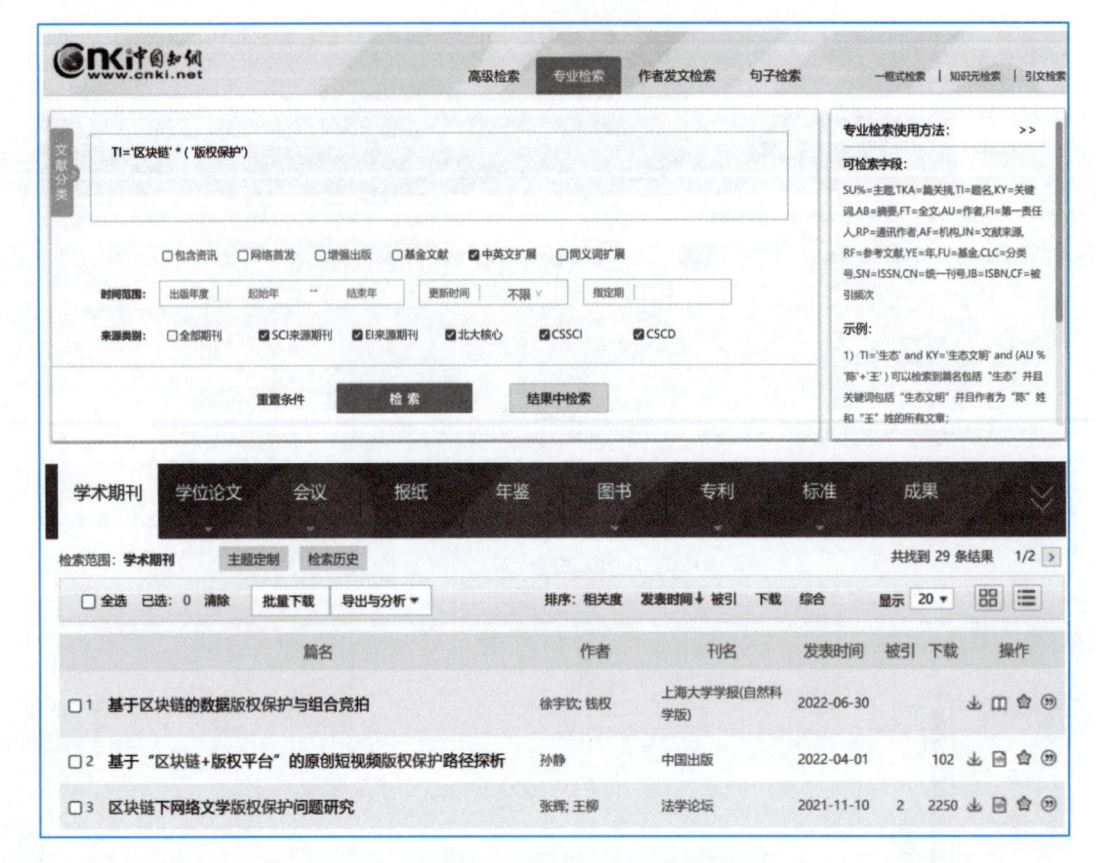

图 17-3　查找区块链典型应用场景相关研究

表 17-2　区块链应用场景的价值分析

序号	典型应用	主要功能	应用价值
1	版权保护	用户把原创的作品、专利的数据指纹记录到区块链上,当未来发生版权纠纷时,通过展示区块链上的数据指纹,就可以证明自己早在某某时间就已经拥有该份文件,从而证明自己是该知识产权的创作者	能够增强版权归属的透明度,降低中间环节费用,使创作人得到公平补偿
2	供应链	将产品从原料供应商的信息开始,到工厂内部仓储、生产过程中的关键节点,以及成品之后的检测检验信息上链存储,对产品进行溯源	利用不可篡改的数据确保参与各方及时发现供应链系统运行过程中存在的问题,提升供应链管理的整体效率
3	金融服务	利用区块链建立去中介的支付信用体系并扩大支付边界,通过某种金融交易的标准协议,执行全球银行、企业或个人点对点交易,从而实现无中介直接跨境支付	实现去中介化,减少人工对账环节,降低支付耗时和成本,大大提升支付效率;全部交易记录都可以进行查询、追溯,提升支付安全性和信用度

图 17-4　智谷溯源平台

图 17-5　新建食品溯源信息

（3）中间商上链环节

单击右上角"退出"按钮后切换到"中间商"角色，输入已有的溯源码，单击"添加食品信息"按钮添加中间商食品溯源信息，并进行数据上链，如图17-6所示。

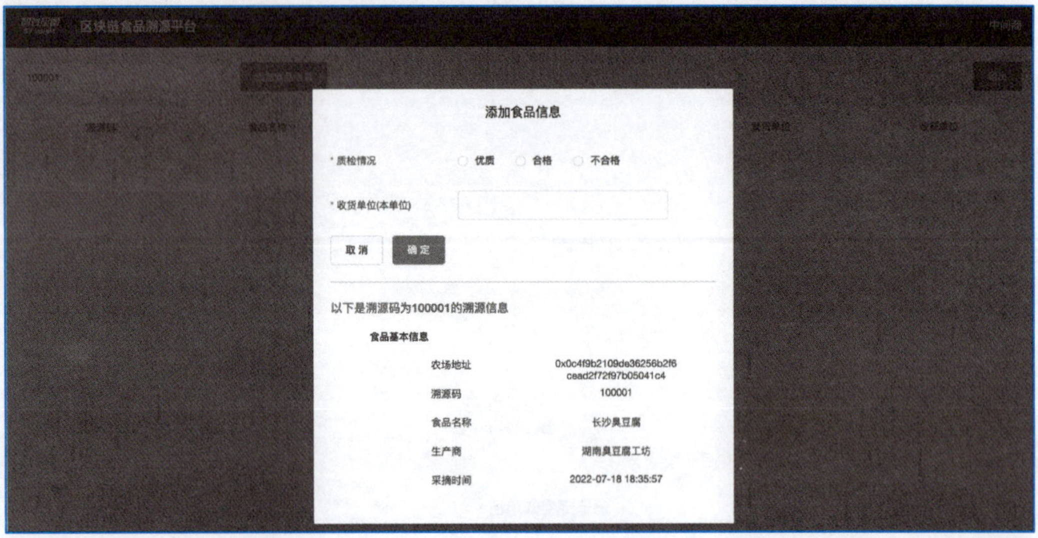

图17-6 中间添加食品溯源信息

步骤4：超市上链环节

单击右上角"退出"按钮后切换到"超市"角色，输入已有的溯源码，单击"添加食品溯源信息"按钮添加中间商食品信息数据上链的信息，如图17-7所示。

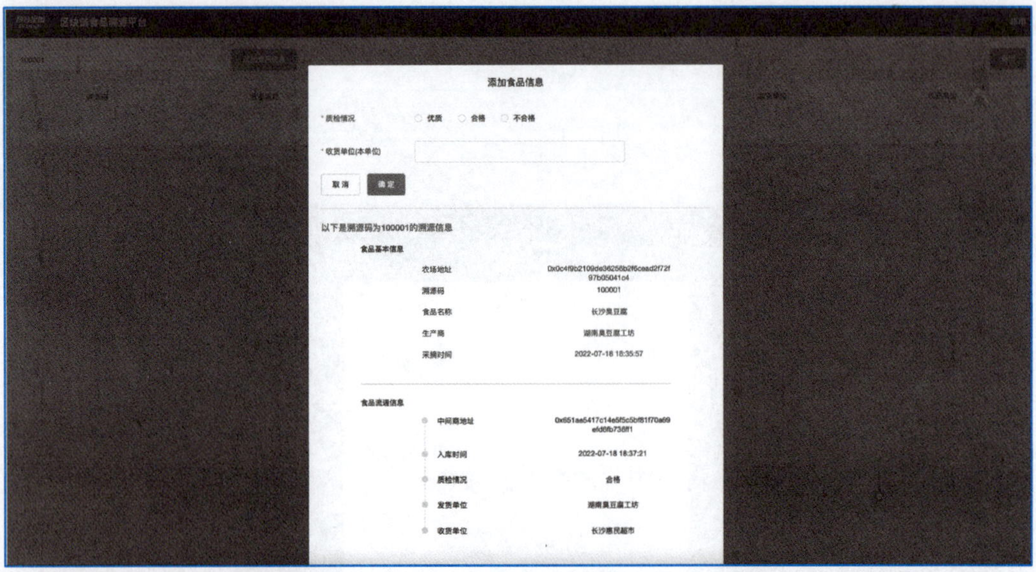

图17-7 超市添加食品溯源信息

步骤5：查看食品溯源信息

单击右上角"退出"按钮后切换到"消费者"角色，输入已有溯源码，查看所有的溯源信息如图17-8所示。

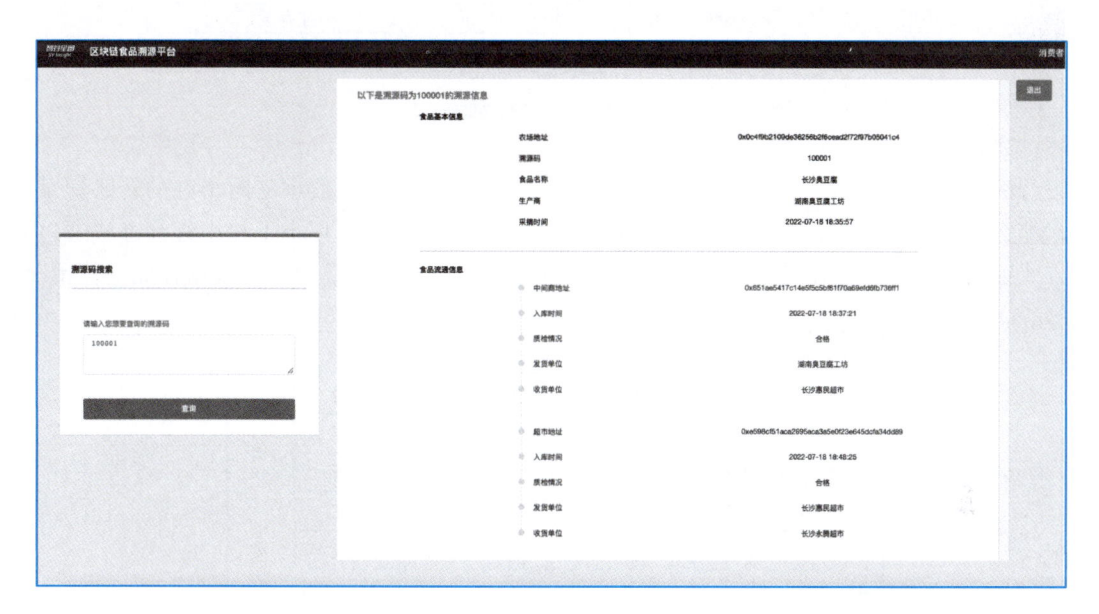

图17-8　查看食品溯源信息

【相关知识】

1. 区块链基本概念

区块链（Blockchain）作为一种新型技术，已经受到全球金融与技术界的关注。关于区块链的定义众多，从狭义来讲区块链是一种按时间顺序将数据区块以顺序相连的方式组合成的一种链式数据结构，并以密码学方式保证的不可篡改和不可伪造的分布式账本。从广义来讲，区块链是基于密码学的分布式数据库。

借助一个转账业务的例子来理解区块链。假设有小明、小红和小王三人分别向银行存款100元，"账本"是一种生活中常见和原始的记账方式，假设银行使用这种方式分别记录了小明、小红和小王的账户信息和操作记录。如图17-9所示为银行存储内容。

图17-9　中心化账本记录数据

现在小王向小红转账了50元，那么此时银行账本关于小红的存款就变为150元，而小王的存款改为了50元，并且将记录相关操作记录。如图17-10所示为交易后数据存储内容。

在这个过程中，虽然转账业务是针对小王和小红，但是整个交易流程都是围绕银行展开。

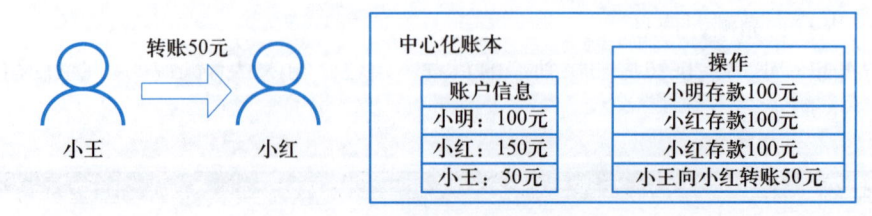

图 17-10　交易产生后的数据存储内容

若银行的中心化账本由于一些异常原因例如异常事故、误操作导致小王向小红的转账记录丢失，那么小王和小红的账户信息将回滚至交易之前的 100 元，并且小王和小红没办法通过其他方式证明这笔转账记录的存在。如图 17-11 所示为由于发生异常所致的数据存储变化情况。

图 17-11　数据异常所致的存储变化情况

采用区块链技术可以很好地规避上述问题。基于区块链技术，小明、小红和小王的账户信息和操作记录将由他们三人通过去中心化的方式共同记录，例如上述发生的小王向小红转账后的这条操作记录，通过区块链技术将分别被小明、小红和小王三人通过账本记录，当任何一人发生账本丢失的情况都可从另外两人的账本重新获取。同时，如果交易的参与方有作恶行为比如小王说自己只向小红转了 10 元，那么就小红就可以通过小明进行公证，通过这种方式保证账本记录的正确性和安全性。如图 17-12 为使用区块链技术后的数据存储方式。

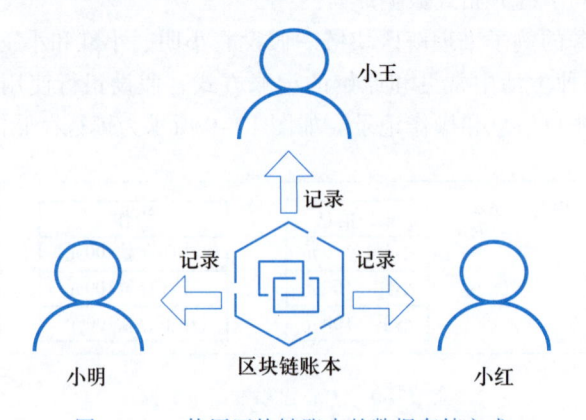

图 17-12　使用区块链账本的数据存储方式

区块链本质上就是去中心化的分布式账本，使用区块链技术可以有效保证数据存储的真实性、防篡改性，让存储的数据可信度更高、更加安全。

2. 区块链的发展历史

区块链的发展分为三个阶段 1.0 阶段、2.0 阶段、3.0 阶段。区块链 1.0 阶段，主要应用在加密数字货币上；区块链 2.0 阶段，以以太坊的智能合约应用为代表；区块链 3.0 阶段，大规模产业应用时代，致力于为各行业提供去中心化解决方案，向大规模应用时代发展，如图 17-13 所示。

图 17-13 区块链的发展历史

3. 区块链的特性

区块链主要有去中心化、防篡改、可追溯、开放性、自治性等特性。

去中心化：由于使用分布式核算和存储，不存在中心化的硬件或管理机构，任意节点的权利和义务都是均等的，系统中的数据块由整个系统中具有维护功能的节点来共同维护。

防篡改性：一旦信息经过验证并添加至区块链，就会永久的存储起来，除非能够同时控制住系统中超过特定比例的节点，否则单个节点上对数据库的修改是无效的，因此区块链的数据稳定性和可靠性极高。

可追溯：指区块链上发生的任意一笔交易都是有完整记录的，可以针对某一状态在区块链上追查与其相关的全部历史交易。"防篡改"特性保证了写入到区块链上的交易很难被篡改，这为"可追溯"特性提供了保证。

开放性：系统是开放的，除了交易各方的私有信息被加密外，区块链的数据对所有人公开，任何人都可以通过公开的接口查询区块链数据和开发相关应用，因此整个系统信息高度透明。

自治性：区块链采用基于协商一致的规范和协议使得整个系统中的所有节点能够在去信任的环境自由安全的交换数据，使得对"人"的信任改成了对机器的信任，任何人为的干预不起作用。

4. 区块链的类型

按照区块链开放程度来进行划分，区块链主要有三大类型，分别是公有链、联盟链、私有链。

公有链是指全世界谁都能够读取的、任何人都可以发送交易且交易能获得有效确认的、任何人都能参与其中共识过程的区块链——共识过程决定哪个区块可被添加到区块链中和明确当前状态。

联盟链是公司与公司、组织与组织之间达到的联盟的模式，维护链上数据的节点都来自这个联盟的公司或组织，记录与维护数据的权利掌握在联盟公司成员手上。

私有链不对外开放的，只有被授权的节点才能参与并且查看数据的区块链类型；采用私有链的主要群体是金融机构、大型企业、政府部门等。

【能力拓展】

区块链让人们从信息互联网跨越到价值互联网。从表 17-3 中选择一种典型应用，分析在该应用中区块链如何发挥作用。

表 17-3 区块链的应用领域

应用领域	应用一	应用二	应用三	作用分析
金融领域	跨境支付	数字票据	证券保险	选择一种典型应用，分析在该应用中区块链发挥的作用
慈善公益	善款追溯	公益寻人	精准扶贫	
司法领域	版权保护	证据保全	司法执行	
商业领域	商品防伪	商业营销	国际贸易	
交通物流	车辆管控	物流服务	物流存证	
医疗卫生	健康管理	药物溯源	诊疗监管	
教育文创	学历认证	资源流转	知识产权	

微课 17-2 开发一个智能合约

任务 17-2　体验区块链智能合约

【学习目标】

- 了解以太坊的基本术语。
- 了解智能合约的原理。
- 了解智能合约的应用和部署。
- 了解 Remix IDE 的使用方法。

【任务导入】

智能合约是区块链的代表性技术，那么智能合约到底是什么样的呢？以下将通过 Remix 这个 Solidity 编译器在线编写智能合约，对智能合约进行构建、部署和调用，体验真正的智能合约，见表 17-4。

表 17-4 体验区块链智能合约

任务步骤	完成要求
步骤 1：编译合约	智能合约的编译成功
步骤 2：部署合约	智能合约部署产生合约地址
步骤 3：执行合约	智能合约执行产生输出

【任务实施】

步骤 1：构建合约

进入在线 Remix IDE，创建 test.sol 文件，在文件中编写 HelloWorld 合约代码，如图

17-14 所示。

图 17-14　Remix 编辑器界面

单击左侧菜单栏的第 2 个图标进行编译，在编译界面，需要选择编译的 Solidity 版本，智能合约代码开头的版本应该一致，点击"编译"按钮进行编译。编译成功后会显示的页面内容如图 17-15 所示。

单击"编译详情"按钮可以查看编译结果。

步骤 2：合约部署

合约编译完成后，进入合约部署界面，选择一个测试账户，进行部署，如图 17-16 所示。

部署成功后可以在下面的控制台查看部署信息，如图

图 17-15　编译结果

图 17-16　部署界面

17-17 所示。

图 17-17　控制台查看部署信息

步骤 3：合约执行

在部署合约界面，合约部署成功后往下拉，可以看到合约执行的相关信息，单击合约中的方法执行合约，执行成功后可以在右边控制台看到返回信息，如图 17-18 所示。

图 17-18　执行合约结果

返回的信息内容包括交易哈希、消耗的费用、输出等内容，这里的输出为：Hello World。

【相关知识】

1. 什么是 Remix

Remix 是以太坊官方开源的 Solidity 在线集成开发环境，可以使用 Solidity 智能合约编程语言在网页内完成以太坊智能合约的在线开发、在线编译、在线测试、在线部署、在线调试与在线交互，非常适合 Solidity 智能合约的学习与原型快速开发。

Solidity IDE Remix 为左中右 3 栏布局，左面板为 Remix 文件管理器，中间为文件编辑器，右侧为开发工具面板，如图 17-19 所示。

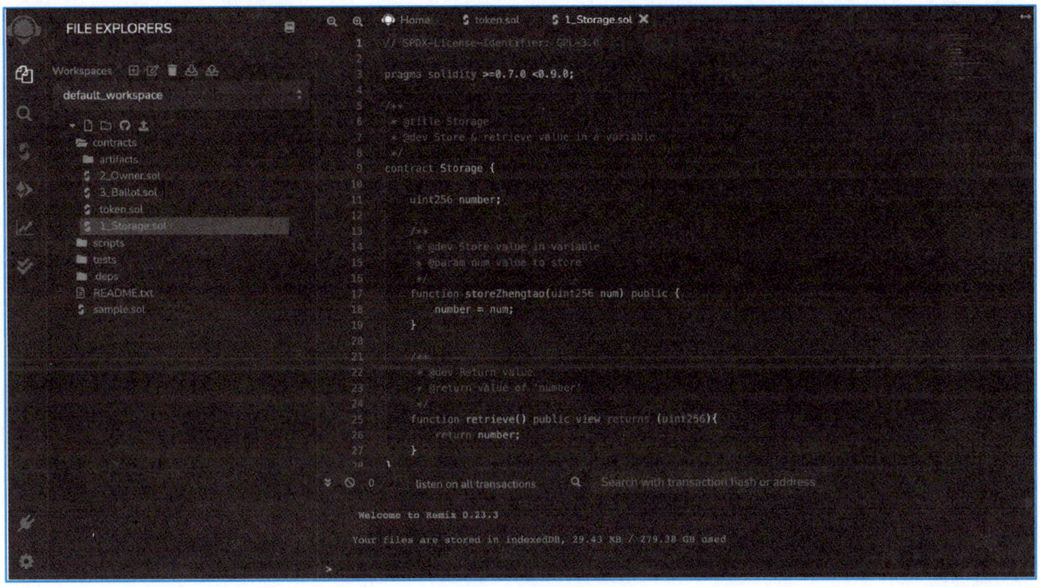

图 17-19　Remix 界面

2. 以太坊基本术语

以太坊：是一个开源的、能让大家自由开发智能合约的区块链公共平台，它提供了一套专门的脚本语言，允许任何人在平台中建立和使用通过区块链技术运行的去中心化应用。

Solidity：是一种面向对象的编程语言，是用来在区块链平台（如以太坊）上撰写智能合约的一种工具集，包括语言规范、编译器等。

以太坊虚拟机（Ethereum Virtual Machine，EVM）：是以太坊中智能合约的运行环境。在区块链中，每个人都可以上传智能合约，虚拟机将智能合约隔离在沙箱中以保护整个生态系统免受负面影响。

智能合约：以太坊网络上运行的程序称之为智能合约，通过 EVM 解析执行。通过智能合约可以实现很多去中心化的应用场景，例如去中心化的支付宝，保障买家和卖家之间的合约关系。通过智能合约可以实现类似于法律条文且可执行的代码，让法律条文的执行中立化，这个理念和区块链上的程序可以防篡改、不被干预的执行不谋而合。

DAPP：基于智能合约的应用称为去中心化的应用程序（Decentralized Application）。DAPP 的目标是让你的智能合约有一个友好的界面，外加一些额外的方便用户使用的工具。

账户：以太坊账户类似银行卡，一个以太坊账户包括一对密钥（公钥和私钥），一般由一组英文助记词生成、账户地址即为公钥地址。以太坊账户分为外部账户和合约账户，外部账户需要由钱包进行生成，合约账户由外部账户部署合约时自动生成。

3. 智能合约的执行流程

智能合约可看成自动执行合同，买方和卖方将数字化资产契约直接写入代码行。双方交易前，需要将智能合约部署在以太坊上，并会产生一个智能合约地址。交易时，合约的执行流程如图 17-20 所示。

当买方向卖方发出交易申请后，智能合约执行自动化结算、数字化资产契约或数字货币等代码，根据智能合约的业务逻辑进行交易，无须中介的参与。

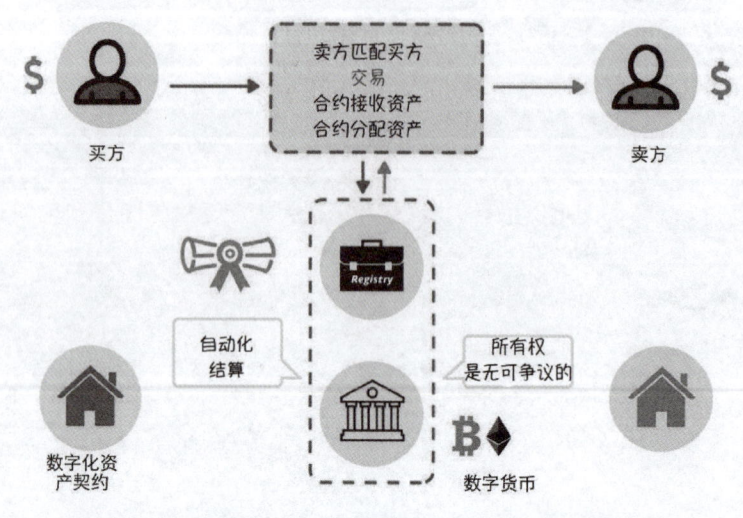

图 17-20　智能合约的执行流程

4. 智能合约带来的影响

　　智能合约通过其数据管理能力在区块链上构建了一个去中心化的数据库，让用户数据归属于用户自己，而不再由中心化的第三方机构掌控，以此实现了真正意义上的网络公共设施。另一方面智能合约通过编程完备的图灵机，让开发者可以创建符合自己需要的、且不同复杂程度的区块链应用，这些应用可以是社交、交易、游戏等。区块链应用的核心是智能合约，通过代码的方式来定义规则，一旦触发"智能合约"设定的条件或逻辑，即可完成对不同账户和内部状态的数据维护，实现自动执行能力。

　　智能合约的数据和应用模式带来了两个非常重要的影响，一个是使区块链从加密数字货币的局限中跳脱出来，使得区块链具备数据管理能力，结合区块链优势，可以在没有第三方机构的参与下，让用户之间达成信任关系，从而构建一个信任网络。另一个影响，就是智能合约使区块链技术在应用方面，智能合约与底层去中心化数据库结合可以完全通过技术的方式，让用户与用户之间建立关系，解决信任问题。所以，在需要构建多方信任场景中可以应用智能合约来实现。

　　区块链构建的信任网络，使得网络中的信息被网络所有节点所认可，网络上运行的智能合约进一步促进区块链生态不断完善，再结合预言机、跨链等新技术的应用，将会构建一个更大的信任网络。随着元宇宙概念的兴起，区块链作为其数字经济基础设施，未来，区块链网络将会像水、电一样成为人们信任的基础设施。

【能力拓展】

编写一个"名字上链"的智能合约。

　　请你编写一个"名字上链"的智能合约，要求能够在链上存储你的名字，并且能够输出你的名字。

项目小结

本项目围绕项目目标设置了"寻找身边的区块链应用""体验区块链智能合约"2 个任务。"寻找身边的区块链应用"通过探索区块链典型应用领域和体验供应链领域的产品溯源,了解区块链基本概念、主要特征、类型和发展历史;"体验区块链智能合约"通过 Remix 这个 Solidity 编译器在线编写 HelloWord 智能合约,熟悉智能合约的编译、部署和调用的基本流程和步骤,做到做中学、学中做,突出技能训练。

在本项目能力拓展环节中,"分析不同应用领域中区块链的作用"能力提升训练将项目切换到探索的区块链不同的应用场景,举一反三,让读者了解区块链更多的典型应用的同时提升自学能力;"编写一个'名字上链'的智能合约"能力提升训练旨在让读者能独立使用 Solidity 语言开发不同的智能合约。

项目提升

一、选择题

1. 以下不是区块链的基本特性的是(　　)。
   A. 去中心化　　　　B. 防篡改性　　　　C. 可追溯　　　　D. 中心化
2. 以下不属于区块链的基本类型的是(　　)。
   A. 公有链　　　　B. 私有链　　　　C. 区域链　　　　D. 联盟链
3. 区块链的典型应用不包括(　　)。
   A. 数字货币　　　　B. 以太坊　　　　C. DAPP　　　　D. 数据仓库
4. 区块链最早的一个应用,也是最成功的一个大规模应用是(　　)。
   A. 以太坊　　　　B. 联盟链　　　　C. 数字货币　　　　D. Rcoin
5. 以下哪一项不属于区块链的基本类型(　　)。
   A. 公有链　　　　B. 区域链　　　　C. 私有链　　　　D. 联盟链
6. 下面对于以太坊的说法错误的是(　　)。
   A. 以太坊上每笔交易都会收取一定数量 Gas
   B. 以太坊的账户分为外部账户和合约账户
   C. 一定时间段后以太坊的记账奖励会减半
   D. 以太坊支持智能合约
7. 作为第二代区块链系统,以太坊上支持的智能合约编程语言是(　　)。
   A. Solidity　　　　B. Javascript　　　　C. Java　　　　D. C 语言
8. 以太坊中智能合约的运行环境(　　)
   A. DAPP　　　　　　　　　　　　　B. 以太(Ether)和 Gas
   C. 以太坊虚拟机　　　　　　　　　D. DAPP
9. 区块链纳入"新基建"的时间是(　　)年。
   A. 2015　　　　B. 2017　　　　C. 2018　　　　D. 2020

二、判断题

1. 区块链 1.0 阶段，主要应用在加密数字货币上。（　　）
2. 区块链 2.0 阶段的代表技术是智能合约。（　　）
3. 区块链可以理解为一台制造信任的机器。（　　）
4. Remix 是以太坊官方开源的 Solidity 在线集成开发环境。（　　）
5. 智能合约是区块链的代表性技术。（　　）
6. 以太坊上执行智能合约都是免费的。（　　）
7. 以太坊平台是一种联盟链。（　　）
8. 基于智能合约的应用称为去中心化的应用程序。（　　）
9. 非同质化通证无法基于智能合约实现。（　　）
10. Solidity 是一种智能合约编程语言。（　　）

项目 18

3D 打印

— 数字创生——让 3D 信息变成实体物品 —

项目概述

纵观人类文明发展历史，人类生产制造方式主要有 3 种：一是等材制造，即通过铸、锻、焊等方式生产制造产品，材料重量基本不变，已有 3 000 多年的历史；二是减材制造，在工业革命后，使用车、铣、刨、磨等设备对原材料进行切削加工以达到设计形状，已有 300 多年的历史；三是增材制造，也就是 3D 打印，指通过一定技术使材料一点一点累加成需要的形状。这项技术于 1984 年开始在实验室研究到现在广泛应用于航空航天、汽车、医疗、工业机械、教育、建筑、食品等领域，距今仅三十余年。3D 打印技术又称为增材制造（Additive Manufacturing），其实质是利用三维 CAD 的数据，通过快速成型机，将一层层的材料堆积成实体原型，集机械工程、CAD、逆向工程、分层制造、数控、材料、激光技术于一体，已深刻影响了制造业生产模式和人类生活方式。本主题主要包含 3D 打印基础知识、关键技术和产品、行业应用等相关内容。

项目目标

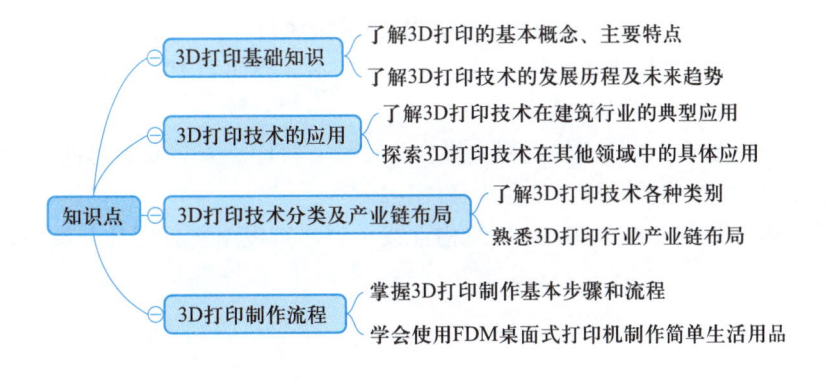

知识点：

- 3D打印基础知识
  - 了解3D打印的基本概念、主要特点
  - 了解3D打印技术的发展历程及未来趋势
- 3D打印技术的应用
  - 了解3D打印技术在建筑行业的典型应用
  - 探索3D打印技术在其他领域中的具体应用
- 3D打印技术分类及产业链布局
  - 了解3D打印技术各种类别
  - 熟悉3D打印行业产业链布局
- 3D打印制作流程
  - 掌握3D打印制作基本步骤和流程
  - 学会使用FDM桌面式打印机制作简单生活用品

任务 18-1　寻找身边的 3D 打印应用

微课 18-1　什么是 3D 打印？

【学习目标】

- 了解 3D 打印在行业领域中的应用。
- 了解 3D 打印基本概念、技术特点。
- 了解 3D 打印的发展历程、发展趋势。
- 了解 3D 打印技术的分类。

【任务导入】

有一种出现在科幻电影中的神奇修复技术，就是来自现实中的 3D 打印技术。从玩具、鞋垫、珠宝、饰品、汽车和飞机的零部件、建筑，甚至医疗行业的手术导板、植入物、义齿等均是 3D 打印技术的杰作。

什么是 3D 打印，生活中有哪些 3D 打印应用？通过下面的任务，一起来探寻与体验，见表 18-1。

表 18-1　探索身边的 3D 打印应用任务卡

任务步骤	完成要求
步骤 1：探索 3D 打印某一领域应用	选定检索工具，拟定检索词、构建检索式、选择检索途径，检索人工智能在某一领域的应用
步骤 2：分析 3D 打印典型应用技术优势	选取一个典型应用，列表形式说明其技术优势
步骤 3：体验 3D 打印典型应用流程	选取其中的一个典型应用，体验并总结应用流程

【任务实施】

步骤 1：探索 3D 打印某一行业应用

这里以 3D 打印在建筑行业的应用为例，选定检索工具为百度搜索引擎，检索词为"3D 打印、建筑、应用"，检索式为"3D 打印 * 建筑 * 应用"，检索途径为标题检索，须用搜索指令 intitle，检索效果图如图 18-1 所示。

步骤 2：分析建筑 3D 打印技术优势

3D 打印技术在建筑领域的应用主要有三维模型快速打印，对建筑设计进行验证、建筑沙盘打印及建筑构件甚至整体建筑打印等，其主要技术优势如表 18-2 所示。

步骤 3：了解建筑 3D 打印的流程

① 一般来说，建筑 3D 打印的流程主要分为设计、打印、安装及装修四大步骤，为方便大家更加直观了解整个流程，请详细参考图 18-2。

② 登录搜索引擎网站，收集 3D 建筑构件或小型建筑设施实例图片，按照表 18-3 格式补充完整。

图 18-1　3D 打印在建筑行业的应用

表 18-2　建筑 3D 打印技术优势分析

序号	技术优势	详细描述
1	智能程序控制	结构和造型都是由计算机图纸产生数控程序，通过建筑 3D 打印机实现，不需要模具，所以成本低廉
2	少人工	基本实现自动化，只有少量的开机人员和修配人员，人工成本大大减低
3	绿色环保	现场的建筑垃圾可以粉碎后，成为原料，进行小区和景区的公用设施和景观构件的 3D 打印建造，固废原地部分再利用，倡导绿色建筑和循环经济
4	高强复合保温	构件性能可根据工程需求从材料到打印工艺进行优化设计

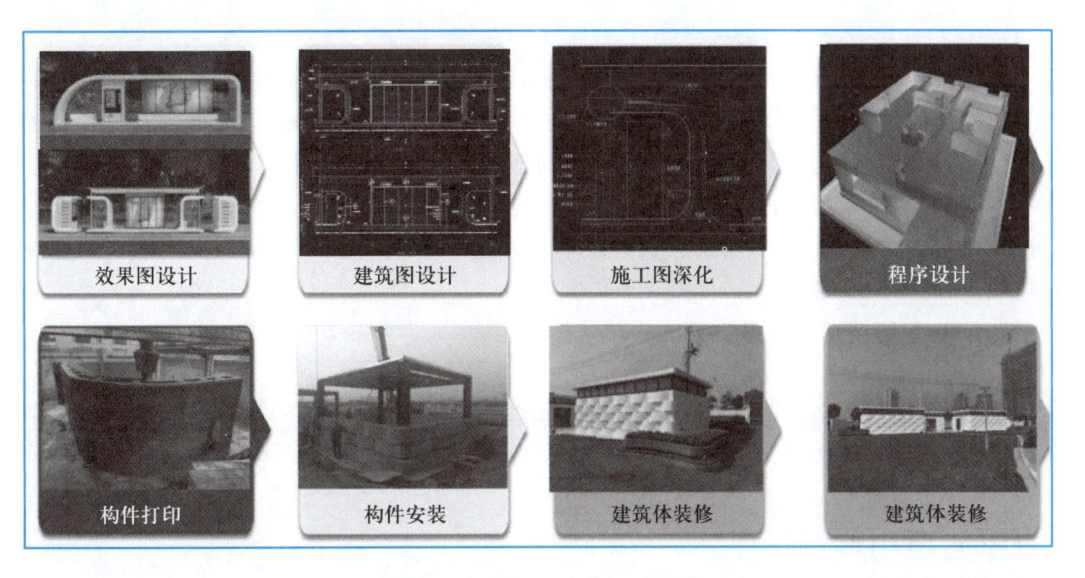

效果图设计　建筑图设计　施工图深化　程序设计

构件打印　构件安装　建筑体装修　建筑体装修

图 18-2　建筑 3D 打印工序流程

表 18-3 3D 打印建筑（构件）实例汇总

序号	实例名称	图片
1	桥栏	
2	植物墙	
3	无机仿生石材景观	
4	……	……

【相关知识】

1. 3D 打印概念与优劣势分析

3D 打印技术，也称为增材制造技术（Additive Manufacturing）或快速成形技术（Rapid Prototyping Manufacturing），是以三维设计的数据模型文件为基础，运用可黏合材料，通过逐层堆叠累积的方式构造与数据模型一致的物理实体的技术。3D 打印技术是新兴制造技术，体现了信息网络技术与先进材料技术、数字制造技术的密切结合，是先进制造业的重要组成部分，可以极大地提高各个领域的工作效率。因此，3D 打印技术被誉为"第三次工业革命最具标志性的生产工具"。

结合 3D 打印技术的特点，其优势总结如下：
- 制造复杂的物品而不增加成本。
- 实现高柔性生产，产品多样化而不增加成本。
- 无须组装。
- 零时间交付。
- 拓展了设计的空间。
- 零技能制造。

- 减少废弃的副产品。

相对的，3D 打印也存在如下不足：

- 得到的零部件力学性能不稳定，是 3D 打印技术发展前期遇到的比较大的问题，这主要与 3D 打印零部件制造过程中，氧化杂质较多、微观组织不够致密、原材料一致性差等因素有关。
- 对于标准产品的加工，3D 打印的规模效益不如传统的加工方式。
- 当前可用的原材料种类仍然有限。3D 打印技术，尤其是金属 3D 打印在加工精度、表面粗糙度、加工效率等方面与传统的精密加工技术相比还存在差距。

2. 3D 打印技术发展历程和未来趋势

3D 打印技术的核心思想起源于 19 世纪末，到 20 世纪 80 年代后期 3D 打印技术发展成熟并被广泛应用，可谓是"19 世纪的思想，20 世纪的技术，21 世纪的市场"。

经过 30 多年的发展，3D 打印行业已经形成一条比较完整的产业链，包括上游的各类原材料、中游 3D 打印设备及服务，以及航天航空、汽车、医疗、教育等众多下游的应用领域。预计未来 3D 打印将呈现以下发展趋势：

- 3D 打印行业正在逐步由导入期进入成长期。
- 上游原材料低端产能充足，高端产能受限，国内外技术将重点提升高端原材料产能。
- 中游设备将以工业级占据主流，进口替代大幕即将开启。
- 下游应用如航天航空、医疗、汽车、机械及消费领域将多点开花。
- 国家政策强力支持，行业标准将逐步完善。

3. 3D 打印的分类

3D 打印的分类方式有很多，最主要的三种分类方式分别是按应用领域分类、按原材料分类、按照技术原理分类。按照最终产品的应用领域，3D 打印可分为消费级 3D 打印和工业级 3D 打印。消费级 3D 打印主要面对消费型、娱乐型以及对产品精度不高的产品，如玩具模型、教学用具等；而工业级 3D 打印主要面对质量精度要求较高的航空航天、医疗器械、汽车、模具开发等下游应用场景。二者在众多方面存在较大差别，工业级 3D 打印精度更高，打印速度更快，可打印的尺寸范围更广，产品的可靠性也更好，当然，相应价格也更高。根据所使用的原材料不同，可大致将 3D 打印分为金属材料 3D 打印和非金属材料 3D 打印。按照 3D 打印技术的特点，3D 打印又可分为选择性激光熔化成型（SLM）、选择性激光烧结成型（SLS）、激光直接烧结技术（DMLS）、电子束熔化技术（EBM）、熔融沉积式成型（FDM）、选择性热烧结（SHS）、立体平版印刷（SLA）、数字光处理（DLP）、三维打印技术（3DP）及细胞绘制打印（CBP）等，见表 18-4。

表 18-4　3D 打印技术分类

类别	技术原理	缩写	具体材料种类
金属材料	选择性激光熔化	SLM	金属粉末
	选择性激光烧结	SLS	尼龙、聚苯乙烯、金属粉末、陶瓷、玻璃等
	激光直接烧结	DMLS	金属为主
	激光近净成型	LENS	主要是金属，少量陶瓷
	激光立体成型技术	LSF	主要是金属，少量陶瓷
	电子束熔化技术	EBM	金属

续表

类别	技术原理	缩写	具体材料种类
非金属材料	熔融沉积式成型	FDM	热塑性材料如 ABS 塑料、聚乳酸等
	选择性热烧结	SHS	尼龙、粉末等
	立体平版印刷	SLA	光敏树脂
	数字光处理	DLP	光敏树脂
	材料喷射成形	PJ	金属
	三维立体打印	3DP	型砂、建筑材料等
	细胞绘图打印	CBP	细胞等生物材料

【能力拓展】

通过信息检索技术，查阅分析 3D 打印技术在航天航空、汽车、医疗、模具制造、珠宝、玩具及工艺品等领域开展的应用，分析整理应用场景内容，填写表 18-5。

表 18-5 3D 打印技术在不同领域的应用

应用领域	应用场景描述
航天航空	
医疗	
玩具及工艺品	
……	

微课 18-2 制作一个 3D 打印模型

任务 18-2 体验 3D 打印制作流程

【学习目标】

- 熟悉 3D 打印的一般流程。
- 能够利用 FDM 桌面式 3D 打印制作简单生活用品。
- 了解 3D 打印产业链布局。
- 熟悉 3D 打印技术与传统减材制造的区别。

【任务导入】

众所周知，3D 打印技术实质上都是叠层制造，由快速原型机在 $X-Y$ 平面内通过扫描形式形成工件的截面形状，而在 Z 轴方向上间断地作层面厚度的位移，最终形成三维制件。那么 3D 打印制作是如何进行的呢？一般需要哪些步骤？

我们将先了解 3D 打印的一般流程，然后利用目前市面上 FDM 桌面式 3D 打印机制作一个简易笔筒，从而加深对 3D 打印流程的理解和熟悉，见表 18-6。

表 18-6　体验 3D 打印制作流程任务卡

任务步骤	完成要求
步骤 1：熟悉 3D 打印的一般流程	查找文献资料、利用搜索引擎，总结归纳 3D 打印的一般流程，形成 3D 打印制作流程表格
步骤 2：利用 FDM 桌面式 3D 打印机制作简易笔筒	按照 3D 打印制作的一般流程，利用建模软件、FDM 桌面式 3D 打印机制作一个简易笔筒

【任务实施】

步骤 1：熟悉 3D 打印的一般流程

① 查找 3D 打印相关文献资料、利用搜索引擎，全面了解 3D 打印的一般流程，制作如下所示的 3D 打印流程表格，见表 18-7。

表 18-7　3D 打印制作流程一览表

流程步骤	流程描述
第 1 步：构建 CAD 模型	构建 CAD 模型一般可以从正向设计和逆向设计两种方法获得，正向设计基本流程为概念设计、效果图、CAD 外形设计、CAD 结构设计；逆向设计是在有实物的前提下获得工件数模的手段，基本流程为 3D 扫描、提取特征点线面、用各种 3D 正、逆向软件建模
第 2 步：生成 STL 格式文件	一般 3D 打印切片软件能识读的文件格式为 STL 格式，需要把各种软件创造的 3D 模型转换为 3D 打印机切片软件能识读的 STL 格式文件
第 3 步：构建支撑	3D 打印技术实质都是层叠制造，成型时必须是从底面（也有从顶面）层层累加的，对于倒悬空的工件，需要添加支撑支持悬空部分
第 4 步：切片	通过打印切片软件，以扫描形式形成 3D 模型水平面（X-Y 平面）内的截面形状
第 5 步：3D 打印	通过各种 3D 打印技术，制成 3D 模型。在 Z 轴方向上间断地作层面厚度的位移，通过 DP、FDM、SLA、SLS、DLP 等技术堆积打印材料成型
第 6 步：去除支撑	根据不同的成型方法，使用相应的方法去除支撑材料
第 7 步：清理表面	通过打磨、抛光等手段清理表面残留材料，形成成品

② 任选一种打印技术进行深入了解，截图保存其技术原理图。例如，熔融沉积成形（Fused Deposition Modeling，简写为 FDM）3D 打印技术是采用丝状热塑性成形材料，连续地送入喷头后在其中加热熔融并挤出喷嘴，逐步堆积成形。其技术原理如图 18-3 所示。

步骤 2：用 FDM 桌面式 3D 打印机制作简易笔筒

① 笔筒建模。此次建模使用的软件是 UX8.0，笔筒外形与尺寸如图 18-4 所示，笔筒壁厚为 2 mm。可根据需要扩大或者缩小尺寸，设计合理即可，力求简洁，细节处倒角可使模型更美观，如笔筒前设计两卡槽，方便学习时放置手机看视频，卡槽尺寸可自定义。

② 笔筒建模完成之后，需导出 STL 格式文件进行切片处理，如图 18-5 所示：文件—导出—STL。

③ 打印前文件处理。本次使用的切片软件是 CURA，在进行文件处理前根据打印机器的

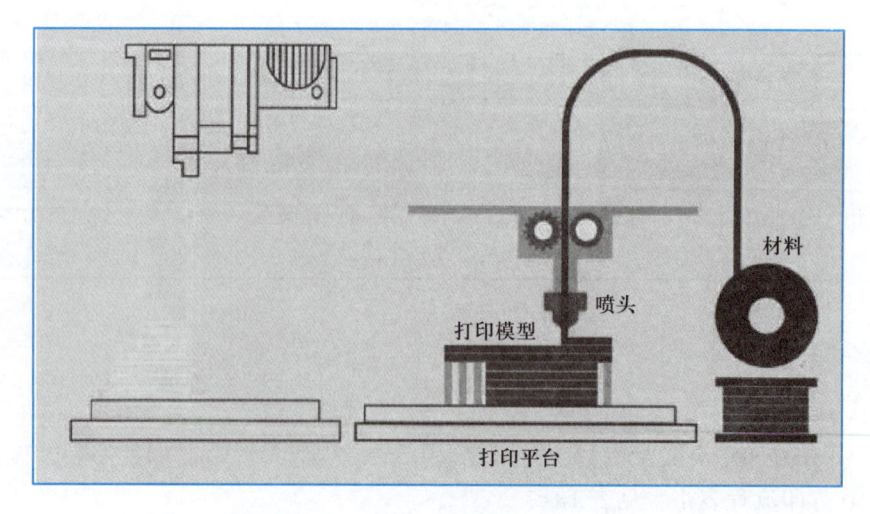

图 18-3 FDM 3D 打印技术原理图

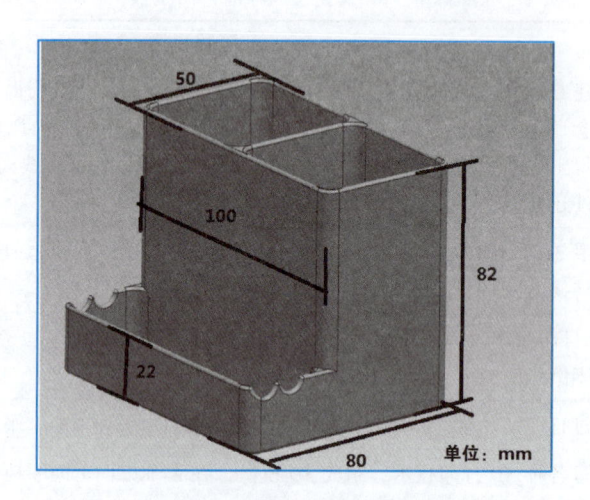

图 18-4 笔筒外形与尺寸图

信息进行机器参数设置，本次用的机器最大打印尺寸如图所示。机器设置完成后，把需要打印的 STL 文件拖进 CURA 平台内，进行位置摆放、打印参数和机器参数的设置，如图 18-6、图 18-7 所示。

层高参数根据需要设置，若想要打印成品精度高，层高可设置为 0.1mm，对打印成品要求不高可设置为 0.15 或者 0.2mm。因为此笔筒结构较为简单，不需要外加支撑，支撑类型选择 None。为了防止打印件翘边，平台附着类型选择 Brim。其他参数如图 18-8 所示，图中参数为建议值，可根据打印机、打印工件和个人需求更改至合适值。各参数设置好后，点击"文件"菜单，选择"保存 G 代码"选项将打印机执行文件 G 代码保存到 SD 卡上，如图 18-8 所示。

④ 文件打印。将保存笔筒打印 G 代码的 SD 卡插入 FDM 桌面式打印机 SD 卡槽中，检查打印机各个部件是否有异常，若无异常便可在打印机操作面板上，选择需要打印的文件开始打印。

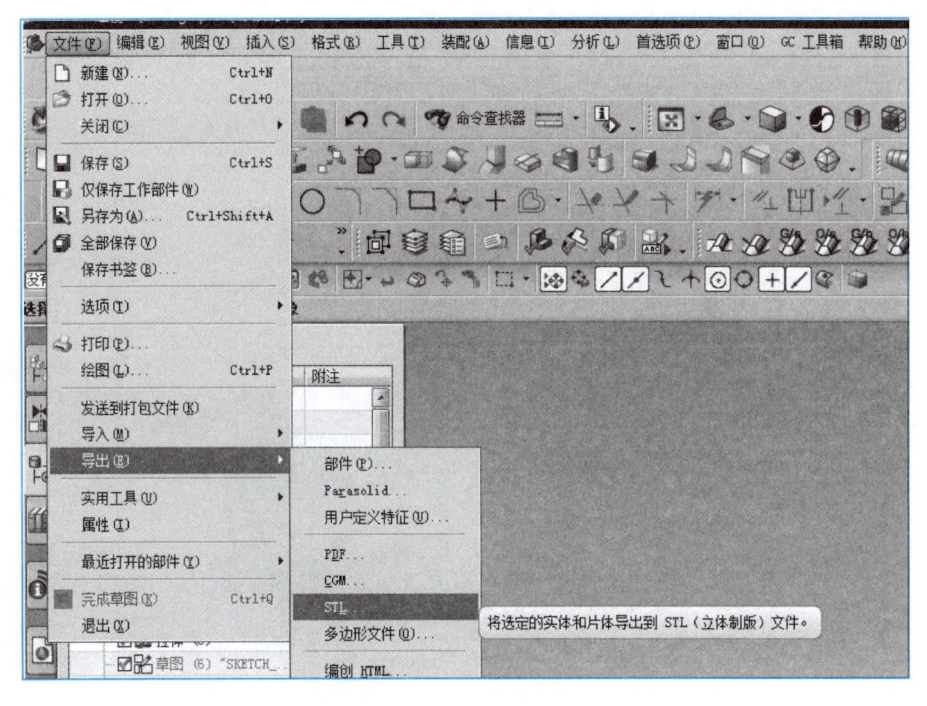

图 18-5　STL 格式文件导出

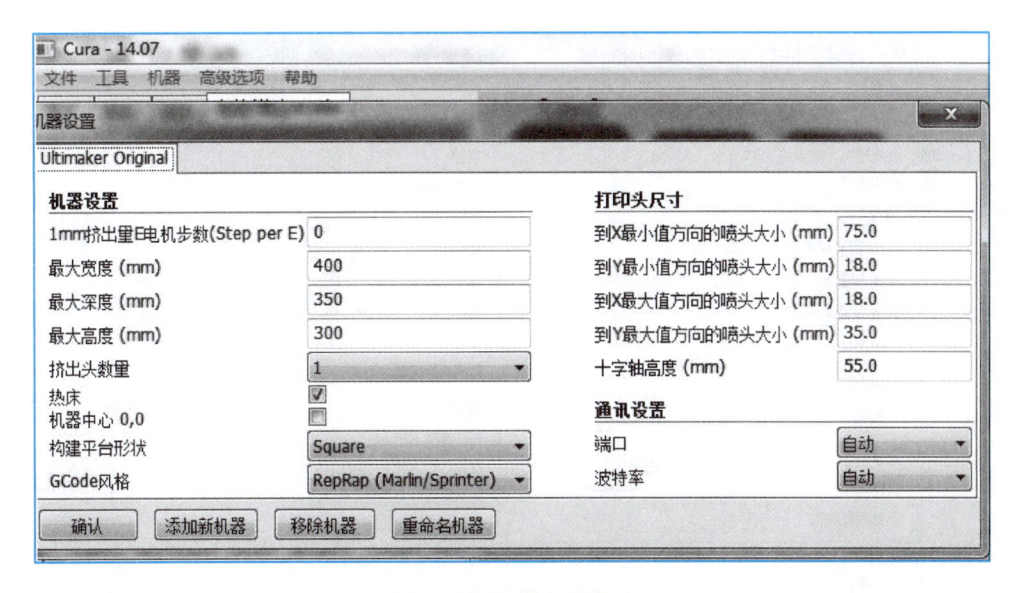

图 18-6　机器参数设置

经过 5 个多小时打印便可得到打印成品，轻轻地把打印成品从打印平台上拆下，进行去支撑和打磨等操作，使成品更加美观，如图 18-9、图 18-10 所示。

拓展篇

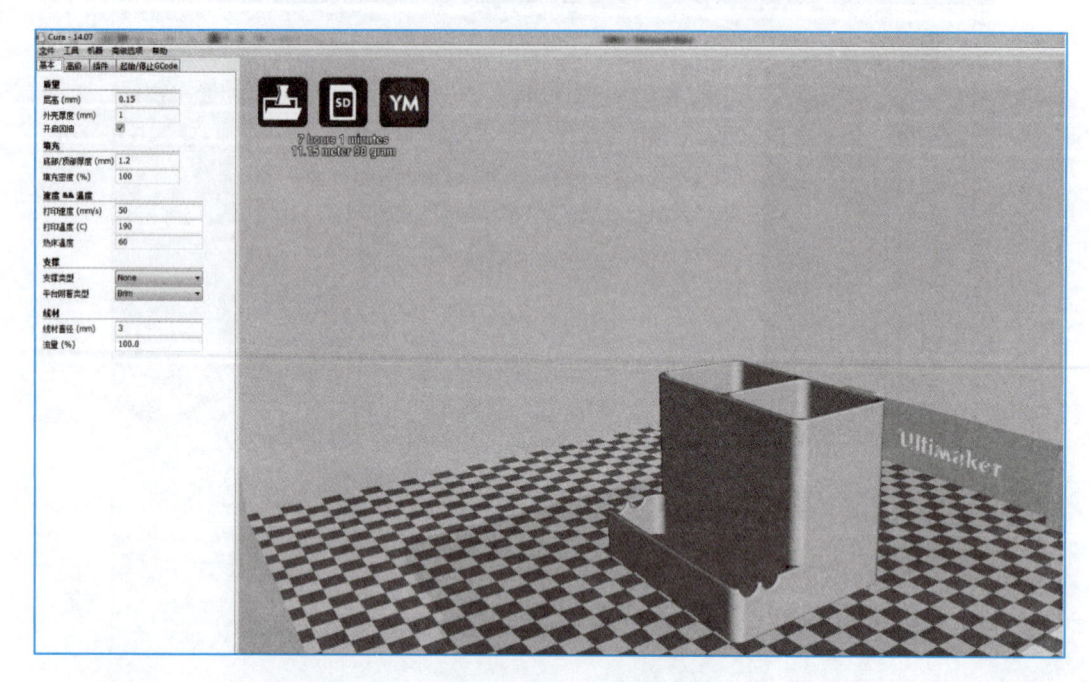

图 18-7　STL 文件导入切片软件平台

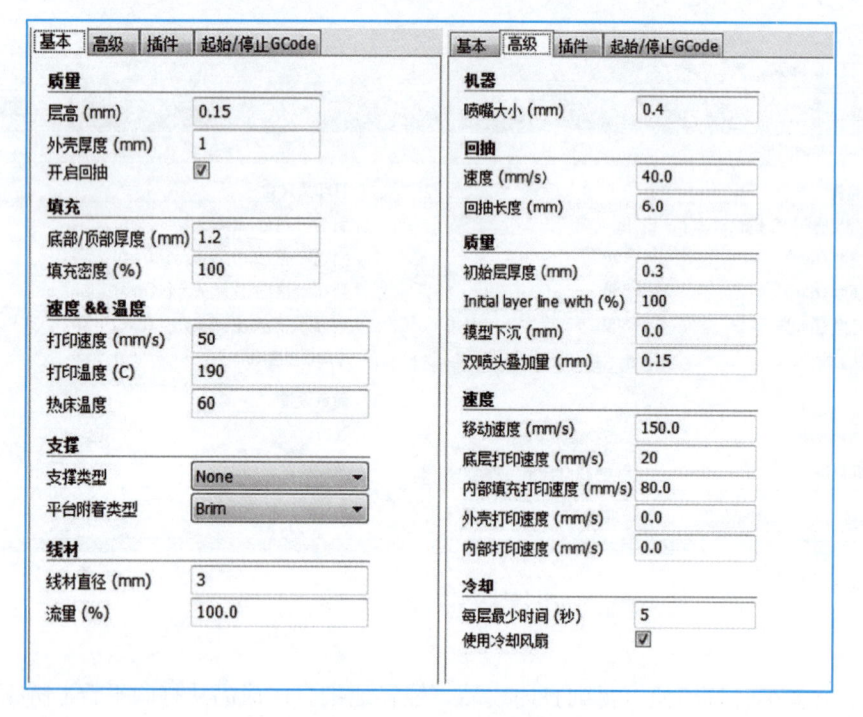

图 18-8　打印参数设置

图 18-9　FDM 桌面式 3D 打印机　　　　图 18-10　打印成品 – 简易笔筒

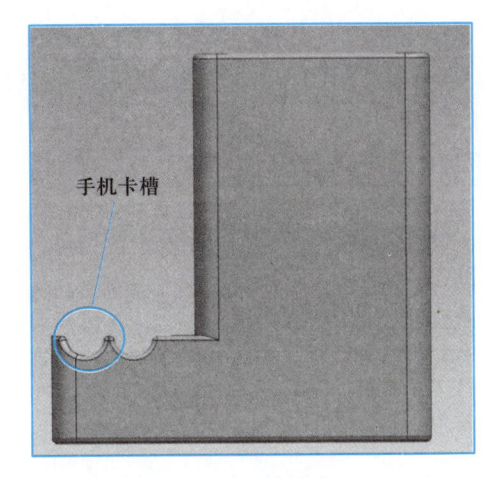

【相关知识】

1. 3D 打印技术与传统减材制造的对比分析

3D 打印技术作为新兴技术，已经进入到现代社会的生产和生活之中，并处于快速发展和应用阶段，那么 3D 打印技术与传统减材制造技术到底有何差别？根据广泛调查与研究，两者在技术原理、手段、材料等 8 个方面具有明显的差别，见表 18-8。

表 18-8　3D 打印技术与传统减材制造的对比分析

项目	3D 打印技术	传统精密加工技术
技术原理	增材制造（分层制造、逐层叠加）	减材制造（材料去除、切削、组装）
技术手段	SLM、LSF、FDM 等	磨削、超精细切削、精细磨削与抛光等
适用场合	小批量、复杂化、轻量化、定制化、功能一体化零部件制造	批量化、大规模制造，但在复杂化零部件制造方面存在局限
使用材料	光敏树脂、塑料线材、金属粉末、金属丝材等（材料类型品种受限）	几乎所有材料（不受限）
材料利用率	高，可超过 95%	低，材料浪费
产品实现周期	短	相对较长
零件尺寸精度	±0.1 mm（相对于传统精密加工而言偏差较大）	0.1-10 μm（超精密加工精度甚至可达到纳米级）
零件表面粗糙度	Ra2 μm-Ra10 μm 之间（表面光洁度较低）	Ra0.1 μm 以下（表面光洁度较高，甚至可达到镜面效果）

2. 3D 打印行业产业链

经过 30 多年的发展，3D 打印行业已经形成一条比较完整的产业链。上游主要包括制造 3D 打印设备所需的零部件、打印过程中所使用的各类原材料、设计和逆向工程所需要的软硬件；中游主要是 3D 打印设备及相关服务；下游则是包括航天航空、汽车、医疗、教育等应用领域，见表 18-9。

表 18-9　3D 打印行业产业链布局

上游（原材料及零件）	中游（设备及打印服务）	下游（应用）
原材料：非金属粉末、金属粉末、光固化树脂、线材等	熔融沉积成型（FDM）、光固化成型（SLA）、数字光处理（DLP）	服务平台：云平台、媒体社区
核心硬件：主板、DLP 光引擎、振镜系统、激光器	三维打印快速成型（3DP）、选择性激光熔化/烧结（SLM/SLS）	主要应用：航天航空、汽车、医疗、教育、文化创意
辅助运行：扫描仪、软件	激光熔覆成型（LMD）、电子束熔化、生物打印	特殊应用：软件生物打印、食品打印、建筑打印

【能力拓展】

目前，3D 打印常用的原材料主要包括工程塑料、光敏树脂、橡胶类材料、陶瓷、金属等，品种相对十分有限。从某种意义来说，未来 3D 打印原材料种类的丰富程度，决定了 3D 打印技术的应用范围。

以分组调研与研讨的方式，借助网络信息工具，查询常用 3D 打印原材料特点及应用领域，完成常用 3D 打印原材料特点及应用领域分析报告，见表 18-10。

表 18-10　常用 3D 打印原材料特点及应用领域分析报告

3D 打印原材料特点及应用领域分析报告			
一、基本信息			
课程名称		任课教师	
上课日期		上课地点	
二、小组成员			
三、报告内容			
1. 工程塑料的优点、缺点及应用领域： 2. 光敏树脂的优点、缺点及应用领域： 3. 橡胶类材料的优点、缺点及应用领域： 4. 陶瓷材料的优点、缺点及应用领域： 5. 金属材料的优点、缺点及应用领域： 6. 细胞生物原料的优点、缺点及应用领域：			
四、参考资料			
（网络信息、文献、书籍等的详细信息）			

项目小结

本项目围绕项目目标设置了"寻找身边的 3D 打印应用""体验 3D 打印制作流程" 2 个任务。"寻找身边的 3D 打印应用"通过探寻 3D 打印在社会生活中的应用，了解 3D 打印基本概念、主要特点；"体验 3D 打印制作流程"通过利用 FDM 桌面式打印机制作一个简单生活用品，熟悉 3D 打印制作的基本流程和步骤。在本项目能力拓展环节中，"探索 3D 打印在不同领域的应用"能力提升训练将项目拓展到探索 3D 打印其他的应用场景，旨在让读者了解 3D 打印更多的典型应用；"常用 3D 打印原材料特点及应用领域"能力提升训练旨在让读者能深入了解目前 3D 打印原材料的优缺点及应用领域。

项目提升

一、选择题

1. 下列属于 3D 打印文件格式的是（   ）。
   A．SAL   B．STL   C．SAE   D．RAT
2. 目前 3D 打印机中精度最高、效率最高、售价也相对最高的是（   ）。
   A．个人级 3D 打印机   B．桌面级 3D 打印机
   C．专业级 3D 打印机   D．工业级 3D 打印机
3. 下列哪种产品仅用 3D 打印技术无法制作完成的是（   ）。
   A．首饰   B．手机   C．服装   D．义齿
4. 下列对于 3D 打印特点的描述不正确的是（   ）。
   A．对复杂性无敏感度，只要有合适的三维模型均可以打印
   B．适合制作少量的定制化物品，对于批量生产优势不明显
   C．对材料无敏感度，任何材料均可打印
   D．虽然技术在不断改善，但强度与精度同部分传统工艺相比仍有差距
5. 立体光固化成型设备使用的原材料是（   ）。
   A．陶瓷粉末   B．尼龙   C．光敏树脂   D．金属粉末
6. 以下哪种 3D 打印技术在金属增材制造中使用最多（   ）。
   A．3DP   B．FDM   C．SLA   D．SLM
7. 下列关于 3D 打印的描述，不正确的是（   ）。
   A．3D 打印是一种以数字模型文件为基础，通过逐层打印的方式构造物体的技术
   B．3D 打印源于 20 世纪 80 年代，至今不过三四十年的历史
   C．3D 打印为快速成型技术，打印速度十分迅速，仅仅需要几分钟时间
   D．3D 打印多用于工业领域，尼龙、陶瓷、金属、塑料等材料均可打印
8. 3D 打印前处理中的（   ）实际上是把 3D 模型切成一片一片，设计好打印的路径。
   A．打印过程   B．建模   C．后处理   D．切片处理
9. 下列哪个软件不属于 3D 打印所用的建模软件（   ）。
   A．SolidWorks   B．3DS Max   C．AutoCAD   D．Photoshop
10. 被誉为国际"3D 打印之父"的是（   ）。
    A．查克·赫尔（Charles W. Hull）   B．费根鲍姆（Feigenbaum）
    C．傅京孙（K.S.Fu）   D．卢秉恒

二、判断题

1. 3D 打印技术比传统减材制造精度更高。（   ）
2. 3D 打印技术只是增长制造的一种。（   ）
3. 目前常用 3D 打印的原材料主要有工程塑料、光敏树脂、橡胶、陶瓷、金属等。
（   ）
4. FDM 3D 打印技术成型件的后处理过程中最关键的步骤是打磨成型件。（   ）
5. 3D 打印技术制作的金属零部件性能可超过锻造水平。（   ）
6. FDM 打印技术要将材料加热到其熔点以上，加热的设备主要是喷头。（   ）
7. FDM 一般不需要支撑结构。（   ）
8. 增材制造技术制造的零件表面质量超过传统的加工方法。（   ）
9. 3D 打印技术中，光固化成型工艺简称为 SLS。（   ）
10. 3D 打印技术制造的产品实现周期相对于传统工艺而言要短一些。（   ）

参 考 文 献

[1] 眭碧霞. 信息技术基础（WPS Office）[M]. 2版. 北京：高等教育出版社，2021.
[2] 秦阳. 工作型PPT该这样做[M]. 北京：人民邮电出版社，2020.
[3] 陈氢，陈梅花. 信息检索与利用[M]. 北京：清华大学出版社，2012.
[4] 赵奇，宁爱军. 大学信息技术与应用[M]. 北京：人民邮电出版社，2018.
[5] 王国胤. 大数据挖掘及应用[M]. 北京：清华大学出版社，2019.
[6] 张仰森，黄改娟. 人工智能教程[M]. 北京：高等教育出版社，2016.
[7] 任云晖. 人工智能概论[M]. 北京：中国水利水电出版社，2020.
[8] 李卫星. 现代信息素养与文献检索[M]. 武汉：湖北人民出版社，2010.

郑重声明

高等教育出版社依法对本书享有专有出版权。任何未经许可的复制、销售行为均违反《中华人民共和国著作权法》，其行为人将承担相应的民事责任和行政责任；构成犯罪的，将被依法追究刑事责任。为了维护市场秩序，保护读者的合法权益，避免读者误用盗版书造成不良后果，我社将配合行政执法部门和司法机关对违法犯罪的单位和个人进行严厉打击。社会各界人士如发现上述侵权行为，希望及时举报，我社将奖励举报有功人员。

反盗版举报电话　（010）58581999　58582371
反盗版举报邮箱　dd@hep.com.cn
通信地址　北京市西城区德外大街4号　高等教育出版社法律事务部
邮政编码　100120

读者意见反馈

为收集对教材的意见建议，进一步完善教材编写并做好服务工作，读者可将对本教材的意见建议通过如下渠道反馈至我社。

咨询电话　400-810-0598
反馈邮箱　gjdzfwb@pub.hep.cn
通信地址　北京市朝阳区惠新东街4号富盛大厦1座
　　　　　高等教育出版社总编辑办公室
邮政编码　100029